中学生物学实验教学论

第3版

主　编　徐作英　黄徐丰　吴小明
副主编　周立斌　谢海伟　徐光德

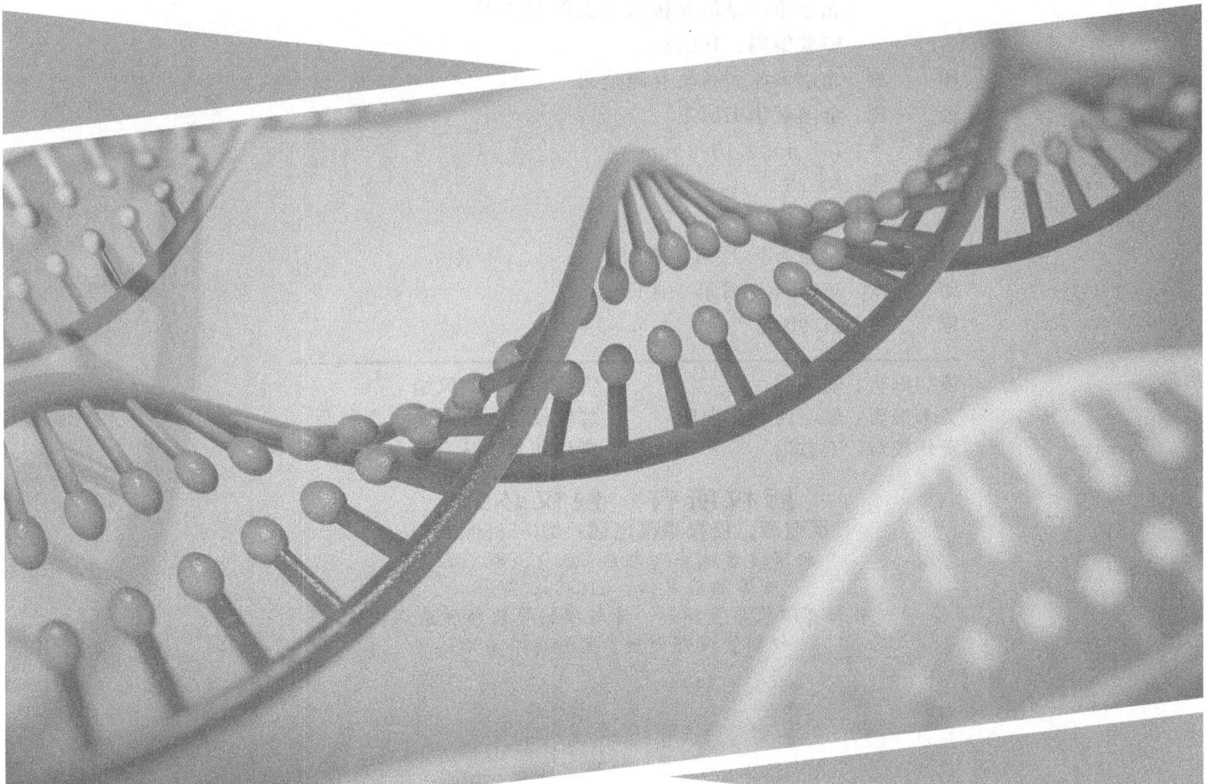

北京师范大学出版集团
BEIJING NORMAL UNIVERSITY PUBLISHING GROUP
北京师范大学出版社

图书在版编目(CIP)数据

中学生物学实验教学论 / 徐作英，黄徐丰，吴小明主编. —3版. —北京：北京师范大学出版社，2024.5
ISBN 978-7-303-29643-9

Ⅰ.①中… Ⅱ.①徐… ②黄… ③吴… Ⅲ.①生物课—教学研究—中学 Ⅳ.①G633.912

中国国家版本馆CIP数据核字(2023)第237804号

教材意见反馈 010-58805079 gaozhifk@bnupg.com
营销中心电话 010-58802755 58800035

出版发行：北京师范大学出版社 www.bnupg.com
北京市西城区新街口外大街12-3号
邮政编码：100088
印　　刷：北京天泽润科贸有限公司
经　　销：全国新华书店
开　　本：787 mm×1092 mm 1/16
印　　张：20.25
字　　数：458千字
版　　次：2024年5月第3版
印　　次：2024年5月第1次印刷
定　　价：54.90元

策划编辑：刘风娟　　责任编辑：刘风娟
美术编辑：焦　丽　李向昕　　装帧设计：焦　丽　李向昕
责任校对：王志远　　责任印制：马　洁　赵　龙

本书编写委员会

主　编： 徐作英（四川师范大学）
黄徐丰（惠州学院）
吴小明（惠州学院）

副主编： 周立斌（惠州学院）
谢海伟（惠州学院）
徐光德（四川天府新区华阳中学）

编　者： 王愉鑫（四川省教育科学研究院）
刘　静（四川师范大学）
苏冬娜（东莞市第六高级中学）
许　凡（深圳第二外国语学校）
王朝君（乐山师范学院）
李　林（四川省绵阳实验高级中学）
黄薛蓉（成都金苹果锦城第一中学）
张旭梅（乐山师范学院）
何　瑞（四川省宜宾市第三中学校）

序

21 世纪之初，我国新一轮的基础教育课程改革全面展开。面向 21 世纪的教育发展，我们应该努力转变教育观念，形成新的教育理念，变革教育内容和方法，促进生物学教育的深化改革和发展。生物学实验教学的深化改革，就是其重要内容之一。

《义务教育生物学课程标准(2022 年版)》和《普通高中生物学课程标准(2017 年版 2020 年修订)》，对实验教学都给予了高度重视，提出了明确的要求：通过中学生物学课程的学习，学生不仅要获得关于生命活动规律的知识，而且要在生命观念、科学思维、科学探究、社会责任等方面得到发展。认真开展好实验教学，对于落实核心素养，达到预期的教学目标，有着非常重要的作用。

我有幸自 1953 年就参加了我国高等师范院校生物学教育的实践和学术研究活动；1956 年以来，参与了各个时期中学生物学课程的编制、中学生物学教学大纲的起草、中学通用生物学教材的编写与研究；1983—2007 年，先后担任了中国教育学会生物学教学专业委员会的副理事长、理事长。由于工作的特点和需要，五十多年来我经常深入生物学教学第一线，与广大生物学教师和教研人员密切接触。据我了解，长期以来因为种种原因，中学生物学实验教学得不到应有的重视，实验设备不足，生物学教师指导实验教学的能力有限，不少教学大纲、课程标准规定的实验在中学并没有做，以致严重影响了学生科学素养的培养与提高。

还有一个值得重视和提出的问题，就是新中国成立以来，高等师范院校生物科学专业一直缺乏供师范生使用的生物学实验课程的专门教材，可以说这是一项不应有的空白。值得庆幸的是，在我国基础教育课程改革全面展开的大好形势下，2009 年由四川师范大学徐作英教授和云南师范大学王重力教授所编写的《中学生物学实验教学论》教材的出版，填补了这一历史空白。这件事是难能可贵的，它既有重大的现实意义，又有深远的历史意义。据我所知，徐作英与王重力二位教授，长期讲授高等师范院校的“中学生物学教学论”课程，他们在平日的教学工作中，十分重视实验教学课程的研究，对高等师范院校的在校师范生和本省的中学生物学教师做了大量的指导工作，积累了丰富的教学经验。2016 年，根据教学改革的发展，对本书进行了修订。第 2 版从出版到现在已经使用了 8 年，其间新的课程标准颁布以及新的教学改革不断进行，因此对《中学生物学实验教学论(第 2 版)》进行修订是十分必要的。

本书具有以下几个特点。

一是从编写本书的指导思想和编写原则，全书的编排体系、篇章结构和选编的内容等可以看出：本书既认真贯彻了高等师范院校生物学教学论课程的指导思想，又充分体现了中学生物学课程标准的基本精神和要求，完全符合我国基础教育改革的方向和深化教学改革的要求。

二是全书内容全面、丰富而系统，主要研究了中学生物学实验室的规划建设，中学生物学实验课的类型，尤其是重点研究了中学生物学新课程体系中的相关实验内容；并且研究运用当前流行的教学理论和新的教育理念，来指导实验的常规设计与创新设计、实验的准备、实验的教学实施、实验的指导和实验的评价；运用现代教育技术手段，辅助实验开展等。讲授这些内容的目的是进一步提升高等师范院校生物科学专业师范生的专业理论修养和专业技能素质，为他们今后有效开展中学生物学实验教学做好准备。

三是本书的第 4 章、第 5 章，分别选取了初中生物学的 9 个实验和高中生物学的 14 个实验，这样就基本上覆盖了中学生物学实验的全部。需要指出的是，这两章的内容，既有针对性又具前瞻性，既对传统经典实验施以厚重笔墨，又对探究性、开放性实验着力刻画，这也是本书的明显特点。

四是作为一本生物学实验教学用书，在写法上有不少创新与出彩之处。不仅将描述与阐述并置、分析与案例渗透的方式贯穿全书，还在实验的具体内容板块上有了不少创新，例如，增加了“实验基本知识与原理导航”“实验安全警示”“数字资源拓展”等板块。

综上所述，《中学生物学实验教学论(第 3 版)》确实是一本不可多得的创新性的力作，它不仅是高等师范院校生物科学专业师范生的生物学实验课程的专门教材，对于广大的中学生物学教师和有关教育科研人员来说，也是一本有助于提高生物学实验教学质量的教学参考书。

中国教育学会生物学教学专委会原理事长

叶佩珉

第 3 版前言

本书的编写是为了帮助高等师范院校生物科学专业的在校师范生或者刚刚走上工作岗位的中学生物学教师，提高在实验课程设计上的理论修养，切实解决在中学生物学实验课程实施中遇到的教育教学问题，更好地理解、设计、组织、指导、实施、评价中学生物学新课程中的实验课程。第 3 版修订之时，编者又盛邀了全国其他高等师范院校的教研人员以及中学的优秀生物学教师加盟。本书是与高等师范院校生物科学专业的“学科教学论”课程配套的一本实验教材。

《中学生物学实验教学论(第 3 版)》，以《义务教育生物学课程标准(2022 年版)》和《普通高中生物学课程标准(2017 年版 2020 年修订)》为根据，以中学生物学新课程实验教学实施中的相关问题作为研究对象，具体研究实验课程实施中，作为中学生物学教师所需要的实验教学的理论、方法和技能技巧。本书精选了 23 个初中生物学实验与高中生物学实验，旨在指导在校师范生或者刚刚走上工作岗位的中学生物学教师，体验如何进行课前的实验准备、实验课的学生小组建设、实验室安全教育，实验课程实施过程中的教学组织、课堂管理、实验方法乃至实验数据分析、结论推导、效果评价等环节，从而实现科学、全面、安全、有效地开展中学生物学实验教学的目的。

全书的框架构成是：

绪论

第 1 章　中学生物学实验室的规划建设与管理

第 2 章　中学生物学实验教学的基本理论与方法

第 3 章　中学生物学实验教学的组织

第 4 章　中学生物学实验教学案例——初中篇

第 5 章　中学生物学实验教学案例——高中篇

附录

本书是编写团队共同智慧的结晶。本书的全局设计、整体框架、视野方向、统稿、定稿等，由第一主编徐作英完成。全书的框架构思、编写、统筹主要由徐作英、黄徐丰、吴小明三位主编承担；参加编写工作的还有周立斌、谢海伟、徐光德三位副主编；王愉鑫、刘静、苏冬娜、许凡、王朝君、李林、黄薛蓉、张旭梅、何瑞参与了部分内容的编写以及数字资源的制作和收集工作。

应时代发展的需求，本书以“二维码”形式嵌入了实验视频和教学设计，方便读者查阅、参考、学习。本书“数字资源拓展”的编写主要由徐光德、王愉鑫、苏冬娜、许凡、周密、罗锡明、何瑞、李林等完成，特此向他们表示真诚的感谢。本书也得到了2023 年度广东省新师范建设助推基础教育高质量发展研究与实践项目的支持，在此一并感谢。

本书可供生物科学专业的师范生和生物学教育与科学教育专业的研究生作为教材使用，也可供一线中学生物学教师、中学生物学教研员、大学生物学教师阅读参考。

徐作英

2024年3月

目 录

绪 论

1. 课程概述

(1)本门课程的性质、任务。

"中学生物学实验教学论"课程是与《中学生物学教学论》配套的课程群中的一门实践性、应用性、针对性很强的课程，是高等师范院校生物科学专业的师范生必修的一门生物学教育专业课程。本门课程开设的主要目的是培养师范生从事中学生物学实验教学工作所必备的实验专业素养与实验技能，尤其是强化高等师范院校生物科学专业的师范生对中学生物学实验室的规划与管理能力以及对实验教学的设计、组织、实施与评价的能力，提高中学生物学实验教学理论与方法修养，并通过对中学生物学新课程体系中代表性实验的亲自实践与操作，进一步训练与提升师范生的实验操作技能，最终提高生物科学专业师范生实验教学素养及实验教学效益。本门课程的开设为高等师范院校学生将来独立从事生物学实验教学工作提供科学途径，为成为一名合格的中学生物学教师奠定基础。

(2)本门课程的研究对象。

"中学生物学实验教学论"课程以中学生物学新课程中的生物学实验教学实施中的相关问题作为研究对象，具体研究中学生物学实验教学实施中，教师所需要的生物学实验教学的理论、方法及技能技巧，侧重于研究中学生物学实验教学实施中的基本规律、教学手段及实验教学指导中的艺术技巧与方法。

(3)本门课程与生物科学其他课程的关系。

"中学生物学实验教学论"课程与生物科学其他课程是相互依存、相辅相成的关系，但又有区别与侧重。生物科学其他课程是学习"中学生物学实验教学论"课程的基础，作为将来从事基础教育的师范生，学好了生物科学其他课程，知晓并掌握了生物科学知识，只能算作生物科学的专业人才。要由懂生物科学的专业人才转变成能教中学生物学的合格教师，把知晓的生物科学理论转变成能胜任中学生物学实验教学的语言与熟练的实验教学技能，这需要通过"中学生物学实验教学论"课程的学习与提升，才能有效地进行转换。

2. 课程的学习方法

(1)应转变角色，以一名准中学生物学教师身份进入"中学生物学实验教学论"课程的学习中来。同时，以严肃认真的科学态度与实事求是的工作作风开展本门课程的学习。

(2)事先预习并熟悉新课程体系中的初中、高中生物学实验内容，并对各类型实验的目的、原理与内容进行思考与分析。

(3)进行中学生物学相关实验教学的初步教学设计，包括实验设备与辅助教学用具的准备，确定实验教学的策略、模式、方法、目标与评价方式，预设实验过程，确定实验中可能出现的问题与解决方案，推断实验结果，拟定出实验教学独具匠心的创新设计，等等。

(4)重视中学生物学实验的讨论与交流环节，积极参与到师生、生生互动交流讨论中来，将自己的独到见解和创新思考与他人分享，同时也虚心向他人学习，共同探讨实验教学中的艺术技巧。

(5)每位师范生根据自己的具体情况拟定出中学生物学实验技能的强化与提升要点，在“中学生物学实验教学论”课程的学习中有所侧重地提高实验技能素养。

3. 课程的发展沿革

为了适应当前基础教育课程改革的需要，改变高等师范院校长期以来单一的“中学生物学教学论”(学科教学论)课程一统天下的格局，全国部分高等师范院校近些年来率先进行了课程与教学改革的尝试，进行了以“中学生物学教学论”课程为核心、多门课程辅助的“课程群”的建设和改革。“中学生物学教学论”课程群主要包括“中学生物学教学论”“中学生物学实验课程的研究”(或称“中学生物学实验导论”“中学生物学实验概论”等)、“生物学课程论与教学论”“基础教育生物学课程与教学改革研究”“生物学教师先进教育思想及优秀教学案例赏析”“国内外生物学教育进展”“计算机在生物学教育中的应用”“中学生物学‘课标’解读”“中学生物学教材分析”“生物学史”“中学生物学课程目标—内容—方法的研究”等课程。这一课程群的形成比较好地满足了师范生的教师素质达成的相关需求和基础教育生物学教育教学改革的需要。

因此，“中学生物学实验教学论”课程的前身是“中学生物学实验课程的研究”(或称“中学生物学实验导论”“中学生物学实验概论”等)。早期课程开设主要聚焦在熟悉并能设计中学生物学实验、提高实验技能，课程目标相对单一狭隘。早期的“中学生物学实验课程的研究”大致由以下内容构成：

一、基本操作实验

采集、培养、保存生物学实验材料

生物显微摄影技术

制作各种生物装片

制作生物模型教具

……

二、验证性实验

中学生物学中的验证性实验(选做)

三、综合性实验

制作生物学多媒体课件

中学生物学常规仪器的分析、操作及维护

四、设计性实验

设计若干中学生物学实验

当前开设的“中学生物学实验教学论”课程体系，比较好地兼顾了中学生物学新课程实验教学中教师所需要的理论、方法、实验技能与教学技能等各种目标，可以作为高等师范院校生物科学专业的课程开设。其教材还可作为中学生物学教师进修的蓝本，也可作为生物学课程与教学论专业的研究生、生物教育类研究生、生物学教学研究工作者以及高师院校生物科学专业教师、中学生物学教师的参考书。

当前开设的“中学生物学实验教学论”课程体系内容模块如下：

第 1 章　中学生物学实验室的规划建设与管理

第 2 章　中学生物学实验教学的基本理论与方法

第 3 章　中学生物学实验教学的组织

第 4 章　中学生物学实验教学案例——初中篇

第 5 章　中学生物学实验教学案例——高中篇

第1章 中学生物学实验室的规划建设与管理

中学生物学实验室是培养中学生综合实践能力与创新思维的重要基地。通过对中学生物学实验室的规划建设与管理，努力为中学生提高生物科学素养营造出安全、适宜的学习氛围，充分调动学生的积极性和自主性，全面培养综合生物学实验能力。

1.1 中学生物学实验室概貌

中学生物学实验室一般分为“中学生物学室内实验场地”与“中学生物学室外实践场所”两类。

“中学生物学室内实验场地”根据功能又可分为“中学生物学实验室”“实验准备室”“仪器、药品存放室”“生物学实验课程资源室”四大功能板块区。

“中学生物学实验室”主要是中学生进行渐进性、系统性的实验训练体系的载体，包括开展基础性技能训练实验、验证性实验、演示性实验、探究性实验、自主专题实验等各个层次的实验。学生还可以在“中学生物学实验室”中进行实验的互动观摩、讨论交流、科学探究。

“实验准备室”主要是供中学生物学教师和生物学实验员进行实验准备、预实验、讨论分析实验问题的场所。

“仪器、药品存放室”的主要功能是贮藏，是贮藏与搁置常用的中学生物学实验仪器、用具、药品等的专用场地。

“生物学实验课程资源室”是专门陈列实验材料、动植物标本、实验教学用具、实验教学资料、局域网络实验室的中心控制器等的专用场地。

“中学生物学室外实践场所”是学生观察动物、植物，种植植物，进行室外实践活动、研究活动等的场所。

1.2 中学生物学实验室的规划建设

中学生物学实验室的规划建设可以分期分批进行。对于初建生物学实验室的中学来说，可以将“中学生物学实验室”“实验准备室”“仪器、药品存放室”“生物学实验课程资源室”四大功能区分隔开来，分别建设。也可以将上述四大功能区集中规划布置，整合成为一个综合的“中学生物学实验室”。

对已有生物学实验室的中学来说，可以根据中学生物学新课程实验内容的要求将原有实验室进行适当的改造、调整或扩充。

1.2.1　中学生物学实验室的规划

1. 中学生物学实验场地的规划

“中学生物学室内实验场地”的规划建设思路是：参照国家一级达标学校的标准进行规划和建设，以适应初中、高中生物学实验课程内容的需要。

参照教育部保证生均占有使用实验室面积 3.0 m^2 的标准进行实验室建设，以 50 人的中等班额计算，总面积应是 150 m^2。如果按照“中学生物学实验室”“实验准备室”“仪器、药品存放室”“生物学实验课程资源室”四大功能区的划分，可将 150 m^2 进行如下分解：“中学生物学实验室”为 80 m^2，“实验准备室”为 20 m^2，“仪器、药品存放室”为 20 m^2，“生物学实验课程资源室”为 30 m^2。

“中学生物学室外实践场所”的规划建设思路可以按照在校内建“生物园”的方式，进行常用实验动物的观察、养殖，常见植物的栽培、欣赏，以及学生技能的训练、操作。还可以按照建立校外教育协同合作实践基地的方式，对学生进行综合实践技能的训练，如：

(1)与旅游风景区、自然保护区、革命老区、红色根据地、民族地区等，建立起“校外教育协同合作实践基地”。进行旅游生态的考察，自然风光的欣赏，名山、名川的调查、参观，自然保护区特点的综合考察，不同生态类型的调查(如不同城市的市花、市树的调查)，掩隐在特色民居中的生物因子分析，赏析古老村舍的原始风貌，古遗址、古建筑、名花、古树、古植物明细的调查，革命老区、红色根据地、民族地区特色的生物学实验课程资源的搜集与调查，等等。

(2)与动物园、动物养殖基地、植物园、园林花卉种植繁殖基地、花卉市场等机构建立起“校外教育协同合作实践基地”。动物园、动物养殖基地、植物园、园林花卉种植繁殖基地内的生物种类繁多、集中，不仅是学生认识动植物的最佳选择，也是校外考察很好的实践教学资源。学生还可以充分利用这些植物、动物资源，展开对植物资源与动物资源的调查以及生态系统的调查。如对人类采集利用的原料植物、经济植物、珍贵品系、奇花异草、食用植物资源、野生食用植物资源、药用植物资源、工业用植物资源和防护改造环境植物资源以及植物种质资源的调查等；对常见的昆虫类、鸟类、哺乳类、两栖类、爬行类等动物行为和生活习性的综合观察与调查，进行归类总结，列出当地动物资源的明细；对植物生态进行考察，包括植物生态类型观察，植物物候的观测和植物种群、群落的考察等。

(3)与当地环保部门、园林局等机构建立起“校外教育协同合作实践基地”。可以开展环境污染调查，包括大气污染调查、水体污染调查、土壤污染调查、噪声污染调查，以及热污染、光污染、化学污染、基因工程生物带来的“基因污染”等的调查和分析。

(4)与周围农村建立起“校外教育协同合作实践基地”。可以进行农业系统的调查，包括当地农业结构组成的调查、组成传统农业的主要成分因子的调查、农业空间结构调查、特色农业调查、经济农业调查，还包括对传统农业、本土化农业生产方式和劳作方式的调查和分析。

(5)与当地医院、防疫站等机构建立起“校外教育协同合作实践基地”，进行流行病、传染病的调查。如对当前流行病、传染病的种类调查，传播途径和传染源的调查，流行病、传染病病史的相关信息资料的搜集等，写出调查报告，提出合理建议。

(6)与当地居委会、社区建立起“校外教育协同合作实践基地”。针对各种学校和学生的不同情况，进行家乡或社区的民风习俗、居住人员中的生物学科人才的归类统计，特色产品的种类调查，商品的加工工艺过程特点分析，当地居民主食品的营养成分分析等，从而激发学生热爱家乡、热爱社区，培养学生的社会责任感。

2. 中学生物学实验环境的规划

中学生物学实验环境应当以实验室宽敞明亮、环境整洁，设施先进齐全，实验环境安全等为基本内容进行设计与规划。具体内容包括：实验环境的装饰装修规划、空间场地规划、实验常用模型—标本—资料—软件的展区规划、电力供应规划、照明规划、用水规划、污水/污物排放规划、实验环境的安全规划，等等。

此处着重谈谈实验环境的安全规划，中学生物学实验环境的安全规划应从以下方面进行考虑。

首先，进行中学生物学实验的危险情况梳理。在中学生物学实验中，可能发生的危险情况主要包括：①实验试剂、溶液的配制与培养基的制备中的危险性，如酸液兑制中的酸中毒、培养基制备时的热烫伤等；②实验器材使用与实验药品使用中的危险性，如加热的安全性、用水与用电的安全性、玻璃制品使用中的安全性、高压灭菌中的危险、药品的污染与中毒等；③实验操作方法的危险性，如植物徒手切片中的割伤、在野外进行生物种群密度测量中的摔伤等；④实验对象与实验材料的危险性，如微生物的感染与致病性、实验动物的伤害、实验材料造成的过敏性和毒性；⑤废物处理中的危险性，如实验的废水、废气、废物的污染等。

其次，根据对中学生物学实验中危险情况的梳理进行危险度评估，确定实验安全水平的等级。一般来讲，中学生物学实验内容属于自然科学中的基础实验范畴，其实验安全水平的等级分为一级和二级，相关情况见表1-1。

表1-1　一级、二级实验安全水平相关情况总结

实验内容范围	初中、高中生物学实验	初中、高中生物学实验
实验安全水平等级	实验安全水平一级	实验安全水平二级
危险度等级	危险度一级：无或极低地造成对人的个体和群体危险	危险度二级：中度地造成对人的个体危险，低度地造成对人的群体危险
实验内容	初中、高中生物学实验的教学与研究	初中、高中生物学实验的教学与研究
实验室安全防护措施	一般不需要对实验室进行特别隔离处理，实验室开放，适度进行个体与群体防护措施	适度地对实验室进行隔离处理，实验室适度开放，适度进行个体与群体防护措施

最后，进行安全防范措施的具体规划：

(1)建立健全实验安全防范制度。例如：实验安全规范操作制度；药品使用安全制度；“三废”处理制度；突发事件的应急预案(水灾、火灾、触电、中毒、空袭、地震等突发事件的应急预案)，等等。

(2)制订安全防范培训的策略与规划。对所有进入实验室的人员进行实验安全意识、安全操作、安全防范的教育与培训。

(3)进行实验室安全设计与功能分区规划。例如：实验室地面的防滑处理，实验室的通风设计与适当的通风系统的设置，适量消防器材的合理放置与消防系统的规划，安全消防通道的明显指示标志的放置与畅通保障的规划，实验室的电源线路与电器设备均应按照《国家电气设备安全技术规范》①进行规划，对易燃、易爆、有毒化学物质的登记、安全贮藏、安全使用与明显警示进行规划，“三废”物质的专门区域进行规划与处理，等等。

(4)进行个体防护的规划。例如：配备工作服、手套、防护镜、防护口罩与面罩、肥皂与毛巾等；配备适当的实验工具，如实验剪刀、镊子、解剖针、放大镜等；配备医用急救箱，其中包括常用的消毒与急救用具以及药品，用于临时的紧急情况处理。

3. 中学生物学实验环境氛围的创新设计

为了更好地体现“以人为本”，便于师生互动、观摩、交流、高效地进行实验，各个学校可以根据其具体情况创设独到的中学生物学实验环境氛围。以下就中学生物学实验环境氛围的创新设计提出一些参考性的建议。

(1)进行圆桌式、半圆式或小组式实验台的安放，以利于师生和生生观摩、讨论、交流。

(2)充分利用实验室的门廊、窗台等空间，摆放和养殖实验常用的植物和乖巧动物，营造实验氛围，美化实验环境。

(3)将实验教学所用的挂图、名家名言、科学家生平、生物学成果、学生实验成果等，作为营造实验室环境氛围的素材，对中学生进行潜移默化地熏陶感染。

(4)“讨论沙龙室”的规划。里面可安放办公桌、扶手椅、黑板等，并存放实验工具书、实验参考书、学科相关书籍与资料，并另设1～2台计算机用于查询与实验有关的资料，以便于师生之间、生生之间展开实验的讨论与交流。

(5)“饮水休息室”的布局。在实验工作区外设置饮水与休息的场地，里面可配置沙发、饮水机、饮水杯等。

以上“讨论沙龙室”与“饮水休息室”可规划在一起，进行合理安排和布局。

(6)设置“实验室指南”向导牌。实验室是师生进行实验、讨论、交流、研究的场所，实验室指南作为向导，主要告知师生一些与实验相关的事情。总的来讲，实验室指南里包括的内容是：作为教师不想一遍又一遍赘述给大家听的，而又经常在实验中涉及的那些琐碎内容；能使实验室功能更加强大，便于师生更好地实验和研究的条文规定。具体来讲，其内容条款是：实验室开关的时间安排，实验室进出口、楼梯间与卫生间的导向，实验室各功能区域简易图，危险区域的警示，消防器材、消防工具的

① 国家市场监督检验检疫总局，国家标准化管理委员会．国家电气设备安全技术规范[M]．北京：中国标准出版社，2023.

指示，火警、急救等电话号码的陈列，实验教师与实验室管理人员的“配备人事树图”，实验教师与实验室管理人员的联系方式与电话号码，实验开展的常规工作流程，精密仪器的一般操作引导，实验中常用试剂配方，实验室公用资料使用导引，等等。

要让“实验室指南”特别实用，应当根据实验的进展和实验内容的不同而时时进行更新。为了方便更新，建议采用固定式的“告示牌”与变化式的“电子板”相结合的方式进行规划与设置。

(7)设置“生物学数码互动实验室”。“生物学数码互动实验室”①是将中学生物学实验中经常使用的仪器(如显微镜、解剖镜等)与信息技术整合，将传统中学生物学实验室进行改造或重新建设的新型生物学实验室。

“生物学数码互动实验室”建设的基本原理就是将多台数码显微镜连接成局域网，以方便图像传输与共享。它主要由以下几部分组成：计算机教师终端、计算机学生终端、多台数码显微镜联网、多台数码解剖镜联网、智能集中控制系统、线路连接机、投影仪、实物投影仪、计算机屏幕等。整套设备最显著的特征便是“互动”，既可以通过计算机屏幕，也可以通过投影实现教师与学生之间“点对点”“点对面”的图像传输、讨论与讲解指导，或者进行学生与学生之间“点对点”“点对面”的图像传输、讨论与交流学习。“生物学数码互动实验室”与传统生物学实验室相比，其潜在功能和作用以及实用远景远远不止“互动”二字，有待于教师不断摸索和研究，从而尽力彰显出“生物学数码互动实验室”的特有魅力并拓展出更多的使用功能。

【案例】

“生物学数码互动实验室”实验教学案例赏析②

以洋葱根尖有丝分裂实验教学为例(具体实验步骤略)，分析得出了“生物学数码互动实验室”实验教学的以下优势。

1. 及时关注，互动交流

当学生在观察中找不到洋葱根尖时，或者找不到洋葱根尖有丝分裂所需时期的分裂图像时，可以单击自己计算机桌面上的电子举手按钮，教师就能通过“生物学数码互动实验室”的计算机屏幕发现该学生的电子举手，随即可打开该学生的显微镜观察画面，与其单独进行讨论。这样就可非常方便、及时地实现教师和学生之间“点对点”的图像传输和讲解指导。如果大多数学生在观察装片时遇到相同问题，教师可以利用投影屏幕把问题集中到一起进行解答，从而实现教师和学生之间“点对面”的图像传输、讨论与讲解指导。

与此同时，学生之间也可以通过投影屏幕互相看到对方所观察到的有丝分裂图像的不同时期，及时地进行互动交流学习，从而可以实现学生与学生之间“点对点”“点对

① (改编自)徐辉，郭慕依．显微镜数码互动实验室的介绍[J]．山西医科大学学报：基础医学教育版，2004，6(4)：411-412.

② (改编自)林子杰，靳琰．中学生物实验教学新里程——数码互动实验室简介[J]．中学生物教学，2006(6)：18-19.

面”的图像传输、讨论与交流学习。

2. 分工协作，互助双赢

在观察洋葱根尖装片的过程中，学生可以互相观察对方的有丝分裂图像，从而实现学生与学生的合作交流。把学生分成几个小组，每个小组根据学生的特点与能力又分为总结者、记录者、检查者、观察者等角色。检查者是本小组观察操作能力最强的学生，如果其他的组员观察不到根尖有丝分裂各个时期的图像，就由他先来帮助指导解决；记录者是计算机操作能力较强的学生，他负责让每个组员建立起自己的“实验电子档案袋”；总结者是交流能力强的学生，他负责与教师进行沟通，并向教师和全班学生汇报本小组的实验成果。“生物学数码互动实验室”为促进学生全面合作互助提供了作为支撑条件的优化载体。

3. 适时记录，成果共享

教师指导学生运用显微摄影设备记录自己的有丝分裂图像或视频，建立自己的“实验电子档案袋”，并且教师可以把学生较好的实验成果和实验反思展示出来，以促进学生学习的积极性。同时评价学生实验水平以及实验成果也更加方便、直观，对于学生操作中的方方面面都可以进行考核，有利于更加全面地评价学生的实验水平。

4. 诱发思考，促进探究

在观察洋葱根尖细胞有丝分裂实验中，通常采用洋葱根尖作为实验材料，有了“生物学数码互动实验室”提供的平时实验成果中的“实验电子档案袋”，就可以让有兴趣的学生在课后选取自己认为合适的材料，把“实验电子档案袋”里的记录与其他实验材料记录相对比。而在实验过程中出现的问题，学生也可以通过显微摄影暂时记录到“实验电子档案袋”中，实验后再进行反思。这对于训练学生的发展性思维、帮助他们建立起完整缜密的知识结构、促进学生拓展探究的创新思维等都有重要意义。

5. 省时省力，提高效率

当学生观察洋葱根尖细胞有丝分裂图像时，教师坐在自己的计算机屏幕前就可以观察到每一位学生的显微观察图像，并且针对学生的观察及时准确地进行指导，杜绝了盲目观察、胡乱应付的现象。教师也可以针对不同学生实验学习的差异进行“一对一”“一对多”的因材施教与差异指导，从而提高实验课的效率。

【点评】

从该案例中不难看出，“生物学数码互动实验室”有利于师生、生生之间信息的及时互动交流和反馈，有利于激发学生的参与热情，更好地培养学生的生物科学素养。同时还方便教师对全班同学的管理指导与信息资源调动，随机建立的“实验电子档案袋”真实再现了学生全面的实验水平与成果。所以，“生物学数码互动实验室”更高效地促进了实验的管理指导和师生的共同反思以及实验效果的在线评价。

(8)设置“虚拟仿真生物学实验室”。“虚拟仿真生物学实验室”即利用全新的、先进的且富有生命力的虚拟仪器和多媒体计算机，对教材数据进行分析和处理，在虚拟操作中为学生展示其中的实验步骤和结果。虚拟仿真实验综合运用了计算机图形学、图像处理与智能技术及音响技术等多方面的功能，给学生以直观形象的感受，促进他们更加简单快捷地学习和掌握生物实验的设计及操作。虚拟仿真实验主要通过虚拟仪器进行，虚拟仪器就是在多媒体计算机上配上相应的专用软件和硬件，并设定和设计好测试功能，从而获得与操作真实仪器相似的体验。

1.2.2 中学生物学实验仪器的配备

1. 中学生物学常规实验仪器的配备

中学生物学新课程倡导探究性学习，力图促进学习方式的变革，引导学生主动参与探究过程、勤于动手和动脑，逐步培养学生收集和处理科学信息的能力、获取新知识的能力、批判性思维的能力、分析和解决问题的能力，以及交流与合作的能力。因此，在中学生物学新课程中增加了不少探究性实验的内容，其中有些实验除了常规的仪器设备条件以外，还需要增设教师以往不太熟悉的现代生物学实验技术条件、试剂与仪器，这对学校和教师都提出了新的要求。

为了配合中学生物学新课程的实施，从仪器配备和实验技术的需求出发，建议实验室通常配备的实验仪器主要有：光学显微镜、体视显微镜、切片机、烘箱、冰箱、标本冷藏柜、超净工作台、微生物培养箱、电泳仪、离心机、分光光度计、PCR(聚合酶链式反应)仪、电子分析天平、纯水制备系统、消毒灭菌系统、酸度计、操作盘、载玻片、盖玻片、包埋盒、玻片盒、常用实验用具盒等。

2.“生物学数码互动实验室”的配备

生物学实验教学的每一次进步都离不开实验设备的发展，在有条件的学校可以将显微镜与信息技术、网络技术结合而成为“生物学数码互动实验室”。与传统生物学实验教学相比，在“生物学数码互动实验室”中进行生物学实验教学有利于师生之间的及时互动交流与反馈，更有利于激发学生的参与热情和培养生物学科学素养。

“生物学数码互动实验室”的配备包括：数码显微镜、实体数码显微镜、计算机智能集中控制系统、线路连接机、投影仪、屏幕等。

3.“网络化智能型生物学实验室”的配备

“网络化智能型生物学实验室”直接体现在配备的现代化水平上，即装备先进的信息通信设施，实现生物学实验仪器与计算机网络化，这是当前生物学实验室发展的一个明显趋势。

“网络化智能型生物学实验室”的配备包括网络化实验室服务器、计算机若干、实物投影仪、投影机、录像机、DVD、音响设备、常用实验应用软件系列、投影幕布、幻灯机、打印机、复印机等，以利于使用网络化智能型实验手段达成生物学实验教学的目标。

4. 中学生物学实验常用仪器简介

(1)光学显微镜。

光学显微镜是一种利用光学原理进行微观观察的光学仪器，广泛用于生物学实验中。

光学显微镜根据功能与用途可以分为普通生物显微镜、暗视野显微镜、相差显微镜、偏光显微镜、倒置显微镜等。当传统的光学显微镜与摄像系统、显示器或者计算机相结合，带有摄影、摄像与多个操作接口，并配置生物图像检测与分析系列软件时，就可将整个实验室中的显微镜联网使用，从而实现生物图像采集、图像信息分析、细胞图像分析、电泳凝胶分析、生物芯片分析、染色体核型分析、生物组织细胞分析、DNA 分析等操作。光学显微镜就可成为摄影显微镜、示教显微镜、图像分析显微镜、视频显微镜等，从而实现显微观察的智能化、人性化的目的。

(2)体视显微镜(图 1-1)。

体视显微镜是利用进入两眼的光分别来自一个独立的路径，这两个路径间夹一个小小的角度，因此在观察时，样品就呈现出立体图像的效果，从而实现对透明、半透明、不透明生物体或样本局部的立体观察与解剖分析，因此常用于实验教学示范、生物观察与解剖分析的常规生物学实验中。

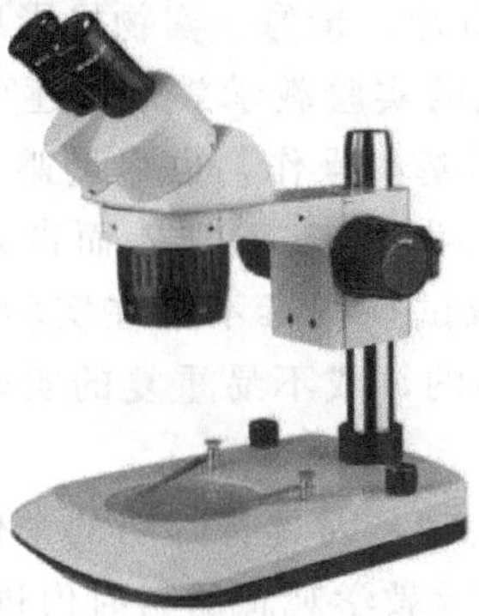

图 1-1　体视显微镜

(3)生物切片机(图 1-2)。

生物切片机可以将新鲜的、固定的动植物组织均匀地切割成薄片，放置于显微镜下进行观察。

图 1-2　生物切片机

(4)PCR(聚合酶链式反应)仪。

PCR 仪又称“基因扩增仪”，是为 PCR 核酸扩增技术所设计的自动化仪器。PCR 的工作原理是通过变性、退火(又称复性)、延伸这三个步骤的多次循环，使目标 DNA 片段呈指数扩增。因此，PCR 系统是一个极其灵敏的信号放大系统，能将极微弱，甚至是单拷贝的基因信号检测出来并进行扩增。PCR 大大简化了基因克隆的步骤，它操作简便、结果准确可靠，已广泛用于生物学研究的各个领域，包括基因表达分析、基因突变检测的基础研究，细菌、病毒等致病微生物的临床诊断检测，食品卫生检疫、海关检疫工作，等等。

5.“网络化智能型生物学实验室”

“网络化智能型生物学实验室”充分利用网络技术作为载体，创建生物学实验室局域网，将与实验相关的信息直接发布在局域网上，便于学生及时了解实验课程的进度与规划安排，认真预习相关内容，了解有关实验的背景知识，方便查找和收集实验相关信息与资料，自主或合作进行预实验和实验。这样，学生就可以在自己方便的时候进行实验，从而解决一个实验教师面对多个学生无法一一指导到位的困难。对一些验证性实验，还可以充分利用网络化智能型技术媒体的强大信息支持和计算机仿真功能，结合CAI课件、视频、PPT幻灯片、录像、实物投影展示等开展形式多样的形象实验教学，起到生动、形象及规范化的实验教学效果。还可穿插播放一些供观摩学习的实验教学片，既有利于规范学生的基本操作，也尽量避免、消除、纠正、减弱因为教师对学生要求的不一致，或实验的环境、实验误差而带来的实验效能不一致。同时，还可将那些因为试剂价格昂贵，或试剂剧毒不宜在实验室完成的，或因为时间、空间、条件、环境而不能在实验室实施的，或不易重复的实验展现给学生，是实验教学的重要补充和延伸。

“网络化智能型生物学实验室”，因具有鲜明的个体化、交互性、智能化、数字化和网络化的特点，充分体现了实验教学观念的与时俱进与教学思想和教学理论的发展，促进了实验教学手段现代化，强化了学生实验设计和操作技能的提高以及教师实验教学的优化。“网络化智能型生物学实验室”是当前实验室建设中的一种发展趋势，具有极强的生命力，引领着当前实验室建设的潮流。

“网络化智能型生物学实验室”由以下两个模块构成。

①实验课程开展的“网上学习系统模块”。将实验大纲和实验计划、实验目标、实验原理、实验内容、实验程序、常规生物学实验方法、常用实验仪器操作技术在网上呈现，对实验中常见疑难问题的自助解决办法、实验报告模板等进行简单介绍。

②“实验信息资源系统库模块”。将实验教学视频、演示实验的多媒体课件、常用实验数据处理分析软件、本学科实验发展历史与动态趋势等实验课程资源整合在“实验信息资源系统库模块”中。

“网络化智能型生物学实验室”可巧妙地对实验教学内容进行静态与动态的、平面与立体的、微观与宏观的、实物与模拟的、多层次与多侧面的嫁接与展示。把实验内容制作成图、文、声、像一体化的多媒体生物学实验教学课件或视频，友好地展现在学生面前，能极大地丰富中学生物学实验教学内容，实现资源共享。“网络化智能型生物学实验室”能方便学生预习实验、进行自主独立实验或合作实验以及创新实验、进行实验自我检测。实现了师生、生生、人网的互动观摩交流，方便了教师进行实验指导与管理，从而形成了系统性、渐进性的“演示实验课→基础技能训练实验课→验证实验课→探究式实验课→综合设计性实验课→课外自主专题研究性实验课”不同层次的中学生物学实验体系，形成了“师生共同参加与学生自主实施”相结合的实验架构，极大地促进了实验教学质量的提高。

1.2.3　实验常用化学药品与试剂配制

为了使实验现象更加明显，在中学生物学实验中经常使用化学药品与试剂来对生物材料进行处理和染色。

1. 实验常用化学药品与试剂简介

化学药品与试剂种类繁多，分类的标准不尽相同，下面对中学生物学实验中常用的化学药品与试剂的分类以及规格标准进行简要介绍。

化学药品与试剂分为一般试剂、标准试剂、高纯试剂和专用试剂四种。

一般试剂是实验室中普遍使用的试剂，也是中学生物学实验中经常使用的试剂类别，规格标准是以其中所含杂质的多少来划分的，包括一级、二级、三级、四级试剂。一般试剂的规格和适用范围见表 1-2。

表 1-2　一般试剂的规格和适用范围①

等级	规格符号	规格符号的中文名、英文名	标签颜色	实验适用范围
一级	G. R.	优级纯、保证试剂 (Guaranteed Reagent)	绿色	精密实验
二级	A. R.	分析纯、分析试剂 (Analytical Reagent)	红色	一般实验
三级	C. P.	化学纯 (Chemical Pure)	蓝色	一般实验
四级	L. R.	实验试剂 (Laboratory Reagent)	黄色	一般实验

标准试剂是用于衡量其他待测物质化学量的标准物质，被习惯称为基准试剂，标准试剂的特点是试剂主体含量高而且准确可靠。我国规定容量分析中其试剂主体含量分别为 100%±0.02%和 100%±0.05%。

高纯试剂中的杂质含量低于标准试剂，其主体含量与优级纯试剂相当。

专用试剂是指具有专门用途的试剂，如仪器分析专用试剂中有色谱分析标准试剂、薄层分析试剂、核磁共振分析试剂、光谱纯试剂等。专用试剂主体含量较高，杂质含量较低。

2. 中学生物学实验中常用化学药品与试剂的配制

(1)中学生物学实验中常用化学药品与试剂。

中学生物学实验中经常使用的化学药品与试剂清单按化学性质与用途划分如下。

①酸类：甲酸、乙酸、正丙酸、丙酮酸、乳酸、硼酸、磷酸、盐酸、硫酸、硝酸等。

---

① 华中师范大学，东北师范大学，陕西师范大学，等．分析化学实验[M]．4 版．北京：高等教育出版社，2015.

②碱类：氢氧化钠、氢氧化钾等。

③盐类：氯化钠、氯化钾、氯化铁、氯化镁、氯化钙、高锰酸钾、硝酸钾、硫酸铜、乙酸钠、碳酸钙、碳酸钠、柠檬酸钠、硫代硫酸钠、磷酸氢钾、磷酸二氢钾、磷酸氢钠、磷酸二氢钠、重铬酸钾、草酸铵等。

④染料：醋酸洋红、地衣红、番红、伊红(曙红)、中性红、甲基红、石蕊、碱性品红、酚红、碘、碘化钾、吡罗红-甲基绿、固绿、孔雀绿、亚甲基蓝(亚甲蓝、次甲基蓝、亚甲蓝)、健那绿、甲紫、结晶紫、苏木精、苏丹Ⅲ或苏丹Ⅳ。

⑤其他：甲醛、甲醇、二甲苯、丙酮、过氧化氢、石油醚、苯酚(石炭酸)、间苯三酚、亚铁氰化钾、甘油、石蜡、树胶、二氧化硅、葡萄糖、淀粉酶。

(2)有关中学生物学实验中常用试剂与培养基的配制方法请见附录1至附录3。

1.2.4 中学生物学实验中的化学危险品管理

在中学生物学实验中，经常使用到各种各样的化学药品。其中一部分化学药品具有危险性，统称危险品，师生进行实验时应特别注意，严格进行规范操作，以免事故发生。

1. 中学生物学实验中的化学危险品的性质、分类

根据化学药品的易燃、易爆和有毒的性质，将其危险性以清单方式分类列出①。

(1)易燃化学药品。

①易燃气体有 C_2H_2、H_2、H_2S、O_2、SO_2和煤气等。

②根据易燃程度将易燃液体分为一级、二级、三级。一级易燃液体易燃程度最高，有丙酮、乙醚、汽油等；二级易燃液体易燃程度中等，有甲醇、乙醇、吡啶、甲苯、二甲苯、正丙醇、异丙醇、二氯乙烯等；三级易燃液体易燃程度相对较低，有煤油、松节油等。

③易燃固体可分为无机物和有机物两大类：无机物类如硫黄、镁粉等，有机物类如樟脑等。

④自燃物质有白磷。

⑤遇水易燃烧的化学药品有 K、Na、CaC_2 等。

(2)易爆化学药品。

①H_2、乙醚、汽油的蒸气与空气或 O_2混合，皆可因火花产生爆炸。

②单独可爆炸的有：硝酸铵、三硝基甲苯、苦味酸等。

③混合发生爆炸的有：C_2H_5OH 加浓 HNO_3、$KMnO_4$ 加甘油、$KMnO_4$ 加 S、HNO_3 加 Mg、NH_4NO_3加 H_2O、过氧化物加 Al 和 H_2O、S加 HgO、Na 或 K 加 H_2O 等。

④氧化剂与有机物接触，极易引起爆炸，在使用 HNO_3、H_2O_2 等时必须谨慎小心。

(3)有毒化学药品。

---

① 倪哲明，刘秋平，夏盛杰．新编基础化学实验(Ⅰ)：无机及分析化学实验[M]．2版．北京：化学工业出版社，2015.

① Cl_2、F_2、HCl、HF、SO_2、H_2S、NH_3、CO、O_3 等均为有毒气体，具有窒息性或刺激性。

②强酸和强碱均会刺激皮肤，有腐蚀作用，会造成化学烧伤。强酸、强碱的化学烧伤可导致眼睛角膜被烧伤，其中强碱烧伤后 5 min，可使角膜完全毁坏。其中，HCl、H_2SO_4、NaOH、HF 等还兼有强腐蚀性。故在使用这些化学药品时必须格外小心，最好穿上工作服，戴上橡皮手套、口罩与防护目镜。

③高毒性固体有：无机氰化物、$HgCl_2$ 等可溶性汞化合物等。

④有毒有机物有：苯、甲醇等有机溶剂，芳香硝基化合物、苯酚、二苯胺及其衍生物等。

⑤已知的危险致癌物质有：N-四甲基-N-亚硝基苯胺、N-亚硝基二甲胺、N-甲基-N-亚硝基脲等 N-亚硝基化合物，(氯甲基)乙醚、碘甲烷等烷基化试剂，苯并芘、二苯并等稠环芳烃，硫代乙酰氨硫脲等含硫化合物，石棉粉尘等。

⑥具有长期积累效应的有毒物质有：苯；铅化合物，特别是有机铅化合物；汞、2 价汞盐和液态的有机汞化合物等。

2. 中学生物学实验中的化学危险品的管理

中学生物学实验中的化学危险品的管理应从两方面入手：一是化学危险品使用前的贮藏管理，二是化学危险品使用中的动态管理。

(1)化学危险品使用前的贮藏管理。

化学危险品使用前的贮藏管理要点如下。

①在中学生物学实验中，最好采取“随用随购”的原则进行必需化学危险品的合理、适量购置，实验室不允许存放大量化学危险品。

②在生物学实验室中，化学危险品要划分隔离的专门区域，且按照易燃、易爆和有毒的性质分开并妥善进行贮藏。如根据钾、钠、白磷等物质暴露在空气中易燃烧的性质，可将钾、钠保存在煤油中，白磷可保存在水中。还有苯、乙醚、乙醇、丙酮等易燃有机溶剂应远离火源低温贮藏。容易爆炸的试剂，如有机过氧化物、芳香族化合物、多硝基化合物等贮藏时要防止受热和敲击。隔离的专门区域内应配有专门橱柜，有低温的调控设备、通风设施、消防装备，最好还应有险情发生的警报装置等等。

③将化学危险品按照其危险性质以及数量分门别类地造册，并用明显的卡片张贴在贮藏室外醒目的位置告知大家，并对其危险性质和程度简要进行说明。

(2)化学危险品使用中的动态管理。

化学危险品使用中的动态管理是在学生使用化学危险品时的管理，主要要点如下。

①事先让学生知晓将要接触到的化学危险品的危险性质，以便心中有数，做到主动防范。

②在配制化学试剂以及实验前，提醒学生穿上工作服，戴上橡皮手套、口罩与防护目镜，着装规范。

③在配制化学试剂以及实验进行时，提醒学生对有刺激性气体或有毒气体的化学危险品，应在通风橱中进行规范操作。

④倾倒试剂和加热溶液时提醒学生不可垂直俯视，以防溶液溅出伤人。使用浓酸、

浓碱、溴、汞等强腐蚀性试剂时，提醒学生要注意切勿溅到皮肤和衣服上，应用洗耳球吸取强酸、强碱，严禁用嘴直接吸取。

⑤操作易燃、易爆的化学危险品时，提醒学生应远离火源，用后要塞紧瓶塞，放在阴凉的地方或专门的低温设备如冰箱中。

⑥有毒废液用完后应强调集中存放，统一回收处理，提醒学生不可直接倒入下水道。

⑦实验完毕后应提醒学生立即洗净双手。做完实验、离开实验室时，应关闭水、煤气和电源的开关。实验室药品及实验时的产物不得带离实验室。

⑧如出现任何意外事故，提醒学生必须立即果断处理，同时马上向实验室教师报告并尽快撤离。

3. 化学药品与试剂的合理使用

在中学生物学实验中经常使用的化学药品与试剂的标准是一般试剂中的二级、三级或四级试剂。

具体选用什么样的化学药品与试剂，要结合具体的实验目标、实验内容、对实验分析结果准确度的要求和分析方法的灵敏度、选择性等，合理地选用相应级别的化学药品与试剂。在满足实验要求的前提下，要坚持因地制宜、节约成本、就低不就高的原则。

1.2.5 中学生物学实验教具的自制

自制教具是生物学学科素质教育不可缺少的活动之一，其好处在于：①自制教具是一种新颖的、奇特的实验情境创设的方式，能很好地培养学生学习生物学的兴趣。②自制教具是实验教学的重要手段之一，几乎可以用在生物学教学的各个环节，包括实验教学，能让学生获得更直观、更逼真、更形象、更深刻的感性认识，使抽象的知识形象化、具体化，解决实验教学中的重点与难点，理解生物体的生命活动过程与实验原理，从而达到高效地传播非语言教育信息的功效。③发动师生一起开展生物学实验教具的自行设计与制作，可激发学生创造性思维和动手欲望，因地制宜地采用简单的材料，充分发挥自己的想象，有利于培养学生的观察能力、操作能力、思维能力、信息表达能力等综合素养。④师生互助、生生协同开展生物学实验教具的自制，还有利于培养学生认真务实的科学态度与团结合作的协同精神。

1. 自制实验教具的类型及特点

自制实验教具，是教师或学生根据教学需要，亲自制作的构造简单、经济实用、科技含量高的直观实验教具。下面将中学生物学教学中常见的实验教具的类型及特点进行总结，见表1-3。

表1-3　常用实验教具的类型及特点①

	性　质	特　点	不　足
实物教具	实物教具是生物活体	真实、具体、有生命性；能反映生物的形态、习性、运动情况、活动过程、生活状态和一些可见功能；能显示生物与环境的关系；是进行实验的首选材料	不便演示生物体构造和生理特点；受时空、个体大小、生态保护、资源利用的限制
标本教具	标本教具是生物体或其器官组织经过加工处理而保存下来的完整的或部分的物体形态	真实反映生物体形态结构特征和部分过程性特征；不受时间和空间的限制	容易失去生物体的真实色泽和生活动态特征；小体积的标本信息传递面受限制
模型教具	模型教具是模拟生物体的结构特点，人工制成的实物仿制品、实物放大或缩小制品，以及简约表达生命过程的示意制品	能立体地显示生物体结构特征和各组成部分相互间的联系；能显示生命活动过程的关键环节及特征；能显示生物界发展变化过程；能反映生态学关系；容易说明生物体或局部的三维空间结构；可以拆卸、重组	不能作为全真替代物；常带有非真实性的特征；细微之处演示效果不好
挂图教具	挂图教具是绘有生物体信息的图像纸制品	图像是平面的，且传递面宽；能准确、规范、全面地表现出生物体的形态结构特征；可呈现生物体内外部各种联系；可演示生命活动阶段性流程；既方便对生物体写实，又方便对生物体进行灵活性与创造性再现；可将复杂结构简约化、模式化；可将抽象过程具体化	辅助教学效果较单一、呆板；难以表现立体的、活动的生物体；难以表现环境与生物体之间的关系
替代物教具	替代物教具是无须加工的现成物体	用于生物体彼此之间的替代，有一定的相似性；极易获取	真实感欠佳；作用有限
投影和幻灯教具	投影和幻灯教具多指用透明胶片制作的投影片	放大效果好，信息传播面大；可以用简约方式来表示生物体结构、生命活动各组成成分之间的空间位置和本质联系；可用拟动手法产生动态感；具有较强的事后再现功能；可作为光学黑板、电子教学设计的学案使用	需要一定的设备和环境条件支持；辅助教学效果较单一、呆板
电视录像教具	电视录像教具集电影、录音、摄影、幻灯功能于一身	不受时间和空间的限制；生动逼真地表现生物体的动态形象和行为；可作快、慢速播放的技术处理；便于形象地创设教学情境；声像结合，易于重播	使用过程中难于及时反馈；需要一定的设备和环境条件支持

① （选编自）刘恩山．中学生物学教学论[M].2版．北京：高等教育出版社，2009.

续表

	性　质	特　点	不　足
多媒体教具	多媒体教具集图形、图像、动画、声音、视频等信息媒体为一体的友好呈现方式	可以将生物体本身的信息与声音、文字、动画、影像等不同类型的信息整合在一起友好呈现；实现人机交互式互动与资源共享；方便将生物体的内部结构、环境、抽象的认知领域进行形象地再现与虚拟模拟；形式多样，如幻灯、动画、视频等	开发者需要一定的技术技能要求；需要一定的设备和环境条件支持

2. 自制实验教具的原则

自制实验教具时需遵循以下原则。

(1)科学性原则。

要客观、真实地反映生物体的形态构造和生命特征。

(2)启发性原则。

实验教具的演示应能启发学生去联想教具展示内容所反映出来的事物的本质特征，启发学生对某种现象进行探究性思考，达到释疑解疑的目的。

(3)实用性原则。

实验教具所展示的内容要有针对性、要实用，操作要方便，组装和拆卸要容易，并能反复使用。

(4)简易性原则。

因地制宜，因陋就简，提倡利旧利废、变废为宝，材料易找、易做、易用、易保存、省钱。在教育经费比较紧张、中学生物学实验教具相对短缺的背景下，发动师生修旧利废、因地制宜地自制实验教具，在中学生物学实验课程实施中具有特殊的意义与作用。

(5)艺术性原则。

简易生物学实验教具讲究取材美观、设计巧妙、形象再现，这样才会对学生产生较强的刺激与感染。特别是在当前信息技术媒体的广泛渗透中，充分整合新技术、新方法、新材料，使简易生物学实验教具具有更好的辅助实验教学的效果。

(6)直观性原则。

自制实验教具特别强调直观性，直观性原则就是指利用生物学实验教学中的自制实验教具作为感觉传递物，作用于学生的多种感官，促使多种感官并用，根据直观教具去看、去听、去说、去动、去独立思考，从而加深他们对知识的理解，提高学习的效率。

3. 自制实验教具的方法

在生物学实验教学中，特别提倡制作简易的实验教具，当教具的简洁程度正好符合学生心理的简化水平时，促进实验开展的作用便会凸显出来。作为生物学教师，自己亲自付诸行动或带领、指导学生形成对制作简易生物学实验教具的偏爱，是难能可贵的职业素养。

几种自制实验教具的基本方法如下。

(1)仿制法。

仿制法指可从形态结构上仿制有关生物体的模型，根据其大小、形状及结构，用塑料泡沫、纸浆等仿照制作，如“草履虫模型”“叶芽模型”等。

可从生理功能上去模仿设计，变抽象内容为直观的、动画的、惟妙惟肖的立体化实验教具。如学生学习肺的吸气、呼气功能原理时，因为摸不着、看不到而抽象得难以理解，那么模仿胸腔中胸廓、膈肌的结构与生理功能，用塑料桶、气球等就可制作成“胸腔模型”，帮助学生把吸气、呼气的抽象内容变得直观易懂。

(2)改造法。

改造法是指将原有的生物学实验教具从局部进行修改、扩充、调整后再制作的方法。如将仅有动物、植物单一图形的生物学挂图，加上环境氛围的设计改造而成的生态类型图。

(3)现代教育技术手段整合法。

现代教育技术手段整合法是利用计算机、摄像机、网络资源等，进行相关技术手段的整合。如“人体消化过程的动态演示”动画、“艾滋病的病理机制”动画、“人体刺激传导过程与机制的演示”等美观实用的实验教具的设计与制作。

1.2.6　自制实验教具的使用

中学生物学实验教具主要配合实验的有效、高效开展，借助单一或多种教具，更好地达成实验的教学目标。

1. 自制实验教具使用策略

(1)以普通教具为主，自制实验教具为辅。

如果已有普通教具辅助教学，应首先考虑使用之，在必要时可以适当地、严谨地补充一些自制实验教具辅助普通教具的演示。

(2)注意营造实验教具演示的环境条件。

要考虑各种教具是否有合适的摆放位置，挂图、剪贴图是否有固着物，电器的电源位置是否合适，演示台的高度、光线是否合适，一些较小的、颜色与周围环境相似的教具是否需要反差大的背景衬托，等等。

(3)实验教具有序、简洁的展示。

实验教具演示辅助时，不宜混乱，不宜滥用，不宜出示过多、过于频繁，应有序、简洁地出示。要注意说明教具的种类、演示的解剖学位置和剖面、替代物的含义、需要做哪些思考等。另外，使用完毕应及时收起来，避免多个教具同时出现在学生的视野中，分散学生注意力，干扰思维的顺序性。

(4)出示实验教具的时机选择。

根据生物学科特点和学生的学习心理，把握有利时机出示实验教具，可以起到事半功倍的效果。①思绪游离时机：刚上实验课时，学生尚处在观望、等待的思绪游离状态，此时利用实验教具提出问题、设置悬念、烘托实验氛围，可以集中学生的注意力，顺利引入实验状态中。②疑难时机：使用实验教具解决实验中的难点，是难点突破方法之一。③疲沓时机：当某个实验环节出现学生精力分散、松懈疲沓的情形时，呈现新颖、生动的实验教具，会使学生眼前一亮，大脑和身体再次兴奋起来。

2. 自制实验教具的使用方式

教师在实验中，使用教具辅助是实验教具的单一使用，一般用在单一问题、简单问题的印证实验中。而通常将两种或两种以上的教具以“教具串”的方式结合起来在一些实验中使用，即进行实验教具的组合出示。教具的组合出示有横向组合方式和纵向组合方式两种。

(1)横向组合方式。

横向组合方式是用几种实验教具从不同角度来揭示同一实验内涵。有的生物学实验内涵极其丰富，需要用多种实验教具来阐释。如在验证“植物细胞吸水和失水的原理”的实验教学时，可先用萝卜、马铃薯等实物分别在低渗和高渗的溶液中亲自验证植物细胞吸水和失水的实验，让学生获得实验真切的客观感受。还可用动画或视频来展示植物细胞分别在低渗和高渗的溶液中时，细胞结构上所发生的变化以及细胞吸水、失水的动态过程，从而比较容易对植物细胞吸水和失水的原理进行解释，这样形式服务于内容的组合能够使学生对所学内容进行建构式的透彻理解与应用。

(2)纵向组合方式。

纵向组合方式是让几种实验教具在不同的实验教学过程中依次出现。如在进行“单细胞生物的形态结构和生命活动特点”的实验教学时，指导学生先用显微镜观察制成的草履虫临时玻片标本，认识自然状态下草履虫的形态，再用挂图描述草履虫的细胞结构，后用动画或视频来展示草履虫的整体结构和生命活动的行为功能以及对外界刺激的反应特点。

3. 自制实验教具成果

中学生物学自制实验教具部分成果信息见表1-4，广东省优秀自制教具活动评价标准见表1-5。

表1-4　中学生物学自制实验教具部分成果信息

类型	自制实验教具名称	发表刊物	年/期
模型类教具	眼球成像模型的制作方法	生物学教学	2022/11
	自制模型展示兴奋在神经纤维上的传导	生物学教学	2022/6
	人体呼吸运动模型的制作与使用	生物学教学	2022/7
	肾单位动态模型的制作	中学生物教学	2020/27
标本类教具	大圆颚针鱼骨骼标本的制作	生物学教学	2019/1
	大型真菌标本的采集与制作	生物学教学	2005/4
	昆虫的捕捉与标本的制作	中学生物教学	2015/8
	小鼠透明骨骼塑化包埋标本的制作研究	生物学通报	2021/9
	海生藻类蜡叶标本制作方法的改进	生物学通报	2018/9
	家鸽骨骼标本的制作	生物学通报	2014/11

续表

类型	自制实验教具名称	发表刊物	年/期
玻片类教具	利用光盘制作植物临时切片的制取装置	生物学通报	2014/3
	土壤螨类的采集与玻片标本的制作	生物学通报	2012/1
	细菌、霉菌玻片标本的制作技巧	生物学通报	2004/4
	可翻转式跳虫玻片标本的制作方法	生物学教学	2011/3
	简易生物切片器	生物学教学	2009/6
其他教具	自制教具“多功能光合作用光照箱”	生物学通报	2020/1
	基因表达磁铁教具的制作与使用	生物学通报	2016/6
	“尿的形成”教具演示器的设计和制作	生物学教学	2018/8
	骨关节结构电动模型教具的制作	生物学教学	2018/6

表 1-5　广东省优秀自制教具活动评价标准

评分项目	考核内容	分值/分	成绩
设计水平	1. 设计原理科学； 2. 作品具有原创性，设计新颖，从造型、功能等方面反映出独特的构想； 3. 能够改进原有教具的缺陷或不足； 4. 针对性强，能解决本学科中遇到的问题，有利于学生理解教学中的重难点	40	
制作工艺	1. 作品完整，功能稳定； 2. 坚固耐用，操作方便； 3. 符合安全要求	20	
教学效果	达到或优于预期教学目标	20	
应用前景	材料环保，取材便利，成本合理，易于推广	10	
教具视频及文稿	1. 视频演示清晰易懂； 2. 文稿介绍要点明确	10	
加　分	获取专利或在市级以上有刊号的刊物发表相关论文的将予以加分，加分最高不超过 10 分(加分另计)		
合　　计		100	

1.3　中学生物学实验室的管理

中学生物学实验室是以充分满足中学开设生物学实验所需及中学生训练实验技能的要求为目的，以提供科学、合理、优化的生物学基础实验教学课程体系为核心的，是设备先进完善、管理科学的开放性实验室。

为了保证中学生物学实验室正常高效地运转，更好地发挥出实验室的功效，需要制订出科学、规范的中学生物学实验室管理制度。

1.3.1 建立健全实验室管理制度

实验室的管理制度应涵盖：实验室的常规管理、实验仪器的管理、实验室课程资源的管理、实验药品的管理、“三废”物质的处理。具体要点如下。

(1)实验室应有比较规范的工作作息时间，用告示牌明确告知。

(2)对各种实验仪器、设备、药品、标本、其他课程资源按不同性质和不同类别分别有序、规范、定位存放。保持实验室内环境整洁，走道畅通。对精密贵重物品，要重点管理、定期检查，确保其安全。

(3)加强实验室档案的管理，实验室档案指在实验室使用中，作为原始记录保存起来以备查考的文字、图表、声像及其他各种形式的材料，是教师和实验工作人员开展实验教学、实验管理、经验总结的沉淀结晶，也是中学生实验后所保留下来的历史成果记录。应该进行全面收集整理、登记分类、编号存档、妥善保存，同时接受学校档案部门和实验室主管部门的监督与检查。

实验室工作档案包括：本实验室承担的实验课程名称记载、历年实验课程安排、历年实验教学计划、历年实验教学大纲、历年实验教材及指导书、历年学生实验报告(样本)、学生成绩记录、实验项目开设情况记录、仪器设备运行情况记录、设备仪器维修记录、实验软件、论文、专著、鉴定、专利、获奖等。

要做好实验室工作档案的管理工作，需首先用实验记录本做好记录工作。实验记录本的类型和风格可以是笔记本的纸质文档，也可以是与时俱进的电子文档的“实验室信息管理系统”的数据库，这将在很大程度上方便动态演化发展的实验室工作档案数据的输入、存储及管理。

(4)加强实验药品的分级、分类管理，包括对一般药品的常规管理和对易燃、易爆、有毒药品的强化安全分类管理。

(5)坚持“预防为主，防消结合”的消防管理工作的指导思想和行为准则，进行火灾预防，保证消防通道的畅通，配备足够的消防器材和消防设施，定期进行消防器材和消防设施的有效检查，避免失效、损坏和挪用消防器材的事情发生。

(6)坚持实验中的“三废”物质的集中处理制度，防止中毒事件发生，全力减少污染。实验结束后的废液与有毒液体不能随意倾入水槽和下水道中，应集中存放，并及时加以处理。

(7)坚持实验室开放的管理制度，充分利用实验教学资源，促进实验教学课程改革，培养学生的实践能力和创新精神，规范有序地做好实验室的开放工作。

实验室向学生开放的具体形式分为学生参与科研型、学生科技活动型、自选实验课题型、计算机应用技术提高型等，应采取以学生自主活动为主、教师指导为辅的开放的实验教学模式。

①学生参与科研型开放实验：其主要面向高年级学有余力的中学生，实验室定期发布科研项目中的开发研究课题，吸收部分优秀中学生进入实验室参与教师的科学研

究活动。

②学生科技活动型开放实验：学生自行拟定科技活动课题进行研究，实验室提供相应的实验条件，指派教师进行指导。

③自选实验课题型开放实验：实验室定期发布教学计划以外的综合性、设计性自选实验课题，鼓励学生进行创新设计实验。学生在实验中必须独立完成课题的方案设计、实验装置安装与调试，完成实验并撰写实验报告论文。

④计算机应用技术提高型开放实验：针对中学生的具体情况，利用计算机进行实验课件制作、实验软件开发、网页设计、网站建设、实验信息的收集与利用等，提高计算机实际应用能力的实验活动。

(8)要切实加强对实验室所有人员的安全防范意识的教育，注意防漏电、漏水、漏气、雷击，防盗防丢失。对发生的如火灾、触电、地震等突发事件要立即启动应急预案，进行切实可行的应对和处理。

1.3.2　建立健全实验安全制度

为了切实做好实验室安全工作，确保实验室各项工作顺利进行，确保师生人身安全和国家财产安全，中学生物学实验室必须建立健全实验安全管理制度。

1. 建立健全化学药品安全规范管理制度

(1)所有化学药品都应当检查和造册登记，进行分类有序存放。普通化学药品可存放在专门的橱柜中。而化学危险药品必须存放在专用仓库、专用场地或专用储存室(柜)内，专用仓库、专用场地或专用储存室(柜)应当符合有关安全、防火规定，并要进行定期检查与管理。

(2)化学危险药品专用仓库内外严禁吸烟和使用明火，根据消防条例和物品的种类、性质，设置相应的通风、防爆、泄压、防火、防雷、报警、防晒、调湿、消除静电、防护围堤等安全设施。

(3)化学危险药品应当分类分项存放，堆码之间的主要通道应当符合消防安全距离，不得超量储存。仓库内温度要控制在 30 ℃以下，通风良好，仓库内应配置适量的安全消防设施。

(4)对爆炸药品、剧毒药品应严格遵守双人保管，双人收发，双人使用，双人运输，双把锁的“五双”制度。

(5)实验中需使用化学危险药品时，应做到需要多少领多少，并注意规范安全地使用。使用后对于剩下的化学危险药品要及时退还给仓库，不得在实验室里存放大量的化学危险药品。

2. 建立健全实验安全规范操作制度

为了切实保证学生人身安全和公共财产安全，使师生能在一个安全有序的实验环境中进行实验，需制订出中学生物学实验安全规范操作制度。

(1)强化预备实验安全意识。一切实验都要在预备室准备预做，确保实验无误后，方可拿到实验室做。准备实验时要准备防护及保险措施，实验装置要牢固，放稳妥，实验时要严格遵守操作规程，在实验中严禁学生随意混合化学药品，以免发生意外，并仔细审查不安全因素，消除隐患。实验教师要学习和掌握实验室伤害救护常识和技术，做好急救工作。

(2)确保用电安全。用电安全是实验室安全管理的重要任务之一，实验室要设总配电盘，装设漏电开关，离开实验室时要将总电源断开。实验指导教师要严格控制学生实验用电，尽量使用36 V以下的安全电压。实验室供电线路的布设、电线截面积和保险丝的选用要符合国家颁布的安全供电标准，供电线要定期检修和更换。安装电器设备要做到电流、电压与用电器的标准匹配。一般情况下电器都应接地，并经常检查接地是否良好，电线或电器盒盖破损要及时修复。

(3)管理好化学危险药品的贮藏与使用。实验室中的化学危险药品有三大类(易燃化学危险药品、易爆化学危险药品、有毒化学危险药品)，要严格管理，谨慎使用。化学危险药品在入库前要验收登记，入库后要定期检查，严格管理，严格遵守“五双”制度。做可能发生危险的实验时，要准备好防护用品。化学危险药品的使用要严格遵守操作规程，任课教师领用化学危险药品时，必须填写“危险及剧毒化学危险药品领用单”，经实验室负责人批准，限量发放，取用量要逐一登记，剩余部分要回收，回收数量要入账。如发现化学危险药品特别是剧毒品被盗，要立即报告领导，并通知当地公安部门查处。

(4)实验室要注意通风排气。做有强刺激或有毒气体发生的实验时，必须在通风橱内进行，禁止用汽油代替酒精或煤油作燃料，酒精、汽油等易燃液体大量洒落地面时，要立即打开窗户或排气扇通风，禁止在实验室内吸烟。

(5)定期检查实验室消防设施。实验室的消防设施，如沙箱、沙袋、灭火器、消防水管等都要定点布设，做到取用简单、使用方便。每学期要定期或不定期地全面并严格检测所有消防设施，并熟练掌握各种灭火器的使用方法。严禁在消火栓(箱)前堆放物品，全面保证消防通道的畅通无阻。

(6)实验室要加固门窗，管好钥匙，安装防盗设施，做好防盗工作。

(7)实验室内新配制的化学试剂应贴上专用标签，标签上标明名称、浓度、配制日期，对不能鉴定的试剂一律作报废处理。

(8)加强安全防范意识教育，指导学生掌握预防触电、中毒、灼伤、烫伤、机械割伤的基本知识及救护措施。

3. 建立健全突发事件的应急预案制度

(1)制订生物学实验室应急预案的依据。

制订生物学实验室应急预案，应当首先依据国家有关法律、法规及规章制度。国家有关法律、法规及规章制度中，有许多条目都是针对突发事件提出来的。如《国家突发公共事件总体应急预案》《国家自然灾害救助应急预案》《中华人民共和国突发事件应对法》《实验室生物安全通用要求》等都为学校制订实验室应急预案提供了明确的标准和尺度，帮助学校检查应急预案的制订是否符合要求。

制订生物学实验室应急预案还要结合实验室实际情况。实验室的具体情况不同，如地质结构、建筑强度、位置朝向、周围环境、学科特点、实验室主要用途以及人员年龄等的差异，所采用的应急预案应当是不同的。因此，必须由每间实验室工作人员具体设计本实验室的应急预案。

制订生物学实验室应急预案应当研究历史上本地有关各种灾害发生的记录。自然灾害看起来是随机的、突发的，但它是有规律可循的。一个学校的地质结构类型、气象资源、植被情况等特点，这些看起来是在变动的因素，实际存在不变的内涵，研究以往的灾害记录，对不能准确预测发生的未来新灾害具有借鉴作用。

制订生物学实验室应急预案还要参考邻近地区灾害的情况。我国是一个自然灾害频发的国家，但发生自然灾害的地区并不平衡，因此对于本实验室以外发生的灾害和事故及时地加以研究是非常必要的。例如，2008 年汶川地震发生时，处于震区的桑枣中学却无一人死亡，他们的应急预案就值得认真研究。又如我们的邻国日本，人口不仅密集，而且自然灾害时有发生，他们的经验教训也值得我们研究和思考。目前在网络中，出现了许多有参考价值的实验室应急预案，它们也可以为我们制订相应的应急预案提供重要依据。对于查询到的应急预案，我们要仔细研究本实验室与其他实验室的差别，不能盲目地完全照搬。

(2)制订生物学实验室应急预案的方法。

制订生物学实验室应急预案可以采用三种方法：历史法、走访法和实验法。

历史法就是调查本地、本校曾经发生过的突发事件与灾难，它的前因后果以及采取的措施，实验室建筑的年代及实验室当时的建筑设计理念是制订具体预案的前提条件。走访法就是到当地相关部门进行了解，如地质局、地震局、气象局、消防部门、建筑的原设计施工单位、城建局、规划局等，调查实验室的各种可能潜藏的危险因素。必要时对其他有关的单位也要进行走访，如供电、供水、供暖和电信等有联系的单位，这是制订预案的基础条件。实验法就是通过各种专业人员对实验室进行物理检测，如抗震强度、防雷击的能力、水电气布局是否合理等，这是制订预案的直接条件。

对各种突发事件发生的频度、强度及危害的预测，需要相关专业人士科学分析后才能得到。

(3)建立健全突发事件的应急预案。

①综合分析制订应急预案。

综合分析以上利弊条件，具体分析各种可能发生的突发事件，如漏电、水灾、火灾、致病微生物感染、危险化学药品污染、毒气泄漏、爆炸事件、恐怖袭击、空袭事件、地质灾害等的具体情况，各种突发事件可能造成危险的各种因素，可以利用来避险的各种条件，权衡各种利弊后制订出生物学实验室的应急预案与救援预案。此预案完成后须请有关专家对其科学性、安全性和可操作性进行论证。专家同意以后，将应急预案绘制成流程图，向学生宣传。在平常实验中继续研究应急预案的问题，不断修改、补充和完善其条款。

②应急出口的明确标示。

应在实验室显著位置告示和指引应急消防出口、消防楼梯间的确切位置，告示师生如遇险情立即逃生的确切线路图。

③险情电话的显著标示。

应在实验室显著位置张贴以下电话号码及地址，以便突发事件发生时请求紧急救助：实验室本身的电话、门牌号码与地址，实验室负责人、实验指导教师电话，学校医院办公室电话，学校校长电话，火警、急救救护、公安民警电话，水、电、气的维修部门紧急救助电话。

④坚持应对突发事件的教育制度化。

中学生物学实验教学中应当把应对突发事件的教育制度化、常规化、具体化，把应对突发事件的相关教育活动纳入实验教学的必修内容中，在每学期实验开始时，就各种突发事件及其应急与救援预案，如漏电、水灾、火灾、致病微生物感染、危险化学药品污染、毒气泄漏、爆炸事件、恐怖袭击、空袭事件、地质灾害等，组织中学生开展形式多样化的专门学习与讨论，根据教育部相关规定每年举行一次突发事件的应急预演与操练，进行实地险情逃生线路的模拟与演练，培养学生的安全意识，训练对突发事件的敏锐洞察力、应对能力以及自救与互救能力。

1.3.3 建立健全实验操行制度

1. 实验员工作手册

实验员是帮助实验指导教师开展实验教学的教学辅助人员，也是实验室的具体管理人，为了明确实验员应当承担的责任，应制订如下实验员工作手册。

一、负责实验室的常规管理与维护，负责实验室常规实验的环境条件与卫生的保持。

二、进行实验室的常规安全防范检查与巡查，对实验室存在的不安全因素要及时向有关部门反映、请求整改。发生安全事故时，要协同实验指导教师立即组织学生疏散与进行抢救，同时应及时上报，不得隐瞒或拖延上报。

三、协助实验指导教师负责教学仪器设备的提前申报和验收。

四、负责实验所需的药品、实验消耗品以及低值耐用品的领用与登记管理。

五、在实验前，做好实验所需要的一切准备工作，包括实验仪器的准备，实验用具的准备，实验药品的准备，实验材料的事先培养、采集与准备，等等。

六、了解实验室有关的实验原理和技术，了解中学生物学实验中常规使用的器材、设备的一般性能。

七、在实验课进行时，实验员必须在岗，辅助实验指导教师开展对学生实验的指导。

八、写好实验开展的日志，记载各次实验、课外科技活动及其他与实验有关的各项工作记录，做好仪器设备使用情况登记，做好易损实验材料的记录。

九、在实验课结束后，督促学生进行仪器、用具与实验材料的回归。要及时清理实验现场，及时对仪器、设备、试剂等加以清查，将所用仪器清洁后摆放整齐或按要求放回柜中(实验柜内仪器应存放有序、干净整洁)，并放归原处。同时，督促并指导学生将实验室及时整理打扫干净，检查水源、电源、通风、送风、门窗等是否关闭，一切检查合格后，方可离开实验室。

十、负责中学生物学仪器、设备、器材的监管、保养与维修。

2. 实验教师职责

实验教师具体负责学生实验工作的开展与学生实验的指导，其职责如下。

一、学期初提前拟订出一个学年、一个学段的实验课开设计划，按实验教学计划总体安排全校《中学生物学实验课程表》，并分学科分年级提前告知学生。提前拟订出所需的仪器药品等清单，提前规划并准备实验材料。

二、指挥学生进入实验室按序就座，课后依次有序退场，防止拥挤。遇有突发事件，实验指导教师要指挥学生有序、快速地撤离，确保学生安全。

三、认真钻研业务，不断地改善和提高自己的实验技术水平，按实验教学计划编写出实验教学设计，开展实验教学研究，改革实验教学方法，更新实验教学内容。

四、积极开创条件，使每次实验教学能达到或超过实验大纲所要求的目标，并注重培养学生创新实验的设计能力与独立操作能力。

五、实验过程中要求学生严格按照操作规程做好每个实验，爱护仪器，厉行节约，培养学生规范严谨的专业实验素养。

六、将课堂所学知识和实验有机地结合起来，用课堂所学知识去指导实验的开展，用实验的结果去验证课堂所学知识。

七、实验结束后，要组织学生做好实验室的清洁卫生，仪器、药品要摆放整齐，离开实验室要检查水电、门窗的开关情况。

八、实验完毕后布置下一次实验内容，批改每次实验报告，认真填写实验记录、仪器使用记录。

九、进行实验室常规的安全防范检查与巡查，教育学生遵守实验操作规程，严防触电、中毒、烫伤等事故的发生。实验指导教师还要具备与掌握实验室救护的基本常识与一般处理措施，以便对学生做好急救救治工作。

3. 学生实验守则

中学生物学实验室是中学生进行生物学实验和科学研究的教学载体，为了更好地规范学生在生物学实验中的言行举止，特制订中学生实验操行守则如下。

一、实验时必须遵守实验室的有关规定，不迟到早退，不无故缺席，按时完成实验，不得任意拖延实验时间。实验室内严禁高声谈笑，不准抽烟、随地吐痰、乱丢纸屑杂物，等等。

二、认真预习，明确实验的目的和要求。实验前必须认真预习实验讲义或指导，了解掌握实验的原理、方法、步骤。了解有关仪器的性能，熟悉操作规程及安全注意事项。进行综合性实验时必须在教师指导下拟出实验方案。

三、学生应在指定区域或位置做实验，不做与实验无关的事，不动与实验无关的实验用品与设备，未经允许不能随便动用他人的仪器及用品。公用和临时共用的仪器与书籍、资料使用完应清理好后立刻放回原处。使用的各种药品及材料器具严禁带出实验室，特殊情况需教师同意后方可带出。

四、实验过程中应爱护各种实验仪器和设备。设备使用中若出现故障，要及时报告，不得隐瞒或擅自拆卸。如果仪器损坏或丢失要及时登记、补领并按规定予以赔偿。

五、严格遵守操作规程，科学进行实验。实验过程中必须听从实验教师和实验工作人员的指导，做到独立思考与小组交流讨论相结合，科学操作、细致观察、如实记录各种数据，坚持严谨、求实的科学作风。

六、树立实验安全意识，严格遵守实验室安全、卫生、防火、防盗等管理制度。注意实验室卫生，保持实验室的整洁、规范、文明、有序、师生身心愉悦的工作环境。注意节约水、电、气、药品、实验材料，等等。

七、实验后，及时整理实验记录，按要求写出实验报告，按时交送实验指导教师。不得弄虚作假，不得请人代做实验或抄袭他人实验报告，一经发现，按有关管理办法处理。

八、实验全部结束后，要及时清洁实验现场，应将所用仪器清洁后摆放整齐或按要求放回柜中(实验柜内仪器应存放有序、干净整洁)，试剂架及实验台必须擦净。值日生要在教师的指导下及时对仪器、设备、试剂等加以清查，并放归原处。将实验室及时整理打扫干净，检查水源、电源、通风、送风、门窗等是否关闭，经教师检查合格后，学生方可离开实验室。

第 2 章
中学生物学实验教学的基本理论与方法

2.1　中学生物学实验教学的基本理论概述

2.1.1　生物学实验教学

1. 生物学实验

生物学是自然科学中的基础学科之一，是研究生命现象和生命活动规律的一门科学。生物学实验是在实验者具备一定生物学知识和实验操作技能的基础上，明确实验目标要求和实验原理，选择实验器材，确定实验步骤，并对实验结果进行预测、分析和讨论等一系列设计实验方案的探究活动①。

生物学实验是以认识生命现象的本质和生命运动的规律为目的的实践活动。在中学阶段，开设生物学实验能够促进问题情境的自然创设，使学生在分析、解决实验问题中逐渐建立生命观念，发展科学思维，掌握科学探究的一般过程。

2. 生物学实验教学

实验教学是指在教师的引导和帮助下，学生利用现有的实验材料和设备，控制实验操作过程中的相关变量，观察实验现象，得出实验结论，进而获得新概念、新技能的过程②。生物学实验教学是指教师根据课程标准，结合生物学学科特点、学生的身心发展规律以及当地教学资源，有目的有计划地安排一些类似科学探究的实验，在有限的实验课时内按照既定的实验方案进行操作，以达到预期实验结果的一种教学实践活动。

回顾生物学的发展史，生物学许多概念的形成、原理和规律的发现都离不开实验，都需要实验的反复验证。实验教学是生物学课程的特点，也是生物学教学的基本形式之一。

2.1.2　生物学实验教学的价值

《义务教育生物学课程标准(2022 年版)》明确指出，生物学课程高度关注学生学习过程中的实践经历，实验、探究类学习活动或跨学科实践活动能够使学生加深对生物

① 李秋茹．高中学生生物实验设计能力的结构特征及培养[J]．中国教育学刊，2004(10)：57-59.

② 郭力华．初中生物新课程教学法[M]．北京：首都师范大学出版社，2012.

学概念的理解，提升应用知识的能力，激发探究生命奥秘的兴趣，进而能用科学的观点、知识、思路和方法探讨或解决现实生活中的某些问题。

实验教学不仅直接影响核心素养中“科学思维”“科学探究”的落实，也会间接影响另外两个核心素养的达成。因此，实验教学不仅是教师讲解和演示的过程，也是学生实践、师生交流、共同发展的过程。

生物学实验教学的价值主要体现在以下几个方面①。

1. 培养科学的观察与思维方法

观察是科学研究方法的第一步。要提高观察能力，必须掌握准确的观察方法。对事物进行观察时必须周详，并将观察到的现象记录下来，而尤为重要的是在观察过程中保持客观的态度。进行实验观察教学时首先要强调观察的顺序，然后下达观察目标的指令和思考问题的指令。

生物学实验中，学生的认识活动不仅仅是理解已学的原理、规律，学会做几个实验，更重要的是掌握生物学实验的思维方法，因为思维方法比实验结果更为重要。生物学实验从实验的设计、操作到实验结果的分析、总结与归纳，都离不开科学的思维方法，思维方法在方法论层面上指导着实验的操作和思考问题、解决问题所采用的手段与方式。具备正确的生物学思维方法，有助于学生揭示要研究的生物现象、生物规律的本质属性和内部规律。

在生物学的发展史上，随处闪烁着科学家们巧妙而灵活的思维方法。如遗传学的奠基人孟德尔的豌豆杂交实验，把实验与数理统计结合起来，总结出两大遗传规律。这套思维方法一直为后人所继承、发扬，并创造了比两大遗传规律价值高出千百倍的财富。由此可见，掌握孟德尔的思维方法的价值比让学生懂得和验证两大遗传规律重要得多。

2. 培养科学的世界观

科学的世界观不是天生的，是后天教育培养的结果。因此，教师在教学中要充分利用实验教学这一有力武器，培养学生科学的世界观。如通过观察分析化石、各类动物的胚胎发育过程，以及对各类动物的器官和系统进行解剖比较研究，认识人类的“过去”“现在”和“将来”。通过新陈代谢、遗传变异等实验，揭示人类生命活动的规律，解释“鬼火”“仙境”等现象，帮助学生破除迷信、战胜愚昧。只有把科学的世界观深深植入学生的头脑中，才能将学生的求知欲、注意力和兴趣纳入科学轨道。

3. 培养严谨的科学态度

科学态度是人们能够正确对待客观事物的一种持久的、内在的反应倾向，是经过长期的实践活动养成的。科学家之所以能够取得举世瞩目的成就，最重要的一点就是他们具有严谨治学、实事求是的科学态度。如清朝科学家王清任为了查清人体内脏的确切位置、纠正前人的错误，在瘟疫流行时期，亲自解剖并观察尸体，经过长年累月的潜心研究，确定了内脏器官在人体中的实际位置，写出了《医林改错》一书，纠正了其他错误的描述，为人体解剖学做出了重大贡献。教师在生物学教学中要指导学生精

① 张成军．中学生物学实验教学[M]．北京：科学出版社，2009.

心准备实验所需的药品、材料、仪器，细心预测实验过程中可能出现的问题，使学生有序地进行实验操作，实事求是地完成实验的每一个过程，认真仔细地分析研究观察到的实验现象。

在进行生物学实验时，一定要避免学生出现以下不良行为：①发现异常现象时，没有认真思考和分析实验过程中可能出现的问题，仅以书本给出的结论作为依据，随意修改或臆造实验结果。②定量实验缺乏精确性，取用药品时不按要求，造成误差。③浪费实验材料和药品，损坏实验设备。④实验过程中缺乏耐心、半途而废。等等。对上述不良现象，教师要做好充分的思想准备，及时发现并纠正，并以此为素材对学生进行科学态度的教育。

4. 培养交流与合作能力

很多重大的科学发明和创造都是通过团队协作来实现的。我国"两弹一星"的伟大成就，就是老一辈科学家共同奋斗的结果。1965 年 9 月，我国科学工作者首先用化学方法合成了具有完整生物活性的结晶牛胰岛素，这是世界上第一次用人工方法合成具有生物活性的蛋白质，是一项伟大的创举。1973 年，在测定猪胰岛素晶体结构的研究工作中，我国科学家又取得了重要的成果。1981 年，我国科学家又人工合成了酵母丙氨酸转移核糖核酸。这些科研成果是我国科学工作者团队攻关的结果，推动了科学的进步，为国家争得了荣誉。DNA 和蛋白质，究竟谁是遗传物质？这曾是困扰生物学界很长时间的问题。1944 年，美国科学家艾弗里和他的同事们经过 10 年的努力，在总结前人研究成果的基础上，提出了 DNA 是绝大多数生物的遗传物质，为遗传学的发展及生命研究做出了重大贡献。由此可见，良好的交流与合作能力是保证科学发明和创造顺利进行的重要因素。因此，教师在实验教学中要教导学生学会合作，正确认识自己在团队中的地位和作用，学会和他人积极配合与协作，共同完成实验过程。如进行分组实验时，教师要为学生营造团结协作、互帮互学的氛围，引导学生互相配合、共同努力。操作规范的学生要做示范辅导，操作不规范的学生要认真学习，要求学生在仪器安装、实验操作、记录观察时要各负其责，人人参与，遇到问题时要集体讨论，出现故障时要共同排除，培养学生的协作精神。

5. 培养热爱科学的情感

热爱科学的情感主要包括对科学知识的热爱和渴求，学生关心自然现象、环境保护以及对各种资源的合理开发和利用，具有强烈的社会责任感、爱国热情和创新精神。如中国农业科学家袁隆平长期从事杂交水稻的研究工作，培育了多个杂交水稻新品种，使水稻得以大面积高产稳产，为解决我国人口多、吃饭难的问题做出了巨大贡献。我国幅员辽阔，具有丰富的自然资源，如水杉、银杉、银杏、熊猫、金丝猴等，但由于人口增多、环境破坏，有些珍贵的动植物资源正日趋减少，甚至有的已经灭绝或濒临灭绝。科学的发展是无止境的，自然界还有很多未知的奥秘需要我们去探索、去研究。教师在生物学实验教学中，可以通过科学家的事迹，培养学生的科学情感。

2.1.3　生物学实验教学的学习和教学理论

当今学习和教学理论的发展对生物学实验教学产生了广泛而深远的影响，限于本书的讨论重点，这里只对与生物学实验教学密切相关的教学理论做简要介绍。

1. 行为主义学习理论

行为主义学习理论把学习看作外显行为改变的过程，能够由选择性强化形成。学习者外显行为改变主要表现在刺激与反应之间的联结，学习者对原本不反应的刺激而表现出反应，即表示产生了学习。该主张中对教育影响最大的理论有 3 种：以巴甫洛夫-华生为代表的经典条件作用理论、桑戴克的联结主义理论、斯金纳的操作条件作用理论。

经典条件作用理论强调新的学习总是以原有的学习为基础，刺激与反应的牢固联结在于所学的反应的多次重复，概念和图表等联结起来有利于概念的学习，教具的使用有利于教学。教师在组织初中生物学实验教学时，除了要求学生进行实验操作外，还需要提供各种教具及实物模型帮助学生加深对动植物结构的理解和认识。在高中生物学实验中，对于操作难度较高的实验步骤，教师应做好预实验，明确学生容易出现的错误操作，在实验过程中，给予更多的耐心让学生重复训练，以巩固相关的操作技能。

桑戴克的联结主义理论提出了准备律、练习律和效果律，对于教学的启示有：

(1)按照准备律，在实验教学中，教师要注意学生的心理调节和准备。预先告知实验内容让学生有一个心理准备，或者创设让学生感到满意轻松的心理环境以利于教学效果的提高。

(2)练习律提示着练习经过强化才能得到巩固，否则会被逐渐遗忘。在初中实验教学中，对于使用显微镜的实验，教师要注意反复提醒学生在使用显微镜观察时的各个操作注意事项，让学生使用不同的固定装片多次练习，以达到熟练、规范使用显微镜的目的。

(3)效果律认为没有反馈的练习是没有效果的，奖赏比惩罚更加有力。在学生实验过程中，教师应积极巡查每一小组的实验操作，对于不规范或者错误的行为要及时指出并予以纠正。许多同学在实验时，难免会出现不如预期的实验结果，从而出现沮丧或畏难情绪而放弃继续探究，此时教师应积极鼓励学生反思实验的操作过程，对预期之外的结果做进一步的探究分析，经过理性探讨之后，学生再进行实验就会带着思考、带着理解、带着期待，实验结束后进行交流分析就会更深入。

【案例】

探究：绿色植物的生活需要水①

一、课前准备

学生准备：收集有关绿色植物含水量的资料，准备少量水果材料(柚子、西瓜)、计算器、水彩笔。

教师准备：准备多种新鲜的蔬菜水果(芹菜、萝卜、白菜、番茄、沙葛、美人蕉、海芋)、解剖剪、玻璃棒、小烧杯、纱布、测量干种子含水的实验装置，并制作 CAI

① (选编自)汤巨鹏."绿色植物的生活需要水"一节的教学[J]. 生物学教学，2006(7)：35-36.

课件。

二、教学过程

(一)集体朗诵，创设情境

一上课，课代表就引领全班齐声集体朗诵："没有水，就没有生命……"优美的语言给予了大家无限的遐思，懂得了水的珍贵，大自然的水循环滋润着万物，给地球带来了生命。

(二)从学生的经验入手导入新课

教师展示了两瓶植物(海芋)，一瓶中有水，长势挺拔；另一瓶没有水，叶片干枯凋谢。学生进行观察，教师层层设疑推进由表及里的观察、分析："这两瓶植物在形态上有什么区别?""为什么有这种区别?""这说明了什么?"从而导入新课。

(三)创设条件，开展探究

"水对于植物体重要吗?""植物体内含有水分吗?""怎样才能验证出植物体内含有水分呢?"引导学生根据平时的生活经验和课文内容做出假设：植物体内是含有水分的。然后每4人一个小组进行讨论：怎样才能验证出植物体内含有水分？学生根据桌面上提供的仪器和材料设计方案，小组成员合作选用材料，进行探究，设计记录表格并把测定的数据记录下来，得出结论：不同植物的含水量是不同的。然后在屏幕上把各组的探究结果展示出来，表扬优秀的小组。

接着问："干的种子里有没有水分呢?"学生继续讨论。最后，得出共同结论：每一种植物都含有水分，植物的不同部位含水量不同，包括干的种子里都含有水分，水是植物体重要的组成成分。

(四)师生交流

交流课前收集的资料，讨论并阅读课文，观看教学录像影片：《植物的生长》。学生归纳水的作用，教师订正和补充相关内容。

(五)巩固

1."水对植物生活有如此大的作用，不同生长时期的植物需水量相同吗?"引导大家进入"技能训练"。"从小麦发育各时期来看需水量是怎样发展的?"

2. 根据图表和数据让学生计算出植物的日需水量，然后学习画直方图，组内交流点评。

3. 最后通过实物投影展示各小组画好的统计图，进行全班交流，以准确率和创新性评出优秀小组，给予肯定。

(六)延伸拓展

1. 展示不同地区植被的图片，让学生感受祖国不同地区的植被风貌，出示各种植被含水量的不同数据资料，引导学生结合生活经验分析原因，完成"资料分析"。有学生说："我到过我国第一个自然保护区——鼎湖山自然保护区，发现那里几乎每天都要下雨，森林有效地改善了气候和环境"。也有学生说："沙漠地区降水量很少，影响了植物的生长。"

2. 教师接着展示有关资料：以色列改造沙漠的历史，引起学生对科技节水的兴趣，提高学生对生活节水的认识。

3. 教师让学生展开想象的翅膀：把自己想象成茫茫沙漠中的仙人掌，在那里雨水稀少，骄阳似火，深感缺水之苦，强烈呼吁要节约用水。

4. 教师倡导学生写出几句提倡人们节约用水的广告语，设计一种在生活中节约用水的方法。

5. 安排班委向全校发出节约用水的倡议。

【点评】

“绿色植物的生活需要水?”的探究实验教学设计，是沿着让学生集体朗诵、根据两瓶植物(海芋)的长势去层层设疑，推进学生由表及里的观察和探究。学生通过观看教学录像影片归纳出水的作用，紧接着采用“技能训练”进一步巩固。教师展示不同地区植被的图片和数据资料，引导学生进一步分析等环节的各种“教学刺激”，从而引起学生感兴趣地观察、探究和积极地思考、讨论、总结、表达与交流等外在行为上的学习“反应”，并在“技能训练”“延伸拓展”中得到了更进一步的“巩固”和“强化”。这实际上很好地实现了“行为主义教学论”中的“刺激—反应—强化”的联结。

2. 认知主义学习理论

认知主义学习理论产生于20世纪50年代中期之后，该理论的代表有布鲁纳的“发现学习论”、奥苏伯尔的“意义学习论”、加涅的“信息加工学习理论”和瓦根舍因的“范例式教学论”等。

认知主义心理学家把学习看作是学习者对事物进行认识、辨别、理解，从而获得新知识的过程。在这个过程中，学习者学到的是思维方式，即认知结构。学习者在学习情境中，运用其已有的认知结构去认识、辨别，理解各个刺激之间的关系，增加自己的经验，从而改变(扩大或提升)自己的认知结构。

(1)布鲁纳的“发现学习论”。

布鲁纳的“发现学习论”认为：教师应尽力引导学生去发现问题，而发现问题应当是教学策略中的起点，使学生们深入地思考问题是教学的核心，最终解决发现的问题，从而达到对所学知识的理解和掌握。这正是教学追求的结果，即：“发现问题—思考问题—解决问题”是“发现学习论”的核心内涵。

教师实践布鲁纳的“发现学习论”时，应注意抓住以下特征：

①引导学生自己发现问题的教学活动能很好地激发学生的好奇心，学生在好奇心的驱使下，对探究未知的结果表现出浓厚兴趣，从而调动了学习原动力和内在的学习动机，这样的学习是事半功倍的。

②在教学中注意发动学生们全员积极参与，组织好“探究”活动，让学生在“探究中学”“做中学”“过程中学”。教师的作用是要提供一种学生能够独立活动、探究和思考的教学情境，而不是提供现成的知识，不是要学生完全记住教师和教材上所讲的内容，重在发动和引导学生认真思考和深入理解。

③强调直觉思维：布鲁纳认为，大量事实都表明，直觉思维对科学发现和创新活动极为重要。直觉思维的形成一般不是靠语言信息，不是靠教师“满堂灌”，直觉思维的本质是映像和图像性的。所以，教师在探究活动中要注意发动学生参与互动，采用

直观教具的辅助，力求引发学生丰富的想象和思考。

④当前，知识爆炸和知识更新速度非常快，信息的储存并不是首要的，强调信息如何组织和提取才是尤为关键的。提取信息的关键在于如何组织信息、贮存信息、提取信息。学生亲自参与发现事物的活动，必然会用某种方式对它们加以组织，而这一过程对记忆具有最好的效果。

(2)奥苏伯尔的“意义学习论”。

奥苏伯尔认为，“意义学习”的发生有两个先决条件：一是学生表现出一种意义学习的心向，即表现出一种新学内容和已有知识之间建立实质联系的倾向；二是学习内容对学生具有潜在意义，即能够与学生已有的知识结构实质性联系起来。

那么，教师如何才能做到这种“有意义地”教呢？这就是教学要“先行组织”：教师在讲授新知识时，事先罗列或呈现出即将学习的新教学内容清单或告之教学目标(这些教学内容清单或教学目标即是“先行组织者”)，目的是引导每个学生调动出与将要学习的新知识有关联的已有知识“储备”(这些“储备”内容也是“先行组织者”)。这样学生们既调动了“旧知识储备”，又清楚了将要学习的内容，从而为新知识的学习搭好了一副“脚手架”。学生的学习目的明确，这样的教学就是有意义的教学。

而学生们又如何“有意义地同化”自己的知识结构呢？奥苏伯尔认为知识的“同化”，其实质是新、旧知识之间的相互作用。为此，奥苏伯尔提出了上位学习、下位学习和并列学习三种不同水平的新旧知识相互作用的模式。

上位学习：认知结构中原有的观念在概括和包容水平上低于要学习的新观念。如根据已知的小麦、玉米等植物的特征，从中概括出单子叶植物概念，而单子叶植物概念是更上位、能包容旧概念如玉米、高粱等具体事物关键属性的更宽泛的新概念，这样新旧观念相互作用的结果是习得新的上位观念。

下位学习：认知结构中原有观念的概括和包容水平高于要学习的新观念。如已知单子叶植物的概念和玉米、小麦是单子叶植物的实例，要进行高粱是单子叶植物的新例证的学习。

并列学习：要学习的新观念与原有观念虽无直接的纵向上、下位关系，但在横向上是有关联的。如通过呼吸作用与已知的光合作用比较，知道二者的联系与区别，从而在新、旧知识之间产生了一种新的联合意义①。

根据以上三种学习模式，教师应尽力采用举例的方式，将现象、事实、知识等进行并置、类比、整合来连接前后知识，帮助学生建立联系，使学生的学习实现从点→线→面→系统→网络的有意义地推进。

(3)加涅的“信息加工学习理论”。

加涅的“信息加工学习理论”的核心内涵是：人的学习过程就是对信息内部加工的过程，包括8个阶段：动机阶段(学习过程的准备阶段)、领会阶段(对教学刺激进行选择性注意的阶段)、获得阶段(对教学刺激进行知觉编码后储存为短时记忆，随后再经过进一步编码加工转入长时记忆的阶段)、保持阶段(信息在长时记忆中储存的阶段)、

① 徐作英．生物学校本课程论与教学论[M]．成都：电子科技大学出版社，2004．

作业阶段(知识信息的巩固与迁移阶段)、回忆阶段(对习得的知识信息进行重新提取、应用)、反馈阶段(对习得的知识信息进行再一次审视和强化阶段，如教师批改学生作业后的反馈、修正等做法，从而对信息再一次强化和反馈)①。

根据学习的8个阶段，教师应精心安排教学中的各种教学刺激，一定要以这种信息的内部加工为依据，不断提升教学刺激的强度、频率、范围、深度，使新知识信息经过“准备→联系→总结→记忆→储存→巩固→迁移→重新提取(应用)→再一次审视和强化”的“层层”加工，最终提高学生学习的效果，如图2-1所示。

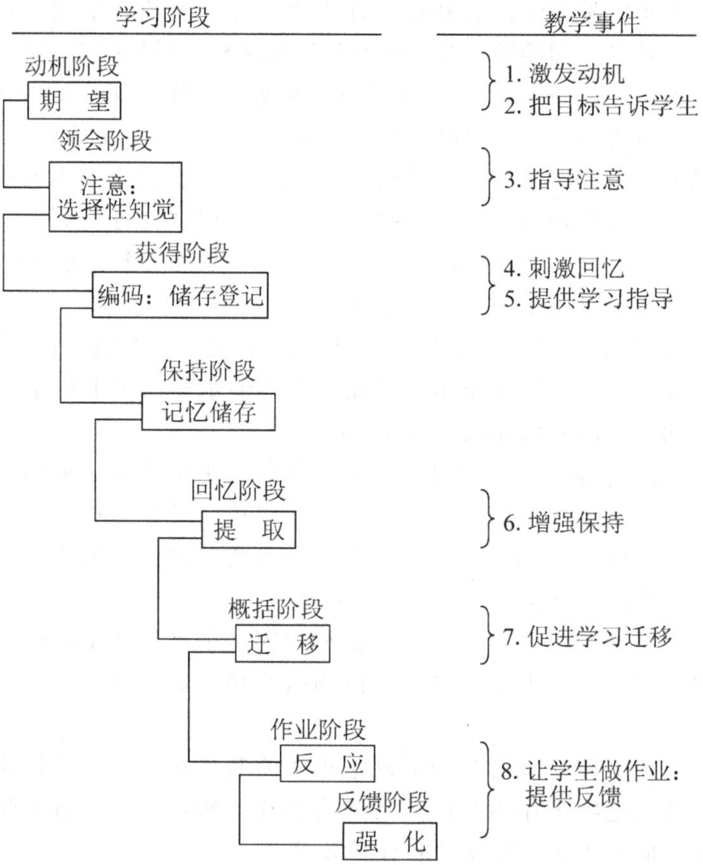

图2-1　加涅的信息加工教学理论模式图

(4)瓦根舍因的“范例式教学论”。

瓦根舍因的“范例式教学论”，顾名思义是教学中要精选“范例”、分析“范例”、理解“范例”，从而掌握学科中一般的、典型的、本质性的、结构性的、规律性的原理以及跨学科的关系等。

范例教学的一个核心问题是如何选择“范例”。要正确选择范例，首先要强调范例的基本性。基本性是指一门学科教学内容中的基本要素、基本概念、基本知识结构、

① 谢利民，郑百伟．现代教学基础理论[M]．上海：上海教育出版社，2003.

基本规律，如果选择的范例能包含或体现这些基本的范畴，所选“案例”即是恰当的。

其次要考虑“范例”的基础性。基础性是针对学生实际状况的适切性而言的，范例的选择要从学生的实际经验和已经达到的智力发展水平出发，所教授的基本经验能促使学生的智力进一步发展。更重要的是所选例子的范例性，范例性是针对教学活动而言的，即所选择的具有基本性和基础性的“范例”要真正能成为学习过程中的“帮手”，帮助学生更好地获得并理解信息。

因此，运用“范例式”教学理论指导生物学教学的一般程序应该是：范例性地阐明“个”的阶段→范例性地阐明“型”和“类”的阶段→范例性地掌握法则、规律的阶段→范例性地获得关于世界(以及生活)网络关系的阶段。

【案例】

基于乡土资源的“藻类、苔藓和蕨类植物”一节的实验教学设计①

一、教材分析及设计思路

“藻类、苔藓和蕨类植物”是人教版《义务教育教科书　生物学　七年级　上册》第三单元第一章第一节的内容，教材介绍了藻类、苔藓和蕨类三类植物的特征以及与人类的关系。

对于藻类植物，教材安排了常见藻类植物模式图的观察与思考，苔藓植物安排了观察与测量实验，蕨类植物提供了相关的阅读材料。

在对学生进行调查时发现，虽然三类植物很常见，但是学生对它们并不了解，如果仅凭图片或者放大镜很难让学生真正认识三类植物器官分化的相关知识。因此在进行设计时首先提供了大量孢子植物素材让学生自行分类，然后通过质疑—猜测—验证，让学生了解三类植物的主要特征，理解分类的依据。其次通过看视频、观察、体验、实验等多种方式对三类植物进行深入学习，再由实验结果进行演绎—推理，从而逐渐建立结构与功能观、进化与适应观。最后从生态系统和生物进化的角度认识三类植物在生物圈中的地位和意义，力图在探究的基础上发展学生的生物学学科核心素养。

二、教学过程

(一)课堂导入，初步分类

为学习小组提供从本地海滩、池塘、公园、花卉市场、校园、菜市场等地收集的海带、裙带菜、石莼、水绵、地钱、葫芦藓、铁线蕨、肾蕨等植物，让学生尝试对其进行初步分类，并说出分类的依据。

(二)设计实验，明确特征

1. 认识苔藓和蕨类植物

学生在对苔藓和蕨类植物分类时普遍认为，除了苔藓植物比较矮小外，两者在形态上非常相似，都有“根、茎、叶”的分化。教师引导：两类植物的“根”都是真正的根吗？真正的根能吸收水分和无机盐并能向上运输至茎和叶。你能否用实验验证？教师

① 李连梅，吕慧玲．基于乡土资源的“藻类、苔藓和蕨类植物”一节的实验教学设计[J]．生物学教学，2021，46(10)：48-51.

提示：水是无色透明的，可通过给水加点颜色来判断水的去向。学生根据实验原理设计实验，如图2-2和图2-3所示。

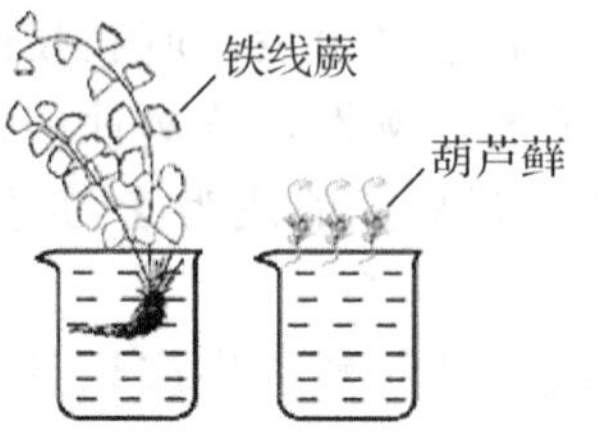

图2-2 “根”的对照实验

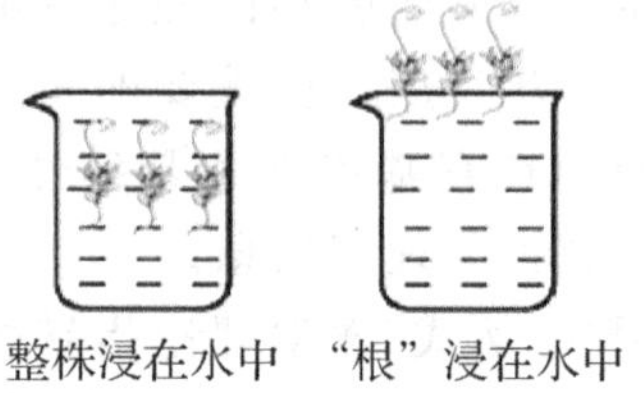

图2-3 “根”茎叶作用的对照实验

实验结果：肉眼可见铁线蕨的叶脉变红，显微镜下发现浸“根”的葫芦藓茎叶并没有变红，整株浸入的葫芦藓茎叶变红。

学生根据实验结果推理：苔藓植物的“根”只有根的形状，不具有根的运输功能，因此不是真正的根，是假根；而蕨类植物有真正的根。学生总结两类植物的特征并将三类植物从简单到复杂进行排序。

(略)

【点评】

从该案例中，可以清楚地看到教师依据“认知主义学习理论”中奥苏伯尔的“意义学习论”进行实验教学设计。首先用当地常见植物作为素材，让学生从熟悉的植物入手，通过观察、触摸从宏观上将植物进行分类。这些已有的知识储备就是“先行组织者”，为接下来的探究过程做铺垫。然后，教师以“根的功能”作为“先行组织者”，引导学生设计实验，在复习回顾对照实验的基础上运用标志物追踪法解决实验中水的去向这一难点问题，辨别苔藓和蕨类植物。以上两个层面的教学，目的都是使学生为新知识的学习做好经验上的准备，教师“有意”地“教”，学生的学习也就目标明确，实现“有意义地学”。

3. 建构主义教学理论

建构主义教学理论产生于20世纪80年代，该理论派别最著名的代表人物是美国教育家杜威(Jone Dewey)，他的“经验教学”理论对我国乃至世界的课程教学改革具有划时代的指导意义和作用。杜威的经典名言：“教育乃是为了完美的成人生活而准备的一切经验，也是人的经验的不断生长和不断改造”。这恰好准确地概述了他的“经验教学”理论的精髓，即学生的学习就是对自身原有经验的改造、修正、补充、扩大、替换、发展的过程。这实际上就是学习使我们在原来经验的基础上进行了重新“内化”“同化”和“建构”，并且这种“内化—同化—建构”不断向纵深发展，处于不断变化和动态发展中，伴随着人的一生，永无止境。

运用建构主义教学理论指导生物学教学，强调应重视学生已有的知识和经验，注意以学生为中心组织教学，顾及他们的兴趣、基础和需求。努力调动、利用学生已有的背景经验，创设新旧经验间(新旧知识间)的矛盾冲突，矛盾冲突越尖锐，刺激学生思考分析的力度就越大，新旧知识间的建构就越好。整合各种课程资源，创设起师生、生生之间教学互动、讨论交流的情景，使学生情感共鸣、身心参与、思绪飞扬，积极思考分析、领悟与建构。

【案例】

“单倍体育种”实验①

一、背景分析

在开展“单倍体育种”实验前，教师有一段讲解，主要是诱导学生理清与“单倍体育种”实验相关的几个概念：单倍体、染色体组、二倍体、多倍体。在实验前，学生已经学习了单倍体、染色体组、二倍体、多倍体等概念，但比较混淆，本实验“单倍体育种”重点应把“单倍体”的概念进行复习以便于实验开展。根据以往的经验，大多数学生由于思维定式的影响，可能会参照二倍体和多倍体的概念来理解单倍体。为此，教师与学生以“对话”方式展开了如下讲解。

二、讲解过程实录

教师：我们下面要复习的一个概念是“单倍体”，按照自己的理解，你认为怎么定义单倍体？

学生：由受精卵发育而成，体细胞中只有一个染色体组的生物体叫作单倍体。

教师：既然是由受精卵发育而成，有没有可能只含一个染色体组？

学生(马上顿悟过来)：不可能！

教师：这样看来，刚才的定义是不正确的。

学生：由受精卵发育而成，细胞中的染色体组数为单数的生物体叫作单倍体。

教师：那大家对这样的定义又有没有不同意见呢？

学生：由受精卵发育而成的个体，细胞中的染色体组不可能是单数。

教师：同意这种看法吗？

(学生点头，表示同意)

教师：看来这种定义也不正确。

(学生陷入了思考、讨论、争论中。“定义出错”使他们更加积极参与其中。)

于是，教师介绍了常见单倍体生物——“雄蜂”的形成过程：雌性蜜蜂在进行减数分裂形成配子时，一些配子没有经过受精作用而直接发育成为一个新的个体，即雄蜂。

教师：雄蜂的形成与其他生物相比，有什么不同？

学生：雄蜂是由雌配子直接发育而成的。

教师：雄蜂就是单倍体，结合它的形成过程，同学们，应该怎么定义“单倍体”呢？

学生(豁然顿悟)：由雌配子直接发育而成的个体，叫作单倍体。

教师：有没有其他的补充？

学生(补充)：由配子直接发育而成的个体，就叫作单倍体。

教师：非常好！还有没有其他的定义？

---

① (选编自)刘恩山，方红峰，郑春和．生物教学研究与案例[M]．北京：高等教育出版社，2006.

学生：含有本物种配子染色体数目的个体叫作单倍体。

教师：很好！这也是教材中的定义。如果某植物含有6个染色体组，则它的单倍体植株含有3个染色体组，那么，这棵植株还能不能叫作三倍体呢？

(学生中出现了争议，有说可以，也有说不可以。此时，老师提醒大家应该结合定义来进行判断，很快学生的思路明朗起来。)

学生：不能。它不是由受精卵发育而来，不能叫三倍体。

教师：非常好！哪个同学能简要概括出单倍体和多倍体的区别？

学生：要看它们是不是由受精卵发育而来，如果是，体细胞中有几个染色体组就叫几倍体；如果是由配子直接发育而成，不管有多少个染色体组，都叫单倍体。

教师：下面在"模拟演示生物学实验室"中分组进行"单倍体育种"实验……(略)

【点评】

本节课最大的亮点就是师生间的"对话"，教师精心安排了一系列"层层递进的询问"，引导学生逐渐地从对"单倍体"定义的生疏、模糊、混淆，甚至是有些错误的认识达到了更替、纠正、理解和建构，并把"单倍体"概念与以前学过的"染色体组""二倍体""多倍体"等概念进行了融会贯通，很好地达成了教学目标。这段教学实录实质上很好地践行了"建构主义教学理论"，引导学生对"单倍体"定义从粗浅认识到本质的理解，从一个"单倍体"概念到"染色体组、二倍体、多倍体……"等"概念群"的建构，达到了"同化"知识结构的效果。

4. 人本主义教学理论

人本主义教学理论产生于20世纪50—70年代，该理论包含马斯洛(A. Maslow)、罗杰斯(C. R. Rogers)等代表人物以及系列理论派别。

人本主义教学理论认为，人的行为分成三个主要方面：心因动作(技能)、认知(智力和思维)及情感(情绪、价值观和态度)。虽然教育家们都承认这三个方面的重要性，但在传统教学上往往聚焦在认知或动作技能上，而忽视学生人格、情感等方面对学习兴趣与学习动因的需求。而人本主义理论则认为三者是不可分割的整体，教学必须考虑情感、态度等人格因素。因此，人本主义教学理论提出的口号是："基于完美人格(即'以人为本')、为了完美人格、在完美人格之中"。憧憬教育的终极目标是："人的人格、能力的全域发展"①。

人本主义教学理论的代表人物罗杰斯的"非指导性教学"理论很好地体现了"以人为本"的教育观点。罗杰斯认为：一个"完整的人"，是指"躯体、心智、情感、精神、心灵力量融会一体的人"，是一个知情合一的人。他对所期待的"完整的人"作了比较具体、全面和系统的描述：生命自觉、对周围环境敏感、富有感情、自发从事活动、关心他人和关注社会事务、批判性地学习、具有创造意识、等等。他指出，只有通过一种"全新的教育方式和教育情境"，学会怎样学习，学会怎样适应和变化，才能培养出"完整的人"。

---

① (选编自)徐作英. 生物学校本课程论与教学论[M]. 成都：电子科技大学出版社，2004.

这是怎样的一种“全新的教育方式和教育情境”呢？回答是“非指导性教学”。首先，确定以“学生个性发展为中心”的教学目标。教学中应该让学生知晓学习过程中的任务，发动全体学生亲自体验，形成正确的自我概念和独立自主的个性，发挥自己的想象力和创造力，教学要尽力向着陶冶学生情操的方向去协调，向人格开朗而灵活、对生活热爱而自信、积极向上而独有个性和人格魅力的自我方向去展开。其次，建立起新型师生关系，即教学是双边活动，教学是师生共同创生、发展的过程，所以教师只能扮演着一个“促进者或向导或顾问”的角色，其作用是帮助学生探索生活、完成学业以及建立与他人友好相处的关系、指导学生的成长和发展。这种教学旨在培养学生而不是控制学生，更多的是形成学生的学习风格和个性发展。

教师用人本主义教学理论指导生物学教育教学，首先，在思想上应该明确以下问题：

谁接受教育？是学生在接受教育，因此，教育要“以学生为本”。

为什么需要教育？为了发展学生完美的人格，为了学生的“自我实现”。

学习什么？学术性课程是教育的重要部分。但是，计划外的课外活动，人际关系的教育内容，“自我觉醒”“自我发展”及“自我需求”等教学内容在学科教学中也是必须渗透和非常重要的。

如何施行人本主义教育呢？将学生置于学习活动的中心，如当前我国基础教育课程改革所倡导的：引导学生展开讨论—互动—交流，进行形式多样化的活动式学习、探究式学习、研究性学习、合作学习、自主性学习等正是实践人本主义教学理论的最佳形式。

【案例】

以表演式进行“伴性遗传”的教学初探①

一、教学内容分析

“伴性遗传”是高中生物学的内容，它以基因的分离定律为基础，又与基因的自由组合定律相联系，涉及遗传病发病概率的计算，是综合遗传规律等基本知识的重要内容。

二、教学思路分析

1. 重、难点突破

人类红绿色盲等各种遗传病的遗传规律是本节的重点和难点。采用模拟表演使学生对所学内容产生兴趣是突破这一重点和难点内容的主要手段。

2. 学生“共鸣”

表演部分引起学生极大兴趣，为学生创设了需求“共鸣”、思维活跃的氛围，再通过层层探究，小组分析，总结遗传规律，使学生在愉快的气氛中对重点难点内容加以理解并掌握。

三、教学目标

（略）

---

① （选编自）张岩，符春锋．表演式教学初探[J]．生物学教学，2006(10)：30-31.

四、教学过程

(一)创设情境

教师："同学们，平时都是老师把一些故事直接讲述给大家，今天我们来点新鲜的。大家根据大屏幕上提供的'少年包拯'的故事情节和台词，来个课堂表演如何？先请五位同学分别扮演旁白、验尸官、哑巴、哑巴父亲和包拯。人物性格、语言可以自己发挥，其他同学当观众，请同学们准备一下各个角色的表演，谁愿意上来试试?"

同学们纷纷举手，经过简单的目测，五位同学入选，在掌声中课堂表演开始了。

(二)课堂表演

旁白："很久以前，某县衙有个验尸官，他平时横行霸道、滥用职权，做尽了坏事。一次，他又向驼背伸出了黑手，谋财害命后怕事情败露，就想嫁祸给与驼背有矛盾的哑巴。"

验尸官一本正经地说道："哑巴，你不能说话，是否认识字呀?"

哑巴使劲点点头。

验尸官得意洋洋地说："那咱们就用文字交流吧，你看看这判决书，上面写的是否属实呀?"

哑巴仔仔细细看了判决书，然后就毫不犹豫地画押了。

旁白："大家是不是都想看看判决书上写的是什么呀?"

下面的学生欢声雀跃，哑巴双手高举判决书让下面第一排就座的同学念道："我交代，驼背不是他人所杀，是我哑巴谋杀的。"全场哗然一片。

旁白："大家静一静，大家一定想知道识字的哑巴为何会在判决书上爽快地画押了吧？那么就请看下面的表演。"

这时，包拯大摇大摆地走过来。哑巴父亲忙上前喊道："我的儿呀，你好冤啊，包大人要为我儿申冤啊!"

包拯："你儿有何冤屈，快快道来!"

旁白："于是，哑巴父亲向包拯讲述了事情经过，包拯也觉得事情蹊跷，经过他的明察秋毫，让疑案真相大白。"

包拯："经我调查，验尸官早知哑巴患红绿色盲，预先在准备好的上绿下白的判决书上用朱砂笔写字，将'我交代，是他人所杀'写在绿色部分，而哑巴对红绿分不清，只看到白纸上写的'驼背不是我哑巴谋杀的'，才自愿画了押。"

"啪……"教室响起一阵掌声。

教师走上讲台："剧中验尸官就是利用了红绿色盲作的案，那么红绿色盲到底是怎样的一种病呢？它有什么遗传特点呢？这就是今天我们要学习的'伴性遗传'。"

(三)思考探究

接下来，教师通过多媒体展示了两段材料，并引导学生分小组探究相关问题。

材料1：在我国某地对红绿色盲的调查中，发现往往男性红绿色盲患者多于女性。据统计，我国男性红绿色盲的发病率为7%，而女性仅为0.49%。

问题1：红绿色盲的遗传基因可能位于什么染色体上？根据是什么?

问题2：如果说决定红绿色盲的基因位于性染色体上，那么它最可能存在于X染色体上还是 Y 染色体上？

材料 2：18 世纪英国著名的化学家兼物理学家道尔顿在圣诞节前给妈妈买了一双“棕灰色”袜子的故事(略)。道尔顿是第一个发现色盲的人，也是第一个被发现的色盲患者。为此，他写了一篇论文《论色盲》，成为世界上第一个提出色盲问题的人。

问题 3：道尔顿的父母都没有患病，是否可以推断出控制色盲的基因是显性基因还是隐性基因？

问题 4：如果道尔顿再重生一次，那么他患色盲的概率有多大呢？如果这次出生要 100% 能辨清袜子的颜色，他应该做什么样的性别选择呢？

通过以上的几步探究，学生可以得出色盲是 X 染色体隐性遗传病的结论。

(四)遗传图谱

教师展示五种遗传病的遗传图谱，让学生分小组讨论常染色体显性遗传病、常染色体隐性遗传病、X 染色体显性遗传病、X 染色体隐性遗传病、Y 染色体遗传病的遗传规律。

(五)归纳总结

先由各小组汇报交流，相互评价。再由师生互动，共同总结出五种遗传病的遗传规律。

(六)课堂反馈

教师设置训练题：约翰和大卫在核电厂附近工作多年，现发现约翰的儿子患血友病(X 隐)，大卫的女儿患多指(常显)，而约翰和大卫本人及妻子都无病。约翰和大卫都要求核电厂赔偿，你认为他们的要求是否合理呢？

通过思考、争论、解答，反馈出学生对伴性遗传规律的掌握情况，培养学生用已有知识解决实际问题的能力。

(七)教师对学生的学习评价

“今天这节课我们通过对色盲的探究，总结出了多种遗传病的遗传规律。大家表现得都很好，尤其是参与课堂表演的几位同学，把人物刻画得逼真、诙谐，把古典故事加进了很多现代元素，大家的自由发挥都很到位，看得出来，同学们的表演天赋不错。”

【点评】

在本节实验教学中引进了“表演”的“教学刺激”元素，让学生事先通过幻灯片上的人物介绍，了解了各个角色的内在特点，然后各自选择自己喜欢的、善于把握的故事中的人物去亲自表演，这本身就是一种全新的教学情境，为学生营造了特别能表现自我、挑战自我的空间，一下子就拉近了学生与课程内容、与教师心理上的距离。这种“表演式教学”既改变了传统的“填鸭式”教学方式和被动接受式的学习方式，又使学生在合适的表演空间里通过自己的体验去感知信息、理解信息。课中还穿插使用了教师“提出问题”，学生们从“分析材料”入手，对提出的问题进行小组探究，从而非常轻松和自然地得出了“色盲是 X 染色体隐性遗传病”的结论。整节课都特别突出了“以学生个性发展为中心”的特点，其间教师只扮演了一个“促进者或向导”进行“非指导性教学”的角色，这是人本主义教学理论应用的一个具体案例。

2.2 中学生物学实验教学的发展历程

在我国，生物学实验作为生物学教学的一部分已有一百多年的历史。中学生物学实验的教学历史随着人们对科学本质理解的转变以及整个社会的教育目标的转变而转变。生物学作为科学的一个分支，是随着近代科学的发展而逐渐发展的，近代科学的起点以13世纪英国科学家罗吉尔·培根的实验科学为标志。19世纪，近代科学在“师夷以制夷”的思想下传入我国。1840年鸦片战争后，外国传教士在我国开办教会学校，揭开了我国近代生物学教育的序幕，生物学实验教学开始萌芽。随着历史的变迁，生物学实验教学也不断向前发展。

2.2.1 萌芽阶段(清末至民国时期)

我国中学最早系统开设生物学课程可追溯到1842年，教会学校开设了博物、生理学等课程。如1842年英国传教士马礼逊开办的“马礼逊学堂”(小学)，其开设的课程中就有生理学与生物学两门课程；成立于1864年的北京贝满女学堂也开设了生理学和生物学方面的课程。1904年，清政府颁布了《奏定中学堂章程》，其规定中学堂要开设博物课程，一、二年级学习植物和动物的形体构造、生理分类功用，三、四年级学习生理、卫生和矿物的相关知识，每周均为2课时。此章程强调博物学教学要配备专用的标本室，以实物标本的观察辅助教学①。1906年实行普通中学制，博物、理化、地理等学科被列为中学的必修课程。此时的博物学由政府创办的学校自主开设，生物学课程仍作为博物学的分支存在②。晚清时期生物科学的发展虽然缓慢，但仍具有一定的积极意义。

1912年12月，南京临时政府颁布了《中学校令实施规则》，对开设中学生物学实验教学做了明确规定：“博物旨在习得天然物之知识，领悟其中相互关系及对于人生之关系。博物宜授以重要植物、动物、矿物、人身生理卫生之大要，兼课实验。”这是我国近代生物课历史上首次明确规定生物课的实验要求。1923年，新学制课程标准起草委员会刊布了《新学制课程标准纲要》，其中《初级中学自然课程纲要》指出初中应开设自然课程，每周1课时，学习内容包括动植物、矿物、理化学、天文等相关知识。初中毕业的最低标准为能做简单的实验，能用科学解释日常生活中的现象，有正确认知自然界事物的能力③。《高级中学第二组必修生物学课程纲要》提出普通植物学“注重讨论与实验，一学期内至少郊外练习八次，以代实验室内所做之课，遇天气温和植物繁茂时行之，以便学生练习、观测、绘图及采集标本等事”，普通动物学部分也有类似的要

① 楼柏丹．中学生物学实验教学[M]．哈尔滨：哈尔滨工程大学出版社，2015.

② 张秀红，谢群，薛松．生物学课程论[M]．北京：北京师范大学出版社，2021.

③ 课程教材研究所．20世纪中国中小学课程标准·教学大纲汇编·生物卷[M]．北京：人民教育出版社，2001.

求。可以看出，此时学生的实验能力是生物学教学评价的重要依据。

至此，生物学课程被正式列入国家教学计划，并由我国学者执教、编译或编著教材。我国生物学家相继编写出版了多种版本的生物学教科书。当时，主要的教材有吴元涤编写的《生物学》(世界书局)、陈桢编著的《生物学》(商务印书馆)、郑勉编写的《高中生物学》(正中书局)、贾祖璋编写的《开明新编高中生物学》(开明书店)和《生物学简编》(开明书店)。

1929年的《高级中学普通科生物学暂行课程标准》进一步强化了实验的思想。其中，"作业要项"中规定的实验内容有：①能用简易的仪器材料进行生命现象的模拟；②能运用显微镜观察；③对动植物的形态及分类进行研究；④野外考察。在学时上，每学期可进行数次郊外采集或研究，每次一日或半日；提出实验实习与课堂讲授相印证的教法，以此来养成学生观察研究之能力及爱好自然之兴趣。这是我国第一次将实验列入课外作业中。

1932年，确定了初中开设植物学、动物学、人体生理卫生，高中开设生物学、生理卫生的课程体系，正式颁布了中学各科课程标准，并在课标中首次为实验课安排了课时。这些课标规定了各个科目的教学时数。植物学和动物学在初一开设，每周授课时间均为2 h，课外实习2 h；生理卫生在初一至初三均有开设，讲解及实验每周1 h；高中生物学在高一开设，每周授课3 h，实验2 h，此外每学期可举行数次郊外采集；高中生理卫生在高一下学期开设，每周2 h①。

在这一阶段实验课的实施有了文件上的保证，而且对生物学实验有了具体内容上的规定。文件对生物学实验的教学有了一定的要求，包括：观察、仪器使用、分类、动植物鉴别、绘图以及简易的实验设计等。这对生物学实验的发展而言是一个很大的进步，也与当时的教育观念有关。20世纪20年代中国颇为流行的教育观念是：新的教育必须以科学为指导，理论要有科学的依据和证明，实践要遵循科学的方法，结果要有科学的统计。但实际上，生物学教育的效果却不尽如人意，从浙江省教育厅对1931年、1932年中等学校学生在学时兴趣、毕业后出路与工作时生活状况等方面所做的调查发现，中学生最感兴趣的是语文，对生物学科的兴趣是很低的②。

在这一时期，实验教学的目的和意义是很模糊的，实验的开课情况也不容乐观。不仅社会上不重视生物学，学生也对其兴趣不大，科学在整个社会中的地位并不是很高。当时整个学校教育中，最重视的是英语、国语和算术，其次是数学、物理、化学。由于战乱的原因，许多学校数次搬迁且四分五裂，生物课虽能照常进行，但是实验从来都没有开设，学生也没有接触过什么实验仪器，偶尔教师会拿一些标本给同学看看，但没有什么具体要求。

综上所述，在这一历史时期，生物学实验课的开设主要局限于一些著名的中学，而且多在高中阶段开课，初中生物学基本没有实验安排。在高中开设的实验课虽然有生物学实验指导手册，但是实验课的教学多是照本宣科，很难进行观察和实验教学。

① 张秀红，谢群，薛松．生物学课程论[M]．北京：北京师范大学出版社，2021.

② 张成军．中学生物学实验教学[M]．北京：科学出版社，2009.

可见，当时生物学实验教学最大的问题是缺少实践的“土壤”，以至于不能发现自身的“问题”，即便是有了课程标准的详细规定，但是没有整个社会的认同、没有安定的环境，缺少了具体的实施和教学设备，生物学实验也就成了课程标准中的一纸空文。

2.2.2 发展阶段(新中国成立之日起至1995年)

1. 初步发展阶段(新中国成立之日起至1965年)

新中国成立之后，根据中华人民共和国教育部颁发的《中学暂行教学计划(草案)》和《中等学校暂行校历(草案)》规定，高中开设生物学课程，其中高中一年级开设“人体解剖生理学”，高中二年级开设“达尔文主义基础”。在《中学生物课程标准草案》中，在教学目标中对学生的能力做了要求如下要求：观察、采集、实验、实习、栽培、饲养等能力。在教法要点中明确提出生物学的教学应经常用实验、实习来进行，指导学生掌握和形成基本的观察、实验、实习、栽培、饲养等知识和能力，指导学生撰写实验报告、绘图、采集标本等工作，训练学生爱好劳动、爱好独立工作的精神和能力，发展为人民服务的思想。

1952年，第一次将实验内容正式写入中学生物学教材中。例如，在初一《植物学》教材中“种子和种子的萌芽”一节安排了以下10项实验内容，并要求在课堂上和在课后完成“观察菜豆(或豌豆)”“玉蜀黍(或小麦)种子的构造”“用实验证明小麦种子内含有水分、有机物和无机物”“从小麦面粉内析出淀粉和面筋蛋白质”等。高中一年级“人体解剖生理学”总学时为72小时，其中大纲规定涉及演示实验的有10课时，学生实验有6课时。其中“消化器官”一节安排了“唾液对淀粉的作用”“利用显微镜观察小肠(绒毛)的切片”两个实验。高中二年级，“达尔文主义基础”总课时也为72小时，学生实验2课时。值得一提的是，大纲中规定了学生独立实验或是参观旅行，其形式和我们现在所倡导的探究性学习有一些相似。例如，“独立作业：学生独立研究本地区动植物的适应性和变异性”“参观旅行：利用课外时间到当地博物馆去参观原始人的历史过程”。从这个大纲中我们不难发现，教师在课堂上也逐渐采用实验的方式让学生了解生物学，同时，学生也有一定的机会开始接触生物学实验，并且生物学实验的形式开始趋于多样化。

1956年，教育部颁布了《中学生物学教学大纲(修订草案)》，先后编写出版了新的生物学教材，增加了生物学实验项目和课时总数，同时，颁布了《初级中学实验园地实习教学大纲(草案)》。初级中学实验园地实习是对学生进行基本生产技术教育的重要途径之一，它的任务是使学生获得栽培植物、饲养动物的技能。《初级中学实验园地实习教学大纲(草案)》规定：初一、初二、初三年级实验园地实习的教学总课时数均为34课时，各年级每周均为2课时，其中分配给实验园地实习的课时数，各年级每周也均为1课时。实验园地实习内容包括以下几个方面：蔬菜栽培、家禽家畜的饲养和管理、养蚕和病虫害防治。

1963年制订的《全日制中学生物教学大纲(草案)》提出，生物学实验和实习在生物学教学中具有很重要的意义，必须予以足够重视，并对实验目的、教学要求、实验场地、注意事项等做了详细的规定。例如，植物学实验要求学生掌握使用低倍显微镜、制作装片和徒手切片、做简单植物生理实验、画植物简图、采集和制作标本(蜡叶标本)等技能。在教学上，大纲要求教师制订实验实习计划，规定课时必须用在实验和实习上，课外时间也要积极利用，同时要密切结合基础知识来进行等。

2. 停滞发展阶段(1966—1976 年)

1966—1976 年"文化大革命"期间，中学生物学课程被取消，生物学实验教学停滞甚至倒退。生物学教学重点被改成了"三大作物一头猪"，由于片面强调联系生产、社会实际，全盘否定了过去使用的生物学教材，取而代之的是"农业基础知识""医疗卫生"课程。

3. 恢复发展阶段(1977—1987 年)

1978 年，中华人民共和国教育部颁布的新中国成立后的第三个中学生物学教学大纲规定：高中二年级开设生物学课程，学时为 30 课时。这在生物学教育历史上是课时较少的一个时期，但比起"文化大革命"时期已经有了很大改观。大纲仍旧提倡重视实验，但教材中却只安排了"用显微镜观察细胞有丝分裂"1 个实验，由此可见，实验教学仍然处于一种缓慢的复苏状态。1981 年恢复生物学高考，生物学实验也随之出现在高考试题中。例如，1981 年全国高考生物学试题中的实验题为一道填空题：在观察植物细胞有丝分裂的实验中，可以用______的______部位作为实验材料。把制成的装片先放在______下观察，然后换上______进行观察。1982 年生物高考实验题仍然是一道填空题：取甲、乙两个试管，各注入 2 mL 1% 浓度的淀粉糊，再各加入两滴______，淀粉糊都变成蓝色。然后，向试管甲加入 2 mL 清水，向试管乙加入 2 mL 唾液，振荡两个试管，并将它们插入盛有温水的烧杯中，10 min 以后，甲管呈______色，乙管呈______色。1983 年生物高考试题中实验为简答题：①怎样用已固定的葱根尖制作细胞有丝分裂装片？②怎样进行脊蛙反射时的测定？1984 年生物高考试题中实验题同样为简答题：①写出果蝇唾液腺细胞的染色体装片制作步骤。②用一瓶石灰水和一根干净的玻璃管做一个实验，验证人体呼出的气体中含有较多的二氧化碳。

纵观 1981—1984 年的生物高考试题的实验题，不难发现实验题逐渐从填空题向简答题的形式过渡。考查的内容从实验过程的识记以及简单的分析到实验设计以及现象或结果分析，内容不断增多，难度逐渐加大，从另一个侧面也反映出对实验教学的要求逐渐提高。

1982 年版的《中学生物学实验教师用书》中，在引言部分就明确规定了中学生物学实验在技能培养中的作用：培养学生观察生物和生命现象、识记和绘制简单生物图以及熟悉生物学实验基本装置和操作的能力。书中罗列了中学生物学实验的基本要求，其中包括能正确使用放大镜、显微镜、解剖器；能制作简易装片，进行徒手切片，进行简单的植物、动物生理实验和简单的遗传实验；能根据实验目的要求，正确观察、记录、分析、比较和总结实验结果；能绘制简单生物图示；能采集和制作一般的动植物标本。这些能力要求，即便是在实施新课程的今天来看，也已经是相当系统和完善的了。但是，当时中学生物学实验的实施目的是为生物学教学服务，即通过实验获取生物学知识，而不是以学生为实验的中心。因此，这些能力是作为实验的要求而不是结果。虽然学生通过生物学实验能获得技能的发展，但这个发展与实验中知识的获得相比就居于次要地位了。

1984 年，中华人民共和国教育部调整了高中生物学的教学内容，实行两种教学要求，教材分甲、乙两个版本，甲版本难度大一些。高中生物学学时改为 56 课时，两个版本的实验内容都改为 4 课时。其中，观察植物细胞的有丝分裂、植物细胞的质壁分离和复原实验，主要培养学生的观察能力、显微镜操作能力和制作装片的能力，以及对实验设计的了解；观察根对矿质离子的交换吸附现象实验中，对照组的设置培养了学生科学设计实验的思维；叶绿体中色素的提取和分离实验涉及有机溶剂的使用、研磨等技能的培养。大纲涉及的实验材料、仪器以及实验的技能要求都大为提高，不再是简单地观察，而是有意识地培养学生对科学过程的理解。

1986 年版的初中《植物学》教材中实验内容包括 19 个教师课堂演示实验、9 个学生课堂实验和 1 个课外实验及实习作业。课堂演示实验如“观察细胞的原生质流动”“观察不同种类松树的枝条”等；学生课堂实验如“认识显微镜的结构、练习使用显微镜”“制作临时装片”“观察植物细胞”“采集和制作植物标本”等；课外实验及实习作业如“播种菜豆和玉米种子”“观察记录幼苗出土状况”等。这些实验的开设有助于培养学生使用显微镜、制作装片、徒手切片、绘制生物图、采集和制作植物标本的能力。从内容上看，这些实验主要是验证性的、观察有关形态结构方面的实验。由于受实验条件的限制，多数学校不能按要求开设全部实验，因此，课堂上教师在黑板上讲(画)实验、学生在下面背实验的现象比比皆是。

1952—1986 年中学生物学教学大纲中所列实验教学的数量及课时见表 2-1。

表 2-1　1952—1986 年中学生物学教学大纲中所列实验教学的数量及课时

教学大纲颁布的年份及科目内容		学生实验数量/项	演示实验/项	参观或观察/项
1952 年	植物学	35 (21 课时)	21	5
	动物学	12 (10 课时)	13	4
	高中生物学	9(10 课时)	15	4
1956 年	植物学	22	62	5
	动物学	12	18	4
	高中生物学	13	40	4
1963 年	植物学	9 (12 课时)	21	1
	动物学	12 (7 课时)	31	1
	生理卫生	8 (6 课时)	11	1
	高中生物	10 (12 课时)	3	1
1978 年	动植物学	11(10 课时)	24	2
	生理卫生	9 (5 课时)	9	—
	高中生物	1 (2 课时)	—	—

续表

教学大纲颁布的年份及科目内容		学生实验数量/项	演示实验/项	参观或观察/项
1980 年	动植物学	12（10 课时）	27	2
	生理卫生	8（5 课时）	11	
	高中生物	2（2 课时）	—	—
1984 年	甲版本	4（4 课时）	—	—
	乙版本	4（4 课时）	—	—
1986 年	植物学	10	20	1
	动物学	8	22	—
	生理卫生	14	9	—
	高中生物	4	6	—

4. 快速发展阶段(1988—1995 年)

党的十一届三中全会以后，随着改革开放向纵深发展，我国经济取得了长足进步，国家对教育的投入不断增加，大多数中学逐步建立了生物学专用实验室。在这一阶段，实验考查的范围是高中生物学教学大纲中所规定的高中生物学必修课的实验内容。考虑到各地对实验材料的准备和实验操作所需要的时间等实际情况不同，各省(自治区、直辖市)教育行政部门可以根据当地的实际情况，从高中生物学必修课中选定实验项目作为本学年生物学实验考查的内容，同时，要明确考查的具体要求和方法。由此可见，生物学实验在改革开放以后得到了稳步的发展。首先，大纲对生物学实验的开设做了要求，包括实验教学的目标、实验教学的重要性以及实验的课时数等。其次，出现了专门的实验室和实验管理人员，实验的仪器和设备也得到丰富。再次，对生物学实验进行了评价，这个评价不仅出现在课堂上，还出现在省一级的会考乃至全国的高考中，不仅有总结性评价，还出现了形成性评价，这无疑会对生物学实验的发展起到很大的推动作用。最后，出现了大批研究生物学实验教学的一线教师、教学论专家，生物学实验的教育价值得到了广泛的认同①。

2.2.3　不断完善阶段(1996 年至今)

从 1996 年起，全国大部分省份实行高中毕业生会考，将生物学实验操作纳入考查之列，并且规定实验考查不合格不予毕业。实验考查的范围是高中生物学教学大纲所规定的高中生物学必修课的实验内容。考虑到各地对于实验材料的准备和实验操作所需的时间等实际情况不同，各省(自治区、直辖市)教育行政部门可以根据当地实际情况，从高中生物学必修课中选定若干个实验项目作为本学年高中生物学实验考查的内容。同时，要明确考查的具体要求和考查的具体方法。

---

① 解凯彬，马建兴．中学生物学实验教学研究[M]．南宁：广西教育出版社，2021.

1996年版《全日制普通高级中学生物教学大纲》(供试验用)要求学生通过完成高中生物学教学大纲中所规定的生物学实验、探究、实习和参观等项目，初步掌握基本的生物学科学研究方法，初步学会设计实验、分析和解释实验中产生的现象，得出正确的实验结论。大纲规定，高中生物课程教学评估，主要包括课堂教学和实验教学两个方面，还要对实验教学进行评估，其主要项目有目的要求、材料用具、实验操作、实验效果、实验课开课率等。首次将保证实验的“教学设备”列入教学大纲：要保证按质按量完成高中生物学实验，充分利用现有的教学设备，尽量多地给学生提供亲自动手的机会。把学生实验、实习的教学要求，划分为初步学会和学会两个层次：初步学会是在教师的辅导下，知道实验目的和方法步骤，能够按照要求完成实验、实习的任务；学会是在教师指导下，懂得实验、实习的原理，能够独立地进行实验、实习，取得良好的效果。

2000年《九年义务教育全日制初级中学生物教学大纲》(试验修订版)中，对学生实验的要求分为四个层次，其中第四个层次是探究，即在教师指导下，亲自参与设计实验，练习怎样确定实验目的、材料和方法，能观察现象、记录和整理数据及报告实验结果。第一次将探究性实验和设计性实验编入教材，共安排了9个探究性实验，2项设计性实验，还有与之相关的实践活动13项。

2003年，中华人民共和国教育部颁布了《普通高中生物课程标准(实验)》，并于2004年秋季在海南、广东、山东和宁夏四省(自治区)试点实施。在课程目标的能力维度上提出了以下具体目标：能够正确使用一般的实验器具，掌握采集和处理实验材料、进行生物学实验的操作、生物绘图等技能；能够利用多种媒体收集生物学的信息，学会鉴别、选择、运用和分享信息；发展科学探究能力。初步学会：①客观地观察和描述生物现象；②通过观察或从现实生活中提出与生物学相关的、可以探究的问题；③分析问题，阐明与研究该问题相关的知识；④确认变量；⑤做出假设和预期；⑥设计可行的实验方案；⑦实施实验方案，收集证据；⑧利用数学方法处理、解释数据；⑨根据证据做出合理判断；⑩用准确的术语、图表介绍研究方法和结果，阐明观点；⑪听取他人的意见，利用证据和逻辑对自己的结论进行辩护以及做必要的反思和修改。高中生物学课程包括了必修和选修两个部分，共6个模块。其中，“生物技术实践”模块重在培养学生设计实验、动手操作、收集证据等科学探究的能力，增进学生对生物技术应用的了解，内容包括微生物的利用、酶的应用、生物技术在食品加工的应用和生物技术在其他方面的应用四个部分。这是一次影响深远的基础教育课程改革，在课程标准实施后的十多年间，生物学课程实现了从“双基”为导向到以“生物科学素养”为导向、以探究式教学为特点的转变。

2017年，中华人民共和国教育部颁布的《普通高中生物学课程标准(2017年版)》，明确将生物学学科核心素养作为课程宗旨，指出生物学学科核心素养包括“生命观念”“科学思维”“科学探究”和“社会责任”。科学探究的重要作用和地位再次受到高度关注，始于21世纪之初的生物学教学改革方向得到保持和加强。而实验教学是发展学生“科学探究”素养的重要支撑，对此，课标要求：实验设计应该多样化，在重视定性实验的同时，也应重视定量实验，让学生在量的变化中了解事物的本质。

2019 年，擘画基础教育未来发展方向的两份重磅文件——《国务院办公厅关于新时代推进普通高中育人方式改革的指导意见》和《中共中央　国务院关于深化教育教学改革全面提高义务教育质量的意见》先后印发，在有关教学方式改革的内容中，都强调了“启发式、互动式、探究式”学习的重要性，前者还点明了高中阶段要“认真开展验证性实验和探究性实验教学”。为切实扭转中小学忽视实验教学的倾向，同年 11 月，中华人民共和国教育部印发《关于加强和改进中小学实验教学的意见》，提出完善实验教学体系、创新实验教学方式、提高教师实验教学能力等 8 项举措。其中，“把学生实验操作情况和能力表现纳入综合素质评价；2023 年前要将实验操作纳入初中学业水平考试，考试成绩纳入高中阶段学校招生录取依据；在普通高中学业水平考试中，有条件的地区可将理化生实验操作纳入省级统一考试”等一系列改变评价指挥棒的内容备受关注。

随着新课程改革的推进，生物学实验已从生物学课堂教学的补充地位中解放出来，成为体现科学本质的必要环节。学生科学探究素养的发展呼唤着生物学实验教学迈向新的发展阶段。

2.2.4　我国中学生物学课程的发展趋势

1. 我国生物学实验课程发展现状

(1)实验教学目标明确具体。

《义务教育生物学课程标准(2022 年版)》和《普通高中生物学课程标准(2017 年版 2020 年修订)》分别将“探究实践”和“科学探究”作为学科核心素养的要素之一。“初中课标”指出学生“能够从生物学现象中发现和提出问题、收集和分析证据、得出结论”；“高中课标”则强调学生能“掌握科学探究的思路和方法，形成合作精神，善于从实践的层面探讨或尝试解决现实生活问题”。

(2)整合优化教材实验。

依据《普通高中生物学课程标准(2017 年版)》编制的新教材将原教材中的“实验”“探究”“模型建构”“模拟探究”等整合为“探究·实践”。根据教材修订之前的调研结果和新课标的要求，进行删减、增补、改写等，其目的是增强活动的可行性，提高活动的教育价值①。

必修模块两本教材中的“探究·实践”活动，主要是精简、提高可行性，同时根据课程标准的要求，增补个别实验。

《普通高中教科书　生物学　必修 1　分子与细胞》删除 3 个实验，调整 1 个实验，补充 1 个实验。删除的 3 个实验为：观察 DNA 和 RNA 在细胞中的分布(实验操作难度大，效果不理想)，体验制备细胞膜的方法(实验材料不容易得到，效果不理想)，细胞大小与物质运输的关系(实验价值不大)。其中“细胞大小与物质运输的关系”改为“思维训练：运用模型作解释”，保留其发挥思维训练的价值。“用高倍显微镜观察叶绿体和线粒体”则按照课标要求调整为“用高倍显微镜观察叶绿体和细胞质的流动”。按照课标

① 谭永平．人教版《普通高中教科书生物学》修订情况简介[J]．生物学教学，2019，44(10)：10-14.

的要求增加“淀粉酶对淀粉和蔗糖水解的作用”，该实验可以说明酶的专一性。

《普通高中教科书　生物学　必修2　遗传与进化》模块中，原教材中的“脱氧核苷酸序列与遗传信息的多样性”探究活动改编为“思考·讨论”活动，降低难度。“建立减数分裂中染色体变化的模型”增加一个活动“模拟四分体时期非姐妹染色单体间的互换”，以帮助学生深刻理解减数分裂过程中染色体变化。增加“抗生素对细菌的选择作用”的探究实践，意在让学生通过该实验加深对较为抽象的“自然选择”的理解。

选择性必修模块三本教材中的“探究·实践”活动中，原实验教材中可行性好、教育价值高的探究实验活动保留并完善，同时根据课程标准的要求做取舍、补充。

为了提高探究活动的可行性，有的实验调整了实验环节，明晰了实验步骤，有的增加了备选的实验材料。例如，“检验生物组织中的糖类、脂肪和蛋白质”，删除了容易变色的苹果匀浆、马铃薯匀浆，增加了葡萄匀浆、白萝卜匀浆，删除了苏丹Ⅳ染液，减少了实验操作环节。

增加关键实验操作或实验现象的图示，以帮助学生更好地完成实验。例如，在“检验生物组织中的糖类、脂肪和蛋白质”中，增加三种有机物与相关试剂的颜色反应，在“观察根尖分生组织细胞的有丝分裂”中，增加了有丝分裂各个时期的图像，等等。

为了营造开展实验探究的情境，一些实验增加了相关的情境导入。例如，在“检验生物组织中的糖类、脂肪和蛋白质”的实验前增加这样的一段话：“正因为不同食物中营养物质的种类和含量有很大差别，我们才需要在日常膳食中做到不同食物的合理搭配，以满足机体的营养需要。我们的食物来自各种生物组织。那么，怎样检测不同生物组织中的营养物质呢？通过下面的探究实践，你可以尝试检测不同生物组织中的糖类、脂肪和蛋白质。”

(3)实验难度加大。

“高中课标”对学科核心素养水平的划分中，“科学探究”素养水平四的具体表现是：能够恰当选用并熟练运用工具展开观察；针对日常生活的真实情境提出清晰的、有价值的、可探究的生命科学问题或可达成的工程学需求；基于对相关资料的查阅，设计并实施恰当可行的方案；运用多种方法如实记录，并创造性地运用数学方法分析实验结果；能够在团队中起组织和引领作用，运用科学术语精确阐明实验结果，并展开交流。

可以看出，与传统基本技能的要求相比，实验要求的外延与难度系数明显增加。除了加强基本操作技能外，还要强化学生进行生物科学探究的一般方法、收集和处理信息的能力、获取新知识的能力、分析和解决实际问题的能力，以及交流与合作的能力。

(4)实验形式多样化。

新课程中的学生实验涉及观察、鉴别、验证、引导式探究、自主式探究、模拟和制作等多种形式，实验形式的多样化可以更好地帮助学生掌握探索知识的科学方法和技能。例如，自主探究活动，需要学生完成“发现问题、提出假设、设计实验验证假设、得出结论”这一完整的科学研究过程，不但可以培养学生综合运用生物学技能的能力，还可以培养学生之间相互交流与合作的能力。有些实验还引入了信息技术、数学模型等，对于丰富学生认识和表述生物世界的方式、培养创新能力具有积极的作用。

(5)实验评价多元化。

传统的实验评价目标、形式、内容都比较单一，评价内容往往比较狭窄，仅考查实验技能与实验考试分数。而新课程对学生实验的评价则是“立足过程、有利发展、促进发展”的全面评价，强调：应根据目标多元、方式多样、注重过程的评价原则，综合运用观察、交流、测验、实际操作、实验报告与作品成果展示、自评与互评等多种方式，为学生建立综合、动态的成长记录手册，全面反映学生的成长历程。实现评价目标多元化、评价手段多样化、形成性评价与终结性评价相结合、定性评价与定量评价相结合、反思性评价与激励性评价相结合的、旨在“促进学生全面发展的评价体系”，方式多样、内容多元、内涵丰富。不仅考查学生掌握的实验技能，还要考查科学态度、安全防范意识、与人合作协同、实验的规范、实验的成果、交流表达的能力、信息获取与处理应用的能力，等等。

2. 我国中学生物学实验教学发展趋势

我国新世纪启动的基础教育课程改革正好处于全球课程改革的历史背景下，中学生物学课程与包含其中的生物学实验及生物学实验教学也进行了大胆探索和革新，呈现出了明显的发展趋势。

(1)环保意识在实验教学中的强化。

发展到今天，环境问题已经开始间接或直接影响到人们的生产、生活。而在我国中学生物学新课程以及实验内容中表现出了这一时代和社会发展的需求，明确提出了树立和践行“绿水青山就是金山银山”的理念、形成生态意识、参与环境保护实践的要求。

①要求学生爱护生物，保护动植物及其生存环境。如“调查校园、社区或农田的生物种类”时，在教材的注意事项上明确写道：“不要伤害动植物，不要破坏生物的生活环境。”

②将实验后的生物放归大自然，强调了人与自然的和谐相处。如“探究鼠妇的生活环境”实验中有醒目的提醒：“做完实验后，别忘了把鼠妇放回适合它们生存的自然环境中。”

③在高中生物学选修模块中，提出了开设“动物福利”“地方特色动植物研究”“海洋生物学”“环境友好与经济作物”“生态安全”“本地受威胁物种保护”等选修课程，引导学生尊重生命、关爱动物和热爱自然环境，形成有利于生态安全的生活方式。

以上这些，充分反映了人类对动植物的关爱和对生态环境的保护，是生物学实验教学中生态环保意识的集中体现。

(2)实验体现跨学科实践。

《义务教育生物学课程标准(2022 年版)》要求学生通过本课程的学习，应该达到以下目标：“综合运用生物学和其他学科知识、方法与实验操作技能，采用工程技术手段，通过设计、制作和改进，形成物化成果，将解决问题的想法或创意付诸实践，逐步形成团队合作意识、坚持不懈的探索精神、实践创新意识、审美意识和创意实现能力。”在内容要求中，设计了“模型制作类”“植物栽培和动物饲养类”和“发酵食品制作类”三种类型的跨学科实践活动，如在“模型制作类”跨学科实践活动中，有3个项目可供选择：①制作可调节的眼球成像模型，提出保护眼健康的方法；②制作实验装置，模拟吸烟有害健康；③设计并制作能较长时间维持平衡的生态瓶。以上3个项目旨在要求学生运用生物学、物理、技术、工程学等学科概念，以及“结构与功能”“尺度、比例和数量”“系统与模型”等跨学科概念，选择恰当的材料，设计并制作模型，直观地表征相应的结构与功能，提升探究实践能力①。

(3)新技术、高水平实验内容的下移趋势。

当今，生物技术的成果渗透进了人们的生活，已悄然改变了人们的意识、工作与生活，同时，也融合与应用到了中学生物学实验中。例如，初中生物学中“收集或实测不同植被环境中的大气湿度数据比较分析”实验，需要用到数理统计的方法进行数据处理。而高中生物学课程中已经把“DNA的提取与鉴定”“用某一DNA片段进行PCR扩增”“植物组织培养”等相关实验引入了实验内容。这些新增加的实验不仅应用了生物学的前沿技术，而且相比旧的中学生物学实验内容，难度系数增大了许多，这是高水平实验内容下移的一个缩影。

(4)以探究为特点的主动学习成为实验教学的主要范式。

以探究为特点的教学不仅会直接影响核心素养中“科学思维”“科学素养”的落实，也会间接影响另外两个核心素养的达成。过去的生物学实验主要以验证性实验为主，学生一般按部就班地操作，虽然在培养学生的实验操作技能方面，取得了较好的成果，但在一定程度上禁锢了学生的创造性思维。新课改后，中学生物学教材中增加了很多的探究性实验，如“植物向性运动的实验设计与观察”“探索淀粉酶对淀粉和蔗糖的作用”等实验，在给出方法建议、推荐材料后，指导学生对生物及其相关事物进行观察、描述、提出问题、查找信息、提出假设、验证假设、思维判断、做出解释、并能与他人合作和交流等。此外，还要培养学生通过文字描述、数字表格、示意图、曲线图等方式完成报告，组织交流探讨的过程和结果，并进行适当的评价②。

(5)实验由重视结果向重视过程并置转化。

一个人的发展是包括知、情、意、行的全面和谐的发展，而情、意的发展在学习过程中不是一蹴而就的，更多依赖于教育过程中的长期潜移默化和熏陶感染。过去我国的中学实验教学注重检查学生技能的最终达成结果与实验报告呈现出来的好坏，用实验考试结果来评价优劣，不关注实验过程中的态度，不看重实验中的学习体验过程、正确情感态度价值观的形成与行为修正。

中学生物学新课程顺应了社会对课程改革的需要，在实验教学中不仅关注实验结果，同时也注重实验过程，积极鼓励学生发现问题、做出假设、因地制宜地创新设计实验与因陋就简地创新开展实验。在这样的实验过程中，学生的创新意识得到启发，

---

① 中华人民共和国教育部．义务教育生物学课程标准(2022年版)[S]．北京：北京师范大学出版社，2022.

② 中华人民共和国教育部．普通高中生物学课程标准(2017年版2020年修订)[S]．北京：人民教育出版社，2020.

创新精神与实践能力得到升华，学生不仅达成了实验的显性技能与知识目标，对于团结合作、礼貌修养、待人接物、尊敬他人等隐性目标也很好地兼容。因此，由重视实验结果向重视实验过程的转变体现了新课程的又一种趋势。

(6)实验追求低成本、高效益、信息化的发展趋势。

我国中学的实验室建设受当地经济的影响和地域的限制，不是所有学校都能按常规配置实验的用具和器材。因此，提倡因地制宜地开展实验，在降低实验成本的基础上追求最佳的实验效果。例如，中学生物学实验中常用的白瓷盘，可以用塑料的包装盒替代，培养皿也可用饮料瓶替代等。此外，还可以利用电子设备设计、完成模拟性实验，有条件的学校还可以充分利用多媒体、互联网及无线通信技术进行虚拟实验。

2.3　中学生物学实验教学的基本理念

2001 年，中华人民共和国教育部印发了《基础教育课程改革纲要(试行)》(以下简称《纲要》)，开启延续至今的基础教育课程改革重大行动。《纲要》明确指出，基础教育课程改革的具体目标是“调整和改革基础教育的课程体系、结构、内容，构建符合素质教育要求的新的基础教育课程体系”。因此，本次课程改革是从课程的价值与功能、课程的结构与功能、教与学的方式和过程、课程的评价与管理等诸多方面进行的一次全方位的改革，而不是简单的教材版本的更换。

20 多年来，新课程改革在很大程度上改变了人们对于课程的认知，推动基础教育发生了巨大的转变。尽管如此，由于应试教育自身的顽固性，教师对课程理念的更新仍然存在不足，在工作中对教育的性质、本质等问题的认识和理解还有待进一步提升。新课程改革的教育理念，是教师在认识基础教育的未来性、生命性和社会性的基础上形成新的教育观、学生观和教学观。理解新课程改革的精神内核和实践逻辑，不仅有助于教师更好地理解新的课程方案和课程标准，也有助于更加深入地将课标要求落到实处。

2.3.1　基础教育生物学新课程的理念创新

1. 基础教育新课程中新的课程观

基础教育新课程中倡导的课程观：基础教育新课程中的课程观强调的“课程”是“学习的经验”，是师生共同体验到的课程。课程不再只是特定知识的载体，而是师生共同探求新知的历程。因此，课程不只是“文本课程”，更是“体验课程”①。课程应是在教学过程中，学生通过与环境的交互作用，特别是在与教师、同伴的交往互动过程中，逐渐形成和建构起来的学习体验、学习经验等。在特定的教育情境中，每位教师和学生对课程文本的理解总要融入个人的经验，形成不同意义的生长域，从而对课程做出一

① 靳玉乐，张丽．我国基础教育新课程改革的回顾与反思[J]. 课程·教材·教法，2004(10)：9-14.

定生产性或创造性的改变。

2. 基础教育新课程中新的学生观

基础教育新课程中倡导的学生观是：学生是发展的人，其身心发展是有规律的，教师要依据学生身心发展的规律和特点开展教育、教学活动，从而有效地促进其身心健康发展。学生还具有巨大的发展潜力，需要在教师的指导下成长。学生是独特的人，是完整的、具有独特个性的人。同时，学生之间具有差异性，这种差异性是教育的基础，是学生发展的前提。学生是独立的人，教师要充分地认识到学生是独立于教师之外的客观个体，要尊重学生的独立人格，要使自己的教育、教学适应学生的情况和发展规律，要认识到学生是学习的主体，这是建立民主、道德、合法的教育关系的前提。

学生不仅是知识的接受者，还是课程的创造者之一。课程应该考虑学生的学习需求与学习方式，由学生控制和支配自己的学习方式和过程。教学的内容要切合学生实际状况，要考虑学生的兴趣与需求。

因此，教师应该尊重学生，关心每一位学生的发展。教师在教学中要尊重学生主动学习的精神，树立为学生服务的意识；要关注学生的个体差异，尊重学生在学习方面的思考，以满足不同学生的学习需要；要创设能引导学生主动参与的教育环境，激发学生的学习积极性，把精神生命发展的主动权交给学生。

3. 基础教育新课程中新的教师观

基础教育新课程中倡导的教师观是：教师同样是课程的组成部分，是课程的创造者之一。“教师首先需要考虑的还不是如何有效地教学，而是应该带给学生什么样的教育经验，包括什么样的知识最有价值，什么样的主题最值得探究，而这首先需要思考的是我们究竟要培养什么样的人？受过教育的人该是什么样的？教育承担着怎样的职责和使命？如此一来，作为教师应该关注的就远远不止是实验教学行为、有效的教学策略、课程教学模式等问题，而更应该关注我们为什么需要教育……因为教育不只是一个简单的操作行为，而是基于信念的行为”①。

教师应该由传统意义上的知识传授者、学习的控制者，向学生学习的指导者、组织者、合作者、帮助者等转变，要成为课程的开发者和课程知识的建构者，还应是自身教学行为的批评者、反思者、重建者。

4. 基础教育新课程中新的教材观

基础教育新课程中倡导的教材观是：教材是供学生建构、创造学习经验的一种媒介、素材、工具，是引导学生利用已有的知识经验，主动探索知识的发生与发展，引起学生认知分析，理解文化，反思、批判和建构意义的中介，是案例或范例。但教材不应是学生必须完全接受的对象和内容，教材只能成为学生学会认知、学会做事、学会共同生活、学会生存的一些范例，但不是全部范例。所以，教材仅是学生接受教育并发展的“中介”，是师生进行对话的“话题”，是进行交往的桥梁载体而已。

同时，要使学生在学习过程中真正去建构、创造有价值的学习经验，教师需要依

① 许洁英．课程意识：新课程中教师发展的生长点[J]．课程·教材·教法，2004(10)：78-81.

据教材在教学活动开始之前制订教学计划、教学方案。这其中还要包括教师对学生的已有知识经验、能力倾向、个性特征等方面的分析，以及对学生行为意义的敏感与理解，对普遍性、长期性教学目标的宏观把握等。同时，教师还应充分挖掘教材中蕴含的教育因素，对教材进行再创造。

另外，从对学生进行人文素养教育的角度看，教师个人的品行、修养也能成为教材的一部分，其人品、学识、敬业精神等对学生有着深远的影响。

5. 基础教育新课程中新的教学观

长期以来，生物学课程是以学科为中心的，强调生物学知识的传承。因此，传统的教学观把教学看成知识的传递过程，教师拘泥于严密的学科逻辑和国家编发的成套教材，其教学活动被固化为知识传授和技能训练。

基础教育新课程中倡导的教学观认为，课程不等同于课表上的科目和教材，课程实施也不应只是课程传递和执行的过程，实验教学也不等于只是教授教材。课程的实施更应该成为教师与学生追寻自身主体性的过程，即教师与学生共同参与课程的开发，使教学成为课程的创生与开发过程，而不只是忠实地执行、实施课程计划与方案的过程。课程的实施还应该是师生交往互动的过程，师生双方通过相互交流，在对话中不断建构知识。只有在教学过程中，师生之间、学生之间具有充分的交往互动(特别是对话与交流)，学生才能积极主动地投入、参与到学习中；只有在学生的积极主动的学习中，学习活动才能有创造性；也只有在学习活动是富有创造性的时候才有“课程资源”的开发、“学习经验”的生成、学生的不断超越与持续发展。

总之，教学不仅是教知识，更要关注学生的亲身体验，它是师生富有个性化的有生命活力的教育活动。

2.3.2　中学生物学课程的基本理念

课程理念集中体现了课程决策者和制订者对学习、教学、学习环境和学习内容等课程与教学基本问题的看法或观点①。党的十八大以来，围绕落实立德树人根本任务，我国先后修订并颁布了《普通高中生物学课程标准(2017年版2020年修订)》和《义务教育生物学课程标准(2022年版)》，在注重继承我国课程建设成功经验的基础上，充分借鉴国际先进教育理念，提出了新的课程理念，体现了党和国家对教育的基本要求。

1. 义务教育阶段生物学课程理念

2022年3月，中华人民共和国教育部印发了《义务教育生物学课程标准(2022年版)》，新课标全面落实习近平总书记关于培养担当民族复兴大任时代新人的要求，结合义务教育性质及课程定位，从有理想、有本领、有担当三个方面，明确了课程的育人导向，提出了以下6点课程理念。

(1)核心素养为宗旨。

核心素养作为基础教育的重要育人目标，是落实立德树人根本任务的重要内容，

① 郭建鹏．基础教育课程改革理念的反思与建构——基于学习心理学的视角[J]．教育科学，2015，31(4)：36-40.

也是学生适应未来个人发展和社会发展所需的必备品格与关键能力。义务教育生物学课程着眼于学生适应未来社会发展和个人生活的需要，充分发挥生物学学科独有的育人价值，密切结合中国学生发展核心素养研究等教育领域新成果，融入社会主义核心价值观的基本内容和要求，凝练了初中生物学课程对学生核心素养的发展要求。

该核心素养发展要求包括生命观念、科学思维、探究实践、态度责任四个方面，它们从不同维度指向学生通过本课程学习需要逐步达成的目标：①"生命观念"是对生命现象及其规律的认识或理解，是分析和解释生物学现象或问题的基本思想方法，指向"用什么想"；②"科学思维"是运用科学的思维方法认识事物、解决实际问题的思维习惯和能力的，指向"如何去想"；③"探究实践"包括科学探究与跨学科实践，是获取知识、理解科学概念、体验探究实践过程、解决实际问题的方式和途径，指向"如何去做"；④"态度责任"包括科学态度、健康意识和社会责任，是在解决有关个人健康生活和社会发展进步实际问题中的自我要求与责任担当，指向"如何去用"①。

核心素养发展要求的提出，将宏观教育目标转化为具体的学生个体发展目标，是此次生物学课程设计的基础和宗旨，也是课堂教学实践的根本方向与总体要求。

(2)课程设计重衔接。

课程设计积极吸纳科学教育和学习科学的研究成果，充分利用我国生物学教育教学实践的有效经验，使初中阶段的生物学学习与小学和高中阶段的学习能够有效衔接、循序渐进、连贯一致，引导学生逐步深入地认识生物学的科学本质和重要思想观念。如在课程内容的呈现上，与2017年颁布的《义务教育小学科学课程标准》和2020年颁布的《普通高中生物学课程标准(2017年版2020年修订)》的呈现方式保持了一致性和连贯性，概念陈述由简单到复杂、相互联系、循序渐进。

(3)学习主题为框架。

为落实"双减"要求，践行"减负增效"，依据学科逻辑和义务教育阶段学生的认知特点与学习规律，新版生物学课程以7个学习主题下的9个大概念作为框架，构建课程内容体系(图2-4)。每个主题包含若干生物学重要概念，同时融入生物学的思想观念、研究过程和方法。通过学习主题和大概念的形式整合课程内容，突出主干知识，淡化琐碎内容，既保证了生物学科的内在逻辑，又强化了课程内容的整合，实现了课程内容的"少而精"。此外，设置"生物学与社会，跨学科实践"学习主题，引导学生综合运用生物学、化学、物理、地理、数学等学科的相关知识和方法，尝试分析和解决实际问题。

① 刘恩山，孙鑫.《义务教育生物学课程标准(2022年版)》研制背景及主要变化[J]. 教师教育学报，2022，9(3)：124-128.

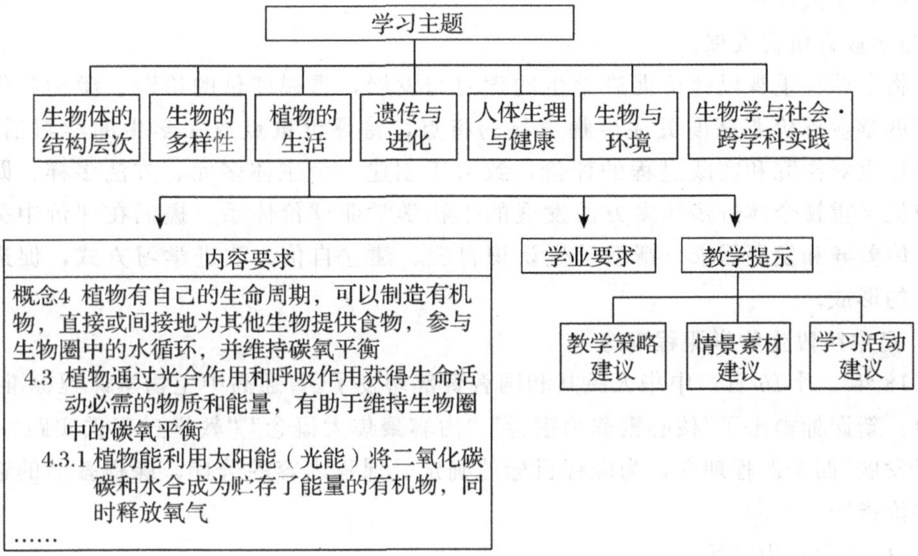

图 2-4　《义务教育生物学课程标准(2022 年版)》课程内容体系

(4)内容聚焦大概念。

在课程内容的呈现方式上，新版生物学课程标准以“大概念—重要概念—次位概念”的方式组织课程内容，打破了知识的分割，更好地反映了生物学的学科逻辑结构，更有利于教师引导学生构建概念，也有利于学生形成概念的体系框架。在课程内容的表述形式上，原有课程标准采用“行为动词＋名词术语”的表述方式描述具体内容，如“阐明绿色植物的光合作用”，而新版生物学课程标准则采用命题式的表述方式准确描述概念内涵，对初中学生学习“光合作用”的认知要求和表现进行了明确描述：“植物能利用太阳能(光能)将二氧化碳和水合成为贮存了能量的有机物，同时释放氧气。”新版生物学课程标准将原有的生物学术语明确表述为学生可以理解的生物学观点，准确刻画了教学深度和理解水平，切合初中学生的认知特点，让学生能够深刻理解和应用重要的生物学概念，发展核心素养。

(5)教学过程重实践。

生物学课程高度关注学生学习过程中的实践经历，强调学生的学习过程是主动参与的过程。“跨学科实践”主题的增设是本次课程标准修订的突出特点。新版生物学课程标准将科学、技术、工程学等内容融入生物学课程中，增设“生物学与社会·跨学科实践”学习主题，包括模型制作、植物栽培和动物饲养、发酵食品制作类跨学科实践活动，以引导学生通过跨学科实践的途径，综合运用多个学科的知识和方法尝试解决现实生活中的真实问题，认识生物学与社会的关系，强化学科间的相互联系。同样，“跨学科实践”也并非一个孤立的学习主题，该主题与其他 6 个学习主题的内容要求和学习活动高度关联。教师在教学中可以紧密结合各学习主题的内容，适当安排跨学科实践活动，引导学生动手实践并加深其对工程学、技术、数学等多学科的理解，增强课程的综合性和实践性①。

(6)学业评价促发展。

生物学课程重视以评价促进学生的学习与发展，重视评价的诊断、激励和促进作用，开展学业评价要高度关注生物学科的特点，将评价重点放在学生的学习活动上。特别要注重对探究和实践过程的评价，致力于创建一个主体多元、方法多样，既关注学业成就又重视个体进步和多方面发展的生物学学业评价体系。提倡在评价中关注学生的个体差异和发展需求，帮助学生认识自我、建立自信，改进学习方式，促进其核心素养的形成。

2. 高中阶段生物学课程理念

2018 年 1 月 16 日，中华人民共和国教育部印发了《普通高中生物学课程标准(2017 年版)》。新课标提出了“核心素养为宗旨”“内容聚焦大概念”“教学过程重实践”“学业评价促发展”四个课程理念，为课程目标的确定、课程内容的选择、课程教学的途径和课程评价指明了方向。

(1)核心素养为宗旨。

高中生物学课程着眼于学生适应未来社会发展和个人生活的需要，从生命观念、科学思维、科学探究和社会责任等方面发展学生的学科核心素养，充分体现本课程的学科特点和育人价值，是课程的设计宗旨和实施中的基本要求。生物学核心素养是学生获得的持久能力和品格，是学生终身受益的学习成果，其四个维度分别指向了“知、情、意、行”方面的学习结果②。

生命观念(知)：包括对生命世界现象及其运作规律的理解和认识，是科学世界观的组成部分。

社会责任(情)：是对待生命的态度，以及回应社会性科学议题的意愿和行为。

科学思维(意)：是认识物质世界、争取获得高质量结果的思维方式和习惯。

科学探究(行)：是了解和认识生命世界、回答科学问题、揭示自然规律的实践方法。

(2)内容聚焦大概念。

国际上科学教育的发展不仅强调了基于探究的教学改革，同时也高度关注了学生在主动学习中对大概念的建立和理解。根据学习科学和我国生物学教育近年来的研究结果，高中生物学课程中必修和选修Ⅰ类课程都是围绕生物学大概念组织教学内容的。例如，必修课程就是由四个大概念构成其内容框架，包含了 4 学分的学习内容。

概念 1：细胞是生物体结构与生命活动的基本单位。

概念 2：细胞的生存需要能量和营养物质。

概念 3：生物体的遗传信息会一代代地传递下去，遗传信息控制生物性状。

---

① 刘恩山，孙鑫.《义务教育生物学课程标准(2022 年版)》研制背景及主要变化[J]. 教师教育学报，2022，9(3)：124-128.

② 刘恩山，刘晟. 核心素养作引领 注重实践少而精——《普通高中生物学课程标准》修订思路与特色[J]. 生物学通报，2017，52(8)：8-11.

概念 4：生物的多样性是进化(演化)的结果。

用大概念构建课程内容框架，淡化了细枝末节的内容，降低了对记忆背诵的要求，强调对重要概念的深入理解，为主动学习留出了更多的课时，是课程内容少而精的保障。学生有相对充裕的时间主动学习，能够深刻理解和应用重要的生物学概念，发展生物学学科核心素养。

(3)教学过程重实践。

在我国自新世纪开始的 8 次基础教育课程改革中，以探究为标志的主动学习方式成为教学改革的突破口。10 多年来，这一改革的浪潮已经得到理科教师的认可，并较多地用于教学实践。新版的生物学课程标准，在保持与全球理科课程改革共同方向的同时，将科学、技术、工程学、数学融入生物学课程，强调了跨学科的认识与实践。并且强调学生学习的过程是主动参与的过程，让学生积极参与动手和动脑的活动，通过探究性学习活动或完成工程学任务，加深对生物学概念的理解，提升应用知识的能力，培养创新精神，进而能用科学的观点、知识、思路和方法，探讨或解决现实生活中的某些问题。

(4)学业评价促发展。

评价是保证课程质量的重要环节，高中生物学课程重视以评价促进学生的学习与发展，重视评价的诊断作用、激励作用和促进作用。致力于创建一个主体多元、方法多样，既关注学业成就又重视个体进步和多方面发展的生物学课程评价体系。提倡在评价中关注学生的个体差异和发展需求，帮助学生认识自我、建立自信，改进学习方式，促进生物学学科核心素养的形成。

2.4　中学生物学实验教学的基本策略

教学策略是在一定的目标和教学情境下，为了完成特定的学习任务而产生的，包括教学活动中方法的选择、材料的组织和对师生行为的规范①。对于实验教学而言，教学策略不仅包括根据实验教学目标和内容对教学的理念、组织形式及教学媒体和教学手段的选择，还包括对实验教学方法的选择。而且这些实验教学理念、组织形式、教学媒体和教学手段、教学方法等还应具有可操作性，能随实验环境、目标、对象的不同而适当调整，具有很强的灵活性。

2.4.1　中学生物学实验教学中的信息传递

1. 生物学教学中的信息传递概述

生物学教学中要传递什么样的信息？信息怎样进行传递？首先，要传递的信息是在多民族观念、多元文化、多国文化等相互碰撞、渗透、融合中形成的人类对于自然界中生命物体认识的经验，是人类的优秀文化遗产。其次，任何教育传递的信息内容都是对人类文化遗产筛选后的内容，通过教育目标特别是人才培养规格的设定来选择

① 和学新．教学策略的概念、结构及其运用[J]．教育研究，2000(12)：54-58.

的教育内容。例如，小学学段“科学”课程对学生进行了自然界中常见动植物等科普常识的熏陶与感染，在初中学段“生物学”课程是对生命现象和生命本质的初步认识与了解，而在高中学段则是对高端教育内容的进一步学习和理解。随着学段的不断递增，实现了教育内容螺旋上升的不断飞跃。最后，任何教育传递的信息内容，是通过教师有意无意的教育意向进行了相应的增减取舍，即经过了选择的教育内容。还是教育内容的“文化源”，教师要经过先理解认同，再接受同化，后传递输出的过程，在将其转化为学生的精神财富时，教师的个体文化起着“过滤”“变通”“重组”“改造”“创生”的作用。这样，人类经验的厚重结晶“信息”就这样一代又一代被传承了下去。

2. 中学生物学实验教学中的信息传递内涵

中学生物学实验教学，一方面，是通过实验让中学生产生对生物学现象、事物、规律、本质等的感觉和认知，这实际是产生了信息的刺激；另一方面，又是一个师生间、学生间、人与实验环境、人与实验条件之间信息传递的过程。这种信息刺激和信息传递处于不断变化、发展、动态的过程之中。这种信息刺激和传递的最大特点是：信息的发射体和接收体都主要是人(师生)的相互作用、共同行为。

在实验教学中，将信息刺激和信息传递过程又分为经验信息的刺激与传递、知识信息的刺激与传递以及智慧信息的刺激与传递。而经验信息的内涵是前人积累下来的优秀经验，通过手把手地言传身教、语言的讲教与引导刺激、实验的反复操作练习反馈、学生本身的感应回响、信息传递条件的支撑变化而不断地向高层次进一步升华。在实验教学中，经验信息的刺激与传递主要是通过师生亲自操作的动作技能来达成的。对前人经验的思考并进行系统总结便形成了知识信息，知识信息主要通过语言和分析思考来进行刺激与传递，在实验的前、中、后，教师的讲解分析、归纳总结，学生们潜心实验、细致观察、思考分析等就是知识信息的刺激与传递的具体表现。对前人知识的理解、对前人经验的升华和创新发扬就是智慧信息，智慧信息的刺激与传递依赖于师生双方协同作用，依赖于师生双方在语言上、在行为上的交互碰撞与感召，依赖于学生在实验中经过对实验现象透彻的分析、理解、总结而得到的启发、顿悟，从而实现了智慧信息的刺激与传递。智慧信息的刺激与传递还因教师实验教学的艺术高度、实验环境条件的氛围创设、学生因人而异的聪明才智、师生思维活动的碰撞程度而各不相同。师生熟练的技能技巧、智慧的火花闪烁、灵感的翻腾涌动，正是经验信息、知识信息与智慧信息的刺激与传递在实验中顺利、高效行进的体现。

2.4.2 中学生物学实验制度的教学实施策略

在生物学实验过程中，对于实验室制度的教育、安全的教育、预防事故发生的教育、应对突发事件的教育，应引起高度重视，这不单单涉及规范学生实验操作、正确行为习惯的养成和情感态度价值观的培养，还涉及学生如何安全规范地进行实验以及如何应对突发事件发生的问题。但是，长期以来，实验室制度的教育向来被忽视，现状不容乐观。很多时候，实验室制度就是几块招牌被挂在墙上束之高阁，或者在学段实验开始时或实验进行中由教师很随意地进行了宣读与提醒，学生们充耳不闻，没有引起师生足够的重视。可如果像实验内容一样采用传统单一讲授的方法效果又并不理想，此处特别提出一些实施建议策略供生物学教师借鉴。

1. 渗透式常态化教学策略

实验教师需要明确生物学实验室制度教学与其他生物学实验内容一样重要，必不可少。在日常的教学中，生物学实验教师还应把实验室制度作为常规实验内容渗透到具体的实验环节。生物学实验教师作为施行教育的第一责任人，要在不同实验阶段，采用不同形式，针对不同实验内容进行规范化、常态化的生物学实验室制度的教育。

2. 案例式教学策略

教师通过各种渠道，收集各种忽视实验室制度造成的影响或造成事故的典型案例，收集因为漏电、水灾、火灾、致病微生物感染、危险化学药品污染、毒气泄漏、爆炸事件、恐怖袭击、空袭事件、地质灾害等突发事件引发的惊险案例，组织学生观看、讨论、分析，让惨痛的教训深刻刺激学生心灵，从而达到教育的目的。

3. "辩论＋表演"教学策略

让学生自由组合，将实验室制度作为辩论题材与表演元素，展开实验室制度的大辩论与表演，深刻剖析实验室制度的内容，领会其内核，从而达到教育学生的目的。

4. "演习＋预演"教学策略

每学期定期不定期地进行消防演习，按照已经制订的漏电、水灾、火灾、致病微生物感染、危险化学药品污染、毒气泄漏、爆炸事件、恐怖袭击、空袭事件、地质灾害等突发事件的应急预案进行预演。可以个别预演，也可以分组进行对抗赛预演，然后总结评价，修正差的，奖励好的。

5. "教—学—评一体化"策略

教师在教学过程中，除了将实验室制度融入课堂教学中，还可以将其纳入实验的评价指标中，可采用平时实验操作考查，加上观察、口试、笔试的方式进行检测，还可将实验室制度的内容进行权重加分，从而强化学生对实验室制度的刺激反应和引导。

2.4.3　中学生物学实验教学的基本策略

根据中学生物学新课程的实验教学目标和内容，以及学生学习情况的实情，为了达成好的实验效果，中学生物学实验教学的基本策略主要有："先讲解后实验"策略、"边讲解边实验"策略、"边示范演示边实验"策略、"边实验边指导"策略、"先实验后总结"策略、"随机应变式"策略。①

1. "先讲解后实验"策略

教师讲授是组织实施各种实验教学策略的必要环节，因为学生无论是观察还是进行实验操作，都离不开积极的思维活动，而教师启发讲授恰恰是运用有声的语言以及无声的文字，甚至辅以形体动作和多媒体辅助的示范来激发学生积极的思维活动和引导实验的安全开展。

适用于教师运用"先讲解后实验"策略的条件是：安全系数较小、难度系数较大的实验，以及学生的组织纪律较好、容易组织教学、对生物学实验兴趣较大的班级。

---

① 徐作英，赵广宇．高中生物学新课程的理论与实践[M]．北京：高等教育出版社，2008.

在采用“先讲解后实验”策略时，教师的启发讲授主要聚焦在：

(1)引导和指导学生正确理解实验目的和实验目标。

(2)启迪和辅导学生按照规范操作要求把握实验要领。

(3)提示和引导学生进行定向观察和有序操作。

(4)适时、随机纠正学生的错误操作和解答学生实验中的疑难。

(5)引导学生根据实验事实和现象进行科学总结概括。

有效地运用“先讲解后实验”策略，应注意以下事项：

(1)要言简意赅，切中要害，点明主题，不可模棱两可，占用时间应在 10 min 以内。

(2)要启发引导学生主动思考问题，采取循循善诱的方式进行。

(3)提示操作环节，要给简单的指导语，便于学生实验。

(4)实验禁忌事项要一次性强调到位，并解释原因，使学生一次性掌握。

2.“边讲解边实验”策略

“边讲解边实验”是指教师讲解一段、学生实验一段的策略。适用于教师运用“边讲解边实验”策略的条件是：安全系数较大的实验，以及学生年龄较小、自我控制能力较差、组织教学较困难的班级，尤其对实验难度不大，但内容较生僻又较分散的实验宜采用“边讲解边实验”的策略。以七年级的“认识显微镜的结构，练习使用显微镜”实验为例，对于大多数七年级学生来说，光学显微镜是新鲜事物，还很不熟悉。此时可把实验分成两大段：第一大段是教师结合显微镜实物，并配合显微镜挂图或课件进行显微镜结构的讲解后，学生再反复观察、认识、讨论交流并记住显微镜的结构；第二大段是教师示范讲解如何正确使用显微镜后，学生再实验操作反复练习正确使用显微镜。第二大段还可通过划分成“正确取镜”“低倍镜的正确使用”“高倍镜的正确使用”几小段内容，采取教师讲解一段、学生练习一段的方式而展开实验。

3.“边示范演示边实验”策略

“示范演示”在实验教学中起着独特的作用，教师或指定学生进行的演示或特意进行的规范操作，提供视觉形象和模仿的模板，对实验操作规范化，以及形成严谨的学风和良好的实验态度都有较大的影响。因此，演示或示范必须注意以下几点。

(1)操作规范，准确无误，动作协调，快慢适中。

(2)操作力求严谨，尽量与教材内容一致，若是创新之处要加以说明。

(3)照顾到前、中、后排所有学生的观察，注意演示实验的可视性。

(4)配以简明的语言、和蔼可亲的语气、和谐轻松美妙的演示气氛。

(5)保持演示台(或桌)上整洁干净，避免演示桌上“脏、乱、差”，避免给学生造成不良的第一印象，失去观察模仿的兴趣。

适用于教师运用“边示范演示边实验”策略的条件是：安全系数较大、难度系数适中的实验，以及学生组织纪律较好、比较容易组织教学、对生物学实验兴趣较浓的班级。适用于“检测生物组织中的糖类、脂肪和蛋白质”“观察叶绿体和细胞质流动”“性状分离比的模拟”等实验。

实验教学中的示范演示包括：引导示范演示、矫正示范演示和总结示范演示。

引导示范演示是新实验操作开始时为学生做出的操作示范，目的在于为学生提供模仿的样板，便于教师结合示范操作扼要介绍操作要领和注意事项。教师在进行引导性示范时，应注意示范的高质、高效，并结合操作要领讲清正确操作的根据和原理。

矫正示范演示是教师在学生出现错误操作后，再次进行的示范操作。教师应注意有针对性地帮助学生分析错误操作的原因及其可能带来的不良后果，并及时要求学生进行操作上的矫正与改进。

总结示范演示是配合实验片段告一段落或整个实验结束时进行的一种终结性示范。教师应注意引导学生尽可能自己总结概括出各个实验的规律、方法、技巧、结果等，必要时进行画龙点睛的总结和示范。

实验示范演示时，可以是教师的亲自操作示范演示，也可以是学生之间的交流示范演示。还应注意选择和介入其他友好媒体，如直观教具的直接展示，CAI 的辅助演示，师生在显微数码互动系统的交互使用中互相示范演示与观摩交流等等。

4."边实验边指导"策略

"边实验边指导"的策略是让学生直接进入实验操作程序中，教师着重于对实验中期、后期的指导。实验中期指导是针对学生做实验的过程中遇到疑难问题或背离操作规程时教师给予的指导。这类指导的针对性一定要强，对疑难问题宜采取启发诱导方式；对操作中的难点，宜让学生重复操作，在操作中予以及时指导；对某些危险性实验操作，应讲清道理并给予示范。实验后期指导是指学生完成实验后由教师所做的评价性指导，这类指导要言简意赅，着重面对普遍性、倾向性的问题进行全班指导或分层指导。

适用于"边实验边指导"策略的条件是：安全系数较大、难度系数较小的实验，以及学生组织纪律较差、组织教学较困难，但对生物学实验兴趣较浓的班级。适用该策略的实验有"提取和分离叶绿体色素""培养液中酵母菌种群数量变化"等。

5."先实验后总结"策略

"先实验后总结"策略是指将实验中获得的零散实验现象、事实、数据等进行分析总结、概括归纳，将实验中的感性认识上升为理性认识，抽象概括出概念、规律、结论的一种重要实验教学策略。

要有效地运用"先实验后总结"策略，必须引导学生科学观察、认真分析实验现象，准确记录、整理、比较实验数据，从中得出现象与理论之间的联系与规律。引导学生观察实验现象要有针对性、目的性，要观察入微，分析实验数据要用一定的数学方法与模型，进行对比和必要的统计计算。

适用"先实验后总结"策略的条件是：安全系数较大、难度系数小的实验，以及学生组织纪律较好、对生物学实验兴趣较浓、自主实验的能力较强的班级。适用该策略的实验有"观察植物细胞的质壁分离与复原""探究酵母菌的呼吸方式"等。

6."随机应变式"策略

"随机应变式"策略是将以上几种策略交叉组合在一起使用，或随着学生在实验中的状态变化、实验完成的情况等，而分别采用的不同策略的变通，即随机应变策略。

2.4.4 中学生物学实验教学策略的适配

尽管在上一节中设计了多种教与学的实验策略，但是在实验教学的实施过程中，学生的个体差异和教师的教学风格以及实验教学中的环境等，也会对教学策略的选择产生影响。我们常会发现不同的教学策略，都能达到教学的某个目标，但是不同的班级里使用同一个策略，效果可能会不一样，或者不同的教师使用同一种教学策略，达到的效果往往也会出现差异。所以在教学策略选择的过程中，我们要充分地考虑学生差异和教师风格与教学策略选择的适配性。

1. 学生个体差异与教学策略的适配

学生的个体差异是普遍存在的，具体表现在学生的天赋、学习的态度、认知的风格、实验的能力等①。在实验教学中首先应了解到这些差异，才能合理地选择与使用教学策略，才能很成功地集中学生的注意力，引起师生的“和弦共鸣”，从而激发出学生对实验的兴趣，让所有学生在实验中摆正位置和修正行为。

(1)学生不同学习态度与教学策略的适配。

学生的学习态度，在很大程度上影响着他在实验教学中的表现，根据学生学习的态度，可以把学生分为以下四个类别：

①合作型。合作型乐于与教师合作，听从教师的教学安排，全盘接受教师的教学而不持异议，但学习依赖性较强，独立性与创造性不够。

②介入型。介入型对知识有较深刻的独到认识与理解，但学科学习不均衡偏科明显，独立学习能力强。

③竞争型。竞争型天资过人，不服输，竞争心理强烈，学习成绩拔尖，自控与独立学习能力强。

④逃避型。逃避型是学习被动甚至厌学，凭兴趣学习，缺乏学习毅力，自控与独立学习能力弱，属于“学困生”。

教师在实验课的教学中，要对学生的学习态度进行认真研究和分析，如针对合作型学生宜采用“先讲解后实验”策略；针对介入型、竞争型学生宜采用“边实验边指导”或“先实验后总结”的策略；针对逃避型“学困生”宜采用“边讲解边实验”或“边示范演示边实验”的策略。在一个班里，必然存在这四个类别的学生的不同搭配，可以合理地采用一套变通策略或各种策略的随机组合，去尽力调动起所有学生的学习兴趣，使学生发挥出最大的学习原动力，从而才能顺利地完成实验教学任务，使每个学生都得到发展。

(2)学生不同认知风格与教学策略的适配。

学生感知信息和处理信息的能力是不一样的，在认知风格上也存在差异。对学生认知风格上的差异目前常用的是所罗门学习认知风格分类，它将学习认知风格分成了四类：主动型和反思型、视觉型和听觉型、直觉型和感官型、循序型和总体型。如果班上的学生以主动型、直觉型居多，可考虑选择“边实验边指导”策略、“先实验后总

① 理查德·I. 阿兰兹(Richard I. Arends). 学会教学[M]. 丛立新，等，译. 上海：华东师范大学出版社，2007.

结”策略；如果班上学生多为视觉型和听觉型、直觉型和感官型，那么可考虑选择“边示范演示边实验”策略；如果班上学生多为反思型、总体型，则可考虑采用先从整体上理清实验的基本原理、过程等，再进行实验，通过谈话、讨论进一步深化学生对知识和实验原理的理解，因此，可考虑选择“先讲解后实验”策略。这样才能让所有同学都比较好地达成实验教学目标。

2. 教师教学方法差异与教学策略的适配

教师对教学方法的选择，在一定程度上是受自己教学风格的影响。教学风格是教师的教学理念、态度、作风、方式、方法、个性等心理和教态行为因素的综合反映，每个教师在实践中均会形成自己独特的教学风格，并习惯性地运用于自己的教学活动中。教学风格虽然种类繁多，但都可以从个性、作风和教法三个维度去刻画①。其中教学方法与教学策略的适配，是影响教学效果的重要因素。

在经过师范教育的培养之后，教师掌握了基本的教学技能。在教学的过程中，教师会形成有自己特色的教学风格。联系前面总结出的一系列策略，在进行教学策略选择的时候，可以事先安排学生按照喜好及介入程度的高低将有关的教学策略排列在坐标图中，如果“先讲解后实验”策略被排在学生介入程度低的一端，而“边实验边指导”策略被排在学生介入程度高的一端，这说明学生喜欢在教师的引导下独立开展实验。将教师使用相关教学的策略与学生介入的程度列出关系表，很容易发现学生们对教师采用哪些教学策略会反应活跃，采用哪些教学策略会效果平平甚至很差，这样在进行教学时教师选用的教学策略就会具有更明确的指向性。

3. 实验教学“生态环境”差异与教学策略的适配

实验教学“生态环境”指的是师生情况、学校设备、实验教学的课程资源、实验教学环境氛围等。不同的学校有其特定的实验教学“生态环境”，存在一定的差异。这种实验教学“生态环境”的差异将影响实验课的开设情况。此处实验教学“生态环境”差异与教学策略的适配问题，主要谈的是学校设备与实验教学环境氛围对策略选择的影响。对于学校条件比较好的学校，实验课上可充分利用计算机辅助，向学生友好地展示实验发生的现象甚至微观的过程，特别宜采用“边示范演示边实验”“边实验边指导”等策略。不具备好的实验条件的学校则需要教师通过形象生动、富有感染力的语言、清晰的讲授及常规的方式来进行，那么宜采用“先讲解后实验”策略。此处强调的实验教学环境氛围，指的是实验进行中秩序的井然与否、学生身心的参与程度、学生实验操作与教师教学的默契程度等，除了实验教师努力营造外，还与学生的心智发展与年龄有关。如低学段七年级的学生有强烈的好奇心和求知欲，但是好动不好静、注意力集中的时间不长、自控能力较差，所以需要教师有更强的教学组织能力与教学智慧艺术，并最好选择“边讲解边实验”“边示范演示边实验”“边实验边指导”等策略。反之，对于高中学段的自控能力较好、自学能力较强的学生，则宜选择“先实验后总结”或“先讲解后实验”策略。

---

①　魏钢焰．高校不同层次学生对教师教学风格的需求差异——以浙江树人大学为例[J]．浙江树人大学学报(人文社会科学版)，2009，9(1)：80-84.

教学是一门艺术，有章有法有策略，但又无定章无定法，不存在一成不变的“万能”策略。中学生物学实验教学因为地域的不同，学校硬件软件的差异，师生、生生情况的不同，在教学策略上存在很多差异，以上总结的实验教学的基本策略范式仅供参考。生物学教师只有在平时的教学实践中做有心人和积极的践行者，不断探索进取，勇于改革创新，用心体会感悟，才能总结出达成实验教学目标、适合学生实际、体现自我独特教学风格的新的策略。

2.5 中学生物学实验教学设计范式

2.5.1 中学生物学实验中的常规教学设计范式

教学设计，也称教学系统设计，是指以促进学生的学习为根本目的，运用系统方法，将学习理论与教学理论等的原理转换成对实验教学目标、实验教学内容、实验教学方法、实验教学策略和实验教学评价等环节进行具体计划，创设有效的教与学系统的“过程”或“程序”①。

教学设计与传统意义上所说的“教学设计”是有区别的。教学设计是应用系统方法研究、探索并协调教与学的关系。因此，它考虑的因素包括设计理念、教学目标、教学内容、教学方法、教学背景、教学对象、教学策略、教学媒体、教学评价等，并用系统论的方法来加以统筹规划和组织。实验教学设计更多的是研究学生“如何做实验”，以及教师和学生在实验中的互动，使实验真正达到优化的效果。而教学设计大多是从实验教学内容出发，依靠教师的实践经验和个人直觉来选择实验教学方法，安排教学过程，考虑较多的是教师“如何教实验”，体现的是教师的教学艺术在实验教学中的作用。

通常，教学设计可分为两类：一类是对长期教学活动的规划，如学年实验计划、学期实验计划、单元实验计划、每周实验计划等；另一类是对短期的每个实验教学活动的计划。这里讨论的实验教学设计主要是针对每个实验教学活动的设计，它包括以下程序。

1. 实验教学内容分析

实验教学内容分析是实验教学设计不可缺少的一部分，通过对教学内容的分析，教师可以了解教学的基本要求，把握教学目标，找出实验的关键点和重难点。具体可以从以下几点入手分析。

①分析实验在教材中的作用与地位，以及在培养学科核心素养或支撑概念形成方面所起的作用；

②熟悉课程标准中的相关内容；

③与前后所学知识的联系；

④挖掘实验的探索点、创新点。

---

① 何克抗，林君芬，张文兰．教学系统设计[M]．北京：高等教育出版社，2006.

以"探究植物细胞的吸水和失水"实验内容分析为例①

"探究植物细胞的吸水和失水"是人教版《普通高中教科书　生物学　必修 1　分子与细胞》第 4 章第 1 节的实验。课标的要求是"开展模拟实验，探究膜的透性""通过观察植物细胞质壁分离与复原等教学活动，分析实验现象发生的条件、原因"。在前期"使用高倍显微镜观察几种细胞""用高倍显微镜观察叶绿体和细胞质的流动"等实验中，学生已经能熟练地制作临时装片和使用显微镜。实验前学生已经学习了"水进出细胞的原理"，通过对物理渗透装置的分析，明确了渗透作用发生的两大条件：半透膜及半透膜两侧具有浓度差。本实验让学生从宏观和微观角度观察发生在细胞中的渗透作用，从物理现象迁移到生物现象，明确细胞渗透系统的组成。此外，本实验重在让学生体验科学探究的一般过程，尝试提出问题，作出假设，实验验证，得出结论，为后续的学习打下铺垫。

在实验教学内容分析的基础之上，能否准确分析和把握实验教学内容的重点、难点和关键点，是决定生物学实验教学成效的关键。实验课的"重点"就是最主要、最本质、带有主导作用的关键点，可以从实验原理、实验方法、核心概念等中去找。当然，在确定教学重点的时候，要格外注意吃透课程标准对该实验的要求。一般来说，实验课教学的难点包括：与前面知识联系紧密、对后续学习具有重大影响的知识、技能，对学生有深远教育意义和功能的内容，学生学习遇到困难需要及时得到帮助的疑难问题。

在分析实验时，要根据具体内容的特点和学生的知识能力基础来确定教学难点。需要注意的是教学重点不一定是教学难点，教学难点也不一定就是重点，虽然有时两者是统一的。另外，任何教学内容都有其重点，但却不一定有难点②。

2. 学情分析

在实验教学过程中，学生是实验教学中的主体，也是实验的主体。要取得好的实验教学效果，在实验教学设计中，必须注重分析学生的情况，即学情分析。学情分析的内容一般包括学生的初始能力、一般特征、学习风格等。

学生初始能力分析包括三个方面。一是对新知识学习所需要的预备知识和技能的分析。二是对目标能力的分析，即了解学生是否已完全掌握或部分掌握教学所要达到的目标，以及达到的程度如何。因为班级授课制中一名教师同时对几十名学生进行教学活动，而学生的基础水平有时差别较大，了解这些差异对于整体教学设计是十分有益的。三是了解学生对所学内容的态度如何，如是否存在偏见或误解等。

学生的一般特征是指学生具有的与具体学科内容无关，但影响其学习的生理、心理和社会特征，它包括年龄、性别、认知成熟度、学习动机、生活经验等内容。在教学过程中，教师应把握学生在一般特征方面的相同点，以此作为选择教学内容、制订教学策略等工作的依据，同时还要充分重视学生在一般特征方面的差异，制订个别化

---

① 郑淑芳．探究动植物细胞吸水和失水的实验教学创新设计[J]．生物学教学，2022，47(9)：59-61.

② 崔鸿．中学生物学教学设计[M]．北京：高等教育出版社，2016.

学习策略，进行个别辅导等工作。

学习风格是学习者持续一贯带有个性特征的学习方式，是学习策略和学习倾向的综合①。由于对实验的认识和态度不同，在生物学实验教学中，学生常常表现出不同的学习方式和学习策略。有些学生在生物学实验课教学活动中往往采用合作的学习态度，希望与他人分工合作；有些学生宁愿自己独立完成实验；有些学生对实验教学有深刻的理解，在实验中甚至达到入迷的程度；有些学生天资过人，成绩拔尖，不服输，有争第一的强烈心理愿望，这类学生往往非常积极；有些学生学习比较被动，对实验几乎不感兴趣，只想袖手旁观。教师在教学活动中要有意识地观察每一位学生，合理进行小组分工，组织好教学。

3. 实验教学目标的制订

培养学生核心素养是生物学课程的价值追求。教师要在准确理解生物学核心素养四个方面的内涵及相互关系的基础上，根据课程标准中的内容要求、学业要求、学业质量等制订教学目标。在教学目标的表述上，围绕以下四个要素展开。第一，教学目标的行为主语是学生，强调的是学生在完成实验后获得的学习成果。第二，实验教学目标的行为动词要意义明确、易于观察、易于检验，建议采用表 2-2 中的相关行为动词进行表述②。第三，行为条件的恰当界定：指明学生在什么情况下完成的实验、达成的实验教学目标的条件范围。如“通过对植物细胞吸水和失水的探究，学生……”中的“通过对植物细胞吸水和失水的探究”，就是行为条件的界定表明。第四，表现程度的准确表述：指的是学生完成实验后应该达到的水平程度，如“初步学会画细胞结构图”中的“初步”就是关于表现程度的表述。以上四个要素总结起来为：谁(行为主体)、在什么环境下(行为条件)、做什么(行为动词)、达到什么程度(表现程度)。

表 2-2　教学目标中的行为动词表

类型	水平	行为动词
认知性目标动词	一级水平	知道、举例说出、说出、概述、识别、列举、了解
	二级水平	比较、举例说明、说明、概述、解释、认识、理解
	三级水平	区别、辨析、判断、分析、阐明、分类、应用、预测、评价
行为性目标动词	一级水平	观察、观测、测量、记录
	二级水平	使用、调查、估测、查阅
	三级水平	计算、绘制、设计、制作、检测、优化、改进
体验性目标动词	一级水平	关注、感受、体验
	二级水平	感知、领悟、认同、关心
	三级水平	养成、质疑、形成、树立

① 邵瑞珍．教育心理学[M]. 上海：上海教育出版社，1997.

② 中华人民共和国教育部．义务教育科学课程标准(2022 年版)[S]. 北京：北京师范大学出版社，2022.

4. 实验教学方法的选择

实验教学方法的设计要根据实验教学目标、实验教学内容、学生的特征、教师的实验教学风格、实验教学时间、实验教学技术条件及实验教学环境等因素，采用多种教学方法的有机组合，以最恰当的、学生最易接受的方式呈现实验教学内容，强化和调节学生的实验行为，获得最优化的实验教学效果。

实验教学方法的设计，除了采用诸如导授法、演示法等传统的实验教学方法外，还要促进传统实验教学与现代新兴科技有机融合，切实增强实验教学的趣味性和吸引力，提高实验教学质量和效果。对于受时空限制而在现实世界中无法观察和控制的事物和现象、变化太快或太慢的过程，以及有危险性、破坏性和对环境有危害的实验，可用增强现实、虚拟现实等技术手段呈现。

5. 实验教学媒体的设计

实验教学媒体是指以采集、传递、存储和加工实验教学信息为最终目的的工具和载体，它用于实验教学信息从信息源到学生之间的传递，具有明确的教学目的、教学内容和教学对象①。根据媒体作用于人体感官的不同，实验教学媒体可分为视觉型媒体(如挂图、实物模型等)、听觉型媒体(如口头语言、录音机、广播等)、视听型媒体(如演示视频)、交互型媒体(如交互式白板、虚拟仿真实验等)四类。

《普通高中生物学课程标准(2017 年版 2020 年修订)》强调要充分利用信息技术提高课堂教学效率，促进信息技术与教育教学融合应用，逐步实现教学内容的呈现方式、教师的教学方式和师生互动方式的变革，为学生的学习和发展提供丰富多彩的教育环境和有力的学习工具。这就要求教师要根据教学的需要，对各种辅助教学的媒体进行恰当的选择和组合。选择实验教学媒体时，要依据：第一，实验教学目标和实验教学内容的要求；第二，学生的年龄特征；第三，现有的实验教学资源条件等多种因素。要做到传统媒体与现代媒体结合、单项媒体与多项媒体结合，既要大力推广使用现代化的多媒体，也要提倡用好教学挂图、教具模型、投影图片以及小黑板等传统的教学媒体，从而优化实验教学设计，真正起到激发学生的实验兴趣、创设良好的实验环境、扩大实验信息容量的作用，最终实现提高实验教学效果的目的。

6. 实验教学过程的设计

实验教学系统(由教师、学生、教学内容、教学媒体、实验室、实验环境等要素组成)的运动变化即为实验教学过程。实验教学过程的设计就是将前面制订的实验教学目标、设计的实验教学方法在实验中具体实施。实验教学过程的设计是实验教学设计的核心，实验内容和实验对象的分析是否合理、实验教学目标的设计是否科学准确、实验教学方法的选择与组合是否恰当、学生实验方法的指导是否到位、实验教学媒体的选择和运用是否合适，这些都将在实验教学过程中得以体现。

新课程强调实验教学是师生双方进行“教”与“实验”的双向互动过程，而不是单一方向的线性传输过程。因此，实验教学在以“目标—策略—评价”为主线安排进程的同时，出现了“实验—体验—表现”的实验新进程。例如，在“探究 pH 对酶活性的影响”的

① 陈晓慧．教学设计[M]. 2 版．北京：电子工业出版社，2009.

实验教学中(表 2-3)，教师根据教材内容为学生提供亲身体验“科学思维”和“科学探究”的机会。本节课以生物学实验为支撑，以科学思维和方法为工具，采用“自主学习”和“合作探究”相结合的途径，学生设计实验方案，教师演示实验过程，让学生在获取事实证据、批判性思考实验结果的过程中，形成“pH 影响酶的活性”这一概念。同时，学习科学实验的方法，训练科学思维。此外，在教学过程中注意渗透学习内容与现实生活、社会发展、科技进步的联系，从而促进学生学科素养的发展。

表 2-3 “探究 pH 对酶活性的影响”的教学过程①

教学过程			
环节	教师行为	预设学生行为	设计意图
1. 导入新课	➤ **创设情境，导入新课** 介绍：多酶片及其说明书(图 2-5)。 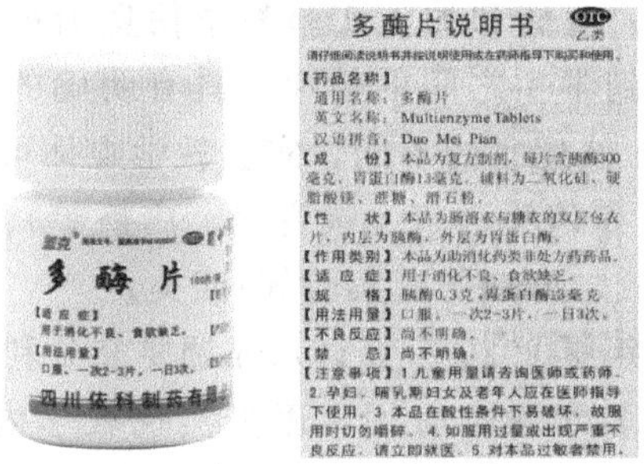 图 2-5　多酶片及说明书 提出问题：多酶片为什么在酸性条件下易破坏？碱性条件下又会怎么样？ 做出假设：pH 会影响酶的活性。 板书：探究 pH 对酶活性的影响。	阅读说明书，思考问题。	通过创设生活化的情境，引导学生从生活中发现问题，从而引出科学探究的一般步骤。
2. 新课讲授	➤ **2.1 实验原理** 讲解：过氧化氢酶促进过氧化氢分解的反应式： $H_2O_2 \xrightarrow{过氧化氢酶} H_2O + O_2\uparrow$ 指出可以通过观察气泡的产生速度，来表示过氧化氢酶活性的大小。但是仅通过观察无法用具体数据来描述酶活性大小。 提问：如何定量探究 pH 对过氧化氢酶活性的影响？	学生认真听讲。 思考尝试回答问题。	通过实验原理的讲解和实验装置的介绍，为后续学生顺利进行实验设计奠定基础。

① 广东省第九届本科高校师范生教学技能大赛一等奖作品，作者：黄炜杰；指导老师：黄徐丰。

续表

<table>
<tr><th colspan="4">教学过程</th></tr>
<tr><th>环节</th><th>教师行为</th><th>预设学生行为</th><th>设计意图</th></tr>
<tr><td rowspan="3">2. 新课讲授</td><td>演示实验装置：引导学生可以记录单位时间氧气产量来检测过氧化氢酶的活性大小(图 2-6)。

图 2-6　实验装置</td><td>观察实验装置并确认答案。</td><td></td></tr>
<tr><td>➢ 2.2 实验方案制订
组织活动：阅读人教版教材第 78 页，思考本实验的自变量、因变量和无关变量，合作完成实验设计(图 2-7)。
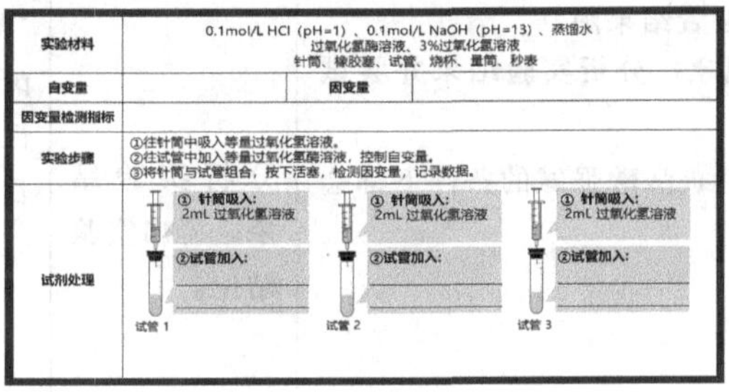
<table>
<tr><td>实验材料</td><td colspan="3">0.1mol/L HCl（pH=1）、0.1mol/L NaOH（pH=13）、蒸馏水
过氧化氢酶溶液、3%过氧化氢溶液
针筒、橡胶塞、试管、烧杯、量筒、秒表</td></tr>
<tr><td>自变量</td><td></td><td>因变量</td><td></td></tr>
<tr><td>因变量检测指标</td><td colspan="3"></td></tr>
<tr><td>实验步骤</td><td colspan="3">①往针筒中吸入等量过氧化氢溶液。
②往试管中加入等量过氧化氢酶溶液，控制自变量。
③将针筒与试管组合，按下活塞，检测因变量，记录数据。</td></tr>
<tr><td>试剂处理</td><td>① 针筒吸入：
2mL 过氧化氢溶液
②试管加入：
试管 1</td><td>① 针筒吸入：
2mL 过氧化氢溶液
②试管加入：
试管 2</td><td>① 针筒吸入：
2mL 过氧化氢溶液
②试管加入：
试管 3</td></tr>
</table>
图 2-7　实验设计表</td><td>小组交流讨论，合作完成实验设计。</td><td>引导学生阅读教材，从中获取关键信息，小组合作讨论实验方案，提高合作交流与实验设计的能力。</td></tr>
<tr><td>师生互动：借由问题串，引导学生阐述合作成果，并强调控制单一变量等注意事项。
问题串：
①实验的自变量、因变量是什么？
②因变量的检测指标是什么？
③如何实现酸性和碱性环境的设置？
④如何实现中性环境的设置？为什么还要加入等量蒸馏水
⑤能否将过氧化氢和过氧化氢酶混匀，再进行不同 pH 的调节？
板书：
一、实验设计
自变量：pH
因变量：酶的活性
无关变量：溶液的体积</td><td>阐述实验设计预期回答：
① pH 和酶活性。
②单位时间内氧气的产量。
③加入等量盐酸和氢氧化钠。
④加入等量蒸馏水。控制溶液体积相同且适宜。
⑤不行。酶会立即促使过氧化氢分解，导致实验失败。</td><td>师生互动，分析讨论，完善实验方案，训练学生科学探究能力，以此突破“探究实验中控制变量的科学方法”教学难点。
达成“巩固控制变量、观察和检测因变量以及设计对照实验的科学方法”的教学目标。</td></tr>
</table>

续表

教学过程			
环节	教师行为	预设学生行为	设计意图
2. 新课讲授	➢ **2.3 演示实验，得出结论** 演示：教师演示实验，引导学生认真观察针筒活塞变化(图 2-8)。 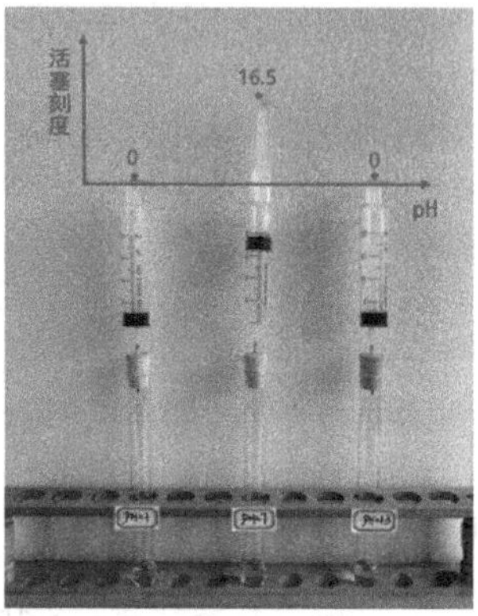 图 2-8　实验装置结果图 师生互动：请学生描述实验现象，分析实验结果并尝试做出结论。 教师总结：pH 会影响酶的活性，强酸强碱的条件下都会使过氧化氢酶失活。 板书： 二、实验结论 pH 会影响酶的活性	学生观察实验现象。 分析实验结果，得出实验结论。	学生通过观察演示实验，分析实验结果，得出结论，以此突出“pH 对酶活性影响”的教学重点。 达成“通过实验探究，在获取事实证据、批判性思考实验结果的过程中，分析推导‘酶的活性受 pH 影响’的特性”的教学目标。
	➢ **2.4 酶活性受 pH 影响的曲线** 演示：教师采用真实的实验录像，演示不同 pH 下多组实验现象，并构建数学模型，使实验结论更有说服力(图 2-9)。 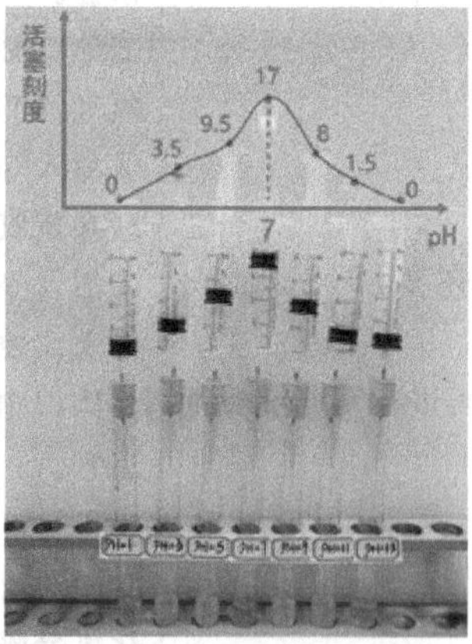 图 2-9　增加实验组数结果图 讲解：pH 对不同酶的影响程度不同，多酶片中的胃蛋白酶在酸性胃液中活性较大，胰酶在碱性肠液活性较大(图 2-10)。	学生观察实验现象。	通过增加实验组数从而使实验数据更加完善，让实验探究过程更有科学性，培养学生严谨的科学思维，进一步加深学生对“PH 影响酶活性”的理解。

续表

教学过程			
环节	教师行为	预设学生行为	设计意图
2. 新课讲授	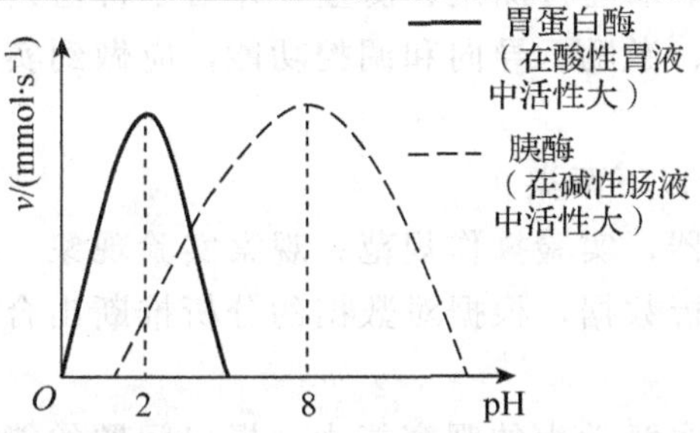 图 2-10　pH 对胃蛋白酶和胰酶影响曲线 **➢ 2.5 双层包衣技术** 介绍：多酶片的双层包衣技术。 演示：多媒体动画演示多酶片在人体消化道中的变化过程(图 2-11)。 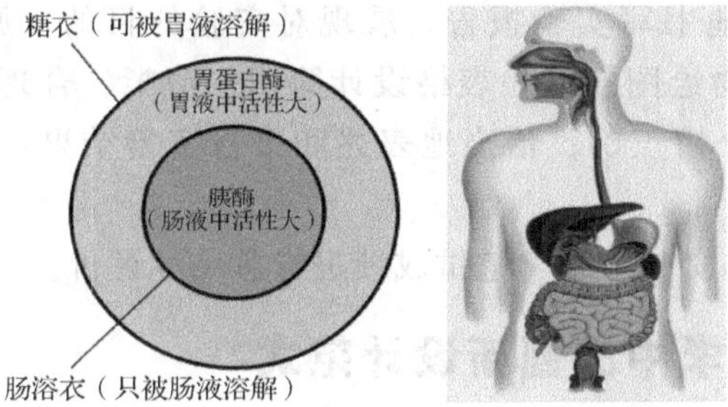 图 2-11　多酶片结构及人体消化道示意图 讲解：当多酶片进入人体胃中，胃液便将糖衣溶解，释放胃蛋白酶；但是肠溶衣不能被溶解，于是在胃的蠕动下，剩余的多酶片便进入偏碱性的肠液中，溶解肠溶衣，释放胰酶，以此保证两种酶都在最适 pH 环境中发挥作用。	学生认真听讲，深刻理解 pH 对酶活性的影响。 观看演示动画，认真听讲，思考药厂采用双层包衣技术来设计多酶片的原因。	通过介绍多酶片双层包衣技术，认同科学是与生活实际紧密联系的，从而达成“领悟酶与生活的密切联系，认同科学对生活的指导作用”教学目标。
3. 结束片段	**➢ 生活中的酶** 讲解：生活中各种酶制剂，生活中的许多物品都离不开对酶的研究(图 2-12)。  图 2-12　生活中的酶制物品 布置作业：如何设计实验找到生活中某种酶的最适 pH？	回忆本节课堂知识，思考如何运用本节课知识完成作业。	通过介绍生活中的酶，引导学生关注社会生活，并尝试用所学的科学知识解决生活问题，从而达成“增强科学研究的社会责任感”的教学目标。

7. 实验教学评价

实验教学评价是指以实验教学目标为依据，制订科学的标准，运用一切有效的技术手段，对实验教学活动过程及其结果进行测定、衡量，并给予价值判断。实验教学评价对提高实验教学效果具有诊断、激励、导向和调控功能，应做到实验过程评价与实验结果评价相结合。

(1)对学生实验过程的评价包括以下两类。

①实验操作评价：正确使用仪器，实验操作规范；观察实验现象，准确取得实验数据；正确依据数据处理的方法分析数据，根据对数据的分析推断出合理的结论；恰当地表述和报告实验结果。

②形成性评价：在实验过程中注意学生的观察能力、提出问题的能力、提出猜想和假设的能力、收集信息和处理信息的能力、合作与交流的能力等。注意学生的表现和进步等情况，对学生在学习过程中所经历的过程、采用的方法进行比较综合，得出评价结论。

(2)对学生实验结果的评价包括以下两类。

①实验报告评价：规范独立地书写实验报告，展现对实验的目的、原理、步骤、要求的理解；展示表达能力和生物绘图技能，表格设计简明、清晰、合理；选择恰当的数据处理方法分析数据，结论分析正确；恰当地表述和报告实验结果，正确回答有关问题。

②总结性评价：对实验报告、实验结果、笔试成绩进行总结性评价。

2.5.2 中学生物学实验教学中的创新设计范式

中学生物学实验教学中的创新设计范式，一般都是从创新实验设计思路、调整实验选材、改革实验手段、变化实验方法等方面进行的。此处特提出以下几个范例，仅供师范生与中学生物学教师在进行中学生物学实验教学设计时参考。

1. 变验证性实验为探究性实验

挖掘教材中的可转化为探究性实验的教学内容，将其设计为探究性实验。

【案例】

“探究不同浓度的不同溶液对洋葱表皮细胞质壁分离和复原”实验

1. 变验证性实验为探究性实验设计的提出

“细胞质壁分离和质壁分离复原”实验本是中学生物学中一个验证性实验。一些学生做完该实验后，提出：①日常生活中一般用盐腌黄瓜，能不能用氯化钠或其他试剂替代蔗糖溶液，使洋葱表皮细胞也发生质壁分离的现象呢？②若采用不同浓度的试剂进行细胞质壁分离和复原实验，实验结果会有什么不同吗？这些问题的提出在教师看来是学生创新能力提高的表现，这与前一阶段对学生的引导是分不开的。

2. 变验证性实验为探究性实验设计的方案制订

因此，根据提出的这些问题，组织学生设计实验方案，包括改变试剂浓度和换用其他试剂。学生经一系列资料查询、分组讨论确定切实可行的实验设计方案。最后选定不同浓度的蔗糖溶液、葡萄糖溶液、氯化钠溶液分别进行质壁分离和复原的实验探究。

3. 变验证性实验为探究性实验设计的实施

根据新设计的实验方案，组织各小组学生实施，经过实验探究后得出结论：①三种试剂都可用于本实验；②试剂浓度过低，细胞不发生质壁分离现象或质壁分离现象不明显；③加大溶液浓度可加快质壁分离速度，但超过一定浓度后质壁分离无法复原；④糖类黏性强，易污染显微镜，氯化钠溶液无此现象，可以用来替代蔗糖溶液。

除此之外，学生在实验探究后的交流汇报中指出，紫色洋葱表皮细胞，其液泡呈紫色，原生质层和细胞壁区分明显，在显微镜下观察质壁分离现象非常清晰，而白色洋葱表皮细胞也能发生质壁分离现象，但没有这些特点，所以洋葱表皮最好选用紫色的，不要白色的。

4. 变验证性实验为探究性实验的设计反思

通过此实验不难发现，学生从以前无提问习惯意识，到现在对教材中的实验内容提出了自己的看法，从而把验证性实验的内容设计成了探究性实验，并在探究性实验过程中进一步发现问题，改进方法，有了很大的收获。学生通过实验更好地掌握了植物渗透吸水原理，对自己所做实验结论也较满意，现在更深刻体会“实践是检验真理的唯一标准”。

【点评】

“洋葱表皮细胞质壁分离和复原”的内容，在教材中安排的是一个验证性实验，学生观察到细胞的质壁分离和复原现象便可。本案例将其改造为探究性实验，这是从实验内容和方法上入手，进行变化创新。改造后的实验是“探究不同浓度的不同溶液对洋葱表皮细胞质壁分离和复原”，实验的设计、内容的范围、具体的操作、采用的方法和探究的过程都加大了难度，对学生思维和方法上的要求将会更高。

2. 变单一性实验内容为综合性实验内容

挖掘教材中的实验或从学生生活实际中挖掘素材，变单一性实验内容为综合性实验内容。

【案例】

“探究生态系统平衡的条件”实验

学完“生态系统”一节后，初中生物学教材中有一课外实验“平衡生态系统的建立”，它以金鱼、螺蛳、金鱼藻为实验材料。教材中只简单介绍了基本实验方法，要求去探究生态系统平衡的单一环境条件问题。有些学生平时就喜欢饲养金鱼，这一实验引起学生极大兴趣，因此，教师因势利导将单一性实验探究内容(“探究生态系统平衡的单一环境条件问题”)变成了综合性的多项课外实验内容。教师首先将学生们分成几个课外实验小组，布置了这一实验，并引发学生们思考以下系列问题。

1. 金鱼、螺蛳、金鱼藻之间，在生态系统中存在什么关系？

2. 要使金鱼、螺蛳、金鱼藻之间的生态系统保持平衡，需要哪些环境条件？

3. 怎样才能让金鱼、螺蛳、金鱼藻建立起相对平衡的生态系统呢？

4. 如果维持或打破金鱼、螺蛳、金鱼藻之间相对平衡的生态系统，需要变化和怎样变化实验中的哪些因素呢？

学生针对这些问题展开了激烈讨论，各小组针对以上问题先做出实验设计方案并在全班交流论证，进行课外实验，分析实验结果。

整个实验为期近两周，学生每天仔细观察、认真记录，最后对实验结果归纳总结并交流汇报。

学生经过讨论后得出：生态系统的平衡是非生物成分(水、空气、阳光)、生产者(金鱼藻)、消费者(金鱼)、分解者(螺蛳)之间保持动态平衡的结果。生态系统的自动调节能力是有限的，在一定生产者(金鱼藻)的条件下，消费者(金鱼)和分解者(螺蛳)互相依存、和平共处地“共生”，保持着生态系统的相对平衡。但如果大量增加消费者(金鱼)或分解者(螺蛳)都会破坏生态系统的相对平衡，生态系统的自动调节能力也将遭到破坏，最明显现象就是消费者(金鱼)会因为食物的生产者(金鱼藻)供应短缺而被饿死，分解者(螺蛳)无消费者(金鱼)的足够粪便分解也会死亡。

【点评】

“探究生态系统平衡的条件”的实验，本是一个单一环境条件问题的探究，在教师的指导下，变成了多个问题、多方面的复杂综合问题。

(1)金鱼、螺蛳、金鱼藻之间，在生态系统中存在什么关系？(理清生态系统的关系)

(2)要使金鱼、螺蛳、金鱼藻之间的生态系统保持平衡，需要哪些环境条件？(强化生态系统中的非生物条件因子的作用和学生实验时的观察与分析思考能力等)

(3)怎样才能让金鱼、螺蛳、金鱼藻建立起相对平衡的生态系统呢？(强化学生实验设计的科学严谨，训练学生的观察与分析思考能力等)

(4)如果维持或打破金鱼、螺蛳、金鱼藻之间相对平衡的生态系统，需要变化和怎样变化实验中的哪些因素呢？(训练学生由单一因子的变量设计到复合因子的变量设计的科学严谨，训练学生的观察与分析思考能力等)

以上不失为一例由单一性实验内容改变为综合性实验内容的创新实验设计的优秀范例。

3. 引导学生更替实验材料

中学生物学实验中所用材料的选取，一般来讲，尽量采用教材中实验材料的建议，对于当地稀缺、效果不好以及成本太高的生物学实验材料可以考虑更换或替代。

【案例】

探究选择不同实验材料对观察植物细胞有丝分裂的影响

“观察植物细胞有丝分裂”的实验是中学生物学的重点和难点实验内容之一，其中涉及的细胞有丝分裂原理和实验技术对其后面的学习具有重要作用，然而由于材料的选择和处理中的诸多因素，实验效果往往不够理想。教师可针对此问题，引导学生以原实验材料设计为基础，在达成实验目标的前提下，不受原实验材料的制约，寻求新的材料，改革方法进行实验。

首先让学生明确选择实验材料的标准：一是符合实验要求，二是取材方便，三是操作简单，四是效果明显。其次以原实验设计为基础，组织学生进行充分讨论，实验课内教师指导实验方案设计基本过程，引导学生选取了洋葱根尖、大蒜根尖、玉米根尖、蚕豆根尖等作为实验材料。再次让学生分组进行实验观察，比较不同实验材料细胞有丝分裂的效果，做好记录，进行总结，写出实验报告。最后在实验课内组织交流。

学生经实践证明，用大蒜做实验材料效果最好，而且材料易得，培养5 d根就长出来了，培养期短，细胞分裂的各个时期效果明显。用洋葱，其根培养期虽短，但实验效果比大蒜差，玉米、蚕豆做实验材料综合评价最差。

4. 与现代信息技术整合的实验创新设计思考

随着信息时代的到来，传统的生物学科教育模式面临着严峻的挑战，计算机技术、多媒体技术、网络技术、信息技术和现代教育技术在生物学科教育领域已广泛应用，使生物学课程与信息技术达成了有机整合。因此，一些传统的教育手段或教育活动形式有可能逐渐从生物学科教育中消失。

除了实验教材、实验材料以外，在互联网上、报纸杂志、书籍刊物、广播电视等媒体介质中，有很多可以利用的中学生物学实验教学课程资源与素材，可将这些课程资源与素材利用计算机的强大信息功能和智能特点来加以整合，并服务于实验教学。如近几年在发达国家和地区流行的“生物学数码显微互动实验室”“模拟演示生物学实验室”“网络化智能型生物学实验室”等就是利用网络技术支撑的，在生物学实验教学中起指导、反馈、监控和管理学生作用的先进实验载体，帮助教师完成了一些周期长、过程复杂、条件要求苛刻、实验的安全系数较小的实验操作，特别是对一些有毒、有放射性、易燃易爆等危险的实验，对不易取得、不允许采摘的生物样品的实验、因时空跨度和距离跨度而进行不了的“生物学史”实验、一些生物学的“思想实验”设计尤其具有特殊意义。如模拟“基因克隆”“血液循环”“光合作用”“呼吸作用”“太空辐射育种”“病原微生物的育种分离”，等等。

2.6　信息技术在中学生物学实验教学中的整合应用

生物学是一门以实验为主的科学，实验是该学科的重要组成部分，它对培养学生的基本技能和综合能力的作用是课堂教学所不能比拟的。因此在人才培养方面，实验的作用是不可低估的。在近几年的实验教学工作中，运用信息技术辅助教学和传统实验教学手段相结合，大大提高了实验教学的效率，使学生的实验技能和实际应用能力得到了很大的提高，同时也提高了实验器材的利用率。

2.6.1　信息技术在生物学实验教学中的作用

1. 打破传统实验教学模式

信息技术改变了传统的实验教学模式，极大地丰富了视听感官，降低了实验难度；

建立局域网，把实验的相关资料共享；在编制新实验讲义的过程中，收集资料并把实验内容制作成课件，改变了过去抄写板书的模式；用课件和多媒体手段呈现实验内容、操作步骤等，简化了实验教学；计算机演示实验可以帮助学生将不易理解的抽象知识具体化、形象化，使学生通过观察，利用多种感官获得感性认识，在此基础上，再由教师讲解，形成正确的概念和掌握有关知识点，学生理解和接受就更容易；通过局域网学生可预习实验、预做实验、处理实验数据和分析实验结果；等等。

2. 突出生物学实验教学的直观性

利用信息技术教学手段能够真实、生动、形象地展示生物的各种生理活动，显示生物的宏观世界和微观世界，把抽象的内容形象化、直观化。以观察葫芦藓的生殖过程为例，葫芦藓个体小，生殖过程必须借助于水的条件才能完成。采用信息技术中的计算机辅助，计算机显示器上就能首先出现葫芦藓的完整植株，再把各个部分用分解的形式描述：其蒴帽和蒴盖脱落后，由孢蒴中散发出大量的孢子，孢子萌发形成原丝体，长出假根和芽体，由芽发育成葫芦藓植株(配子体)。还可将葫芦藓配子体中的精子器和颈卵器放大，精子器中产生精子，借助水游到颈卵器中与卵细胞融合，完成受精过程。受精卵在颈卵器中进一步发育成胚，长出长柄。整个显示过程形象逼真，给学生以直观的感受。

3. 提高实验效率

利用信息技术进行数据采集、信息处理、实验控制以及使用多媒体教学软件，可以使实验教学过程实现智能化，从而大大提高实验效率。这方面的应用主要表现在：减少了仪器的调试，实验数据的记录和分析实现了计算机化。在实验教学过程中，学生可以有更多的时间去掌握基本的实验操作技术，动手能力得到更好的培养，综合素质得到全面提高，能够迅速得到漂亮、整洁的实验结果图，从而提高了实验效率。

4. 降低实验费用

利用信息技术制成的多媒体实验课件(包括模拟课件和虚拟课件)制作完成以后，就可以由学生操作计算机完成实验教学，因而摆脱了对实验仪器的依赖以及实验材料的消耗。实验课件可以经复制广泛传播应用，大大降低了实验成本，节省了实验经费。对于缺乏实验仪器设备、实验经费的学校，更有特殊的重要意义。

另外，还可以使用多媒体实验教学软件演示实验并进行模拟实验。为了开设这方面的实验课程，可以利用多媒体计算机的功能，交互式地仿真或演示这些新的方法和技术，使学生能够及时了解最新的研究手段。开展计算机模拟实验可以取得大量的实验数据，从而可以总结归纳实验数据中蕴含的规律。在计算机上可以设置多种情况，因此可以节省实际生物学实验所花费的大量人力、物力、财力。如果计算机模拟实验的模型科学严谨，教学上的计算机模拟实验可以很方便地应用到相应的科研中去。

2.6.2 信息技术化生物学实验室的建设

1. 多媒体生物学实验室的建设

多媒体生物学实验室设备包括电子讲台、中央控制系统、投影仪、计算机、电动幕布、功放、音箱、数码显微镜、实物展台和有线话筒或无线话筒等。实际上，中学的生物学实验课一般要求不是很高，只要在传统的生物学实验室的基础上，再加装一套多媒体投影系统和音响，另外加上一个实物展台、数码显微镜即可。

多媒体生物学实验室各种设备连接如图 2-13 所示。

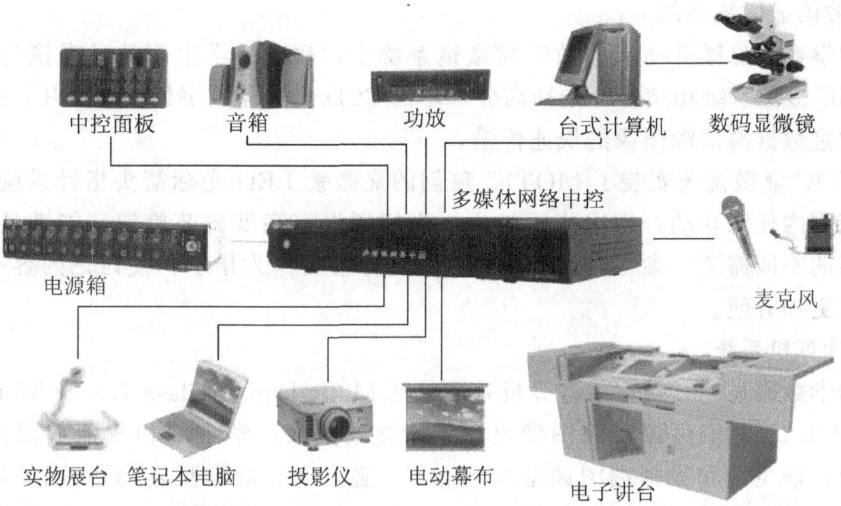

图 2-13　多媒体生物学实验室设备连接示意图

2. 生物学数码显微互动实验室概述①

生物学数码显微互动实验室已相继在各高等院校实验室中出现，也必将成为中学生物学实验室的一种发展趋势。本文以 MOTIC 数码显微互动教室为例来介绍。

(1)图像系统。

生物学数码显微互动室图像系统包括 Motic Processer 和 Motic Multiplexer 专业图像处理硬件，可以保证 MOTIC 数码显微互动教室有高品质图像。一台 Motic Multiplexer 能实现显微镜图像的合并或切换，可接入多路画面，用户可选择配置多台显微镜。Motic Processer 是计算机与 Motic Multiplexer 间的接口，可管理 Motic Multiplexer，所有的控制指令和图像数据都通过 Motic Processer 传输。计算机通过 Motic Processer 控制 Motic Multiplexer 的工作方式，实现显微镜画面的分组显示与单一显示。Motic Multiplexer 输出的图像经 Motic Processer 处理后输入计算机，利用 MOTIC 数码显微互动教室软件，可以实现显微镜画面选择、图像处理、图像分析、测量等功能。

(2)语音问答系统。

生物学数码显微互动室语音问答系统可实现教师与学生间的双向沟通。学生借助 Motic Digital Class 的语音问答系统向教师提出问题，教师选择通话模式与学生交流。通话方式主要有如下四种。

①全通话模式：教师利用耳麦讲话，全体学生均用耳机收听，但不能发言。

②学生示范模式：教师选择 1～6 位学生对话，所有学生都可听到谈话内容，但其他学生不可发言。

---

①　王立．数码显微互动教室的建立及其在组织学实验教学中的应用[J]．湖北中医学院学报，2006，8(3)：70.

③师生对讲模式：教师可与学生进行一对一对话，只有被选择的学生才可以收听和发言。

④分组练习模式：学生分组，组内学生可互相通话，教师也可随时加入。

(3)数码显微镜系统。

生物学数码显微互动室的数码显微镜系统中，教师、学生用的显微镜与内置数码的 MOTIC 摄像系统相结合，选择高分辨率的 CCD 晶片和数字处理器晶片，分辨率高，并保证大量数据高清晰图像的快速传输。

MOTIC 显微镜还安装了 MOTIC 独创的显微镜 LED 光标箭头指针系统，光标能在观察范围内任意移动，用以指示学生，光标还设有亮度调节旋钮，能满足从低倍到高倍观察的不同需要。参与讨论的双方可用光标箭头作为指示，使讨论内容一目了然，沟通起来更加方便。

(4)计算机系统。

生物学数码显微互动室的计算机系统包括 Motic Digital Class 1.1 及 Motic Images Advanced 3.1，它们可以实现图像显示、捕捉及放大；学生端和教师端图像的平衡；图像除噪；学生端和教师端图像增加动态红、蓝、灰、绿和反转滤色片；双向语音问答功能；多种图像处理功能；测量功能；生成打印报表功能等，可以实现图片的远程共享和远程教学。

生物学数码显微互动室的计算机系统还可以安装其他的网络教室软件，教师通过网络教室软件授课，既能体现学生的主体作用，又能体现教师的主导作用，达到教学和信息技术的深度整合。任何网络教室软件都具有演示、观察和辅导学生操作、远程控制等基本功能，对生物学实验具有很大帮助。

(5)数码显微网络互动教学系统。

生物学数码显微互动室的数码显微互动系统具有清晰真实的音频视频效果和丰富的交互手段，通过高品质数码生物学显微镜和多媒体音视频服务器，实现了师生之间的互动。教师通过计算机可以看到课堂上每个学生在显微镜下所观察到的实时标本画面，及时发现实验室中存在的问题并指导学生改正。学生也可以通过网络互动语音提问系统向教师请求帮助，并通过显微镜的示教指针与教师交流讨论，真正使教和学的沟通更直观有效。

2.6.3 信息技术在生物学实验教学中的应用

1. 分组实验

(1)演示实验课件。

将信息技术应用到生物学分组实验教学中，不仅可以解决一些传统实验教学无法解决的难题，而且还带来了传统教学手段所不具有的功能。

(2)演示实验过程。

在生物学实验中，有许多实验是复合实验，整个实验由多个连续的过程连接而成，其变化过程十分复杂，学生往往只能观察到实验条件和结果，而对中间的变化过程根本无法观察。有些实验过程则是瞬间就完成了，学生根本无法细致观察，只能抽象地进行推断。做这类实验时，可以用摄录机将整个实验过程录下制成演示脚本，在播放时运用多媒体控制器，根据需要应用拆分、回放、慢放或定格等手段进行自主观察。有时还可以配备文字或语音解释，使学生能清楚地感知每个细节，效果很好。例如，在做植物细胞吸水和失水实验时，先在显微镜下将细胞失水、吸水的过程全程摄录下来，制成演示脚本；将细胞失水、吸水过程和水分子进出过程用Authorware或Flash制成课件，播放时根据需要，进行拆分、慢放和定格，让学生能更加清楚、直观地分步、分段观察。

一些微型实验，例如在显微镜下观察草履虫、洋葱鳞片叶表皮细胞等，教师在指导学生观察的时候，难以做到对每一个学生进行指导，对学生的实验结果也不方便进行评价和比较。如何做到面向全体学生呢？可以采用显微摄像、拍照的方法，再通过计算机、投影仪在大屏幕上放映，将微观变为宏观，在大图像下师生可以一起从多方位、多角度观察、分析和比较，达到了良好的教学效果。

(3)指导实验过程。

信息技术整合到生物学实验中最显著的特征就是“互动”，既可以通过计算机屏幕，也可以通过投影实现教师与学生“点对点”“点对面”的图像传输与交流。例如，在观察装片的时候，有学生在视野里找不到某结构时，可以按电子举手按钮，教师就会在屏幕上发现，随即打开该学生的观察画面，并与之交流讨论。如果大多数学生有相同的问题，教师就可以集中一起讲解(教师可以选择全通话模式，对全体同学进行难点示教)。信息技术整合到生物学实验中时，师生之间不仅可以相互交流，而且可以存储有关的实验学习成果。

(4)展示实验成果。

当信息技术整合到生物学实验中时，如果在学生观察的切片中发现有特殊、典型的结构，或者学生的实验结果突出，随时可将图像切换到大屏幕，让全体学生共享，或者由该学生向全班同学进行示范。

同样，完成实验的学生，可以通过电子大屏幕向全班同学展示，老师也可以从中看出各组学生实验的进展情况，给予肯定或相应的指导。

【案例】

观察根尖分生组织细胞的有丝分裂

【目的要求】(略)

【材料用具】

1. 洋葱。

2. 载玻片、盖玻片、培养皿、剪子、镊子、滴管。

3. 质量分数为15%的盐酸，体积分数为95%的酒精，质量浓度为0.01 g/mL或0.02 g/mL的甲紫溶液，洋葱根尖细胞有丝分裂固定装片。

4. 生物学显微互动实验室。

【方法步骤】

一、洋葱根尖的培养

在上实验课之前的3～4 d，取洋葱一个，放在广口瓶上，瓶内装满清水，让洋葱的底部接触到瓶内的水面。把这个装置放在温暖的地方培养。待根长约 5 cm 时，取生长健壮的根尖制成临时装片观察。将培养的关键过程拍成录像于课堂上播放。

二、装片的制作

制作流程为：解离—漂洗—染色—制片。

1. 解离。剪取洋葱根尖 2～3 mm，立即放入盛有盐酸和酒精混合液(1∶1)的培养皿中，在室温下解离 3～5 min，使组织中的细胞相互分离开来。

2. 漂洗。待根尖酥软后，用镊子取出，放入盛有清水的培养皿中漂洗约 10 min，以洗去药液，防止解离过度。

3. 染色。把根尖放进盛有质量浓度为 0.01 g/mL 或 0.02 g/mL 的甲紫溶液的培养皿中染色 3～5 min，使染色体着色。

4. 制片。用镊子将这段根尖取出来，放在载玻片上，加一滴清水，并用镊子尖把根尖弄碎，盖上盖玻片，在盖玻片上再加一片载玻片。然后，用拇指轻轻地按压载玻片，使细胞分散开来，有利于观察。

课前将装片制作的操作方法拍成录像，介绍装片制作时，将录像播放，指导学生制作临时装片。

三、洋葱根尖细胞有丝分裂的观察

1. 把制成的装片先放在低倍镜下观察，扫视整个装片，找到分生区细胞：细胞呈正方形，排列紧密。再换成高倍镜仔细观察，首先找出分裂中期的细胞，其次再找分裂前期、后期、末期的细胞，注意观察各时期细胞内染色体形态和分布的特点。最后观察分裂间期的细胞。

在学生观察过程中，教师通过生物学数码显微互动系统，将学生的实验结果展示给全班同学，并及时组织比较、讨论，指导学生进行正确的操作。

2. 如果自制装片效果不太理想，可以观察洋葱根尖的固定装片。

3. 调节显微镜的放大倍数，使之能够在视野里看到约 50 个细胞，仔细统计视野中处于各时期的细胞数，记录在记录表“样本 1”中。把视野移动到分生区一个新的区域再统计，然后记录在记录表“样本 2”中。对数据进行整理，填入下表中。

课前在计算机的 Excel 中将表格绘制好(学生直接在学生机上填写并传到教师机上，教师汇总全班数据，制作大表格，然后绘制成饼状图)。

四、绘图

绘出植物细胞有丝分裂中期简图。

【结论】(略)

【讨论】(略)

【点评】

(1)将洋葱根尖培养的关键过程拍成录像，在课堂上播放，可以让学生感受实验的全过程。

(2)由于有丝分裂临时装片的制作比较复杂，学生在制作过程中可能会存在一定问题。为了解决这一难点，将每一步操作拍成录像播放，指导学生制作临时装片，这比只用语言描述更能让学生明确具体操作。

(3)利用生物学数码显微互动实验室的信息技术等手段，有助于教师对学生实验的全面监控、及时反馈和指导。例如，在观察临时装片时，使用分屏监控可以很方便地让教师掌握每组学生的装片制作情况，及时进行指导。使用转播，可以将学生的观察结果直接展示给全班同学，如：将学生观察到的典型的细胞分裂各期(图 2-14)适时转播给学生，有利于指导学生正确观察，可以及时组织学生讨论实验成功或失败的原因。

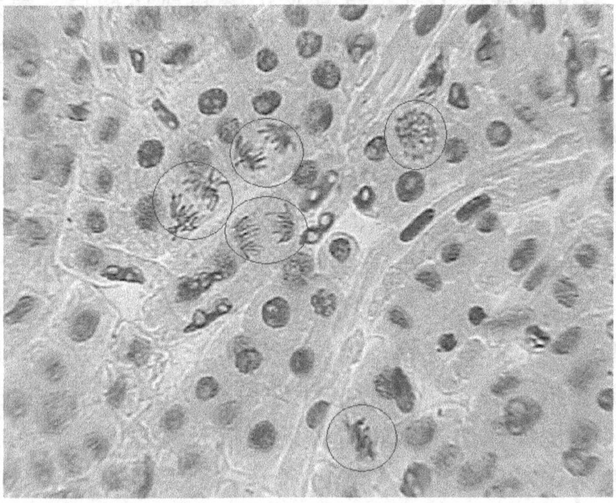

图 2-14　数码显微镜下观察到的细胞分裂各个时期

(4)通过生物学数码显微互动实验系统，更有利于学生间的合作、讨论。例如，联机讨论，与学生熟悉的互联网上的论坛讨论很相似，营造了一个熟悉、自由的讨论环境，更能激发学生参与讨论的欲望。

(5)利用 Excel 表格，可以非常方便地统计全班各小组的数据，并可以轻松计算平均值、绘制图表。

(6)通过信息技术的使用，使学生体验了成功的喜悦，这有利于激发实验的积极性。

2. 演示实验

(1)提高演示实验的可见度。

演示实验是教师做给学生看的，所以实验的操作过程、实验现象必须使全班学生都能清楚地看到。然而，有些实验由于材料本身很小等原因，如观察水螅的运动，就无法做到使全班学生都看清楚，这时借助信息技术可以很好地提高实验的可见度。

①利用课件演示实验操作。例如，在洋葱根尖有丝分裂临时装片的制作中，课前将关键步骤拍成录像，作为素材放进课件中，在课堂上一边讲解一边播放课件，可以将操作的关键点突出。同时将这些关键点拍照，录像播放完毕后，将照片按顺序在投影仪上展示，指导学生正确操作。

②利用实物展台演示实验操作。生物学实验有很多精细实验操作是学生从来没有接触过的，需要教师边讲解边做示范，而这时很难保证学生能看清楚，利用实物展台可以解决这一问题。例如，引流操作用实物投影演示效果就比较好。打开实物展台上

的灯，在展示台上铺一张纸，然后将装片置于纸上，调整位置、放大倍数及焦距(自动调焦的不需要此步)，然后开始操作，学生就可以在投影上看到清楚的操作演示。

③利用数码显微镜演示实验现象。可以用于临时装片、固定装片等观察实验的演示，也可将传入计算机的图像保存，用于实验教学或实验复习。

④利用实物展台演示实验过程和结果。实验结果很精细或者需要观察的结构很细微，不容易直接观察，这时利用实物展台可以解决这些问题。例如“渗透作用与水分的流动”实验结束后，漏斗内液面上升，可是学生离装置比较远，看不见，利用实物展台，转动摄像头，对准漏斗液面的位置，学生就可以清楚地看到实验结果。

(2)突破实验时间的限制。

课堂时间很有限，而有些演示实验需要较长时间，因而在课堂上只能演示其中的一部分，或者只演示实验开始的几个步骤，或者只演示实验的最终结果，而利用信息技术可通过一定的技术处理，缩短实验时间。例如，可以将实验拍成录像，通过剪辑，制作成课件，只播放关键处理部分和结果，既一目了然，又节省时间。

有些实验需要一边演示一边讲解，实验中间可能要停顿数次来引导学生讨论或者板书等，而这时实验又不允许有停顿，这就产生了矛盾。但是，利用信息技术就可以轻松解决，通过预先拍成录像的方式制成课件展示，让学生在讨论实验结论的同时，还可以反复观看课件。例如，通过观察青蛙的脊髓反射现象，学习反射和反射弧的实验，实验操作比较复杂，需要当场制备青蛙的脊髓，并进行相关处理，帮助学生理解反射的完成需要完整的反射弧。这些操作必须紧凑，中间的间隔时间过长容易造成看不到实验结果，导致实验失败，而实验恰恰需要在中间做相应的讲解和学生讨论，利用课件就可以解决这个问题。将实验的整个过程拍成录像，剪掉冗余部分制作成为课件，这样在演示过程中，只要鼠标轻轻一点，就可以暂停实验，便于学生讨论和教师讲解，然后继续播放后续实验，非常方便。同时，只需一只青蛙就能完成整个年级的教学任务，有利于保护生物资源、降低实验成本。

演示实验的内容与实验教学内容是相关联的，很多生物材料是有季节性的，有时由于教学进度安排，在需要实验时不能采集到合适的生物材料，这时就可以提前利用最佳的实验材料进行实验，并拍成录像、照片以制作成课件，在需要演示实验时使用。

(3)强化实验过程与效果。

在传统演示实验教学中，适当利用信息技术辅助教学，可以提高演示实验的教学效果。

①利用投影展示演示实验的过程。对于比较复杂的实验，可以先制作课件，展示演示实验的过程，这样学生能更清楚地看到实验的过程，理解实验的原理，增强演示的直观效果。例如，演示“光合作用需要光和叶绿素”时，可利用课件展示实验的过程，将课件投影在屏幕上：遮光—光照几小时—取叶—酒精脱去叶绿素—加碘—遮光部分不变蓝，这样的处理更有利于学生学习，提高教学效果。

②利用投影引导学生观察实验的详细过程和实验现象，学会正确观察。一般做演示实验时，教师会利用讲解和谈话的方式组织学生进行观察，但由于学生的注意力都在实验上，教师往往需要多次重复讲解内容，效率比较低。而利用投影，在演示前向

学生阐明实验目的，将演示中需要重点观察的现象、需要思考的问题等都投影在屏幕上，可提高学生观察、思考的针对性。

③利用计算机技术来模拟实验。对于在现有的条件下无法完成或效果不明显的一些经典实验，如植物生长素发现过程中，达尔文(C. Darwin)、詹森(B. Jensen)、温特(F. W. Went)的诸多实验。用计算机动画模拟技术来制作动画，通过生命现象情境的观察、分析，可以很好地激发学生的学习兴趣，体验科学家的科学探究过程，培养科学探究的方法，提高学生观察和思考能力。

④利用计算机技术来虚拟实验。用声像图文及二维动画、三维动画组成的虚拟实验课件辅助演示实验，可以缩短时间和空间，如生物的进化在很短时间内可以演示、细胞分裂可以在很大的屏幕上演示。

(4)提高实验复习效率。

实验复习往往令教师为难，最好的办法当然是开放实验室，让学生把相关的实验重新做一遍，但时间和实验室安排方面不允许，效果也未必最佳。将现代信息技术运用到实验复习中，既省时又省力，复习效果极好。教师预先把所复习的各种实验归类，例如，分成“细胞与组织”“新陈代谢”“生命活动的调节”“遗传和变异”等类型，将实验的目的、过程、结论、注意事项及相互间的关系进行认真梳理，制成多媒体专题课件，同时添加一些学生实验时的录像、照片，方便学生弄清实验知识的脉络。这样既能加大实验复习的容量，又能让学生在短时间内将经历过的实验知识条理化、系统化。

【案例】

光合作用产生氧气①

【实验原理】

在酸性环境中，$TiCl_3$ 在 $CuSO_4$ 的催化下可与水中氧气作用生成无色的四价钛，微过量的 $TiCl_3$ 使 Na_2WO_4 中的无色的六价钨还原为钨蓝色的五价化合物仲钨酸，使溶液出现蓝色絮状沉淀。如再加入光合作用产生的氧气，则蓝色的五价钨被氧化成白色的钨酸，使溶液中的蓝色絮状物沉淀变成白色絮状物沉淀。

$$4Ti^{3+}+2H_2O+O_2\xlongequal{CuSO_4}4TiO^{2+}+4H^+$$

$$Ti^{3+}+WO_4^{2-}+H^+=\!=\!=TiO^{2+}+HWO_3\downarrow\text{(蓝色)}$$

$$2HWO_3+O_2+2H^+=\!=\!=2H_2WO_4\downarrow\text{(白色)}+2e$$

【实验步骤】(略)

【结果分析】(略)

【教学过程】

1. 用课件演示实验原理，说明实验步骤。
2. 在实物展台上演示实验步骤，将影像放大投影在屏幕上，使学生都能看清楚。
3. 将各试管的结果放在实物展台上，让学生看清楚各试管的颜色，然后用课件展

① 杨蓓芬，胡士敏．光合作用产生氧气实验的新设计[J]. 生物学教学，2003(12)：32.

示结果分析。

【点评】

(1)用课件展示实验原理，说明步骤，让学生了解了整个实验的基本情况。

(2)在实物展台上演示实验步骤，学生通过屏幕，都能看清楚，克服了演示实验中仅有少数学生看得见的缺点。

(3)将各试管的结果放在实物展台上，使大多数学生都能看清楚实验的结果。然后用课件展示结果分析，结合课件进行适度讲解，使学生更容易理解和掌握。

(4)本实验方法在材料、药品选择等上都有很大改进，实验操作简单，大大缩短了实验时间，效果明显。

3. 验证性实验

验证性实验在实验教学中所占的比例很大，是实验教学的主体，完成好验证性实验的教学，对于生物学教学目标的达成具有重要意义。但是在实际教学中，由于受传统教育技术的限制，往往在实验目标的达成即实验结果展示上效果不佳，利用信息技术可以提高实验目标的达成和实验结果的交流。

(1)方便实验数据记录。

实验过程的记录是科学实验必不可少的步骤，在科学研究过程中具有重要的作用。实验过程的记录要求详尽、真实、一目了然。实验过程中观察到的各种现象(包括正常与异常现象)更应仔细描述。详尽的实验记录有利于总结工作、寻找实验中的差错。

然而，实验过程的记录往往被学生忽略。被学生忽略的原因很多，有时候是因为实验习惯不好，不重视实验过程的记录，经常遗忘；有时候是因为缺乏相应的指导，不知道如何记录；但很多时候是因为记录起来很麻烦，不方便记录，就索性不记录。对于最后一种情况，应用信息技术就是解决这一问题的一种很好的办法。

(2)方便实验成果的展示与交流。

实验成果的展示和交流是实验教学重要的环节，通过这一环节，可以使学生在学习中更加主动，激发学习热情，并能改善学生对学习和同伴的看法，为教师提供更多的观察和评价学生学习的机会。传统的展示和交流方式主要是语言表述，缺乏直观性和形象性，而运用信息技术可以提高展示、交流的效果。例如，在生物学显微互动实验室中，对于以显微图像呈现结果的合作探究，可以利用互动视频网络平台进行实验成果的展示，也可直接选取各个学生或各小组内有代表性的图像切换后进行组间交流。也可使用MOTIC软件中的拍照功能保留组内成员满意的图像，作为成果展示方式之一进行组间分享。

【案例】

生物体维持pH稳定的机制

【目的要求】

通过比较自来水、缓冲液和生物材料在加入酸或碱后pH的变化，推测生物体是如何维持pH稳定的。

【材料用具】(略)

【方法步骤】

1. 各小组在计算机的Excel表格中设计实验记录表。

2. 进行实验，把实验结果记录在记录表中。

3. 根据表格数据，应用Excel中“插入→图表”命令，选择“折线图”，分别以酸和碱的滴数为横轴，以pH为纵轴，将自来水、缓冲液和两种生物材料四组数据表示在一个图中。

4. 全班各小组展示实验结果。

【结论】(略)

【讨论】(略)

【点评】

(1)利用计算机编制数据表格并绘图，既准确又方便，节省了大量时间，可用于对实验结果的分析讨论。

(2)利用计算机分析、处理实验数据，有助于培养学生养成处理实验数据的好习惯，使学生学会合理、充分利用计算机实现数据处理的高效化、精确化。

(3)有助于让学生体验实验的严谨性。

(4)小组展示实验结果，进行小组间交流，增加学生的成就感。

4. 探究和研究性实验

(1)运用信息技术创设问题情境。

由于探究性实验往往要求学生自己设计方案进行探究，所以在教学过程中很可能遇到各种各样未知的问题，很难进行预设。但无论如何，探究是从问题开始的，如何创设情境、引导学生提出问题，是进行探究性实验教学面临的第一个问题。

信息技术有直观化、集成性的特点，可以利用视频、图片、照片等多媒体技术为学生提供更多的情境，有助于学生进行思考，提出各种可探究的问题。以“传感器的应用”这一类的实验为例，教师可以用课件、视频演示的方法来指导学生熟悉各种传感器，为探究性实验做好技术上的准备。也可以提供环境污染现状、各种水体的检测情况，日常生活中的水果、蔬菜、药品的成分分析，以及现代园艺、气象方面的图片、视频资料，启发学生进行思考：在这些工作中哪些地方需要使用传感器？哪些工作使用传感器会更方便？应该使用什么样的传感器？从而确定探究性实验的课题。

(2)运用信息技术设计实验方案。

学生确定好探究性实验的主题后，要进行实验方案的设计，主要包括：查找资料、提出假设、设计实验步骤、讨论可能的实验结果等。只有设计出具有科学性、可行性的实验方案，对问题的探索和研究才成为可能。

信息技术具有良好的集成性和互动性，教师可以引导学生利用网络资源，快速、高效地查找资料，并运用讨论区等网络互动平台进行教师与学生、学生与学生之间的交流，初步形成实验的操作方案。也可以利用多媒体技术、网络技术等向学生展示前人成功的探究性实验的成果，为学生提供可以借鉴和参考的范例，引导他们将方案进一步清晰化、规范化。教师还可以引导学生利用多媒体课件、网页等多种方式来展示和交流实验设计，并组织全班同学为各小组的探究课题出谋划策，使小组的实验方案逐步完善起来，真正成为一份可以指导实验实施的科学的、可行的实验方案“蓝本”。

(3)运用信息技术完成实验探究。

实验实施是完成探究性实验的主体内容，学生按照设计好的实验方案的步骤进行实验，观察实验现象，收集实验数据，分析实验结果，最终得出实验结论，验证或者推翻实验假设，引出可以进一步探究的问题。

由于信息技术具有智能化、形象化的特点，多媒体数字信息比传统手段记录的信息更便于储存、修改和运用。所以在实施探究性实验的过程中，运用信息技术进行辅助，会大大减轻实验的烦琐操作并增强实验效果。例如，在观察类实验中，可以利用照相机、摄像机或数码显微镜等将实验现象定格、放大并记录、储存下来，为分析实验提供形象化的第一手资料。在数据采集类实验中，可以把采集器(如传感器等)与计算机连接，利用计算机软件采集数据，进行相应的处理，得到实验数据的图表，并利用软件来分析数据的系列特征，大大减轻了数据的记录、抄写、作图、计算方面的工作量，既节约了时间和精力，又有较高的准确性。在整个实验过程中，教师可以利用网络教学平台随时了解学生的实验进度，出现问题随时指导，并可以方便地将某一小组的实验结果放大，供全班进行讨论。

大量的实验数据，必须经过有效的整理和统计分析才能反映出一定的规律性。实验得到的数据越多，就越容易从中找出正确的规律，但统计起来却也更加烦琐。随着信息技术的发展，SPSS等统计软件的出现使大量数据的统计分析成为可能。在探究性实验中，常常遇到大量的数据，引导学生学会运用统计软件来进行数据分析，对提高实验分析的准确性、科学性、严谨性方面有很大帮助。

实验结束以后，小组成果可以利用信息技术的手段，将实验报告制作成 PowerPoint(以下简称 PPT)、Flash 或网页等形式，将枯燥的文本形式友好化，并且便于师生、生生之间进行交流讨论。

将信息技术运用到探究性实验中，可以帮助学生更好地观察实验、分析数据，使学生从大量的复杂操作中解脱出来，更多地进行实验思路的设计和相关问题的分析，有利于学生培养与提高科学思维能力和创新精神。

最后，需要指出的是，信息技术只是诸多教学辅助手段中的一种，教师要根据教学内容来选择合适的媒体，在实验教学中更是如此。用实物来做实验最真实、最直观，是生物学教学中永恒的主题。信息技术在生物学实验教学中的应用，绝不是要用数字化的模拟来代替学生亲自动手的实验，而是探讨在信息技术飞速发展的背景之下，如何将其应用于实验教学，使生物学实验更便捷、更科学、更有利于突出学生的主体性和培养创造力。在实际的实验教学中教师应牢牢把握信息技术辅助教学的原则，尽最大的努力来实现教学资源的最优化。

【案例】

叶绿体中色素的提取和分离

【提出实验目标】

实验开始前，教师利用多媒体或局域网向学生展示实验目的、实验要解决的问题等，学生了解后才能有的放矢地开始探究性实验。

【引导发现问题】

在了解了实验基本的操作程序和方法的基础上，学生就可对实验的各个环节提出自己的问题。教师用多媒体向学生展示实验的基本步骤：提取绿色叶片中的色素→制备滤纸条→画滤液线→将色素进行分离。学生根据基本步骤，抓住实验的某些环节，主动地去发现问题，如采用不同颜色的叶片实验结果会如何；将滤液收集在小试管中，不用棉塞将试管塞紧行吗；层析滤纸如果换成其他类型的纸结果会怎样；画滤液细线时还有没有更好的方法；等等。本步骤要求每个小组根据自己的调查写出一份探究的实验方案。

【实验探究印证结果】

学生根据自己的探究实验方案，结合现有的知识经验或收集有关资料，试图建立某种假设，然后利用实验室的各种材料、药品、仪器设备等进行探究。教师尽可能预见性地多做准备，如各种颜色的叶片、不同的化学药品、层析用的各种类型的纸条、组建一个关于“叶绿体中色素的提取和分离”实验的相关资源库（收集各种相关的声像图文）、提供可查询的相关教学网站等。学生从中获取需要的资源，对自己提出的问题，进行印证并得出结果。如利用实验室材料和设备按自己的设想，具体进行实验操作，或利用计算机收集资料，或整理实验结果。整个过程中，教师从中点拨，审视他们的探究方案的实现，如果探究方案有问题的，要和学生共同讨论修正。

【讨论交流】

通过局域网展示学生“叶绿体中色素的提取和分离”探究实验成果，用文本或图表展示出来，如果是实物，可以通过实物展台展现。

【点评】

(1)CAI 创设情境：教师向学生展示实验目的、引导学生发现问题，确定探究实验方案。

(2)资料收集和交流：基于实验室的局域网，有利于学生收集资料，在探究过程中可能会出现一些他们没有想到的问题。在做实验的时候，可能会随时查阅各种资料，完善或推翻他们原来的实验方案，或印证他们的实验。在局域网平台上，师生共同交流，在交流和讨论过程中，学生对实验现象的观察、实验结果的分析、对概念和原理的认识，会更加趋于准确、完整和深化，在提高了学生思维的广度和深度的同时，也促进了他们创造性思维的发展。与没有使用信息技术的传统探究实验相比，探究效果大大增强了。

5. 虚拟实验

虚拟实验是在计算机系统中采用各种虚拟实验环境，实验者可以在像真实的环境中完成各种预定的实验项目，所取得的实验学习或训练效果等价于甚至优于在真实环境中所取得的效果。

生物学实验教学是培养学生实验操作技能和实验动手能力的重要环节，虽然虚拟技术有着实物仪器无法比拟的优点，但在日常生物学实验教学中大量采用虚拟实验系统替代实物实验，将会失去科学实验的全部特点和功能。因此，虚拟实验只能作为实验教学的辅助手段，不能全面应用到常规实验中。从生物学实验的特点来讲，采用虚拟实验系统进行教学则具有很大的优势。其主要原因是：①虚拟实验是实现演示性实验教学现代化的一个重要组成部分，学生通过亲自动手获得亲身实验的体验；②实验资源的缺乏(包括设备和实验人员)限制了学生实验需求，虚拟现实技术的网络化能够实现学生每人一机的实验环境；③实物仪器无法演示的教学内容，或具有一定破坏性、危险性的实验，采用仿真技术能够轻而易举地解决；④虚拟实验较高的可靠度、可见度、逼真性、交互感和高性价比可以胜任生物学实验室的仿真；⑤虚拟实验可以实现远程实验教学的功能；⑥虚拟实验在生物学实验中的应用，可以节约大量成本。

(1)生物学虚拟实验和真实实验的比较。

①虚拟实验、真实实验概念的比较①。

a. 真实实验，指的是依据教学大纲、教学计划，在实验室或课堂上实施的各个学科的实验。这是教学过程中不可缺少的一个教学环节，是实验教学过程中必要的有机组成部分。

b. 虚拟实验是利用多媒体手段对真实实验进行再现或模拟，再由学生进行观看或参与操作的一种实验方式。简单地说，虚拟实验就是利用多媒体再现或模拟真实实验的一种实验方式，包括两方面的内容。

第一，用媒体记录下来的实验过程。既包括记录下来的静态图片，也包括记录下来的视频，二者都能说明实验现象。

第二，用计算机软件模拟出来的实验过程。这又可以分为二维实验和三维实验、交互实验和非交互实验。例如，用 Flash、Authorware 等二维制作工具所制作的实验课件，它们既属于二维实验，也属于交互实验。三维制作工具也有很多，例如，用 3D 来演示一个实验完全是可以的，但只能用于进行演示，而不具有交互性。在三维虚拟实验里面最多的就是虚拟现实技术(VR)了。虚拟现实凭借其独特的沉浸性、交互性、构想性，在虚拟实验里面占据了很大的空间。在虚拟现实里面用得较多的就是 VRML 了，它可以和 Java 语言有效地结合在一起，具有较强的交互性，它也可以和 3D Max 等三维软件结合，使立体虚拟制作更为方便。当然，还有其他的制作工具，如 X3D、Cult3D、Atmosphere，等等。

②虚拟实验、真实实验作用的比较。

在虚拟技术产生之前，教学中的实验方式当然都是真实实验。真实实验的教学作用比较单一，总体来说，通过实验过程学生能将所学知识用于真实实验中，既解决了课堂中没有弄明白的问题，又加深了对课堂知识的理解，锻炼了学生的动手能力和协

---

① 辛允东．虚拟实验和真实实验的比较研究[J]. 中国科技信息，2008(10)：248-249.

助能力。但是，真实实验的作用也是有限的，它的不足之处有以下几点。

第一，真实实验只能完成常规的实验，根据教学大纲来开设的传统实验内容。

第二，学校的实验条件有限，不可能完成教学计划所规定的所有实验，致使一些实验无法开设。如一些成本昂贵的实验，条件达不到的学校则没法开设。

第三，对于一些有危险的实验、一些宏观、微观的实验，难以在现实中开设。

虚拟实验在教学中有着真实实验所不具有的强大功能，以上列举的在现实中所不能开设的实验，都可以通过虚拟实验来完成，恰恰说明了虚拟实验的强大功能。

③虚拟实验、真实实验教学方式上的比较。

真实实验用于教学的方式较为单一，主要有两种方式。

a. 课堂上做演示实验。在上课的过程中，为了配合实验教学的进行，需要说明事物的原理和现象，这时做实验来进行演示。例如，做一些化学实验来说明一个化学反应现象，包括产生了什么物质，物质的颜色，是固体、液体还是气体，实验过程中的现象等。课堂上的学生都能看到实验现象，了解实验发生的过程。这种直观、形象使学生能较准确、较深刻地理解教师所讲内容。

b. 实验室做真实实验。这是为配合实验教学而开设的有计划、有目的的实验，是整个教学过程中不可分割的一部分。实验室实验和课堂实验又不一样。在课堂上的实验，学生只能观察，不能动手操作。在这里，学生是实验的参与者、实施者、观察者。通过这种亲自实践，学生观察到了实验现象、懂得了实验原理、掌握了实验步骤、理解了课堂上的教学内容、锻炼了动手能力以及与其他同学的协同工作的能力，达到了实验目的。

虚拟实验用于教学的方式较多，主要有以下几个方面。

a. 用于真实实验前的指导，或者说是在实验前对实验的原理、过程、现象做一些介绍，以便对教学内容加深理解，便于真实实验的开展。

b. 用于实验模拟，既可以模拟真实实验能完成的实验过程，也可以模拟真实实验难以开展或者无法开展的过程、现象。在虚拟实验中，学生完全是一个参与者，借助虚拟实验较强的交互性，就像在真实的环境中做实验一样，直接动手操作里面的模拟设备或模拟物体，实验系统就会给出实验结果。这样，大大方便了实验的开设，增加了学生练习的机会，节省了大量的实验设备费用。

c. 用于讲解教学内容。在课堂上讲解教学内容时，为了说明一些现象，需要用虚拟实验来展示，进而有助于讲解教学内容。这些教学内容可以是通过真实实验来演示的，也可能是一些宏观、微观、危险的无法通过真实实验来演示的，通过虚拟实验来讲解实验现象是一个十分可行的方法。

d. 用于课后复习。在复习过程中，学生还会遇到很多的问题，其中就有很多关系到实验方面的。这时候再去实验室做实验已不大可能。因为学校的实验都是按年度教学计划安排的，做实验的过程已经让学生掌握了所学知识，不可能再为一个学生的复习去安排一次一个人的实验。这时，虚拟实验便派上了用场，便于学生自主复习。

④虚拟实验和真实实验的联系。

虚拟实验是对真实实验的模拟或再现，通过虚拟实验可以辅助真实实验的实施以及教学的进行。真实实验的开展则加深了学生对虚拟实验和教学知识的理解和掌握，两者是相互促进的。如何在教学中处理好两者的关系，对于整个教学过程来说很重要。

第一，在学校实验条件允许的情况下，能开设的实验应该按照教学计划来实施。不要看着实施虚拟实验较为容易，就忽视了真实实验。真实实验是教学中重要的一部分，是整个教学活动的一个环节。通过真实实验，提高了学生动手做实验的能力，使学生掌握起知识来较为深刻。

第二，充分开发虚拟实验，因其具有形象、生动、直观、交互性等特点，在展现实验现象时具有强大的表现力。学校应鼓励开发虚拟实验，使其成为实验教学的重要组成部分。

(2)基于 NOBOOK 的虚拟仿真实验。

NOBOOK 虚拟仿真实验平台(https：//www. nobook. com)简称 NB 实验平台。该平台支持电子白板、台式机、一体机、平板电脑等终端设备使用，包括生物、物理、化学、小学科学等学科实验。其中，NOBOOK 生物实验中，高中生物学共 101 个实验，初中生物学共 188 个实验，涵盖了大部分初高中生物学实验项目。该平台采用 HTML 5 技术和 3D 技术，实现了实验材料和仪器的高度仿真，各实验由实验原理、实验目的、材料用具、讨论要点及实验操作五个部分组成，学生仅凭鼠标即可完成实验操作并能迅速观察到实验结果。

虽然虚拟实验只能看不能摸且不能切身体会，但因其具有“亲临感”和“逼真感”，可以克服开展真实实验存在的时空和安全性限制，并可作为实验教学的辅助工具。教师可以在开展真实实验之前让学生体验虚拟实验，使其理解实验操作步骤并明确注意事项，提高学生的实验操作能力和实验成功率，培养其自主学习能力和科学探究能力。例如，“果酒果醋的制作”“泡菜的制作”“腐乳的制作”等微生物实验非但持续时间较长，而且需要满足较高的实验条件，很多教师会在实验教学中舍弃这部分实验。但使用 NOBOOK 虚拟仿真实验平台辅助课堂教学，或将其中的仿真实验操作录制成视频供学生观看，学生便可清晰地看到实验操作及实验现象，有利于激发学生对实验探究的热情，发展科学思维能力和科学探究能力。与此同时，NOBOOK 虚拟仿真实验平台不仅适用于课堂教学，也适用于课后的自主学习和探究学习，学生可以在课后自行登录网站进行自主操作、重复实验，这种学习方式更加灵活、便捷，有效地提高了学生的自主探究能力。图 2-15 为 NB 实验平台中人教版《普通高中教科书　生物学　选择性必修 3　生物技术与工程》的部分实验项目，图 2-16 为 NB 实验平台中“果酒的制作”材料用具，图 2-17 为 NB 实验平台中“土壤中分解尿素的细菌的分离与计数”实验操作过程。

6. 基于编程语言设计模拟实验

教材在叙述重要概念时，设置了多个模拟或探究性实验，教师可利用信息编程技术创设各种情境，将概念模型转化为数学模型，使抽象概念具体化，让学生从被动接受转化为主动探究，在科学探究中达到重要概念的深度学习。如在“模拟植物或动物性状分离的杂交实验”中，原实验中以两个小桶分别模拟雌、雄生殖器官，颜色不同的乒乓球模拟基因型不同的雌、雄配子，再通过随机抽取并组合模拟雌、雄配子的随机结

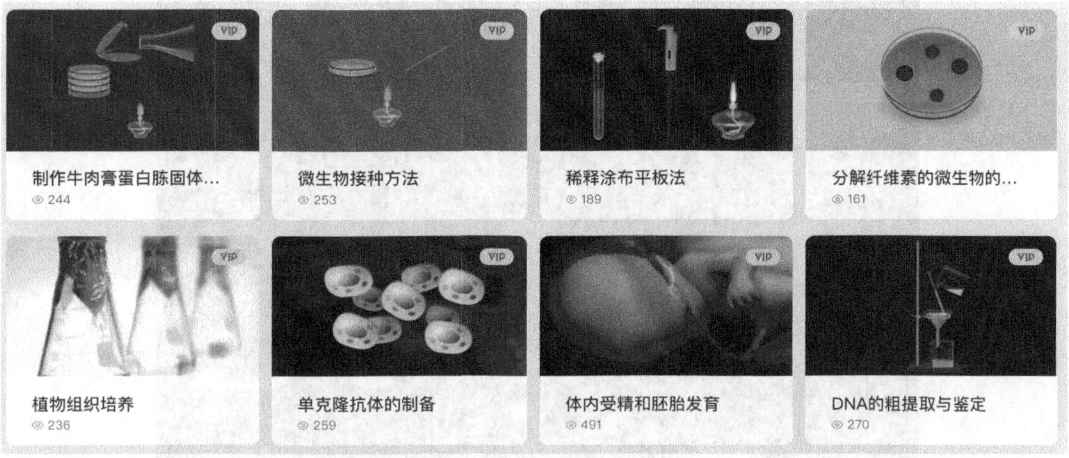

图 2-15　NB 实验平台中人教版《普通高中教科书　生物学　选择性必修 3　生物技术与工程》的部分实验项目

a. 葡萄　b. 饱和重铬酸钾溶液　c. H_2SO_4溶液

d. 冰糖　e. 密封罐　f. 榨汁机

图 2-16　NB 实验平台中“果酒的制作”材料用具

合。从数学的角度上看，雌、雄生殖器官相当于两个集合，雌、雄配子的基因型即集合中的元素，若设计一段 Python 语言，每次运行均可随机从两个集合中各抽取 1 个元素并进行组合，便能完整模拟该过程。

利用编程类软件(如“海龟编辑器”)编辑 Python 语言，输入如图 2-18 程序后，保存为“ * . py”格式文件。在课堂上学生只需要点击运行，即可出现雌、雄配子每次随机结合的基因型，并统计出各种基因型出现的次数(图 2-19)，且每次运行都是独立事件，会获得不同的实验结果。学生利用 Python 进行模拟实验时，只需 1 s 便能快速获得实验结果，相较小球抽取的方法更加便捷，且计算机操作可保证随机性①。

① 许凡．利用 Python 改进性状分离比模拟实验[J]．生物学通报，2021，56(6)：35-37.

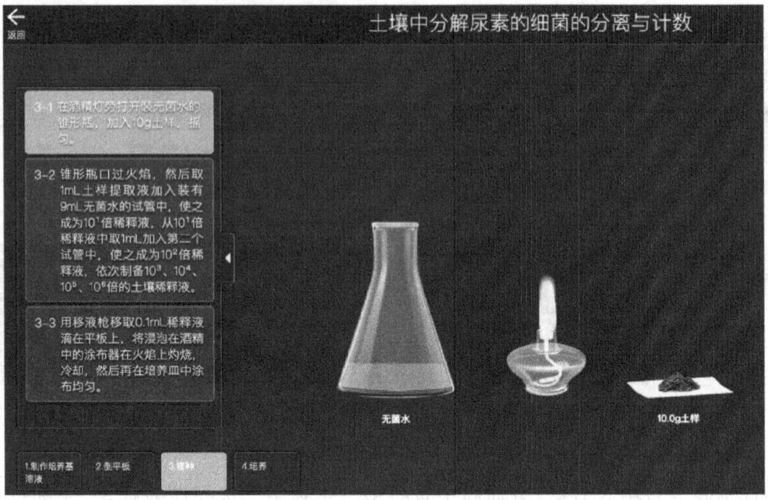

图 2-17 NB实验平台中“土壤中分解尿素的细菌的分离与计数”实验操作过程

```
from random import choice
import random
print('基因型为Aa的雌雄个体均能产生两种配子：A与a')

female = ['A', 'a']
male = ['A', 'a']
sum1 = 0
sum2 = 0
sum3 = 0
#尝试随机产生后代基因型n次并输出
for i in range(1, 10001):
    zuhe = choice(female)+choice(male)
    print('雌雄配子第', i, '次随机结合产生的子代基因型为：', zuhe)
    i = i+1
    if str(zuhe) == 'AA':
        sum1 = sum1+1
    elif str(zuhe) == 'Aa':
        sum2 = sum2+1
    elif str(zuhe) == 'aA':
        sum2 = sum2+1
    else:
        sum3 = sum3+1
print('--------------------------------------------------')
print('AA型的次数为'+str(sum1))
print('Aa型的次数为'+str(sum2))
print('aa型的次数为'+str(sum3))
```

图 2-18 利用 Python 模拟豌豆杂交实验(一)

```
雌雄配子第 86 次随机结合产生的子代基因型为： aA
雌雄配子第 87 次随机结合产生的子代基因型为： aA
雌雄配子第 88 次随机结合产生的子代基因型为： AA
雌雄配子第 89 次随机结合产生的子代基因型为： aa
雌雄配子第 90 次随机结合产生的子代基因型为： Aa
雌雄配子第 91 次随机结合产生的子代基因型为： aA
雌雄配子第 92 次随机结合产生的子代基因型为： aA
雌雄配子第 93 次随机结合产生的子代基因型为： aa
雌雄配子第 94 次随机结合产生的子代基因型为： AA
雌雄配子第 95 次随机结合产生的子代基因型为： Aa
雌雄配子第 96 次随机结合产生的子代基因型为： Aa
雌雄配子第 97 次随机结合产生的子代基因型为： AA
雌雄配子第 98 次随机结合产生的子代基因型为： Aa
雌雄配子第 99 次随机结合产生的子代基因型为： aa
雌雄配子第 100 次随机结合产生的子代基因型为： aa
--------------------------------------------------
AA型的次数为24
Aa型的次数为52
aa型的次数为24
程序运行结束
```

图 2-19 运行程序后呈现的实验结果

第3章
中学生物学实验教学的组织

3.1　中学生物学实验课程的设计

3.1.1　中学生物学实验课程的类型

课程可以简单地理解为学校为学生设定的学习路径，甚至可以把其范围扩展到学生在这些路径上的学习过程及所获得的学习结果。根据课程建设者来分类，课程可以分为国家实验课程、校本实验课程两类。根据研究对象来分类，课程可以分为学科内容课程、乡土内容课程和STSE内容课程三类。

1. 国家“课标”中以实验为主的课程

我国现阶段还没有完全的生物学实验课程，只在选择性必修3：生物技术与工程模块中包含有较多实验内容。其内容包括：制作传统发酵食品、酵母菌的纯培养、细菌的分离与计数、菊花的组织培养、DNA的粗提取与鉴定、DNA片段的扩增及电泳鉴定等，要求学生通过动手实践，体验广义的生物技术。

在该模块的教学中，教师既要使用讲授演示的方式进行教学，更要为学生提供实验的条件及必要的参考资料，指导其设计和进行实验。根据该模块的特点，教师应该给予学生更多的机会参与主动的学习活动。例如，要求学生在学习了有关知识的基础上，自己设计实践方案，并进行实验，也可以安排学生收集和整理资料，撰写报告，相互讨论。教师要充分利用实验室条件，尽可能减少每个实验小组的人数，使每个学生都有充分的动手实践机会①。

2. 自行设计的以实验为主的地方与校本课程

我国于2001年开始正式确定国家、地方和学校三级课程管理作为基本课程政策，20多年来，各地中小学积极投入到校本课程的建设与开发中，创造丰富多彩的创新理论成果与实践智慧。如上海延安中学开发了“生命科学拓展实验”校本课程，结合学校情况与学生实际，将有关基础课程实验进一步引向深入，使学生了解现代生物学研究常用的实验技术；并以小课题研究为载体，引导学生积极主动探索生命的奥秘和规律，给学生方法方面的规范训练，从而为学生提供了更多选择的空间，培养学生的创新与

---

① 中华人民共和国教育部．普通高中生物学课程标准(2017年版2020年修订)[S]．北京：人民教育出版社，2020.

实践能力、合作精神。在课程内容方面，选择了与现代生命科学有关的八个方面，设计成八个学习模块，具体见表 3-1。

表 3-1 上海延安中学“生命科学拓展实验”课程内容①

模块	主要内容
生态考察	赴崇明东滩或九段沙考察，可自由选择生态调查或与生态问题有关的社会调查
微生物研究方法	包括观察微生物；细菌的收集、培养；抑制细菌的实验等
组织培养	以烟草为外植体进行组织培养，完成组织培养的全过程；培养基的配置、外植体的处理与接种，培养物的转换、培养物的培养等
PCR 技术	赴华东师范大学生物化学与分子生物学实验室进行 DNA 扩增及电泳实验，学习 PCR 及电泳技术
传感器的使用	熟悉传感器的使用，将定性实验转化为定量实验，包括酶的高效性，维生素 C 含量测定，光照对光合作用效率的影响，酵母对不同糖类的利用等实验
遗传学与统计	包括植物的遗传变异与动物遗传两部分，植物的遗传变异以蚕豆为实验材料，以出现微核现象为实验指标，研究不同因素对蚕豆的致变异作用；动物的遗传以果蝇为实验材料，研究果蝇眼色的伴性遗传规律
现代生命科学技术的应用	参观华东师范大学电子显微镜室，脑功能与基因组实验室，闵行校区植物病理实验室等，了解现代生命科学技术及其实际应用
生命科学研究方法	专家介绍生命科学研究的主要方法，以小课题的形式进行实践，掌握进行生命科学研究的基本方法

3. 融合 STEAM 理念的实验课程

近年来，STEAM 课程以其高度的跨学科整合特征受到全球教育界的普遍关注，成为教育改革的重要参照及开展课程整合的模板。广东实验中学开发了 STEAM 理念的高中“微生物食品发酵”校本课程，该课程以 STEAM 作为理念指导，以校本课程选修的形式开展教学，共分为四个实验模块，分别是“如何腌制泡菜食用最为健康”“果酒酿制的那些事”“酸奶的制作”“创意馒头的研制”，共 16 课时，学生需自行确定探究问题、制订实验方案进行探究并设计产品的包装和销售方案②。

以“果酒酿制的那些事”为例，教师在讲授基础知识后，学生小组合作进行查阅资料与撰写实验方案，在教师指导下进行方案的修正与实施。教师适时引导学生思考如何设计果酒产品的包装与推广方案。在此过程中，以 STEAM 为目标进行教学，具体

① 严洁，申丽娜．“生命科学拓展实验”校本课程的开发研究[J]．上海教育科研，2009(5)：80-81.

② 吕秀贤，张松，丘小红．STEAM 理念下的高中《微生物食品发酵》校本课程的开发与研究[J]．生物学通报，2020，55(6)：17-20.

教学目标见表 3-2。

表 3-2 “果酒酿制的那些事”专题的教学目标分解

目标维度	具体内容
科学知识(S)	掌握果酒制作的原理和酵母菌发酵产生乙醇的知识内容，找出果酒品质的影响因素和优化改进措施
技术知识(T)	了解高压蒸汽灭菌锅、干热灭菌锅等实验仪器的技术原理；掌握无菌操作技术、接种技术和酵母发酵技术
工程知识(E)	果酒作为产品的制作、包装和销售；发酵规模的大小及扩大发酵；制作工艺的改良
数学知识(M)	用数学模型量化呈现糖添加量对果酒中酵母菌数量的影响；实验材料用量；酵母菌接种时间、接种量、发酵时间等对产品的影响
艺术知识(A)	果酒作为产品的包装设计；葡萄酒的色泽；不同原材料对产品形态及色泽的影响

在课程实施中，要求学生运用科学知识理解实验的基本原理与思考改良措施。在产品制作中运用到技术与工程的知识，例如：技术知识包括实验仪器的技术原理、无菌操作技术、接种技术、发酵操作技术、产物分析技术等；工程知识包括产品的生成、发酵规模的扩大和制作工艺的改良等。在实验数据的整合中应用数学的知识，例如，用数学模型描述发酵过程、呈现实验数据，探究实验材料用量、微生物接种时间、接种量和发酵时间等因素对产品的影响。在产品的包装设计中体现艺术知识，此外产品本身也具有艺术性，例如，红色的葡萄酒、洁白的酸奶及加入了不同颜色蔬菜粉制作的颜色和形状各异的馒头等。

以上后两项课程的设计属于地方和校本课程的范畴，需要设计课程的教师首先对国家“课标”有充分的理解与认识，保证课程设计不低于国家“课标”的要求。其次还应该对于社会关注的热点问题有较高层次的深刻认识，必要时，需要聘请相应学科的专家作为顾问和指导，来保证设计项目的准确性与科学性。在课程设计时，要考虑中华民族的思维特点、传统文化、主流文化等因素。

3.1.2 制订中学生物学实验课程计划

生物学的实验材料有时间性和季节性。时间性是指生物的生长、发育、繁殖不可能在短时间内完成，如种子萌发，不同种子、不同地区、不同温度萌发的时间是不一样的，需要提前培养。有的实验过程很长，课内看不到实验结果，只能演示实验结果。如“探究植物在光下制造淀粉的实验”“茎对有机营养的输导”等实验，必须提前准备。季节性是说材料必须在合适的季节采集，“人间四月芳菲尽”，过了季节，再想找到桃花就困难了，所以必须事先选择合适的材料进行采集和制作标本，也可以在对教材体系没有大的影响前提下，调整教学进度或顺序，保证教学时有合适的实验材料。因此教师必须在实验开设前，做好实验课程计划的安排。还有些实验、实习，如采集和制作动植物标本，观察植物及动物，必须由学校统一安排，需提前落实和联系。为了保证各年级生物学实验顺利进行，就必须由教研组统一安排，这也需要任课教师做好实验课程计划。只有做好了实验课程计划，才能保证生物学教学质量，实现教学目标。

1. 中学生物学实验课程计划设计的意义

中学生物学实验课程设计是指师生进行生物学实验之前，教师依据实验课程的目的和要求，运用相关的科学原理，制订生物学实验过程中所用的实验材料、方法、手段及步骤等的方案。实际上，就是要为一个研究课题提供一个可行方案，按照方案实施实验，最后得出实验的结论。科学的设计是实验成功的关键。而中学生物学实验课程设计不是为了得出科学领域的结论，而是为了学会实验设计的方法，为了培养学生的科研思路和创新能力，教师要首先注重进行生物学实验课程计划的设计。

2. 实验课程计划的类型

实验课程计划包括学段(初中学段、高中学段)实验课程计划、学年(学期)实验课程计划、实验课程课时计划三种类型。

(1)学段实验课程计划。

基础教育中的生物学课程开设分为初中学段与高中学段，学段实验课程计划就是分别将初中学段、高中学段所开设的实验做出统筹规划，要开设哪些实验？什么时间开设？需要哪些条件？还应增加和补充什么实验内容、需要什么样的实验条件等？这些都要事先做好安排与部署。

(2)学年(学期)实验课程计划。

编制学年(学期)实验课程计划的方法是，首先，分析“课标”对实验的内容、要求都做了哪些明确的说明，对实验以及探究性课题的研究都提出了什么样的建议，这些都是教师在制订学年(学期)实验课程计划时的依据，也是保证实验教学高质量完成的基础。还要分析当地的气候、资源条件及学生的实际情况，这也是教师编制学年(学期)实验课程计划的依据。其次，在学年(学期)实验课程计划中列出实验教学的内容清单。最后，将每次实验的内容、时间、实验活动的组织工作及实验准备的内容、时间列于实验计划表中，使计划一目了然。编制学年(学期)实验课程计划设计见表3-3。

表3-3 学年(学期)实验课程计划表

周次	教学内容	实验内容	教学要求	准备内容

(3)实验课程课时计划。

具体到每一个实验，都要有实验课程课时计划，并设计好实验课程的评价。与一般的教学设计相似，单个实验课程课时计划设计包括如下基本内容：①对教学内容、教学对象(学生)、实验教学资源进行细致分析，即实验教学设计的前端分析；②明确提出希望学生达到的教学目标及确定学习具体目标；③安排好帮助学生达成学习具体目标的各项活动(或称为教学策略)；④设计测量学生目标达成度的评价方法与工具；

⑤根据每一个学习具体目标达成度以及学生对教学活动的态度对教学进行调整。

3.1.3 实验课程设计的基本原则

1. 科学性原则

所谓的科学性，是指实验的目的要明确，实验原理要正确，实验材料和实验手段的选择要恰当，设计思路和实验方法的确定都不能偏离生物学基本知识和基本原理以及其他学科领域的基本原则。对实验结果的分析也要采用科学的方法，尤其在分析定量实验的实验数据时要用到数学统计的方法，只有建立在数学统计基础上的分析结果才有科学性，才能得到科学的结论。

2. 可行性原则

可行性原则指整个实验设计要具有可行性或可操作性，一方面，指实验方法和器材的选择上要具有可行性，既要切合实际，又要操作简便、安全、可靠、现象明显；另一方面，指实验步骤的设计必须具有可行性，要写出具体的操作步骤，而不能用概括性的语言。

3. 可重复性原则

重复、随机和对照是保证实验结果正确性的三大原则。重复性原则可以消除非处理因素造成的误差。任何实验都必须有足够的实验次数，才能判断结果的可靠性，设计的实验只能进行一次而无法重复就得出"正式结论"是草率的。

4. 经济性原则

设计实验时，要考虑实验所需要的成本和时间，因此，要选取容易获得的实验材料，比较简单的实验装置，价格比较便宜的实验用品，比较简便的实验操作过程，比较简练的实验步骤，比较短的实验时间。

5. 单一变量原则

单一变量原则是处理实验中各种复杂关系的准则之一，强调的是实验组和对照组的区别只能有一个实验变量。单一变量原则有两层意思：一是确保单一变量的实验观测，即无论一个实验有几个实验变量，都应做到一个实验变量对应观测一个反应变量；二是确保单一变量的操作规范，即实验操作中要尽可能避免无关变量及额外变量的干扰。

6. 对照原则

设计实验往往要设计对照实验。对照原则就是要求实验设计要排除无关条件的干扰，显示变量—结论之间的必然联系。常用的对照方法有空白对照、条件对照、相互对照、自身对照。

(1)空白对照。

空白对照就是不给对照组任何处理因素。但是，"空白"绝不是什么影响因素都不施加，而是针对实验组所要研究的因素给予空白，以突出所要研究的因素。例如，在"检测生物组织中可溶性还原糖"实验中，向甲试管的溶液加入试剂，而乙试管的溶液加等量清水，甲、乙试管一起进行沸水浴，比较它们的变化。这样，甲为实验组，乙为对照组，且乙为典型的空白对照。

(2)条件对照。

条件对照虽然给对照组施以部分实验因素，但施以的不是所要研究的处理因素。例如，“动物激素饲喂小动物”实验，实验材料可选用小蝌蚪，采用等组实验法，其实验设计方案为甲组饲喂甲状腺激素(实验组)，乙组饲喂甲状腺抑制剂(条件对照组)，丙组不饲喂药剂(空白对照组)。显然，乙组为条件对照。该实验既设置了条件对照，又设置了空白对照，通过比较、对照，更能充分说明实验变量——甲状腺激素能促进动物的生长发育。

(3)相互对照。

相互对照不设空白对照组，而是几个实验组相互对照。在等组实验中，大都是运用相互对照。例如，在“温度对酶活性的影响”实验中，不同温度条件处理下的几个实验组是作为相互对照的，较好地平衡和抵消了无关变量的影响，使实验结果更具有说服力。

(4)自身对照。

自身对照即对照和实验都在同一研究对象上进行。其常见的做法有两种：单组法和轮组法。自身对照，方法简便，关键是要看清楚实验处理前后现象变化的差异，实验处理前的对象状况为对照组，实验处理后的对象变化则为实验组。例如，“观察植物细胞的质壁分离和复原”实验就是典型的自身对照。对照组为正常的洋葱表皮细胞，实验组为质壁分离和复原的洋葱表皮细胞。

3.1.4 实验课程设计的前端分析

1. 实验课程内容分析

实验课程内容就是学生要实验的内容，是为实现教学目标而要求学生系统学习的知识、技能和行为经验的总和。实验课程内容分析就是要对学生从初始能力转化成教学目标所规定的能力所需要学习的所有从属先决知识、技能和态度以及对各项先决知识、技能和态度之间的纵向和横向的关系进行详细剖析的过程。通过实验课程内容的分析，教师可确定达到实验教学目标所需要的实验学习内容的广度(范围)、深度和结构(各组成部分的内在联系)。具体实践时部分教师将其放在实验教材分析中进行。

对实验课程内容的分析主要从两个维度进行：一是本部分实验课程内容的教学在学科总体教学目标达成中的作用，二是本部分实验内容的教学活动对学生一般发展的作用。

2. 实验教学对象情况分析

在现代教学中，学生是学习的主体，他们是以自己的特点来进行独立学习的。因此，要取得好的实验教学效果，在实验教学设计中，教师必须注重分析教学对象——学生的情况，即学情分析。学情分析一般包括学生的一般特征、学习风格、初始能力等。

学生的一般特征是指学生具有的与具体学科内容无关，但影响其学习的生理、心理和社会特征，它包括年龄、性别、认知成熟度、学习动机、生活经验等内容。中学生逻辑思维开始处于优势发展的地位，他们可以通过假设进行思维，思维具有预计性和形式化，并且能摆脱思维定式的束缚。在情感方面，初中学段和高中学段有不同的特征。初中学生自我意识更为明确，同一性、勤奋感是情感发展的主要特征。高中学段的学生，独立性、自主性是情感发展的主要特征。

学生学习风格是指学生感知不同刺激，并对不同刺激做出反应这两个方面产生影响的所有心理特性。即是指学生持续一贯的带有个性特征的学习方式，是学习策略和学习倾向的总和。带有个性特征的学习方式又叫作认知风格，认知风格是学习风格的一个重要组成部分，是指感知、记忆、思维方式的个体表现，或接受、存储、转化、利用信息的不同方式。目前常用的所罗门学习风格分析把学习风格分为：主动型和反思型、视觉型和听觉型、直觉型和感官型、循序型和总体型。此外，还可以从对感觉通道的偏重对学习风格进行分类，从学生心理的和社会的特性对学习风格进行分类，等等。这些学习风格分析都有相关的测量量表。

学生初始能力分析包括三个方面：一是对新知识学习所需要的预备知识和技能的分析；二是对目标能力的分析，即了解学生是否已完全掌握或部分掌握教学所要达到的目标，以及达到的程度如何。因为班级授课制中一名教师同时对几十名学生进行教学活动，而学生的基础水平有时差别较大，了解这些差异对于整体教学设计是十分有益的；三是了解学生对所学内容的态度如何，如是否存在偏见或误解等。

前面谈的实验教学内容分析与学生初始能力的分析是紧密相关的。若忽视对学生初始能力的分析，实验教学内容则会脱离实际。或者将学习起点确定得过高，使教学脱离大多数学生的实际水平；或者低估学生已有的知识与技能的基础，在不必要的内容分析上或不必要的教学活动上浪费精力与时间。

3.1.5 中学生物学实验课题的选择

生物学实验的课题选择，遵循着生物学实验课题选择原则，它也是人类认识生物界的一种特殊形式。所以，有明确选题和实验目标是实验设计的起点。

课题的来源主要包括以下六点。

第一，重复历史上人类认识这一问题的经典实验。启迪了前辈科学家思维的实验现象，一定也能开启后代子孙们的智慧。如“探究绿色植物在光下制造淀粉的实验”就是很明显的例子。

第二，课题来源于“课标”。“课标”规定了教学工作的基本要求，它提出的活动建议需要在教学过程中认真完成。这些实验有些在教材中有现成的方案，有些则需要在教学过程中由教师带领学生共同设计完成，如“设计一种简单装置，从芳香植物材料(如橘皮、玫瑰花、薄荷叶等)中提取芳香油”，就需要师生合作完成。

第三，课题来源于课程内容。教师依据“课标”和社会关注的热点问题设计的STSE课程也应该有一些验证性和探究性的实验。

第四，课题来源于学生技能训练的需要。生物学有一些内容研究共同的技能，如测量、统计分析等技能；也有些学科特殊的技能，如解剖、断层组合分析的技能。这些技能可以通过专门设计的实验来加以锻炼和养成。

第五，课题来源于新设备的引入。近年来，教育部条件装备司将“数据采集系统”

列入普通中学选购目录中，新设备进入中学课堂以后，一大批原来用普通器材做的定性实验可以转换成用数字采集设备完成的定量实验。

第六，课题来源于网络资源的发展。随着生物信息学的发展，网络上有越来越多的公众资源，可以用来作为中学生物学实验的材料，如“用基因库(genebank)做人猿DNA分子杂交的模拟实验”。这一课题来源需要我们不断开发和研究。

3.1.6 确定准确具体的实验课程目标

确定实验课程目标应该是准确具体、可操作、可检测的。

实验课程目标是实验教学的核心，要确定准确具体的实验课程目标，教师应认真钻研“课标”和教材，在了解教材横向和纵向联系的基础上，根据每次实验的具体内容和学生的实际水平制订实验课程目标，切忌把课程目标定得脱离学生实际。根据实验的动作技能和心智技能的难易程度把所制订的目标落实到某项技能上，让学生学有可依，对达到目标充满信心，切忌制订的目标笼统、模糊，让学生不知所云。目标具体化，可以增强学生的学习信心，又可以提高学习兴趣，克服教师在教学中的随意性和盲目性。

确定的实验课程目标要具有可操作性，即外显性和可见性，应该采用外显行为动词来表述，如“能够模仿……”“能够解释……”“能够使用……”。这样直接对学生提出要求，即直接为学生导向。使用外显行为动词，可以直接要求学生怎样做才能达到要求，有利于发挥学生的主体功能，调动学生学习的积极性。心理学实验证明，有明确的目标较之无明确的目标，获得相同的学习效果可以节省60%的时间。这也是目标的可操作性表现出来的一种激励功能。

实验教学过程运行结构是一种行为要求，其描述都是认知活动在学习行为中的具体表现，既可观察，又可量化测定出教学过程达到何种层次的学习水平。加上目标检测手段，确定每个知识点应达到的能力水平，以及实现实验目标所需要的条件，使95%以上的学生都能达标。

3.1.7 把握实验课程的重点和难点

实验依然以体验和感悟生物学科学内涵为重点，必要时也把实验技能列为实验课程重点，尤其是新学习的技能。如果一节实验课中有两个技能，要以其中一个技能为重点。

对于某些基础知识和基本技能的学习有困难的知识点叫作难点。对实验中难点的确定，要事先了解学生的技能基础和前期的实验情况。难点不一定都是重点，但会影响对重点内容的理解。对于难点，在实验课上可以通过增加学生的操作时间、增加演示、在实验前培养实验小助手等方法来加以解决。

只有明确了实验的重点和难点，才能够保证实验的顺利进行，合理地安排时间，保证实验课的质量，达到实验的目标。

3.1.8 认真编写实验课程教学设计

实验课程教学设计应包括：实验课程目标、实验材料、设备用具、药品、重点、难点、实验课前准备、实验教学方法、实验教学过程、小结、布置作业。教学过程中要写出实验操作前的讲解内容、实验要求、实验讨论题、巡视过程中教师应注意的问题等。

3.1.9 预先设计好实验课程的评价

实验课程评价是学生学习的指针，既有指导作用又有评价作用，是顺利完成实验至关重要的保证。教师根据实验目标、方法训练、知识体验、合作态度甚至工具收拾等各个方面的要求，选择针对学生存在问题的侧面设计实验课程的评价内容，以促进学生成长。

3.1.10 实验课程设计应注意的问题

中学生物学实验课程设计有其自身的特点：大多数实验课题都是教材上安排好的或教师拟定的，实验的原理事先都知道，实验的手段、时间都有一定的局限，大多数实验较简单，而且大多是在教师的指导下来完成的。根据其特点，设计实验时要注意以下几个问题。

第一，明确实验目的和原理。在设计实验之前首先要弄清实验目的和原理，实验材料的选择、实验的手段、实验的设计思路都要为实验目的服务。

第二，实验方法要简便易行。实验设计时要考虑简便和说服力两方面的问题。首先，实验的材料便于获取；其次，实验的方法、手段简便易行；最后，实验步骤少，所需时间短，实验药品便宜。这样，学生既能很好地掌握实验的技能又能有充足的时间对实验现象及关键问题和步骤进行思考，有利于生物学知识的理解和掌握。

第三，实验要注意安全教育。实验器具的使用，致病微生物的接触，一些剧毒或腐蚀性强的药品的使用，都要特别小心，以免出现事故，万一出现事故要有相应的补救措施。

3.2 中学生物学实验教学的设计

中学生物学实验教学设计要考虑的几大部分：实验教学目标的设计、实验教学方法手段的设计、实验教学的组织实施策略设计、实验教学的变式设计、实验教学的创新设计等部分。

尽管教学设计包含诸多指标，但是，一篇规范的教学设计其中最核心的指标应该包含：学情分析，教材分析(又称教学内容分析)，教学目标，教学重、难点，教学策略与方法，教学过程，板书设计。

3.2.1 实验教学目标的设计

实验教学目标是经过一定的实验教学程序后学生所获得的素养或能力，是课堂教学的核心。在某种程度上可以说，课堂教学都是围绕教学目标展开的，实验教学目标是进行实验教学设计、组织教学活动和展开教学评价的基点，同时也是课程理念落地的关键所在。

1. 确定实验教学目标的依据

由崔允漷主编的《有效教学》一书指出，“教师确定学习目标的主要依据是课程标准，但对于教师而言，课程标准是上位目标，因此教师需要学会分解课程标准，即如何根据课程标准、教材、学生与资源等具体情况，将课程标准特别是内容标准部分分解成具体的、可操作的、可评价的学习目标”①。

由毕晓白、张翔升主编的《中学生物学课堂教学设计原理与应用》一书指出，生物学课堂教学中编制教学目标的主要依据有五个。①依据生物学知识的主要类型。事实性知识的教学目标最多能达到识记水平，如记住叶绿体的结构、细胞学说的创立者等；“过程、作用和功能”的知识最高只能达到“运用”水平，如运用渗透作用原理解释植物细胞吸水和失水的不同之处；方法性知识的教学目标最高能达到综合水平，但对初中生甚至高中生来说一般没必要达到这么高的水平；概念、规律和理论等高度抽象的知识不仅可以达到运用水平，有时还可以达到综合、评价水平。②依据知识在学科中的地位或作用。概念性知识一般是教学的重点，教学目标要求也高；事实性知识一般不是教学的重点。③依据生物学课程标准。真正优秀的教师应熟悉课程标准与教材之间的对应关系。因此，在一线教学中教师应该潜下心来深入研究课程标准，把课程标准研究透了，就可以自由地驾驭教学内容，准确地把握教学的目标。④依据学生的认知发展水平。⑤依据学生未来发展的要求。这是目前所看到的关于确定教学目标的依据最全面的论述，其中依据生物学知识的类型、依据学生未来发展需要等观点颇有见地，给人以启发②。

2. 确定实验教学目标的基本程序

(1)从整体上理解课程标准和教材。

从整体上理解课程标准，就是要理解课程性质、课程设计理念、课程目标、课程内容、课程实施等各个部分及其内在联系。要弄清楚将要开展的实验教学活动是如何支撑概念达成，促进学生学科核心素养提升的。

从整体上理解教材，就是要理解教材是如何对课程标准进行具体演绎的，教材的整体结构是怎样构建的，实验的情境、材料、步骤是怎样的。凡是对后续学习打基础的实验知识、技能，都要更加重视，在教学目标确定上不能打折扣；同时也要注意对难度的控制，为后续学习留下适当的空间。

(2)确定节的教学目标。

课程标准中的相关内容要求有时一条对应教材的两节或多节，有时两条以上的内容对应教材的一节，这时就需要将课程标准的要求进行拆解或组合，具体化为节的教学目标。例如，《义务教育生物学课程标准(2022年版)》中“花中最重要的结构是雄蕊和雌蕊，雄蕊产生的精子与雌蕊产生的卵细胞相结合形成受精卵，花经过传粉和受精后

① 崔允漷．有效教学[M]．上海：华东师范大学出版社，2009.

② 赵占良．生物学概念教学论[M]．南宁：广西教育出版社，2021.

形成果实和种子”。① 该内容要求包含了丰富的概念，包括花的基本结构、雌蕊和雄蕊的结构和功能、开花和传粉的过程、受精卵的发育、受精极核的发育、子房壁的发育等。因此，在开展“解剖和观察花结构”的实验教学中，确定教学目标时，就需要将以上内容要求分解成若干细化的目标，以便在教学中落实。

(3)使目标精细化。

确定教学目标的目的：一是为教师的教明确目标和标准；二是帮助教师判断学生是否达成预期目标；三是同行间的交流。只有将目标精细化，以上目的才能得以实现。

由加涅等著的《教学设计原理》介绍的“五成分目标”给我们提供了确定教学目标的参考模板。五成分目标的关键是确定两个动词：性能动词和行动动词。性能动词即用来界定学习结果的动词，行动动词即用来界定完成学习任务行动的动词。例如，“通过说出代表性植物各部分的名称来识别根、茎和叶等器官”，其中“说出”是行动动词，“识别”是性能动词。这个例子很清楚地说明了学生通过完成什么样的行动来表明他达成了某个目标(习得某种性能)。教学目标的五种成分是：①情境，即完成任务的场景；②性能动词；③对象，即学习的内容或学习任务；④行动动词；⑤工具、限制和特殊条件，对完成学习任务所需的特殊工具、不准使用的工具和其他限定条件的规定。如给学生提供五种植物标本，让他们通过指出这五种植物各个部分的名称来识别植物的根、茎和叶。这一教学目标就含有四种成分：情境(呈现五种植物标本)，指出(行动动词)，识别(性能动词)，根、茎、叶(对象)。如果加上需要使用或不能使用放大镜等工具，这一目标陈述就有了第五种成分——工具、限制和特殊条件。

3.2.2　实验教学方法手段的设计

实验教学方法是实现教学目标的媒介，完成实验教学内容的手段。因此设计实验教学方法时，必须依据实验教学目标和实验教学内容的要求。教学理念也将直接影响实验教学方法和手段的选择。

1. 中学生物学实验教学的现状分析

目前中学生物学实验教学的基本过程是：

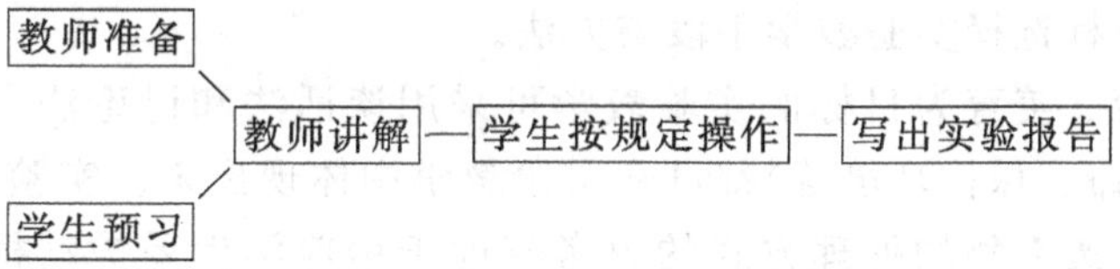

从以上中学生物学实验教学的基本过程中不难看出，其优势是：实验教学模式化、程序化，组织教学相对简单，适合我国大班额的实验课程的实施，实验教学成本投入低，而产出效率大。但是，从真正使学生全面发展的角度去分析，这种模式化的单一实验教学现状又存在以下不足。

① 中华人民共和国教育部．义务教育生物学课程标准(2022年版)[S]．北京：北京师范大学出版社，2022.

(1)学生实验是完全或部分被动的。

在此种实验状态下学生基本上不需要进行思考，在实验未能达到预期的结果时，学生往往知其然，不知其所以然，不能探讨造成未能达到预期结果的原因。

(2)对实验结果印象不深。

由于在极短的时间内，完成的往往是人类几十年，甚至上百年的认识过程，实验结束后学生会很快淡忘实验结果。

(3)一定程度上限制了学生的创造空间。

教学实验是一系列按操作步骤完成的简单动作，没有思考的余地，更没有联想、思维、推理的必要。不能越雷池一步，如有奇思妙想就是违规操作，只能培养墨守成规的实验“机器人”。

(4)不利于科学过程的训练。

科学探究是由各个环节共同组成的，包括：培养学生发现问题、提出假设、设计方案、验证假设、搜集证据、形成结论和表达交流的能力。而传统实验教学反复强调操作要领，强调严格按照教材上的操作步骤进行，不重视实验所蕴含的科学意识和科学思想的传承。

中学生物学实验是培养学生思维能力和实践能力的重要手段，是提升学生生物科学素养的重要环节。因此，实验教学必须改变现状。在实验教学中，教师不能只照本宣科、照章操作，要大胆创新，不断探索先进的教学方法。要鼓励学生勇于质疑，敢于设想，充分发挥学生的创造力，不断总结便捷高效的实验操作方法。

2. 选择实验教学手段与方法的原则

(1)根据课程目标选择实验教学手段与方法。

①根据知识目标选择实验教学手段与方法。

以生物学理论基础知识、生物学实验基础知识的习得为目标的实验可选用讲授法、谈话法、讨论法等。借助这些方法可帮助学生认识生物学实验室的常用器具(如显微镜的结构、使用等)、化学药剂，了解生物学实验中的基本实验操作技术(如制作装片等)，把握实验原理、过程及设计科学探究实验的一般方法。

②根据情感目标选择实验教学手段与方法。

以德育、智育、美育为目标的实验教学可采用谈话法和讨论法。课程目标中的情感目标(如关爱生命、保护环境等)都可在实验教学中体现出来。实验完成后，对植物、小动物(如鼠妇)、废弃物的处理方式的思考有助于培养学生爱护动植物、保护环境的意识。

③根据能力目标选择实验教学手段与方法。

以培养学生实验操作技能及其他相关实验能力为目标的实验可采用讲授法、观察法、演示法、谈话法、探究法、讨论法等。生物学实验的过程往往是使用相关的实验技术按一定的步骤有序地开展的，在获得实验结论的同时加深学生对知识的理解与深化，并实现相关能力(如科学探究能力、表达能力、合作学习能力)的培养。如“观察植物细胞的质壁分离与复原”的实验中，教师可通过讲授、演示，使学生学会制作洋葱鳞片叶表皮临时装片及其他相关操作的过程，借助显微镜这一工具观察植物细胞质壁分离与复原的现象，培养学生的观察能力，之后的讨论可使学生进一步认识发生渗透吸水的条件，并从中锻炼表达交流、合作学习的能力。

然而，实验不仅包括生物学实验基础知识的获得、实验操作技能的习得，同时也渗透着情感的教育。因此，在依托课程目标来选择实验教学方法时，也不能孤立地看待，而要结合具体的实验内容，权衡相应的目标来侧重选用特定的实验教学手段与方法。

(2)根据实验课程内容选择实验教学手段与方法。

中学阶段所涉及的生物学实验可分为显微镜观察类实验(如“观察植物细胞的有丝分裂”“观察植物细胞的质壁分离与复原”等)、鉴定类生化实验(如“生物组织中还原糖、脂肪、蛋白质的鉴定”“DNA 的粗提取与鉴定”等)、生理现象分析类实验(如“比较过氧化氢酶和 Fe^{3+} 的催化效率”等)以及实习与实地调查类实验。根据不同的实验课程内容以及不同的实验类型，可侧重选择不同的实验教学方法。对于显微镜观察类实验来说，一般可选用讲授法、演示法、谈话法等，将显微镜的使用方法、操作中应注意的事项呈现给学生，同时使学生明白实验的基本原理，采用观察法观察显微镜下微观世界所发生的物质变化过程，并讨论其特点；鉴定类生化实验一般可先通过讲授法让学生明白基本的实验原理，之后进行探究实验并观察实验现象，对实验结果的讨论有助于学生进一步认识和巩固所学到的理论知识；生理现象分析类实验侧重于对实验现象及结果的分析，经过观察—分析—讨论这一过程，不仅能加深学生对知识的理解，同时也有助于锻炼学生的科学思维能力。另外，对于在中学难以实施却有助于学生理解基本概念、规律的实验，可以采用模拟的方法来进行，例如，用模拟法对“性状分离比的模拟实验”进行教学有助于学生理解遗传学的这一基本规律。

(3)根据学生情况选择实验教学手段与方法。

学情分析包括学生的一般特征、学习风格、初始能力等。学生的不同特征虽未直接决定学生的学习方式、学习成绩，但仍然会对其产生一定的影响。因此，在进行实验教学时，如果能有针对性地根据学生的具体情况(如年龄特征、认知成熟度、生活经验等)采用与之相适应的教学方法，则可以达到良好的教学效果。例如，目前常用的所罗门学习风格主要分为主动型和反思型、视觉型和听觉型、直觉型和感官型、循序型和总体型。如果班上的学生以主动型、直观型居多，那么可考虑选择先实验后讲解或边实验边讲解的方法；反之，如果班上的学生多为反思型、总体型，则可考虑采用先从整体上厘清实验的基本原理、过程等，再进行实验，通过谈话、讨论进一步深化学生对知识的理解的方法。

(4)根据学校设备选择实验教学手段与方法。

不同的学校有其特定的条件，其学情分析、学校设备、环境都存在一定的差异。这种教学资源的差异影响着学校对实验课程的开设，进而影响着教师选用实验教学的方式。对于同样的实验内容，不同的学校需要根据当地实验材料的获得情况因地制宜地选择不同的实验材料，同时也需要根据学校自身的实验设施来选择与之相适应的方式。对于学校设施比较完备的学校，实验课上可充分利用计算机辅助教学，向学生充分地展示实验发生的现象甚至微观的过程；不具备这些教学设备的学校则需要教师通过形象生动、富有感染力的语言、清晰的讲授及清楚的演示来向学生展示这一过程；而对条件比较艰苦的一些农村学校而言，其周围的自然环境及学生的生活经验就是生物学实验课的一种教学资源，对生活经验的讨论有助于学生对知识的深化，同时周围的实验材料也弥补了学校实验设备欠完善的不足。

以上介绍了选择实验教学方法的一些原则，根据不同的分类方式可以选择不同的实验教学方法，然而这些方法并非唯一的选择标准。在具体操作的过程中，可以结合自身特定的情况，从以上几个方面或者其他方面综合地判断什么样的教学方式更适合各自的实验教学。

3. 实验教学手段与方法的设计

“教有法而无定法”，同样，实验教学也有多种多样的教学手段与方法，传统的、现代的、单一的、综合的，它们往往相互交织在一起，共同发挥作用。教师可根据实验内容、学校条件、学生实情进行独具个人魅力的选择与使用。

(1)传统实验教学手段与方法的使用。

传统的实验教学方法有讲授法、演示法、谈话法、观察法、讨论法、探究法、模拟法等，这些教学方法是实验教学中的主要方法，教师可根据实验内容、学校条件、学生实情进行独具个人魅力的使用。然而，这些实验教学方法并非彼此孤立，在教学中也常常将它们结合在一起。如在人教版《义务教育教科书　生物学　七年级　上册》的“练习使用显微镜”这一实验中，不仅需要教师讲解显微镜的基本构造，还需要教师清楚地演示使用显微镜观察标本时的每一个细节步骤，并采用讲解、谈话等方式与学生交流，以强调操作中的注意事项，适时地提问(“如果从目镜中看到的视野很暗，原因可能是什么？应该怎样处理?”)有利于帮助学生理解实验的内涵，加深对实验操作过程及现象的印象，并能引发学生进一步的思考。由此可见，多种实验教学方法可贯穿于同一实验中。然而，不同的实验方法在同一实验中并非具有同等的地位，在教学中可根据实验教学目标、实验教学内容、学生的具体情况以及实验设备和条件等的不同侧重于选择某一种或结合使用某几种实验教学方法。

(2)现代教育技术手段与流行实验教学方法的选择。

当前，信息技术日新月异的发展改变了传统的实验教学模式，极大地丰富了实验教学手段方法的更新，如“生物学数码显微互动实验教室”的师生、生生交互，“模拟演示生物学实验室”的实验模拟与演示的强大功能，“多媒体生物学实验室”的丰富课程资源的共享，以及CAI辅助等都为现代教育提供了更多的选择空间。

4. 实验教学手段与方法的创新思考

(1)演示实验与探究实验相结合。

教师可将课堂移到实验室进行教学，使专业基础课中较为抽象的理论知识与实际结合起来，从而使学生及时掌握有关内容。例如，显微镜的使用、临时装片的制作、种子的成分等很多实验，学生平时没做过甚至未见过，光凭实验之前教师的泛泛讲述并不一定能使学生掌握整个实验的方法及操作要领。教师讲授临时装片的制作时，先将制作过程和方法通过投影屏幕显示出来，让学生能清楚地看到每一步的操作。在学生做实验的过程中，也可将事先摄录的教师规范的操作过程放给学生看，这样就减轻了教师的负担。学生如果在操作中遇到问题时，也能更快地通过自己的观察而得到解决。这样就间接提高了学生的观察能力。

(2)探究实验与课外实验相结合。

探究实验与课外实验相结合，可以延伸实验教学时空。课改的一个新思想就是让学生尽可能地进行主动参与的体验式学习，所以在新教材里面安排了很多的“边做边学”，这些绝大多数是穿插在课文中间的。但只利用实验课时间进行生物学实验教学，难以充分发挥实验教学的功能，实验分析能力、实验设计能力等的培养不但可以在理论课上进行，还可以在课外进行。

例如，有关物质跨膜运输的“渗透实验”需要比较长的时间，可以让学生在上课前完成。再如，有关减数分裂的“模拟精子和卵细胞的形成过程”若在课堂上完成，准备的材料有限，学生可能会马虎了事，效果并不好。因此，可以让学生以小组为单位在课后去完成，并安排一节课的时间让他们对自己的结果进行展示、介绍；在介绍的过程中不仅涉及减数分裂各时期的变化特征，还关注到生殖细胞的形成特点。如学习完植物的个体发育内容后，由学生设计并在家完成观察“植物根的生长是由于根尖细胞生长分裂的结果还是根基部细胞生长分裂的结果?”的实验。课程改革不仅是要改变教学方式，还要我们正确地看待学习的时间和空间，让学生将实验向外延伸。

3.2.3 实验教学的组织实施策略设计

1. 实验室的准备

在实验教学前，实验室工作人员应及时和生物学指导教师联系，确定参加实验的学生数目，以准备相应的实验药品、用具和实验器材，还可以与学生一起做实验前的准备工作。

2. 教师备课

做好实验课前的准备，是保证实验教学成功的前提，教师围绕目标认真备课是重中之重。教师首先应熟悉实验原理和实验流程，选择合适的实验教学方法，并精心设计好实验教学程序。

其次，教师实验备课另一个重要方面是“备学生”。“备学生”要求教师要在课前了解学生的知识准备程度、动手能力及考虑学生对该实验可能产生的心理准备等，并据此找出相应的教学对策。在正式上课前教师还可以和学生交流一下，以了解学生对实验的预习程度和确定自己的准备是否到位。对于“备学生”，虽然早就有人提出，但在实践中却少有人用。笔者认为，在生物学实验教学中学生的“元认知结构”更为重要，因此，实验课前“备学生”是非常重要的一点，希望教师能引起重视。

再次，在条件允许时，教师要亲自把实验预做几遍，使自己的操作规范、熟练、动作干净利落，教师的一举一动和言谈举止都会成为学生的楷模。同时通过实际操作，教师可以预见学生在实验中可能出现的错误，把握实验成功的关键。

最后，在此基础上，认真编写好实验课教学设计。实验课的教学设计应包括：实验教学目标、实验材料、设备用具、药品、重点、难点、实验课前准备、实验教学方法、实验教学过程、小结、布置作业。实验教学过程中还要写出实验操作前的精讲内容、实验要求、实验后的讨论题、巡视过程中教师应注意的问题等。这样的实验课教学设计准备，可以使教师走出“纯知识”教学设计的圈子，向更深层次即“创造性”教学设计的方向发展。

3. 学生预习

在实验前，教师要采用设问的方式布置学生实验前的预习实验内容。如果是验证性实验，如“观察细胞质的流动”，就让学生预习实验原理、过程和实验步骤等；如果是探究性实验，如“探索淀粉酶对淀粉和蔗糖水解的作用”，可让学生在预习的基础上，自己设计实验过程与步骤，学生带着疑问和思考进入实验室，既有利于学生在实验学习中集中注意力、认真思考，又有利于探究情境的创设。例如，在进行“探索淀粉酶对淀粉和蔗糖水解的作用”时，给学生布置一些预习作业，如酶的特性、实验原理，并在此基础上让学生自己选择实验用品、设计实验步骤等，以锻炼学生的思维能力和实验设计能力。在实验教学前，教师可用谈话的方式，检查学生的预习情况，学生之间进行方案的对比，找出不足，提出疑问，教师结合学生实验设计中出现的问题，进行点拨、启发、讲解。

4. 实验课的指导

实验课中的指导有很多方面的技巧，以下从几个主要方面进行介绍。

(1)实验课的“精讲”。

教师在实验课的前、中、后穿插进行的讲授属于“精讲”，主要让学生明确为什么要做这个实验、怎样做这个实验以及如何做好这个实验，即讲清楚实验的目的要求、实验原理、实验装置、方法步骤及操作注意事项(提示学生思考“为什么”)。特别是对初中学生，他们初涉实验，好奇心强，随意性大，操作能力不强，教师的“精讲”更为重要。

(2)实验中的示范。

掌握实验的基本技能是做好实验的基础，教师可用示范的方法，结合讲解有关的操作原理，进行示范操作(或模拟操作)，并指导学生进行操作训练，使学生做到操作规范化，如在显微镜的使用、临时装片的制作等生物学实验的基本技能训练中，教师的示范尤为重要。

(3)实验中的诱导。

教学过程中，教师结合教学内容，设疑、质疑、解惑，激发学生对实验的兴趣，引导和诱发学生的思考动机，使学生在实验操作的同时积极思考，培养学生的思维能力。如“光合作用产生淀粉”的实验，可以设置以下一系列问题引导学生思考、回答。

①叶片为什么是绿色的？

②叶绿体有什么作用？

③什么是光合作用？光合作用的进行需要哪些条件？有哪些“原料”参加？产物是什么？

④为什么要对天竺葵进行暗处理？

⑤使绿叶脱色为什么要用酒精？

⑥实验中对叶片添加碘液时叶片发生了什么变化？

⑦遇碘变成蓝色，这是什么物质的特性？

⑧对实验结果进行分析可以得出什么结论？

上述问题中的①②可以在实验开始前设问，要求学生思考并回答；③可以在实验开始时设问，只要求学生思考；④⑤⑥要求学生在实验中思考；⑦⑧可以在实验操作结束后设问，要求学生回答。通过这些系列问题，有助于教学过程按照该课程的教学目标和轨道有序地进行。

(4)实验中的指导。

实验中教师指导应包括以下几个方面。

①指导学生观察。先要向学生交代观察的任务、目的，并向学生提供具体的观察方法。一般来说，对材料的观察应遵循先整体后局部，由表及里，由上而下，先活体观察外部形态，后解剖观察内部结构的原则。在实验中要时时注意学生的观察是否准确、到位，要对学生不正确的观察方法和习惯给予及时的纠正。

②指导学生操作。首先，实验中一些直接影响实验效果的关键步骤，需要教师耐心指导。如在进行“探索淀粉酶对淀粉和蔗糖的水解作用”的实验过程中，教师应提醒学生注意以下两点：一是制备的可溶性淀粉溶液，必须完全冷却后才能使用；二是两支试管保温时，要控制在60 ℃左右，低于50 ℃或高于75 ℃都会降低化学反应速度。其次，对某些技巧性较强的步骤，教师须精心指导，并让学生反复练习。最后，对于有生物学特长的学生，教师可根据教学需要和本校的实验条件，让学生独立设计某些实验的过程及步骤，并加以指导，不必拘泥于教材安排。

③指导学生分析。在实验操作过程中，对于学生出现的问题，教师不要急于回答，而是由现象到本质地引导学生分析问题，解决问题，不断提高学生解决问题的能力。如在上述实验中，如果蔗糖溶液中也出现砖红色沉淀，可引导学生分析以下几个原因：蔗糖溶液放置的时间是否过长？试管是否干净？蔗糖本身是否纯净？

5. 实验的总结

当实验操作过程阶段结束或全面结束后，教师要和学生一起进行讨论分析和总结。如果学生实验失败，要求学生分析失败的原因，也可以在课外重做实验，以重做实验的结果评价课内实验结果。这样不但可以培养学生的能力及科学的实验态度，还可以培养学生不断追求上进、追求完美的精神。对于实验中学生感兴趣但在实验操作过程中来不及探讨的问题，教师可以和学生进行更深入的讨论，并借此激发学生学习生物学知识或探究生物学问题的兴趣。

6. 实验的检测评价

预先设计好实验检测评价方式与内容。检测评价是学生学习的指针，是顺利完成实验的重要保证。教师可根据实验目标、方法训练、知识体验、合作态度甚至工具收拾情况等各个方面的要求，选择针对学生存在问题的一两个侧面设计评价方式与内容。

检测评价方式可以是实验过程中教师对学生实验的目测，可评价学生实验的态度如何、实验操作是否快捷规范、实验观察是否认真仔细、与其他同学合作是否积极，等等；也可当堂测试学生实验操作；还可随堂进行提问，检测评价学生思考问题、口头表达能力；还可诱导或提出新的问题让学生做出实验方案，从而检测评价学生的创新能力；还可以让学生写出实验报告，对实验进行分析总结；检测评价方式还可以采取学生自评和他评的形式。经过检测评价，学生不仅可以获知自己存在的问题，而且能够成为学生完成实验的外在动力，又可以成为学生期末总评的参考成绩，以做到对学生全面、系统地进行评价。

3.2.4 实验教学的变式设计

所谓变式，就是引导学生在认识事物本质属性的过程中，不断变更事物的非本质属性，不断产生新的问题情境，诱发学生用不同的方法从不同的角度去思考问题，克服或弱化思维定式的干扰，突破旧的思维模式，产生创新思维的火花。因此，变式教学就是在教学过程中，教师通过不同角度、不同侧面、不同情形、不同背景的变式手段，使学生有效地加深认识和理解教学对象的本质特征，从而把学生的思维引向新的高度，培养学生多种能力的一种教学方法。结合生物学实验教学的实践，变式主要有以下类型。

1. 类比型变式

类比是思维的一种重要形式，通过类比能使已有的知识进一步得到巩固，并向更深的层次或更广阔的领域迁移发展，使原有知识得到升华。在生物学实验教学中，教师若能从实验原理、实验方法、实验程序、实验结果等方面去挖掘类比因素进行类比教学，这无疑对启发、培养学生发现问题、分析并解决问题大有裨益。

(1)相似类比。

利用新实验，或要求学生设计的实验与学生已掌握或熟悉的实验，在实验原理、方法、程序、条件等比较相似的一面，而对新实验的其他方面进行类比思维。例如在学生掌握了温度对酶活性的影响实验后，要求学生设计一个实验来说明 pH 对酶活性的影响。通过类比设计新实验，使学生明确为什么要设置对照组，如何设置对照组等问题，从而让学生理解对照实验的单因子变量原则，并学会一些简单实验的设计方法。

(2)相异类比。

从不同事物的某一侧面，如实验的条件、实验的程序、实验现象进行类比分析，寻找差异性，以揭示其本质，深化对事物的认识，使问题得到解答。例如，在鉴定可溶性还原糖和鉴定蛋白质的实验中，两个实验所用的实验药品都是 A 液 NaOH 和 B 液 $CuSO_4$，其实两种试剂是不同的，两者的 A 液浓度相同而 B 液浓度不同，斐林试剂中的 $CuSO_4$ 质量浓度为 0.05 g/mL，而双缩脲试剂中的 $CuSO_4$ 质量浓度为 0.01 g/mL。鉴定可溶性还原糖实验中 A 液和 B 液是现配现用，先混合均匀；而鉴定蛋白质的实验是先加 A 液，再加 B 液而且 B 液不能过量。通过这些差异的分析，进一步使学生明确实验原理：鉴定可溶性还原糖中起作用的是新制 $Cu(OH)_2$，鉴定蛋白质起作用的是碱性条件下的 Cu^{2+}。

(3)纵横类比。

通过归纳整理、比较联想把做过的实验直接或间接地连接起来，纵横交织使之成为一个完整的知识体系，使所学的知识系统化、深入化。在实验复习过程中可以引导学生将初中阶段和高中阶段所提到的生物学实验按实验方法分为观察法、分析法、对照实验法、模拟实验法、演示实验法等几类，并要求学生熟练掌握各种实验方法的原理、程序、条件、结果等。也可以按照其他标准分类，从而在头脑中形成一系列有关实验的知识方法。又如，可以按实验材料的同一性进行纵横类比，将可选用同一实验材料的实验进行整理比较，从而明确不同实验对材料的不同取材部位的要求以及原因。还可以将所有鉴定实验进行整理比较，如将DNA、蛋白质、脂肪、可溶性还原糖、淀粉等物质的鉴定实验归在一起进行总结。

2. 发散型变式

发散型变式教学要求教师在教学中引导学生在平常中发现不平常，进行多方位、多角度、多因素、多层次、多途径的探索，而不受传统思维模式的束缚，勇于求新、求异、引申、开拓，从而提高学生发散思维能力。

(1)多方位发散。

从学生熟悉或已掌握的一个实验出发，在教师的启发、引导下，学生通过积极的思考，加工更多的信息，获得更多的新知识。

①改变实验材料。

改变实验材料，就是改变实验材料参与实验的状态、性质或者更换实验材料，更换实验药品。如在“质壁分离和复原”实验中将蔗糖溶液更换成食盐溶液，或将洋葱先煮熟然后再做实验，或将洋葱表皮细胞换成口腔上皮细胞或洋葱根尖细胞；在“叶绿体色素提取和分离”实验中，将丙酮换成乙醇，等等。这种变式有利于加深学生对实验原理的认识和理解。

②改变实验程序。

在实验教学过程中，在学生明确实验原理和方法后先描述或播放几段实验步骤有缺漏或次序颠倒的录像，让学生来分析实验结果的可能情况，然后再做实验。如观察植物细胞的有丝分裂的实验中漏掉解离或漂洗等步骤会怎样？探索淀粉酶对淀粉和蔗糖的作用实验中不进行水浴加热又会怎样？

③改变实验条件。

在实验中要求学生考虑当实验条件发生改变时实验结果会发生什么样的变化。例如，将植物的向性运动的实验设计和观察实验放到宇宙飞船上去做将会怎样？把植物放到太空去还会表现出根向地和茎背地性吗？如果植物在生长过程中除了受重力之外还受多种力的影响，植物的根和茎的生长方向又会怎样？

④改变实验结果和表达形式。

如果要使实验结果发生改变，实验又该怎样设计？或者用多种形式将实验结果表现出来，如用折线图、表格、文字等。

(2)多方案发散。

在探究性实验教学中首先由教师提出问题或学生自己发现问题，然后学生设计多种实验方案加以论证，以达到巩固、消化知识及培养能力的目的。例如，验证甲状腺激素的生理作用，学生通过讨论设计了许多方案：用甲状腺激素饲喂正常小蝌蚪与没有饲喂甲状腺激素的小蝌蚪比较发育情况；将甲状腺摘除一段时间后手术移植甲状腺等，然后将各种方案进行比较，分析各种方案的优点和不足，从而确定最佳实验方案。

(3)多因素发散。

针对某种实验中出现的异常现象或错误结果，引导学生分析可能导致这种异常现象或错误结果出现的各种干扰因素。如在显微镜的操作使用实验中，发现了视野中有一黑点，要求学生讨论这个污物在什么位置？如何确定？在观察植物细胞的有丝分裂实验中发现视野漆黑一团，这是为什么？……

3.2.5 实验教学的创新设计

生物学实验教学的创新设计，可以遵循以上关于实验教学变式的几个方面去考虑。具体讲，可以从调整实验材料、制作简易实验仪器和代用品、实验教学方法上的变化等入手。

1. 调整实验材料

选择适合的实验材料是顺利完成生物学实验的前提，也是开展拓展探究的基础。受气候条件、地理分布、生活习惯等因素的影响，教材推荐的材料并非一定合适，须因地、因时、因人优选与拓展实验材料。

每所学校所处的地域环境不同，从学校所在地周围的生物资源中挖掘、选择合适的材料，可弥补教材实验材料的不足，增加实验的探究性和趣味性，恰恰能体现课程资源的独特性。例如，在“观察软体动物”的实验中，沿海地区的学校可选择海边常见的贻贝或蚬进行观察，效果同样不错。在“观察鸟卵结构”的实验中，用鹌鹑卵代替鸡卵进行观察，既经济实惠，又取材方便，操作简单。也可选择农户自养的“笨鸡蛋”(公鸡、母鸡混养)，观察胚盘等结构。在“观察花的结构”实验中，选择桃花，有时与上课月份(季节)并不相符合，且桃花的胚珠等结构不易观察。此时，教师就可充分发动学生根据自身喜好自由准备，可选用扁豆花、百合花等当季常见花卉，不仅取材容易，而且能观察到清晰的胚珠等结构。又如，在进行“观察植物体的生长过程”课外研究活动时，可让学生种植一些植物，如番茄、辣椒、黄瓜等，在阳台上利用简易装置即可完成。

在选择实验材料时，不仅要考虑材料的来源和适合度，还要考虑一些细节问题。细节关注不够，会导致实验前功尽弃，无法达到预期的实验效果。所以，在实验教学过程中，教师的从旁指导非常重要。例如，在“青霉和葡枝根霉的观察”实验中，挑取部位若只选择深色的部分，则只会观察到大量有色的孢子；若只挑取白色的部分，则仅观察到大量无色的菌丝；只有在有色部分挑取少量颜色较浅部位的菌丝，才能既观察到无色的菌丝，又能观察到直立菌丝顶端产生的一串串孢子。在实际操作中，如果用馒头或橘子作为实验材料，因其外皮较硬，生长的菌丝较短小，不易剥离和挑取，但若改用菠萝、面包、香蕉、白皮香瓜等材料培养，则操作和观察的效果均较好。又如，在开展“观察小鱼尾鳍内血液的流动”实验时，可首选市场上常见的生命力强、成本较低的泥鳅。用湿纱布或棉花盖在泥鳅的鳃盖和躯干部，将其尾鳍平贴在培养皿的底部，泥鳅会很快安定，可不使用载玻片①。

① 陈维．例谈初中生物学实验的优化与创新策略[J]. 生物学通报，2021，56(8)：21-24.

2. 增加拓展实验

生物学概念有时抽象而枯燥，在概念建构过程中，会有一些教学的瓶颈难以突破，而使概念教学不够完善，或徒有虚名，教学效果往往不尽如人意，因此在概念教学中教师要提供丰富的生物学事实和实验证据，引导学生主动归纳和推理，完成从感性认识到理性认识的转变，才能使学生对生物学概念有深度理解。

例如，在学习“脊椎动物——鱼类”一节时，“鱼通过鳃从水中获得氧气，排出二氧化碳”是本节的重点和难点，是建构“鱼类主要特征”这一重要概念的关键点。要让学生理解鳃能从水中获得氧气、排出二氧化碳这一抽象的理论，是不少教师头疼的难题。有的教师从网上找到了关于鱼类用鳃呼吸的视频，视频中将氧气和二氧化碳进出鳃丝里的毛细血管做成动画，配音进行讲解，供学生观看，这比单纯地讲授好了许多，但这也只是一种停留在知道或领会层次的浅层学习。在教学中可增加如下小实验：在盛有等量水的两个鱼缸中滴入适量的BTB溶液(BTB又名溴麝香草酚蓝，在含二氧化碳少的水中呈浅蓝色，在二氧化碳含量增加时变为黄色)，在一个鱼缸中放入几条小鱼，另一个不放。经过几小时后，放入小鱼的容器中水溶液变成了黄色，另一个不变，对比特别明显。这样学生对鱼能通过鳃从水中获得氧气排出二氧化碳也就有了鲜活的体验，实现了对概念的深度建构，并且学会了验证水生动物呼吸的方法，实现知识的迁移运用①。

3. 实验的整合

在现行的中学教科书中，实验以分散的形式安排在生物学知识体系中，实验本身的体系和规律就不容易体现出来。教师在教学中可加强实验内容的整合，发挥实验的连续性，学生完成实验后既能理解单次的实验原理，也能掌握实验的整体意义，避免“只见树木不见森林”的现象。

(1)实验方法的整合。

实验方法整合是指将实验内容中含有相同方法的内容进行整合，并在系统分析的基础上，提出循序渐进的要求，从而达到学生对某些技能的形成和深化。如在高中生物学实验中，观察植物细胞的叶绿体、观察细胞质的流动、观察质壁分离和复原、观察洋葱根尖的有丝分裂和观察果蝇染色体等实验都涉及高倍显微镜的使用。对此，我们就可以做一个系统性的安排，通过循序渐进的方式，指导学生逐步掌握和深化使用高倍显微镜的技能。②

(2)实验材料的整合。

材料整合是指使用同一种实验材料开展不同类型的实验，如可以采用黄豆开展以下系列实验。③

---

① 孙敏，郑侠．例析优化初中生物学实验教学的几种策略[J]．生物学教学，2019，44(5)：44-45.

② 任衍钢．高中生物学教学中的实验整合策略[J]．生物学教学，2004(5)：38-39.

③ 苏冬娜，黄徐丰．核心素养导向的系列小实验设计与实施——以黄豆为材料[J]．实验教学与仪器，2022，39(2)：41-43.

实验一：黄豆细胞呼吸速率的测定

图3-1是学生在习题中经常见到的实验装置示意图，可依据两个装置中液滴的移动情况探究植物细胞呼吸的速率和方式。若能提供实物装置应用于课堂中，将有助于帮助学生更好地理解实验原理。在教学中，可将该实验装置进行简化，所需实验器材：锥形瓶两个，橡皮塞两个，折弯玻璃管两条，红墨水1瓶，NaOH溶液适量，一次性塑料杯两个，黄豆若干。

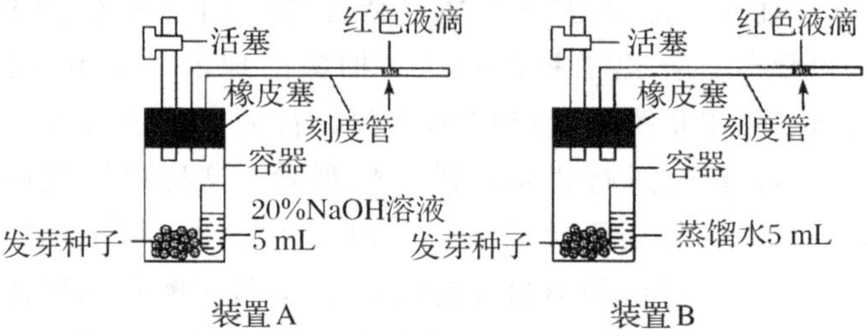

图3-1 细胞呼吸速率的测定装置

具体步骤：①称取两份等量且适量的黄豆，加入适量蒸馏水，待萌发5～6 h后分装至两个锥形瓶；②分别将两个一次性塑料杯塞进锥形瓶中平稳放置；③分别量取20 mL NaOH溶液和蒸馏水，用滴管注入一次性塑料杯；④用滴管将红墨水注入折弯玻璃管中，用油性笔标记红墨水滴所在位置，观察液滴移动情况，装置如图3-2所示。

图3-2 植物细胞呼吸方式的探究装置

在课堂上，若实验器材和材料不足，可置于讲台上做演示实验，5～10 min即可观察到液滴的移动。等待过程中可提出问题：预测液滴移动的方向？为什么会移动？在观察到实验现象时，学生可验证自己提出的假设是否正确，并通过小组讨论确定细胞呼吸的方式。

实验二：黄豆萌发与光照的关系

黄豆萌发过程中所需的营养物质主要来自子叶中储存的物质，那么其萌发是否需要光照呢？为解决这个问题，可安排学生将黄豆分成两组，分别置于正常光照中和暗箱中培养，在培养至第7天时，光照组正常发芽，长出3～6片绿叶，枝条生长方向挺拔朝上，而黑暗组则长出3～6片黄叶，枝条生长杂乱无力(图3-3)。

学生以此得出结论：黄豆萌发过程需要光照，光照能促进叶片合成叶绿素。为进一步验证实验结论，可延长培养时间，待两组黄豆幼苗长出较多叶子后，利用叶片进行光合色素的提取和分离，实验结果显示：光照组的滤纸条上出现4条色素带，而黑

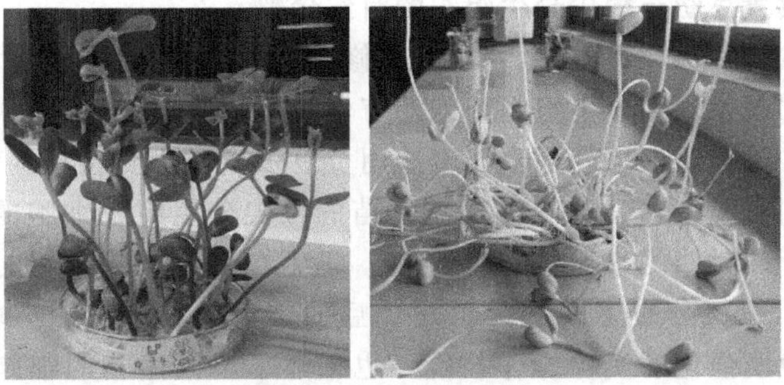

图 3-3　光照和黑暗条件下黄豆萌发图

暗组滤纸条上只有两条黄色的色素带，且颜色较浅。

实验三：黄豆萌发过程干重的变化

黄豆萌发初期细胞呼吸消耗的有机物主要来自子叶储存的物质，萌发后的种子干重降低。为了验证这一事实，3 组学生平均称取 15.05 g 的黄豆种子，在黑暗中萌发至第 7 天后将其烘干并称重，测得平均重量为 14.04 g，干重减少 1.01 g，见表 3-4。由此可验证呼吸作用消耗有机物使干重下降。

表 3-4　黄豆萌发干重的变化

组别	培养前/g	萌发 7 d 后烘干 48 h 称重/g
第 1 组	15.03	14.13
第 2 组	15.07	13.95
第 3 组	15.05	14.04
平均值	15.05	14.04

实验四：验证萨克斯经典实验

植物光合作用的产物是什么呢？教材简要地介绍了德国科学家萨克斯的经典实验，要让学生更深刻地体验科学家的实验过程和思路，充分发挥科学史的价值，教师可鼓励学生尝试进行萨克斯的实验。学生可利用自己栽培的黄豆苗在黑暗中放置几小时后，选择较大的一片叶子，用厚纸片遮住一半叶片，置于光下 1 h 后，摘下叶片，用酒精脱色，再滴加碘液，叶片出现了明显的变化(图 3-4)，既验证了萨克斯的实验，也加深了学生对知识的理解。

图 3-4　光合作用产物探究实验过程图

实验五：观察黄豆幼苗根尖分生组织的有丝分裂

在人教版《普通高中教科书　生物学　必修1　分子与细胞》第6章第1节“细胞的增殖”中，安排了“观察根尖分生组织细胞的有丝分裂”的实验，所用实验材料为洋葱根尖。实验过程中，学生便提出问题：能否选用黄豆根尖作为实验材料？带着这个问题，学生把黄豆苗搬到实验室，尝试观察黄豆幼苗的根尖分生组织细胞的有丝分裂，但最终没有观察到各分裂时期的细胞染色体形态。学生在后续查阅资料时分析原因：一是当天实验时黄豆苗根尖分裂不旺盛；二是黄豆的染色体较多，形态较短，较难观察。在此过程中，学生既强化了实验操作技能，也理解了不同生物的细胞的染色体数目和形态各不相同，需要选择合适的材料进行实验等。

4. 简易实验仪器、用品的自制

中学生物学新课程教材结合生物学科发展设计、更新了一些实验，这类实验基本代表了21世纪生物学科发展的经典，同时新的实验涉及的一些实验仪器相对而言比较高端，如PCR仪、恒温水浴锅，有的学校因为还在适应学习新课程的教学方法而忽视了配套仪器的购置，而有的地区因为经济条件的限制鲜有学校配备这类仪器。在这种情况下，教师应该发挥聪明才智，在了解仪器运作原理及基本设置的基础上，就地取材，自己动手制作简易实验仪器以应燃眉之急。下面介绍两种简易仪器和实验用品的制作，希望能够起到抛砖引玉、激发各位教师灵感的作用。

(1)简易实验仪器的制作。

①自制恒温水浴锅代替PCR仪。

用温度控制器、电热加温管和不锈钢锅组装成为水浴锅(图3-5)。用此法制作同样的3只恒温水浴锅，分别调整为不同的温度。将PCR管放入用漏勺做成的筛板中，就可以进行聚合酶链式反应PCR实验。

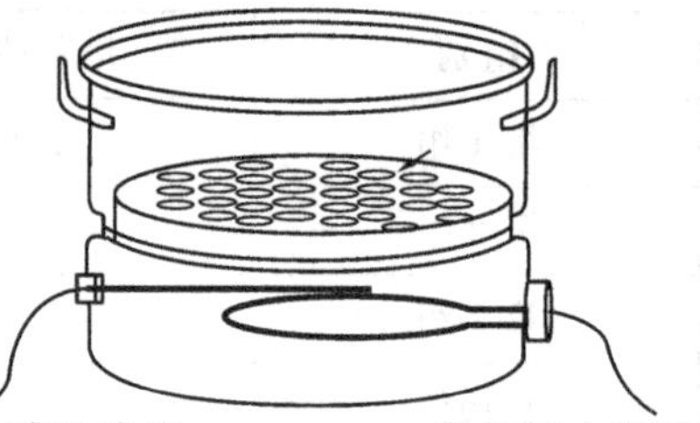

图3-5　自制恒温水浴锅结构图

②自制电泳槽进行纸电泳。

中学生物学课程标准中提出需要用凝胶电泳的方法对蛋白质进行纯度鉴定。但是电泳仪器市场价格在千元左右，对于一般学校难以配备，可以使用价格低廉、易获得的材料自己制作。可以尝试用1 mol/L甲酸溶液处理中性滤纸，裁剪一定长度的滤纸条作为电泳介质。在两个塑料花盆接水盘中加入缓冲液，之间以塑料板搭桥。铁丝折弯成如图3-6所示形状，上端弯曲处露出缓冲液，作为电极，就成为如图3-7所示的自制电泳槽。点样完成后，即可进行电泳实验。

③用调光开关自制电泳仪电源。

自制电泳仪电源实验电路原理图如图3-8所示。借助调光开关可以输出可变交流电压，经过整流电桥整流后，可以得到可调节的脉动直流电压进行电泳。电压表量程可以通过欧姆定律串联电阻确定。

(2)替代实验用品的制作。

在生物学实验中使用透析袋的情况已经逐渐增多了。如果用中性滤纸裁剪成长方形，预留1 cm进行对折，并用胶水把预留的这一部分与折叠处粘连，待胶水干后，就

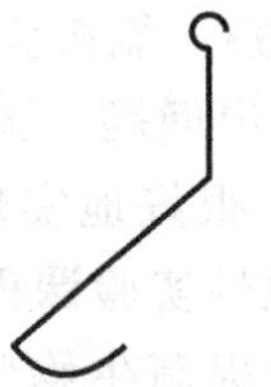

图 3-6　铁丝弯折成电极形状

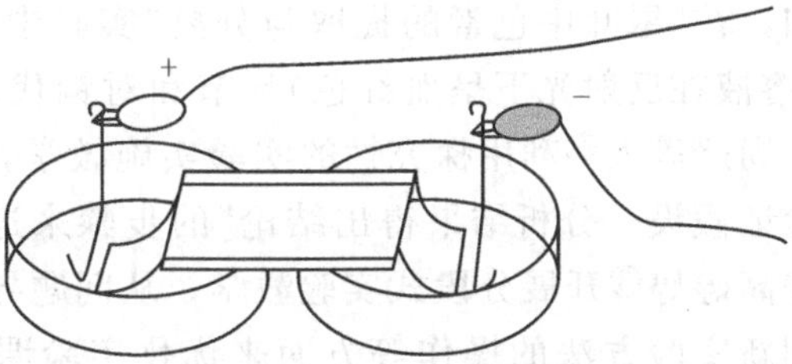

图 3-7　自制电泳槽结构

形成滤纸袋，如图 3-9 所示。再用 100 mL 的浓硫酸慢慢加入装有 50 mL 水的接水盘中，搅拌均匀冷却到室温。另取一接水盘，加入 1/2 容积的水，再加入 200 mL 新制的氨水，浓度约为 12.5%。把用玻璃棒填充的滤纸袋依次放入两种溶液中浸泡、漂洗。然后放在干净的玻璃板上自然晾干，此时即可得到洁白并且耐拉力达到原有滤纸袋 30 倍的透析袋。

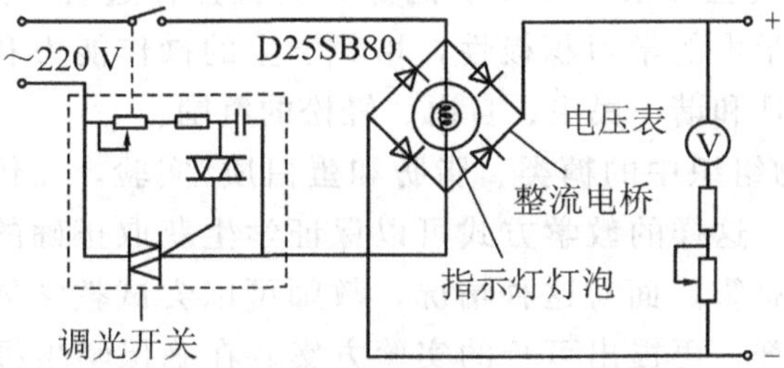

图 3-8　自制电泳仪电源实验电路原理图

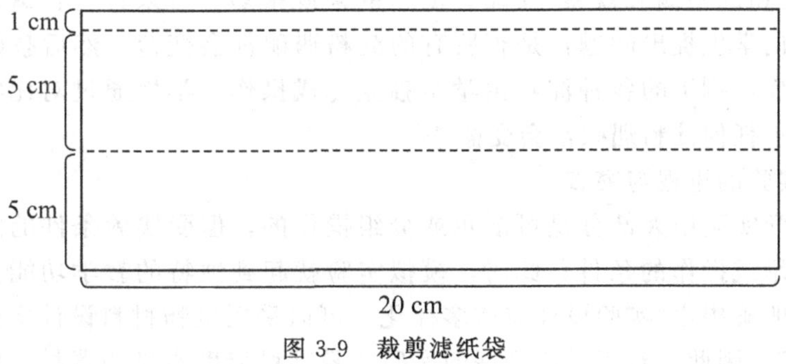

图 3-9　裁剪滤纸袋

5. 实验教学方法的变化

(1)学生分组实验教学方法的改进。

中学生物学教材中的学生实验一般都是给出实验目的、实验原理、实验步骤的，但是方案设计本身就不是唯一的，每个实验都没有固定不可变更的模式。为了得到明显的实验现象，达到满意的实验效果，教师要不断钻研，勇于探索，努力寻找便捷的、效果好的实验方法，不断提高实验教学水平。

例如，在“绿叶中色素的提取与分离”实验中，殷根深①提出，如果加入观察荧光(叶绿素溶液在反射光下呈血红色)环节和对铜代反应的观察，能极大地提高学生的学习兴趣。周严等人②利用探究性的实验实施教学，按照“提出问题—猜想与假设—设计方案—验证假设—分析结果得出结论”的步骤来进行教学，很好地实现了预期的目标。戚雪银和高婷婷③开展分段式实验教学，从问题导入、阶段性实验课程的内容和环节安排以及创新实验方法的操作等方面来优化实验课程设计，提高生物学实验课堂效率，培养学生的科学思维和科学探究能力。相银龙④根据学生的认知发展水平和已有的实验技能，通过设置问题串，引导学生思考试剂及步骤的原因，将较低认知层次的验证性实验改为能够培养学生较高水平认知的探究性实验。

(2)教师演示实验教学方法的改进。

在传统的生物学实验课堂上，演示实验的操作者及讲解者均是教师，观察者及聆听者是学生。因此，教师可以适当改变传统的教学模式，让学生自主选择实验材料及器具，启发学生设计实验方案，教师示范部分实验操作过程，然后让学生参与实验。这种改变能充分调动学生的学习积极性，培养学生的操作能力和思维能力，同时还可使生物学实验课堂呈现和谐、民主、自由、轻松的氛围。

例如，“检测生物组织中的糖类、脂肪和蛋白质”实验，在传统实验课上，教师会直接讲解并进行操作。这样的教学方式可以保证学生获取正确的生物学知识，但却不能很好地激发学生的思维。面对这种情况，教师可以尝试教学创新。让学生选择实验材料、实验仪器和试剂，再提出可行的实验方案。在确保学生提出的方案操作安全的前提下，选择某一个学生的方案进行演示操作，通过观察实验结果，得出结论；其他的实验方案由学生完成，教师在一旁指导，直至得出正确的实验结论。

再如，“淀粉的检测和观察”实验，淀粉的来源很多，可来自马铃薯、绿豆、小麦等，教师可以向学生提出问题：是否所有的淀粉遇碘都会变蓝。然后教师选择一种淀粉进行示范操作，剩下的各种淀粉由学生独立完成操作。学生通过对比实验现象，最终得出结论——任何淀粉遇碘都会变蓝。⑤

(3)模拟实验的重视与突破。

初中生物学实验中大部分是可演示或分组操作的，但受实验条件的限制，有些实验并不具备演示或操作的条件，此时，模拟实验就起到独特的教学功能。初中生物学课程标准中也明确提出“实验设计应该多样化，可以采用生物材料设计实验，也可以设计模拟性实验”。因此，对于无法开展的实验，教师可借助常见的器材，依据相似性原

---

① 殷根深，窦玉敏.“绿叶中色素的提取和分离”实验的改进[J]. 实验教学与仪器，2018，35(11)：30-31.

② 周严，郑慧玉，刘二虎.科学探究的课堂内化——以《绿叶中色素的提取和分离》实验为例[J]. 中学课程资源，2018(1)：57-58＋27.

③ 戚雪银，高婷婷.“光合色素的提取和分离”分段式实验教学探究[J]. 中学生物学，2018，34(9)：37-38.

④ 相银龙.《绿叶中色素的提取和分离》创新实验设计[J]. 课程教育研究，2018(43)：169.

⑤ 黄潇，张小勇.高中生物学演示实验的优化[J]. 中学生物教学，2019(10)：13-14.

理，建立原型和模拟之间的连接关系，通过开展模型制作、模拟实验等方式，提升教学效果。

眼睛的成像原理、近视成因及矫正是学生不易理解的重点内容。如果只用一个凸透镜模拟成像，无法演示眼球在看近物和远物时的调节原理。此时，可将光源(蜡烛)、可变焦凸透镜和光屏组成一套装置(图3-10)。

模拟1：眼睛观察物体时的调节过程。先固定凸透镜与光屏间的距离，再调节蜡烛与透镜间的距离，使光屏上的物像最清晰。分别向前、向后移动蜡烛，再通过手动(例如，注水或吸水)调节凸透镜的焦距，确保光屏上的物像一直清晰。

模拟2：近视眼镜的矫正原理。调节凸透镜，增大其凸度，使清晰的物像落在光屏之前，让学生将自己佩戴的近视眼镜放在凸透镜前面，让清晰的物像再次落到光屏上。通过这样的组合模拟实验，学生对相关原理和过程的理解更加透彻，全面突破了这一重、难点。

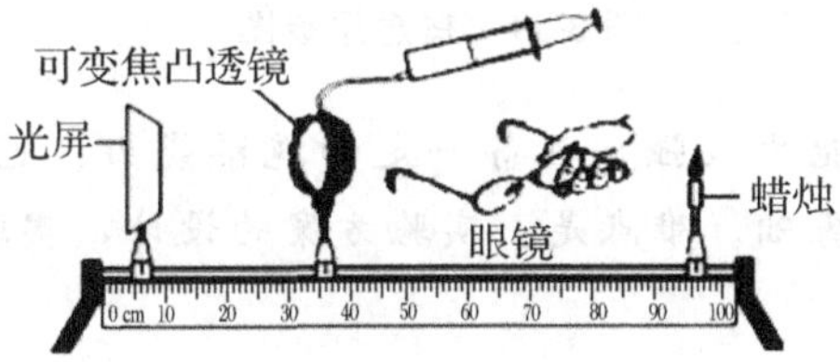

图3-10　眼球成像与调节模拟装置

3.2.6　中学生物学实验教学设计的规范案例

探究绿叶在光下合成淀粉

一、教材分析

该实验选自北师大版《义务教育教科书　生物学　七年级　上册》第5章第1节“光合作用”，是在学习了光合作用发现史的基础上，通过一系列实验，让学生重走科学家之路，养成实事求是的科学思维和探究能力，同时，帮助学生获得光合作用的原料、条件、场所、产物，以及完成光合作用的主要器官等事实性知识，从而帮助学生构建起“绿色植物能利用太阳能(光能)，将二氧化碳和水合成为贮存了能量的有机物，同时释放氧气”这一次位概念，最终帮助学生构建起“绿色植物通过光合作用和呼吸作用获得生命活动所需的物质和能量，有助于维持生物圈中的碳氧平衡”这一重要概念(图3-11)。

本实验就是帮助学生获得“淀粉是光合作用的产物；光是光合作用的必需条件”这两个事实性知识；掌握实验方案的设计，学会设置对照和控制变量；对实验原理的分析和解释。

二、学情分析

根据维果茨基“最近发展区”理论去分析学生的已有基础和困难发现，学生在小学阶段对光合作用有一个粗略的认识，且在上一节课的学习中，已经能说出光合作用的原料、条件、场所、产物等，特别是分析过萨克斯的实验过程，这些都能很好地帮助学生理解本节课的实验原理。并且七年级学生思维活跃，求知欲旺盛，对自然界中的

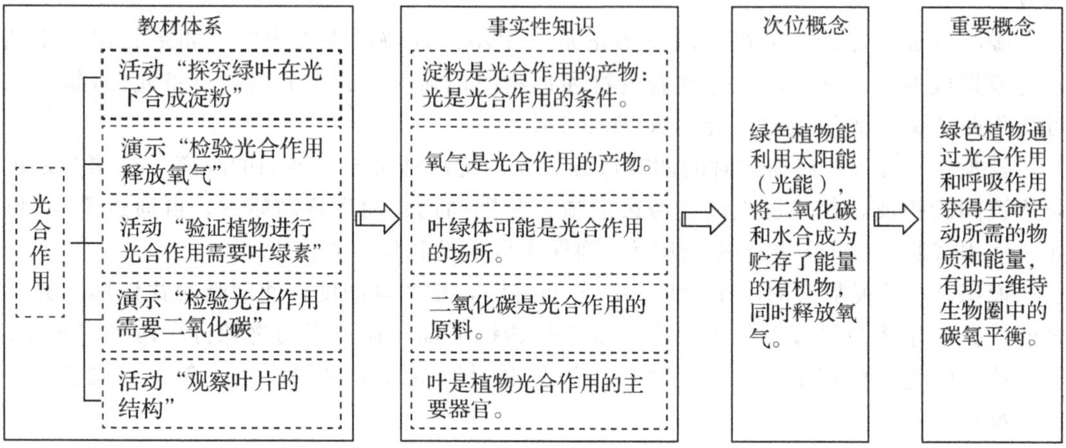

图 3-11　概念层级图

很多现象充满好奇，动手能力较强，具备一定的观察能力、思维能力和分析问题的能力，这些都是学生的已有基础。难点是：实验方案的设计，实验原理的解释。

三、教学目标

根据《义务教育生物学课程标准(2022 年版)》中核心素养的学业要求，特制订以下教学目标：

1. 说出淀粉是光合作用的产物，光是光合作用的条件；
2. 能利用对照实验的方法设计实验方案，学会设置对照和控制变量；
3. 学会各种实验仪器的使用方法。

四、教学重难点

重点：1. 实验方案的设计，实验原理的解释；
　　　2. 实验过程的组织、管理。

难点：实验方案的设计，实验原理的解释。

五、教学策略与方法

以小组合作、实验法为主，以讲授法、演示法辅助。

六、教学准备

实验准备：盆栽天竺葵(或小白菜、菜豆、彩叶草、秋海棠、马铃薯、甘薯等)；黑纸片或锡箔纸、回形针、小烧杯、大烧杯、培养皿、酒精灯、三脚架、石棉网、试管夹、镊子、胶头滴管、火柴、标签；酒精(浓度为 80%)、稀碘液、清水。

课前准备：课件、学生分组、座位编号。

七、教学过程

教学内容	教师活动	学生活动	设计意图
新课引入	出示南瓜生长的图片：   一粒种子入土，能萌发成幼苗，最后长成一株成熟植株。在这个过程中，植物需要制造大量的营养物质，这些都和植物的光合作用密不可分。植物的光合作用真能制造有机物吗？制造有机物需要什么条件呢？今天，我们就一起来探究。	倾听、思考	利用学生的生活经验引入，能更好地激发学生的探究欲望。
设计方案	【提问】请同学们结合题目思考：实验的变量是什么？ 【追问】我们应该如何设置对照？ 【追问】如何实现有光和无光的对照？ 【提问】大家判断一下两位同学的方法谁的更科学？为什么？ 【提问】现在做到了有光和无光的对照，那如何证明光下能产生淀粉呢？ 【追问】能不能在叶片上直接滴加碘液？ 【讲述】因为新鲜的叶片表面有一层排列紧密的保护组织，会阻碍碘液的进入。还有就是叶片中含有叶绿素，呈现绿色，变蓝的现象也不易观察。所以，我们需要破坏保护组织，同时去掉叶绿素。你有什么方法实现这样的目的？	【齐答】 光。 【齐答】 有光和无光。 【生 1】一组放在光下，一组放在黑暗处。 【生 2】同一株植物，同一张叶片部分遮光。 【回答】第二位同学，因为第一位同学用到了两盆植物，这样除了光之外，还有植物的不同，即有了两个变量了。 【回答】用碘液，淀粉遇碘变蓝。 困惑，无法回答。 【回答】煮。	在完善方案的过程中，训练科学思维。

续表

教学内容	教师活动	学生活动	设计意图
	【讲述】我们的方法是用酒精脱色的办法，但是酒精易燃，不能用明火加热，我们加热的办法是水浴加热。 教师演示水浴加热办法。 【提问】预测一下：在水浴加热至黄白色的叶片，漂洗干净，滴加碘液，见光部分和遮光部分会出现什么结果？ 【追问】你做出预测的理由是什么？ 【提问】大家觉得这样的解释有没有不准确的地方？ 【追问】如何排除这种可能性的干扰呢？ 【讲述】很好，下面我们梳理一下实验步骤。(略) 【过渡】清楚实验步骤后，就请大家两人一组完成实验。	倾听，思考。 【回答】见光部分遇碘变蓝，遮光部分不变蓝。 【回答】见光部分进行了光合作用，有淀粉，遮光部分没有进行光合作用，没有淀粉。 【回答】没有光合作用也可能有淀粉，因为有可能它原本就有淀粉。 【回答】暗处理，消耗叶片中原有淀粉。	
自主实验	巡视，指导学生实验。	按照实验方案，从酒精脱色开始，完成实验。	规范实验，掌握各种器材的适用方法。
展示交流	呈现学生实验结果。  【提问】你能描述实验结果吗？说明出现这样结果的原因？ 【追问1】为什么遮光部分不能进行光合作用，而见光部分能进行光合作用？ 【追问2】这样的实验结果能得到什么结论？	【回答】遮光部分不变蓝，因为它没有进行光合作用；见光部分变蓝，因为进行了光合作用。 【回答】是否见光。 【回答】淀粉是光合作用的产物，光是光合作用的条件。	从实验结果中得出科学结论，养成科学思维习惯的同时，培养科学探究能力。
应用提升	【提问】植物能从一粒小小的南瓜种子萌发成幼苗，最后长成一株成熟植株。请你用今天所学的知识解释植物增重的原因？	【回答】南瓜植株由小变大，不断增重和它进行光合作用不断地积累有机物有关。	学以致用，学会用生物学知识解释生活现象。

八、板书设计

探究绿叶在光下合成淀粉

(一)实验步骤

暗处理→部分遮光→照光→{有光→有淀粉；无光→无淀粉}→水浴加热→漂洗→滴加碘液→漂洗→观察

(二)实验结论

1. 淀粉是光合作用的产物；

2. 光是光合作用的必需条件。

【点评】

教学设计是教师教学前的准备，是实施教学的文案。该案例教学设计的核心指标：教材分析、学情分析、教学目标、教学重难点、教学策略与方法、教学准备、教学过程、板书设计不仅规范、完善，而且简洁明了；教师活动、学生活动都安排到位；教学设计中的设计意图特别适合教师之间的学习和交流。不失为一篇中学生物学实验教学设计的规范案例，供大家学习和参考。

3.3 中学生物学实验课前的准备

“凡事预则立，不预则废。”中学生物学实验也是同样的，实验之前的准备是成功的基本保证，包括实验小组的建立、实验室安全教育、实验课前材料的准备、完成预实验等。

3.3.1 实验小组的建立

1. 实验小组建立的原则

小组建立要有利于成员之间帮助、监督、竞争、合作。教师要综合学生的学习基础、能力、特长、性别等因素，把学生编成小组。分组时体现“互补互助、协调和谐、异质搭配”的原则。具体来讲就是要做到“差异组合、男女搭配、自由组合”。差异组合，就是小组内学生学习情况不同，有善于知识记忆的，也有擅长动手操作的，等等。这样有利于组内成员在各自努力完成自己的学习任务的前提下，相互学习、共享资源，提高实验质量。男女搭配，使学生形成健康正常的人际关系和社会交往习惯，培养健全的人格。自由组合，就是由学生自由组合实验小组，这样小组里的成员大多兴趣、爱好相同，感情相投，有利于培养学生的个性。具体做法是：通常一个实验小组由4～6人组成，最好是4人一组。性别比例大体为男女各半。

2. 实验小组建立的方法

根据所设实验先建立起实验小组，并选取同等数量对生物学课外活动有兴趣的学生，同时组建成课外兴趣小组，选举出每个实验小组的常任召集人。然后，考虑实验中可能用到的其他技术能力，如计算机使用能力，把具有这些能力的学生比较平均地分到各个实验小组中。最后，将剩余学生按男女分成两组，按所分小组数连续报数后，依照次序分配到每个实验小组，直到选完所有学生为止。分组完成后，各组可对组内成员作适当分工，可暂设小组长一名，以后由组员轮流担任，一周一轮换。小组长主持小组活动，按教师布置的实验要求，组织大家实验、交流、争辩、汇报小组的学习情况，作为本组“代言人”向全班展示小组的实验成果等。小组长作为“代言人”能获得伙伴们的信任，心中自然充满自豪感和使命感，必然会努力做得更好。小组分完后，课堂上学生座次要以小组为单位，小组成员集中就座。实验小组创造了共同学习的条件，是一种小组伙伴式的学习方式，有利于实验教学活动的开展。接下来小组成员共同协商，为自己的小组命名、设计标志和口号等，强化学生的团队意识，增强成员的归属感。上实验课时，属于一个组的学生，集中邻桌而坐。实验用品、材料、设备都由小组派专人负责清理和清点，既便于实验也便于管理。

另外，因小组长的不断变动，每个学生都有机会成为小组“代言人”，也就使每个人都有机会获得一种成就感。这种不断变动的小组角色，使学生获得了与同学交往的机会，在学习中逐渐形成了用他人的眼光看问题、向他人学习、与他人交往和合作的能力；有利于建立起良好的人际关系，增强团队意识，能做到团结合作，这在当今社会中是非常重要的素质。

3. 实验小组的运作程序

合作学习的运作程序是灵活多样的。实验合作小组建立以后，首先要给学生提供合作实验的主题，其次是指导学生如何合作，最后是对合作效果做出评价。不断强化学生的合作意识，加强小组建设。

(1)确定探究目标。

通过观察思考，学生首先以自己的生活经验、已有知识对新知识进行探索、尝试性的学习，为建构新的“认知方式”做准备。其次是质疑求异，学生在观察、阅读、思考中，一般出现两种学习情况：一是把理解的知识进行了内化、整合，二是对不理解的知识质疑并提出问题。合作学习对后一种学习情况给予更大的关注，鼓励学生不断地发现问题、提出问题、质疑问题。再次是确定目标，质疑是自主学习的起步阶段，学生在教师的主导作用下，提炼探究主题，列出实验方案，制订出实验的主要目标。最后选择或分配探究主题，每个小组选择自己最感兴趣的探究主题进行实验，也可全组成员协商选定主题，少数服从多数。同组成员一定要研究共同的主题，可以选择一个或两个探究主题，一般选择一个主题作为主攻任务。

美国心理学家罗杰斯说过，学习目标最好来源于学生。合作学习的目标来源于学生的最近发展区，这就大大增强了学生夺标的信心与夺标成功的可能性，为下一步的合作探究铺设坦途。

(2)组内合作实验。

学生根据教师的要求或者实验探究方案，围绕探究主题进行实验操作、交流讨论。小组成员各司其职，各尽其能，共同完成实验任务。这一阶段，教师应放手让学生自己去动手操作，教师可以观察各小组的实验过程，并随机进行点拨指导。

(3)组间交流反馈。

组间交流反馈，可分两个层面进行。

①研究相同主题的各个实验小组，由组长把各个小组的实验结果带到全班或通过信息中转站进行交流，同时记录下本组与他组在研究相同主题上的差异，再回到原组报告，小组汇总意见后进行修正，再由汇报员向全班汇报小组实验情况。

②研究不同主题的各个实验小组，在听取其他小组汇报时，可以质疑，可以求教，也可以与不同主题的小组自由交流，在交流的过程中完成所有主题的实验任务。

各小组向全体同学汇报学习结果，教师和其他各组同学进行认真分析后，做出判断；大家共同切磋，共同分享讨论研究的成果，共同纠正错误，提高学习能力。这一过程，教师注意不要轻易地对学生的实验结果进行评价，应引导学生畅所欲言，鼓励学生发表自己的见解，以免合作学习流于形式。

(4)学习效果评价。

小组评价是不可缺少的，评价要以能发挥各小组成员的积极性为标准。小组评价重在阶段评价，以小组为单位，用各组的平均分与各自上次平均分进行比较得出差值，按差值的大小进行排序，差值大者进步大，为优胜组，给予奖励。个人评价重在自己与自己比，也可以分组时成绩为评价基础，也可以按小组阶段评价的方法，对进步大者进行奖励。平时的评价，可以实验课堂表现与实验作业完成情况为主。及时、准确的评价为学生的实验探究注入了强大的活力，调动了学生全员参与的积极性，有效地促进了实验教学质量的提高。

3.3.2　实验室安全教育

我国基础教育课程改革大大增加了生物学实验课时和实践课时，使学生主动参与到学习中去，有利于实践能力和科学素养的培养。然而，在生物学实验或实践过程中要加强安全教育，预防安全事故的发生，应引起高度重视，这不单单是一个安全事故的防范问题，还涉及行为习惯的养成和情感态度价值观的教育。

1. 生物学实验室安全教育

在实验室里进行实验操作对学生来讲是有趣的和令人兴奋的，但如果不自始至终严肃认真地对待，不采取适当的安全措施，也是相当危险的。在实验室里，教师对于活动的指导性和安全的氛围均负有责任。不安全的操作不仅威胁到操作者本身的安全，也威胁到周围的人。

(1)制订生物学实验室安全制度。

各校应该根据实际情况，制订出切实可行、简明扼要、便于督促检查的实验室工作制度，并将其张贴在实验室里。在学生第一次进实验室上课时教师向全班学生介绍，并经常教育学生，共同遵守。必须指出的是即使新课程的理念，也不是让学生事事去体验的，尤其实验室的制度，是需要教师进行适时地指点的，使学生注意到学习科学也会遇到危险，才会注意安全。这样积极地注意安全问题不仅能防止实验室出事故，而且也有助于养成严谨的实验态度，使人受用一生。在人们没达到足够的推断能力和认识之前，安全知识只能靠别人传授，而不能自己学会，教师有责任告诉学生在做科学实验时需要小心，应尽力避免以下两种可能性的结合：

危险的条件＋人为的错误＝事故。

以往，我们讲授安全知识的方法过于单一，不利于学生理解安全制度的意义，不利于学生内化成为个人的行为规范。而采用案例教学的方法，可使学生深刻理解实验守则背后的真正意义。例如，可以让学生仔细观察图3-12(仿 Shannan Muskopf)，然后要求每个学生或小组找出图中的各种危险之处，并列出表来，之后讨论产生危险的原因及其责任。教师要引导学生重点讨论每一个学生和班里其他学生的关系，使其了解能否保证安全完全取决于每一个人的行动。

图3-12　发生在实验室内的种种行为

此外，可以用图3-12在班里组织一次比赛，然后再进行讨论。讨论的题目可以是：①图中有哪些活动是不安全的？为什么？②根据这张图说出实验室的正确规程应该是什么。③小包发生了什么事故，他应该怎么办？④小苏应该怎么做才能避免事故？⑤比较小卢和小孙的实验操作技术，他们俩谁遵循了实验室规则？⑥图中有哪三件事不应该在实验室里做？⑦比较小角和小凯的实验操作，谁的方式是规范正确的？⑧小铁和小杉发展下去将会发生什么情况？⑨哪三个学生的行为符合实验室安全条例？⑩小贝做错了什么？根据对以上问题讨论的结果，总结出实验室不可做的事和要做的事如下。

不可做的事：

①不可实施未经老师指定的实验；

②不可未经老师准许便开始进行任何实验；

③不可把固体弃置在洗涤槽内；

④不可直接在洗涤槽内清洗用电仪器、设备；

⑤不可在未经批准的情况下从实验室带走任何物件；

⑥不可将食品、医药品、化妆品等生活用品带入实验室；

⑦不可在实验室内打闹嬉戏、大声喧哗、化妆、吸烟、饮食；

⑧不可在实验室内把手指、铅笔之类的东西放入口内；

⑨不可使用嘴吸吮化学药品，应使用化学药品专用的移液管抽吸；

⑩不可用水浸泡清洗电器；

⑪不可将金属物体插入电源插座；

⑫不可采用太阳直射光使用显微镜。

要做的事：

①要严格地遵从教师的指示进行实验；

②要保持实验室整洁，实验后要清理实验桌；

③使用煤气、酒精灯、带电仪器后，要及时关闭开关；

④使用溶液和化学品后，要立即放回适当的位置，并使瓶上标签向外；

⑤所有盛载化学品的容器都需要贴上正确、清晰的标签，标签上应写明化学品的危险警告字句以供其他实验室使用者参阅；

⑥接触、解剖动物时要戴上手套；

⑦穿上适当的防护衣服及手套，以免身体接触化学品；

⑧在实验室内，应该把长发或宽松衣服束起；

⑨每次实验后要洗手；

⑩使用实验室时要保持所有出口和通道畅通；

⑪遇有意外或仪器损毁，要立刻向教师报告；

⑫实验室地面应该长期保持干爽、清洁。如有化学品泄漏或者水溅湿地面，应提示其他实验室内人员并即刻处理；

⑬要使用试管夹、铁架台等夹持取拿加热器皿。

(2)加强每次实验前的安全警示教育。

每次实验之前根据安全制度的要求和本次实验的特殊性，检查学生是否报告了对实验动物或药品的过敏反应；是否佩戴了防护目镜；是否穿着了实验服；是否注意到热和火的安全；是否遵照使用化学物质和使用玻璃器皿的安全规则；使用尖锐器具时，必须佩戴防护手套；处理活的生物时，要遵从教师的指导，处理动物或动物的笼子后彻底洗手；实验结束时，要清洁工作区，并把所有设备放到动物原来的位置；每次实验后洗手；离开实验室前关掉所有水、电开关和门窗。必要时将安全警示项目制成卡片，实验前要求学生阅读，逐一在相应的条款下作记号，承诺履行注意事项，并签字保证。

2. 制订生物学实验室应急预案

生物学实验室是生物学教学工作的重要资源。为了有效地应对紧急危害，处理师生在实验室进行实验、学习时可能发生的突发事件(火灾、触电、中毒、地震、空袭等灾害)，保障师生安全，尽量减小损失，应制订生物学实验室应急预案，并绘制应急预案流程图，悬挂于实验室明显处，让师生将其熟记在心，在发生重大灾害时，能从容应对，处变不惊，减少不必要的伤亡，把灾害造成的损失降低到最小，是十分必要的。

3.3.3 实验课前材料的准备

实验课的效果和实验材料的优劣直接相关，所以实验课前一定要准备好实验材料，尽可能选择和课本一致的、新鲜的、活的实验材料。只有这样，才能真实地呈现出它的形态结构特征和生命活动特征。如果实验材料在实验之前需要饲养(如动物)或需要培养(如植物)都要提前做好准备，如果选用的材料是微生物，还要事先进行接种、培养。还要准备好辅助实验开展的其他材料，如CAI课件、实验演示光盘、视频、阅读资料，等等。总之，实验材料在实验课前一定要准备好，保证实验课顺利地进行。

1. 实验仪器、试剂和实验教学场所的准备

实验仪器、药品、器具是实验顺利进行的保证。实验之前，要认真检查实验设备，确保仪器能良好运行，实验器具、药品齐全。在配制药品、试剂时，要按照实验要求的浓度和纯度进行准备，否则会影响实验结果。对于易变质或浓度易发生变化的药品、试剂最好现配现用，控制好配制的量，避免造成浪费。配制好的试剂要贴上标签，标明名称、浓度及配制日期。如果实验教学的场所不是在实验室，要提前联系和落实好实验基地。

2. 实验指导素材的准备

(1)文本类指导材料的准备。

除了教材中规定的实验指导，教师根据当地的生物学教学资源情况，还应该设计一些文本类的指导材料作为帮助学生完成实验的辅助手段。这种文本类资料可分为两类：一类是对学生实验过程中需要或可能需要的相关文献、行为、操作等做出补充、规范和指导，如社会关注热点问题的背景知识、引导学生进行小组的活动指南、网络信息收集的“拾荒式搜索”(中小学网络主题探究的一种常见形式)指导等；另一类是设计评价体系，通过评价的形式来规范学生的实验行为，帮助他们正确、安全地完成各项活动，如学生活动记录卡、出勤表、小组活动评价的行为量规表等。

(2)其他辅助类指导材料的准备。

其他辅助类指导材料(如挂图、模型、标本、阅读资料、CAI课件、实验演示光盘、视频等)，也要在实验前做好相应的准备。

3.3.4 完成预实验

1. 预实验的作用

在进行实验时，有时需要在正式实验前先做一些准备性实验，简称预实验。从更广泛的角度看，某次实验之前的实验都可以作为预实验。预实验对于科学研究来说具有重要意义，对于中学生物学实验教学来说，做好预实验也是实验教学顺利进行的重要保证。预实验可以为正式实验筛选最佳的实验材料，提供最科学的实验方案，确定更准确的测定方法等。

(1)可以检验实验设计的科学性和可行性。

预实验可以为进一步的实验教学摸索条件，也可以检验实验设计的科学性和可行性，发现问题及时调整，以免由于设计不周、盲目开展实验而造成时间、人力、物力和财力的浪费，从而更好地实现实验教学的目的。

(2)可以预见实验中可能出现的问题。

通过预实验，教师及时发现问题并加以解决，能最大限度地避免在正式上课时出现同样的问题。例如，通过预实验，教师对实验仪器设备事先调整校验，使之准确无误，减少实验误差，也可以检测试剂是否有效、实验材料是否适宜、条件是否容易控制，等等。如果没有预实验，无法预料实验中可能出现的各种问题，一旦出现不良情况，不仅影响实验课的正常进行，还可能使教师面临难题而窘迫，最终势必影响该实验课的教学质量。

(3)更好地发挥教师的指导作用。

在正式实验之前，任课教师将实验按实验流程操作一遍，对将要开设的实验就有了一个全面的了解，对实验原理、材料、试剂、操作流程、结果计算等都能有一个总体把握，这样可以增加教师对实验流程的系统性操作技能的掌握和对实验结果的感性认识；可以在预实验过程中发现不适当的操作及实验条件、实验材料等对实验结果的影响；可以发现学生易出现失误的环节，以便于在实验时提醒学生注意；还可以把自己在做预实验过程中的一些关键步骤和技巧详细地向学生讲解，保证学生实验的成功。

(4)学生参与预实验培养探究能力。

如果在预实验中让学生参与准备和操作，通过筛选材料、调试仪器、探索最佳条件等过程，无疑使学生体验了一次科学探索的过程，这将极大地激发学生探究的兴趣和对生物学实验的热情。

2. 预实验的基本程序

(1)初步实验。

初步实验可以称为原始性实验，是进一步实验的基础和参照。如果在初步实验中发现效果较理想则保持原有的方案，否则，就进行探索性实验。

(2)探索性实验。

探索性实验的目的是变化初步实验方案，可以更换实验材料、改变实验条件、完善操作方法等，以求得到更好的实验效果。

(3)对原实验设计进行修改或完善。

经过探索性实验后，对照原实验设计，将不科学的地方进行修改和完善而得到更好的实验方案。

3. 预实验注意事项

(1)做好记录，建立实验档案。

在预实验记录中，要对实验中存在的问题及解决办法、学生容易出现的操作失误等情况进行总结。在此基础上，形成完整的预实验档案。随着教学的不断发展，预实验档案也将不断充实和完善。显然，这种档案对于不断提高教师素质、提高实验课教学质量有着不可忽视的作用。

(2)加强交流与合作。

教师之间应当互相交流预实验情况，彼此吸取经验教训；兄弟学校之间也要经常交流与合作，这必将有助于各校生物学教师开阔视野、更新观念，极大地促进实验课预实验的建设与发展，从而为提高实验教学质量注入源源不断的活力。

(3)现代教育技术手段与预实验相结合。

尽量把实验记录档案整理成电子档案，这样既便于充实、修改，又可直接用于教学过程，还可以考虑将多媒体、网络化手段与预实验相结合，使教师在预实验中的重要内容及时与学生“见面”。这样既可以加强学生对实验内容的预习，又能够大大激发学生做实验的兴趣。

3.4 中学生物学实验教学的实施

本节根据中学生物学实验课程类型的不同，分别对验证性实验、演示实验、探究性实验和课外实验的实施逐一加以介绍。

3.4.1 中学生物学验证性实验课的实施

生物学理论的确定，有些是从大量的实验或自然现象中直接归纳总结出来，并在实践中证明是正确的；有些是在一定的实验或实践基础上提出模型，然后再用实验证实的；还有些是通过理论的演绎得出新的理论，然后再用实验验证的。不管是通过哪一种途径，都离不开实验的验证，验证是对理论或假说的检验与确认。通过重复实验来进行验证是理论或假说的真理体现，是最可靠的手段之一。一般情况下，验证性实验有两种情况：一是验证前人或他人的理论或实践，二是验证自己提出的理论或假说。中学生物学教学中把前者称为验证性实验，而后者称为探究性实验。两者之间既有相似，又有一些区别，见表3-5。

表3-5 验证性实验与探究性实验的比较

项目	验证性实验	探究性实验
实验前提	结论已知	结论未知
实验目的	检验理论的正确性	寻求有关的因素并确定理论

续表

项目	验证性实验	探究性实验
思维方式	演绎思维	归纳思维
实验的探究性	实验方法、手段的设计	实验方法、手段的设计 相关因素的寻找
实验的验证性	验证理论的正确性	假说的验证及理论的验证

1. 中学生物学验证性实验课的作用

中学生物学验证性实验课可以验证巩固和加深所学的生物学知识。学生在实验课上亲自接触、观察、研究具体的动植物，感官、思维和操作密切联系，就能对所学知识有具体、明确、完整的理解。

中学生物学验证性实验课可帮助学生树立辩证唯物主义自然观。辩证唯物主义自然观实质在于使学生按本来面目认识和研究自然界，而实验课就可使学生具体、实际地认识构造与机能以及生物体与其生活条件的统一性等。

中学生物学验证性实验课可训练生物学技能。实验过程中要使用各种仪器、用具，要进行观察、绘图，就相应地训练了生物学技能。

中学生物学验证性实验课可培养学生观察、思维能力和自学能力。实验课以学生独立作业为主，在独立操作中要观察，要动手、动脑，这就有利于培养学生的各种能力。

中学生物学验证性实验课可培养学生学习兴趣，培养团队精神、完成任务的勇气与决心、坚毅性及爱护公共财物等非智力因素。

2. 中学生物学验证性实验课的基本要求

了解了中学生物学验证性实验课在学生实验中的作用，为了尽力促进这些作用的实现，有如下基本要求：

(1)明确所验证的基础知识、概念原理的内涵。

验证性实验应与理论教学紧密联系。一定要使学生明确本次实验所验证的基础知识、概念、原理的内涵，明确实验的目的是什么。教师还可以利用课后布置复习、实验前预习和实验前的检查，督促学生对于实验教学中所学的知识、原理进行复习，在学生已经理解的基础上，加以验证从而达到加深理解，巩固所学知识的目的。

(2)渗透辩证唯物主义观点教育。

理论联系实际是辩证唯物主义认识论的基本原理。实验教学是德育品质形成和发展的基础和内在动力，因此，辩证唯物主义世界观的教育，需要渗透到学生的实践活动中。实施渗透教育，关键是找准实验教学与思想教育的结合点。如“检测生物组织中的还原糖、脂肪和蛋白质”实验蕴含的是唯物论世界观教育；“观察细胞的有丝分裂和减数分裂”突出的是事物运动和发展的观点；“探究水族箱(或鱼缸)中群落的演替”渗透了各种事物之间普遍联系观点的教育；“探究生长素调节植物生长发育的作用”融入了量变与质变统一的观点；“低温诱导染色体加倍的实验”体现出内因和外因的辩证关系；“制作DNA分子双螺旋结构模型”贯穿了生物学多样性与共同性相统一的观点。只要教师在平时教学中随时注意结合实验教学内容对学生进行教育，就能在潜移默化中帮助学生树立正确的辩证唯物主义的科学思想方法，中学生正处于形成科学世界观的时期，学会客观地认识事物，辩证地认识事物发展变化规律，防止和克服主观性和片面性，促进科学世界观的形成将会受益终身。

(3)注重学生的基本技能训练。

首先在明确目标的基础上，做好学习动作的心理准备指向。其次开始认识使用的工具、仪器的结构、名称与作用。在介绍操作过程时，将整个动作过程，分解为单一的动作，使学生掌握分解动作的要领，并同时演示规范的动作。使学生有了模仿的原形，有助于学生实验技能的形成。最后通过讲解与示范将整个过程结合成为完整的操作规范。必要时，可以通过实物或模拟进行动作示范和初次训练。操作技能是需要经过多次练习而形成的，也是一个循序渐进的过程，因此，教师必须给学生创造更多的练习机会，严格要求学生按要求规范操作。教师要充分保证学生能够独立操作，如发现学生操作不正确，教师要及时纠正，在纠正学生错误操作时，师生应善于分析发生错误的原因，针对不同原因采取不同的纠正办法。

(4)加强对观察能力、思维能力和分析问题能力的培养。

观察能力、思维能力和分析问题的能力是学习生物学的基本能力。生物学实验中有很多需要长期观察记录的现象、稍纵即逝的现象、偶然出现的现象以及由量变到质变显示出来的现象，这些都是锻炼观察能力的绝好机会。演绎思维是验证性实验的主要思维方式，因此对于结果的预测和验证是验证性实验特有的训练内容。在实验中教师应注重指导思想和方法的教学，坚持以发展学生观察能力和思维能力为核心，精心设计思考题，加强思维训练，不断地提高学生分析问题和解决问题的能力，全面提高实验教学质量。

(5)通过合作教会学生共处及非智力因素的养成。

验证性实验多数情况是以小组活动的形式完成的，通过小组合作，教会学生宽容、大气、欣赏的品质；帮助学生养成严以律己、宽以待人的态度，注重遵守纪律、爱护公物、团结协作等风气在小组中的建立。

3. 中学生物学验证性实验课的基本实施过程

(1)验证性实验课实施的基本流程图。

验证性实验课实施的基本流程如图3-13所示，包括：

提出问题：教师可根据教学内容和教学目标，在学生原有的知识基础上，以图片、新闻事件、趣味实验、提出问题等多种情景方式引入课题，引发学生的好奇心。

讲述原理：可借助直观教具将生物体的结构特点、变化规律、生物生理反应原理等清晰、简明扼要地加以讲述。

得出结论：根据教师讲解的生物体的结构特点、变化规律、生理反应原理，学生推导生物体应该具备的性质和能够发生的反应。

实验证明：通过师生共同讨论得出结论，再重复实验加以验证。在教师进行实验的过程中，要确保实验的准确性，就必须在课外反复多次进行操作练习，直到实验成功。

提出问题 → 讲述原理 → 得出结论 → 实验证明

图3-13　验证性实验教学实施的基本流程

(2)验证性实验的教学环节。

①组织实验教学。

组织实验教学是组织学生做好实验的一种教学手段，其目的是稳定学生情绪、维护课堂秩序、增强学生学习的注意力、调动学生学习的积极性。组织教学贯穿于实验教学的始终，是完成教学任务的基本保证。由于学生大部分时间只能按照教师的要求克制自己，遵守课堂秩序，静坐听讲，不能产生主动、自觉学习的积极性，这些方面是存在弊病的。但是，因为验证性实验的特殊任务，而且一般采用一个课时，在实验室内完成，要求学生安静坐好，遵守纪律等是必需的。所以，可以采用积极组织教学的方式，使学生能产生主动的反应，自觉地遵守课堂纪律，集中注意力和积极思考问题。同时，把组织教学寓于教学艺术之中，使之产生吸引力、感染力，以激发学生验证结论的兴趣和求知欲。此外，讲究教学民主，以多种形式开展师生之间的情感、语言、思想交流。学生对组织教学的反应就不会完全是被动的、消极的，从而产生较佳的学习效果。

②复习检查。

复习检查是指教师通过提出问题、讲述原理、得出结论等基本流程进行讲解的一种教学方式，在教室内完成。实验课前，必须再次确认学生对于原理和结论的理解程度，一般以口头提问来检查与实验有关知识的复习，有时也检查预习的实验原理及准备工作的情况。

③布置实验。

教师指出实验的题目、目的要求及其意义，交代实验材料用具、方法步骤及注意事项。如学生已预习，可通过谈话方式明确。这些内容一般已编印在课本中，如有增减变动，可以板书作为指导，或复印指导性文字材料发给学生。如果需要学生自己设计验证性实验，应认真组织好小组讨论和汇报。有时还需辅助性教具，如分层挂图、活动模型、视频资料或电影等进行演示。

④实验实施。

进行实验实施，有两种方式。

第一，并进式(边演示边实验)。

并进式，即教师演示指导，学生进行实验，师生的操作几乎是同步进行。这种方式适于尚未具备生物学实验技能的低年级，或实验技能较差的班级。如七年级生物学开始的几个实验就可采用这种方式。其优点是学生易于接受指导和掌握实验内容，教师方便指导和组织，实验步骤基本统一，学习纪律较好。其缺点是不能很好地发挥学生的独立性和主动性，不便指导个别学困生。采用这种方式进行实验，需注意：事先周密考虑实验可分成几步进行，每步怎样具体指导。如显微镜的使用，可分安放、对光、放玻片标本等几步，每步都要交代操作要求及注意事项等。

做好总结性谈话，以便及时巩固实验内容。最好每步完成后就做简要总结。

第二，作业式(先实验后总结)。

作业式，即教师布置实验后，由学生独立去完成实验，最后归纳总结。适于学生已具有生物学实验技能的高年级，如高中生物学的一些实验课。这是一种培养学生独立工作能力的高级形式。采用这种方式时应注意：

指导学生切实掌握实验目的要求及方法步骤。教师要搞好指导性的谈话和必要的演示，并组织学生集中听讲，防止学生急于动手，注意力分散的情况。还要通过提问等检查学生掌握的情况，当学生真正清楚实验目的要求和方法步骤后，方可独立操作。

要及时帮助和督促学生按要求完成实验。一般说来，抓好了实验的布置和指导，每组又培养了小助手，实验进行就较为顺利。教师主要观察是否所有学生都在做实验，是否都做得正确。对做得好的学生应及时鼓励，对完成有困难的学生应重点帮助，但不能代替他们工作。如果许多学生都不能正确完成，应暂停实验，做必要的补充指导后再继续完成。

⑤巩固与评定。

为及时巩固和检查实验，应要求学生填写实验报告(或实验练习册)，其形式有填空、填表、文字总结、填图及绘图等。如进行形态解剖方面的实验，以绘图为例，应要求学生按实物绘图，或观察后回忆式绘图，而不要转绘课本插图。实验报告可供教师检查评定，并结合实验中的操作评分。如制作、观察装片和涂片，叶绿素的提取和分离等，根据学生在实验过程中表现的不同情况，分别给以评分。有的评分还包括纪律和仪器用具的爱护等。评分不仅为考核实验成绩，也对督促学生按要求完成实验、保证实验效果，具有良好作用。

⑥实验总结。

由于中学生物学实验室利用率较高，往往上一个班没有结束，下一个班就在门口守候了，学生实验完毕往往会一哄而散，因此教师应教育学生善始善终并做出总结，指出实验的优缺点和改进的方法。最后，要求学生把实验仪器、用具进行整理和清洗，按原来位置摆放好，待教师一一检查后才宣告实验结束。

4. 中学生物学验证性实验课的注意事项

(1)充分准备，是上好实验课的重要保证。

一要及早安排。生物学实验材料多有季节性，如初冬需要解剖的蝗虫，必须在秋季采集。另外，实验用具往往需要事先准备各种代用品，如以家用高压锅代替灭菌锅，用电热毯作恒温培养箱等。

二要做准备实验，即使教学多年，由于实验材料、条件和学生不同，教师课前都要按计划亲自操作一遍，以确定指导方案。

三要培养小助手，小助手最好由学生轮流担任。教师做准备实验时，既要教会小助手做实验，也要教会他们如何指导实验。

(2)组织教学，是上好实验课的关键。

实验课独立性较大，组织教学如果做得不好，纪律容易紊乱，应切实解决。纪律不好的原因之一，是学生由教室上课改为在实验室做实验，尚不明确和熟悉实验课要求。因此，每次上实验课时，教师必须清楚交代实验的规则，并且严格要求遵守，注意培养学生良好的实验习惯。纪律不好的另一原因，是学生不清楚实验的方法步骤，到动手时纷纷要求教师帮助，必然造成紊乱。因此，在学生动手实验之前，一定要使全班学生都要了解实验方法步骤。纪律不好还可能由于有些学生无所事事而引起，中学的实验仪器、用具及材料往往较少，实验小组人数较多，喜欢动手的学生代替了全组的操作，其他学生袖手旁观，有的就趁此玩耍、打闹。为此，应尽量加强实验小组建设与分工管理，并加强实验的检查和评定。

3.4.2 中学生物学演示实验课的实施

演示实验是教师进行表演和操作，并指导学生观察的实验。有些生物学实验较复杂，或受设备、课时限制，常采用演示实验法。从演示实验的目的来看，有导入新课、获得新知识或巩固知识及指导学生课内外独立实验等功能。不同的目的产生不同的作用，引入新课演示是提供感性认识，使学生更好地接受新知识、获得新知识演示，如植物的光合作用，边讲边演示，有利于形成、理解生物学概念和基本原理；验证、巩固知识时演示，可帮助加深和应用生物学知识；指导学生课外独立实验的演示，是给学生进行课外实验起示范作用。

1. 中学生物学演示实验课的基本类型

按照演示媒介演示实验可分为普通演示实验、CAI辅助演示实验、局域网下实验管理与示教演示。

(1)普通演示实验。

普通演示实验是指教师在实验教学中，运用教具或教学仪器进行表演和示范操作，利用活的生物、标本、模型、挂图等向学生提供感性材料，并指导学生进行观察、分析、归纳以获得知识的行为方式。

①演示活的生物。

帮助学生认识生命的存在及其规律是生物学科的教学目标之一，生物学实验教学中自然少不了活的生物。在实验过程中向学生展示活的生物，不仅能够帮助学生掌握知识，更能让学生感受生命的存在，感知生命规律的可探究性。活的生物具有生命活动迹象，也就意味着它是运动变化着的，那么，在教学演示使用活的生物时，就要有充分的准备工作。

首先，对实验仪器、药品、材料进行准备。活的生物具有明显的季节性，教材所安排的教学进度不一定与季节相符，所以要提前或推后准备。例如，观察洋葱根尖细胞的有丝分裂实验，就要提前一个星期培养洋葱根尖。

其次，在不影响演示效果的前提下，根据本地季节、气候和生物学实验分布情况，对实验材料做灵活选择和处理。

最后，要达到预期的效果，教师应事先对实验操作和观察方法反复研究，不断改进。

②演示标本。

向学生演示活的生物易受时间、空间、地理位置及伦理道德等条件限制，所以，在无法突破这些限制时，我们可以选择相应的标本代替活的生物进行某些演示。标本具有固定、易保存、易展示等特点，但在演示时，教师要向学生交代标本的采集时间、地点、人工染色、人工摆放、解剖等加工操作过程。

③演示模型。

模型是生物学实验教学中常用的教具。模型不是实物本身，而是以实物作原型，经过模拟加工而成的仿制品，可按生物学教学的需要进行放大或缩小，能反映动态情况，还可以装卸，同时，它不受时间和空间的限制，便于使用和观察，能为学生建立立体概念，还能反映生物体或其局部的运动原理。演示模型通常有以下三种方法。

一是教师结合讲课进行演示，在数量多、模型小时可分发给学生；在数量少、模型大时可在课堂里巡回演示或边讲边用。利用模型教学时，应向学生交代其大小、比例、纵横切面等。

二是课后陈列观察。在课上学生不易看清的模型，可课后陈列，让学生自由观察，帮助学生理解实验教学内容。

三是利用模型进行复习提问。为使学生重视模型，提高观察的质量，教师在实验复习提问时，可让学生借助模型来回答，不仅能考查学生的知识水平，也会促进全体学生重视今后教师演示的模型。这种方法，能帮助学生理解、记忆，从而提高实验复习教学质量。

④演示挂图。

挂图是生物学实验教学中最基本的教具。挂图包括普通挂图、卷挂图、分层挂图、剪贴图、活动挂图等，其特点是平面显示实物，使用、保存都很方便。演示挂图能帮助学生认识生物体的外部形态、内部构造，认识生物与生物之间、生物与环境之间的关系。在演示时一般需要使用教鞭、激光笔等，主要注意演示的顺序性，注意点、线、面循序渐进的演示方法。

以演示人体消化系统为例，向学生演示胰腺的时候，用教鞭或激光笔点在胰腺位置不要乱动，但要注意教鞭不要遮挡胰腺部位，以免影响学生观察；而在向学生介绍消化系统、需要完整地向学生演示消化系统时，注意演示指向的线性顺序，按从口到咽喉、食道、胃等，直至肛门的顺序演示；在向学生演示胃的结构和位置时，应先沿胃的外周轮廓描绘一周，以向学生展示完整的胃及其所在位置。

(2)CAI辅助演示实验。

① CAI与生物学实验教学演示整合的意义。

CAI(Computer Assisted Instruction)被广泛译为“计算机辅助教学”，目前已普遍得到教育界的认可。计算机辅助教学首先改变了几百年来的一支粉笔、一块黑板的传统教学手段。它以生动的画面、形象的演示，给人以耳目一新的感觉。总体而言，计算机辅助教学不仅能替代一些传统教学的手段，而且能达到传统教学无法达到的教学效果。如应用多媒体展示课堂实验无法演示的宏观的、微观的、极快的、极慢的生物现象和生命过程，从而突破时间及空间的束缚，进行逼真的模拟，灵活地放大或缩小生物情景，将生物现象和过程生动形象地展现于学生眼前，使学生认识加强，理解透彻。例如，对于“有丝分裂、减数分裂”的分裂过程中“染色体、染色单体、DNA行为变化”的分析，应用计算机的动画功能，展现出随着细胞分裂过程的进行，染色体、染色单体、DNA进行的周期性变化。

计算机辅助教学是一种以计算机软件为载体的教学，而软件的易传播性，也是引起教学方法进行变革的巨大动力。从历史的角度讲，信息的收集和传播方式的每一次变革，都有力地推动了社会向前发展。而在当今的信息社会中，计算机和网络技术推动了现代社会向前发展。同样，好的教学软件，也能推动教育教学方式改革的发展。同时，一种好的教学方法也可随着软件迅速推广到全国各地，这就加速促进了教学方法更新。计算机辅助教学，作为信息化工程的一部分，必将体现出它独特的教学辅助的强大魅力。

②CAI与生物学实验教学演示整合的原则。

CAI只是一种认知工具，CAI技术的发展仅为教学的改革提供了物质条件。要想充分发挥CAI生动形象、生动活泼、人机交互、及时反馈和个别化等优点，在教学课程中使用CAI，还应遵循以下原则。

意义建构原则。建构主义学习理论强调建构学习环境对学生认识结构形成与发展的重要作用，基于建构主义学习理论所构建的学习环境中，学生是认知的主体，是意义的主动构建者，因而整个学习过程的最终目的是完成学生知识意义的构建，在这样的环境中，教学是从如何创设有利于学生意义建构的情景开始，整个教学过程都要以“意义建构”为中心去设计和实施。

必要性原则。在生物学实验教学演示中运用CAI的目的是服务教与学，提高演示教学效率，构建新形势下的演示教学模式。CAI在演示教学中是为需要而使用，不是用来为实验教学作点缀，更不是公开课上的昙花一现，应发挥CAI的技术力量，去做传统教学器具或手段不能做或做得不完善的工作，从而更合理地优化教学资源，构建互动式、多样化的学习环境，激发学生学习生物学的兴趣，加深学生对生物学知识意义的理解，领悟生物学的本质。

实用性原则。在生物学演示实验教学中运用CAI，可以使许多抽象的概念和难以理解的变化过程变得生动有趣、直观形象，在教学中起到了事半功倍的效果。因此，CAI技术应用于生物学教学应力求简捷、方便、实用。生物学教学中并不提倡每堂课都使用CAI，但在教学中运用时，应力求选择经典的适用于计算机辅助教学的教材内容，可以通过计算机模拟演示突破学生思维瓶颈。在CAI课件的制作上，力求简洁、方便、实用，在界面设计上力求简洁、明快，在课件演示的操控上力求进退自如。

启发性原则。CAI课件在设计和制作上都要从创新的角度出发，围绕教师的主导作用和学生的主体地位来进行。通过CAI提供的生动、直观的学习材料，激发学生的联想，唤醒学生长期记忆中的有关知识、经验或表象，去同化新知识，从中培养学生的创新意识，因而在教学过程中运用CAI还应遵循启发创新原则。

(3)局域网下实验管理与示教演示。

随着计算机技术和网络通信技术高速发展，继20世纪80年代教育领域CAI研究之后，20世纪90年代又出现网络教学的热潮，二者结合已成为当前教学手段现代化的主要内容。局域网下的实验管理与示教演示以第1章介绍的“网络化智能型生物学实验室"举例如下。

①幻灯教学。

在幻灯片上，教师写清楚本次实验所要观察的切片号码及内容，还有经过精心挑选的光镜图片。讲解时，教师先启动演示教学软件，再点击"教学示范"，将教师端的幻灯片内容直接传送到每台学生机上，这样，学生不必看教室前面的投影屏幕，在自己面前的计算机屏幕上就可看到清晰的图形，戴上耳机，即可听到教师清晰的讲解声。

②解答疑问。

学生若有疑问，可点击"请求发言"，教师收到信号后，可通过耳机与学生单独交流；还可将学生的镜下图像或屏幕内容调到教师端，教师通过控制学生鼠标来解答学生的疑问；如果教师认为这个图像很有代表性，可点击"教学示范"，将它传送到每位同学的计算机上，进行集体讲解或演示。

③学生交流。

在课堂上，学生间可以互相讨论或交流。交流的方法有多种：第一，教师点击"分组讨论"交流。学生每四人为一组，相互间通过耳机来交流，教师也可以加入其中进行讨论；第二，通过短信交流。生生之间、师生之间，可以收发短信，短信内容可以是文字，也可以是镜下图像或其他图片。

④学生拍照。

在观察切片的过程中，学生如果发现比较经典的组织学图像，可以拍下来，保存到自己的文件夹内，下课时自行复制，以备课后复习。这些拍到的图片，还可以在计算机上进行处理，以及对其中的结构进行标记。教师还可把它作为一项作业，来考查学生对切片的认知能力。

⑤作业布置。

点击教师端的"作业下发"，可将文字或图片等资料传送到每位同学的计算机上。在学生端，点击"我的作业"即可查看。学生写完作业后，点击"提交作业"，即可上传到教师端。

⑥课堂监控管理。

在教师端的计算机上，点击"学生通道"，可将所有学生计算机屏幕上的内容或镜下图像显示出来并投影在教室的屏幕上。这样每位同学在看什么切片，他们的作业进行到什么程度，有没有在课堂上干别的事情等，都可一目了然。

2. 中学生物学演示实验课的基本要求

生物学教学过程中，有些实验难度较大，有的需要使用复杂的仪器设备，有的受教学时间的限制，不能组织学生进行实际操作，只能由教师做演示实验。做演示实验时，教师要做到以下几点。

(1)有明确的实验目的。

课堂上演示的每个实验，必须有明确的实验目的，抓住教学的重点和难点，做到有的放矢。应避免教学目的不明确和学生因把演示实验视作好玩而不去认真观察这一现象。例如，在"渗透作用"的演示实验中，实验目的就是要说明进行渗透作用必须具备两个条件：一是要有一层半透膜，二是半透膜两侧的溶液要有浓度差，从而让学生进一步理解根对水分吸收的原理。

(2)做好充分的准备工作。

准备工作是做好演示实验最重要的一环。首先，对实验仪器、药品、材料进行准备。生物学实验材料具有明显的季节性，教材所安排的教学进度不一定与季节相符，所以要提前或推后准备。

其次，在不影响演示效果的前提下，根据本地季节、气候和生物学实验分布情况，对实验材料做灵活选择和处理。

最后，要达到预期的效果，教师应事先对实验操作和观察方法反复研究，不断改进。

(3)要有严格的规范操作。

正确操作是学生模仿的范例，因此教师演示时，首先，要注意自身的操作准确性和速度，操作速度太快，会影响学生的观察。其次，操作要与讲解相结合，根据教学内容的不同，可以边讲解边操作。最后，要注意整体示范操作与分解示范操作相结合，整体示范操作有助于学生了解操作活动的全貌，而分解示范操作有助于学生了解各个动作的幅度、力量、顺序、细节等方面。有条件的学校可以利用幻灯、录像、计算机等手段，以提高演示实验的效果。

(4)要有明显的实验现象。

演示实验中应有明显的实验现象，实验效果要保证绝对成功，这也是对教师工作能力的考验。实验装置应放在醒目的地方，要让全体学生都看到装置和实验效果。如果演示效果不明显，易给学生留下做不做实验都一样的印象，甚至还会形成错误的印象。

(5)要有实验结果总结。

在演示实验过程中，要向学生恰当地提出问题，让学生在解决问题的过程中，使所学的知识更加系统和深化，还能提高学生观察问题、分析问题和解决问题的能力和实验操作技能。在演示结束时，要引导学生对实验的现象和结果进行分析总结，避免虎头蛇尾。

(6)要及时做出正确的解释。

教师要能预测演示实验可能出现的偏差，并能做出正确的解释。在正常情况下，实验能按预想的结果进行下去，但有时也可能不按预想的结果进行。因此在备课时，教师要设想到各种可能性，一旦出现异常情况，必须及时做出正确的解释。

3. 中学生物学演示实验课的基本实施过程

演示的方法有两种：一是演绎性演示实验，即教师先提出实验的结论，边演示边说明，最后由实验证明结论是正确的；二是归纳性演示实验，即教师说明总课题后演示实验，教师引导学生观察实验主要现象，最后由教师或启发学生得出相应的结论。

(1)演绎性演示实验。

关于演绎性演示实验，就是教师在讲解某一主要实验内容时，是先给出结论，然后再通过演示实验证明结论的正确性。例如，教师讲授“种子的成分”时，首先应向学生说明：“种子是由许多成分组成的，其中之一就是水，下面我做一个实验加以证明。”

其次，教师把干燥的小麦种子放在试管中，摇动数次，使学生听到种子撞击管壁的声音。大家并没有看到种子贴在管壁上的现象，说明种子的表面并没有水，里面也是干的(不是刚收获的麦粒)。再次，把试管倾斜地在酒精灯上慢慢加热，不久，试管上部的管壁里就开始出现水珠。然后停止加热，向学生指出"水从种子里蒸发出来，在上部冷的管壁上已凝成水珠。这个现象证明水是种子的成分之一……"，最后教师指出不仅小麦种子如此，其他植物种子也都含有水分，只是含量的多少不同而已(对初中学生只能讲到这个程度)。

上述这种演示实验的使用方法可以简明表示为："结论—演示实验证明—小结"。从教学效果来看，这种演示方法尽管培养了学生一定的观察能力，但是学生的思维能力基本处于抑制状态，也就是说学生主要处于被动的接受状态。

(2)归纳性演示实验。

关于归纳性演示实验，与演绎性演示实验基本相反，教师在讲解某一主要实验内容时，先不给出明确结论，而是进行演示实验引导学生观察，然后通过实验现象的分析得出相应的结论。根据结论是由学生分析得出还是教师自己总结得出的，又可以分为自述归纳法和讨论归纳法两种。

①自述归纳法演示实验。

教师在实验进行中用语言引导学生观察主要的现象，实验完成后，再由教师根据现象得出相应的结论。如"种子的成分"一课，上课时教师先指出学习"种子成分"的意义，接着指出："为了知道种子有哪些成分，现在我们以小麦种子为例做一些实验……"接着，教师做水分、无机物(矿物质)、有机物(淀粉、蛋白质、脂肪)等实验。每个实验之前，不说明将会产生什么结果，学生在期待中观察分析后，教师再给出结论。

②讨论归纳法演示实验。

这种方法与自述归纳法的主要区别是：a. 在实验中教师除了用语言引导全体学生观察实验现象，还提出相关的疑问；b. 结论不由教师得出，而是引导学生自己去讨论归纳，教师不仅要求学生回答出结论是什么，有时还让学生说明得出这个结论的根据是什么。由于这种方法能在一定程度上培养学生的分析思考能力，符合认知的基本规律，是当前实验教学中比较倡导的使用方法之一。

归纳法演示实验的基本过程可简明表示为："提出问题—演示实验—结论"。这种使用方法与验证性演示实验相比较，不仅培养学生的观察能力，还在一定程度上培养了学生分析思考能力，因此相对认知水平比较高。

以上是我国目前大部分生物学教师在讲授新知识时，使用演绎性演示与归纳性演示实验的两种基本方法。从理解知识，特别是从认知效果去看，在通常情况下，归纳性演示(归纳性演示主要侧重于思维的训练)比演绎性演示好(演绎性演示主要侧重于技能的习得)，归纳性演示中尤其是讨论归纳法更好，因为不仅能培养学生的科学思维能力，还缩短了"师生间的距离"，甚至做到"师生融为一体"，能有效引导学生主动参与实验教学。另外，讨论归纳法对常犯"分心"毛病的学生作用也很大，因为教师随时提问"分心"的学生"看到了什么实验现象?""你会得出什么结论？理由是什么?"等，尽管教师提问的是少数人，但对全体学生都有督促和提醒作用。

4. 中学生物学演示实验课实施的注意事项

演示实验有很多演示方法，每种演示方法都有其各自的特点和需要注意的一些问题，但无论哪种演示方法，都应注意以下三个方面。

(1)操作规范，确保实验效果。

演示实验是要通过其效果来获得或巩固生物学知识，必须确保实验成功，使实验的对象和现象得以正确反映，实验的原理要有充分的科学依据。因此，实验的操作要规范，应严肃认真、实事求是，对实验不可避免的误差可做必要的说明，绝不能弄虚作假，培养学生实事求是的科学态度。保证实验效果的关键，在于演示实验前的充分准备，即使教学经验丰富的教师，也要根据不同的设备条件和班级，在演示实验前认真试做一遍，并考虑实际可能出现的效果，采取有效措施去控制不利因素。

(2)使学生看清、看懂实验。

由于演示实验时，学生常未掌握有关理论知识，不易观察到需要观察的实验过程、现象和结果。其一，这要求演示实验的可见度要大，使全班学生都能清楚看到。因此，演示的仪器及整个装置要适当大一些，位置要适当高，要观察的对象和现象应明显突出。如绿叶制造的淀粉遇碘变蓝的现象，可以在放叶片的玻璃后面衬上一张白纸，变蓝的部分就清晰可见。在显微镜下观察生物标本片，可用显微投影仪放大供全班学生观看。实验装置和操作力求简易方便，装置要在观察时才展示出来，以免分散学生的注意力。此外，教师所站的位置要合适，不要遮住学生的视线。其二，教师要努力引导学生观察实验的全部过程、现象及结果，并注意培养学生的观察能力。有些演示实物不够大，在讲台简单展示无法使每一位学生都观察清楚时可以使用实物展台，或将实物发给学生或学生小组。如果设备、实验材料等条件不允许，那么教师可以巡回演示。

(3)配合讲授及直观手段指导。

演示实验主要是教师动手，学生往往是被动地“看表演”，如何激发学生积极参加教学过程从而达到预定目的，这还需要在讲授指导上下功夫。实验之前，应交代实验的目的，介绍实验装置及操作步骤，有时还要提问，以复习有关知识或启发思考。特别要注意引导学生分析演示实验，逻辑地推导出结论，并把“特殊”的结论推广到“一般”，从而掌握生物学的概念和基本原理，培养学生的思维能力。如有的教师演示光合作用的几个实验很成功，但最后又孤立、抽象地去讲述光合作用概念的定义，未充分发挥演示实验的作用。

演示实验有时还要求板书、板画、挂图、标本、模型以及幻灯片、视频等各种直观手段相配合。

3.4.3 中学生物学探究性实验课的实施

长期以来，由于受传统教育观念及课程内容的束缚和影响，中学生物学实验教学在内容及方法的选择上多采用验证性实验，即由教师先讲授知识，然后通过实验，验证已了解的知识。这种实验教学方式不利于学生实验能力和创新意识的培养，束缚了学生独立思考的能力，致使学生动手能力差、视野狭窄、缺乏创新意识，严重影响学生的学习积极性。随着基础教育课程改革的不断深入和发展，面对21世纪对高素质人才的迫切需要，实验教学目标强调对学生的创新精神和实践能力的培养。20世纪80年代以来，教育专家们提出，在实验教学中采用探究性实验教学方法，以此来提高学生的学习兴趣，加强培养学生的思维和探究能力，许多生物学教学工作者进行了大量的实践研究工作，逐步形成了一种新型的探究性实验教学方法。实践证明，探究性实验有利于对学生逻辑思维能力和发散思维能力的培养，有利于激发学生的学习兴趣，提高学生的科学素质，培养学生的创新意识和实践能力。

1. 中学生物学探究性实验课的基本类型

探究性实验课的基本类型与探究性的几种模式分不开，下面，先简单介绍探究性的几种模式。

(1)“发现式”探究模式概述。

美国心理学家和教育学家布鲁纳认为，让学生通过发现去学习的方法是一种在教师指导下，以培养创造性思维为目标，以学科基本结构为内容，以发现为步骤的方法，通过这种探索发现的学习，来调动学生自觉学习的积极性。他说：“发现不限于人类尚无知晓的事物，正确地说，它包括用自己的头脑亲自获得知识的一切方法。”实际上，布鲁纳所说的发现概念，是指在人类已知成果和经验基础上的“再发现”，这种“再发现”的学习活动是指教师有目的有计划地给学生创造一个有一定层次的情境，通过发现因素的诱发来促进学生智力潜能的开发。“发现式”探究模式基本教学过程如图3-14所示。

图3-14　“发现式”探究模式基本教学过程

提出探究目标是发现教学模式的第一步，也是关键的一步。教师根据实验内容，在学生已有知识的基础上提出具有科学性的可探究的问题，使学生明确实验的目的与任务，激发学生的学习热情和强烈的求知欲，调动学生积极主动地发现实验的内在因素。例如，在确定“种子萌发的外界条件”这一实验的探究目标时，教师指出：植物种子成熟后，生理活动基本停止，以度过休眠期，这种现象是对不良环境的一种适应。当外界环境条件具备时，它又恢复其生理活动，开始萌发。那么究竟有哪些外界条件影响种子的萌发呢？种子萌发的外界条件是什么呢？这就是我们要探究发现的课题。

提供探究材料是指教师为了学生在最短的时间内达到探究目标，把依据实验内容精心设计的实验材料、仪器设备提供给学生，为学生进行独立探究创造条件。

指导学生设计探究发现方案是指教师向学生交代探究发现的方式和方法，提出具体程序、探究提纲及注意事项，学生按教师的指导设计探究方案，进行探究活动。在制订探究实验计划时，一定要集思广益、考虑周密、分工具体、合作有序。

学生按教师指导的设计方案，进行探究活动，观察实验现象，记录实验数据，绘制坐标图，填写实验报告，得出初步结论。在学生探究过程中，教师只能发挥引导的作用，绝不可包办代替，要充分发挥学生的主观能动性，使之独立完成各种探究性实验。

交流点拨，分析与讨论是在学生分组探究发现的基础上，全班在一起分析和讨论各自的实验情况，得出数据处理结果，以及总结出的相应结论。教师参加学生讨论，但以引导为主，让学生充分发表自己的见解，引导学生认识规律、掌握概念和原理，经过探究，最后达成一致意见。

总之，“发现”是学生获得科学知识、获得科学观念、掌握科学本领的一种重要途径和方法。

(2)“操作实践式”探究模式概述。

生物学教材的编写大多重视生物学实验，不论是初中生物学，还是高中生物学，都把生物学实验放在突出的地位。生物学是实验科学，生物学所特有的科学方法就是实验法。所以必须使学生知道，只有依靠实验、通过科学实践，才能学好生物学。我国现行的初、高中生物学教材，内容紧密结合实际，观察实验丰富生动，多种形式的练习深浅适度并有实际意义，不失为一套着重于“实验模式”的优秀教材。这套教材主张学生通过观察、实验，进行探索式的学习，达到理解生物学知识和发展研究能力的目的。“操作实践式”探究模式的特点是以“实验”为中心，进行问题讨论。“操作实践式”探究模式的基本教学过程如图 3-15 所示。

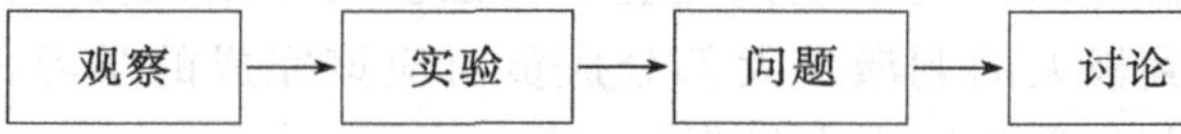

图 3-15　“操作实践式”探究模式的基本教学过程

从认识论角度来看，“操作实践式”探究模式应当包括感知模式、具体模式、直观模式等。因为实验模式本身也有一个由低级阶段向高级阶段发展的必要过程。实际上，在生物学教学中，没有演示和实验就等于没有自然科学的教学，离开了演示和实验的自然科学，其教学也不可能是高质量的。当然，“操作实践式”探究模式绝不是唯一的教学模式，教师应随着教学内容和学生对象的变化而发生相应的变化。

例如，在“苔藓植物”一节的教学活动中，采用边观察实验，边讲解的教学形式，使教与学通过提问引导—观察反馈—讨论解疑等双向活动紧密联系。实践表明，使用这种教学模式更符合学生的认知规律。

在生物学教学中使用“操作实践式”探究模式有六大功能：①可以丰富学生的感性认识，提高学习兴趣；②有利于突破教学重难点，理解生物学概念；③形成生物学图像，认识生物学过程；④便于启发学生思维，增强探索精神；⑤有利于培养学生观察力，掌握实验技能；⑥使学生养成良好的学习习惯，学会科学的方法。

2. 中学生物学探究性实验课的基本要求

义务教育和高中生物学课程标准将“科学探究”作为学科核心素养之一，强调“科学探究”是指能够发现现实世界中的生物学问题，针对特定的生物学现象，进行观察、提问、实验设计、方案实施以及对结果的交流与讨论的能力。学生应在探究过程中，逐步增强对自然现象的好奇心和求知欲，掌握科学探究的基本思路和方法，提高实践能力；在探究中，乐于并善于团队合作，勇于创新。探究性实验就是基于上述思想而在新课程中重点强调的一种实验类型，它是以过程与方法为纵轴线开展实验教学，既重视学生知识与技能的建构，又强调学生情感、态度与价值观的提升。换句话说，探究性实验中的实验仅仅是手段，是学生有效的认知工具，实验教学的根本目的在于培养有创新意识、创新精神和创新能力的人。而在实施探究性实验教学过程中，作为教师，要能够对学生的探究性实验加以引导就必须首先掌握科学实验的方法，能够引导学生选择科学的探究问题，进行严谨的生物学科学实验设计并对结果做出充分、科学的分析。有关生物学的一些相关实验技能与方法已经在本书第 3 章第 1 节有所介绍，这里不再进行论述。与此同时，教师也应该能够对学生科学探究的过程进行过程性评价。

在实验中如何激发学生主动参与探究性实验，建议教师应以形成性评价为激励机制，使学生对学习的个人价值与社会价值获得切身的体验，不断激发学生对学习本身的兴趣，保持良好情绪，不断朝期待的方向努力，将外部的期待变成自身积极的内在愿望。教师在实验教学实践中，可采用以下三种评价方式。①教师对合作小组的学习表现性评价(集体性)：可以促进小组成员集体感的形成及集体智慧的有效发挥。②小组对本组成员的学习性表现评价：可以促进成员间的互帮互促，使小组成员得到不同层次的发展，包括学生课堂学习的情感、态度、价值观表现的评价和代表小组回答问题得到的奖励评价。③探究性实验的阶段评价：教师、合作小组对小组成员探究的形成性评价，阶段性评价可以促进学生探究性学习层次的不断提高。实施评价以后，小组成员探究欲望将得到极大的刺激，大部分成员对应该完成的学习任务的主动性将有明显提高，并将在不断的学习过程中得到强化。

3. 中学生物学探究性实验课的基本实施过程

探究性实验的一般步骤如图 3-16 所示。

问题 → 假设 → 计划 → 实验 → 分析总结 → 交流反思

图 3-16　探究性实验基本实施过程

例如“探究叶绿素形成与光照的关系”的实验，首先要求观察黄豆芽与绿豆芽、韭菜与韭黄的叶，比较叶色的差异；其次提出问题——绿色植物细胞内叶绿素的形成受什么影响；再次进行假设——光照对叶绿素的形成有或没有影响；从次通过两种光照条件的控制设计实验，并设置对照组，进行观察、记录；最后全班交流得出实验结论，并将结论进一步引申到农业生产上如何培育韭黄、黄豆芽等。

(1)提出问题，做出假设。

实验探究常常是从提出一个科学问题开始的，科学问题是指能够通过收集相关事实和数据而回答的问题。在中学生物学各个章节的课题中，包含着许多需要通过实验收集数据并予以解答的问题。做出假设往往是科学探究的第 2 步，假设是根据现有的证据或者既往的经验，对问题做出的尝试性解释。假设是推论的一种，也有可能出错，必须通过实验进行检验。假设的陈述应该简明，通常采用“如果……那么……”的句式。

(2)制订计划，预测结果。

制订计划是探究性实验活动的关键环节，包括选择实验材料、确定实验用具、配制药品试剂、制订实验方案、确定实验记录格式、预测实验结果、提出实验注意事项等。制订的实验方案应该写明详细的实验步骤，以及在实验中要进行哪些观察或测量。

(3)执行计划，收集数据。

执行计划是指完成实验操作的过程。实验中得到的观察和测量结果统称为数据，通过收集、整理和解读数据的过程，才能获得支持或否定假设的证据。可见，在实验过程中收集足够的实验数据是一个关键环节。观察获得的数据通常是指生物体形态、结构、行为和生理现象等，描述和绘图是收集这些数据的主要方法。测量必须依照国际标准计量单位来测量，将测得的精确数据记录在事先准备的表格中。

(4)分析数据，得出结论。

分析数据是指在实验操作完成后，对收集的实验信息进行整理和解读的过程，根据揭示的事实或规律，确定实验数据是否支持原先的假设，运用证据和逻辑分析对提出的问题做出回答或解释，从而得出最后的实验结论。由此可见，结论就是对实验研究发现的总结。

(5)交流评价，进行反思。

科学探究常常是一种协作性活动，彼此的交流与评价有助于相互启发和信息共享，自我的反思与修正有助于深入理解科学概念和认识科学活动的性质。交流就是与其他人交换看法、分享信息的过程。交流的内容主要包括：科学探究过程、科学实验方法、描述观察结果、展示测量数据、报告研究成果和结论。为了帮助他人理解所陈述的复杂过程或事物，需要利用图画、图表、计算机图像等建立模型。交流也是一个评价过程，评价内容涉及科学探究程序的方方面面，主要是肯定合理部分并对存在的不足提出质疑。反思是指能够倾听和尊重他人的质疑，承认不同的观点或解释，并且在吸纳中肯意见的基础上修正自己的观点或结论。

4. 中学生物学探究性实验课的注意事项

(1)转变教学观念。

当今社会越来越强调教育要注重培养学生的创新精神和实践能力，而不是偏重于对学科知识的机械记忆、浅层理解和简单应用。组织学生做探究性实验，教师既要成为学生的指导者、组织者、促进者，又要与学生平等参与实验研究，不能越俎代庖，将学生的研究引向既定的结论。应树立以学生发展为中心的教学理念，积极为学生提供信息，启发思路，介绍方法，引导质疑、探究和创新。培养学生独立思考的能力和创新精神，让学生在探究性实验过程中充分发挥自己的聪明才智。

另外，由于新教材实验内容的增加，有些实验(包括研究性课题、探究性实验)是教师从未接触过的，教师必须改变以往那种先让实验员准备、教师只来上课的老一套方法，教师应亲自动手，取得第一手材料，从准备实验中发现问题，分析原因，找出对策。俗语说：要给学生一碗水，教师得有一桶水，教师应把实验课当作提高自己业务水平的重要途径。

(2)选题恰当。

中学生物学探究性实验的选题，应紧扣“课标”和教学内容来设计。题在书外，理在书中。选题能使学生温故知新，兴趣盎然。如设计植物根的向重力性实验，由于学生在初中阶段已经学习了有关种子结构和种子萌发的条件等知识，并且大部分学生已做过实验，因此实验应在这个基础上来设计，使学生更深刻地了解植物根的生长具有向重力性的特点，层层推进，学生也易于领会和接受。

作为探究性实验，教师必须考虑它的科学性、实用性和可操作性。鼓励学生探究生产和生活中的实际问题。例如，学习了生长素的生理作用，可让学生设计一个观察生长素(或生长素类似物)促进扦插枝条生根的实验；学习了植物的向光性，可让学生设计培育一株“S”形牵牛花；学习了光合作用和呼吸作用，可让学生利用花盆或小块菜地设计提高大棚蔬菜产量的实验。通过这些小实验，培养学生进行探究性实验的习惯。

鉴于当前中学生学习任务十分繁重，专业知识有限，所选题目宜小不宜大，一般使学生用所学知识或收集资料后，以既能探索未知的学习内容，又便于实验验证的知识为宜，选题“小中见大”。

(3)“提问”讲究，“诱导”及时。

在实验过程中，教师如何引导学生思考问题，提出“有效的”科学探究问题对于科学研究是极其重要的。每一个实验设计都是为了回答一个问题，而所提问题越精确，就越容易得到有意义的实验结果。在科学研究中，好的科学问题有两个特征：一是提出的问题必须对所需信息有清晰准确的定义；二是作为科学性的问题，必须具有可操作性，即这个问题应该是可以通过一定的方法，直接或借用一定仪器设备观察、测量、解答、检验的问题。

只有给出明确的相关信息，限定了研究范围的提问才有可能成为研究课题。一个好的问题可以指明所需的相关信息，例如：当提出“……什么时候……”时，是需要一个确定的时间作为答复；提出“……哪里……”时，是需要一个地点作为答复。如果想要给出一个有意义的提问，需要明确已经掌握了的信息，这样才能确定哪些信息是不知道的。当然，提出问题还需要一个思考的过程，这个过程即是一个集中注意力、整理信息的过程。

如果提问表述不够清晰，那么得到的答复就很可能不是问题提出者期望的，而这类表述不清的提问通常以“为什么”作为开头。这类问题通常是想问明事情的原因或者目的，学生们就经常提出“为什么”的问题，但往往他们表述出的和真正想知道的却大相径庭。例如，学生也许会问“为什么秋天树叶的颜色会变?”从这个问句中就很难看出学生真正想知道的是什么。他也许是想准确知道叶子内部发生了什么化学反应导致叶子变色；他也许是想知道叶子颜色的改变在哪些方面利于树木的生长；他也许是想准确知道怎样的天气变化会导致树叶颜色的改变。通过练习，可以让学生学会怎样表达他们真正想知道的问题。

好奇心是创造性思维的萌芽，好奇心表现为探究过程中的“好问”。在引导学生学会科学探究之前，教师首先要做好“倾听”学生提出问题的准备。这一方面包括专业知识方面的准备，另一方面也包括面对学生有可能提出的各种各样问题的心理准备，不要以“你问的问题不在教材涉及范围内”等话语作为对学生提问的答复。当学生提出与教学内容关系不大的问题时，教师一方面要对学生提出的问题表现出理解和赞同，同时也需要教师真正地去理解学生提出这类问题的思维方式，因为这类问题往往是学生发散思维和创新思维高度活跃的时候所发现的问题，此时，比起正确答案，学生更需要得到老师对问题的肯定，教师对学生提出的问题表示认同，帮助学生加工整理思路，“剖璞见玉”是对学生提问行为的鼓励。

(4)指导到位。

探究性实验突出了学生的主体地位，学生主动学习的空间更广阔，但并不意味着要弱化教师的主导地位，教师仍然是学习的组织者、指导者，因此适当的指导是必要的。教师要积极引导学生参与实验的全过程，实验的准备、实验的设计、实验的观察、实验的分析、实验的改进都要融入学生的智慧，要让学生有充分的动脑、动手、动口、动眼等机会。

教师的指导宜少而精，过多会束缚学生的思维，制约学生的手脚。如何把握指导的“度”？首先，探究性学习通常是小组活动，教师应指导学习小组内部分工，如观察员、记录员、总结者等。其次，教师要在巡视或参与学生探究的过程中，注意发现问题，及时点拨。最后，探究后的总结指导要注重结论的应用和扩展引申，以及教师要教给学生认真分析实验结果、科学处理实验数据的方法(如列表、坐标等)，学会写实验报告。

例如，在七年级的“探究萌发的种子发热”的实验：在保温瓶内装入萌发的种子，瓶口插一支温度计，并用棉花把瓶口封住，然后把装置固定在铁架台上。由于学生还没有学过物理学、化学，教师必须指导学生使用温度计、铁架台等仪器的方法，并启发学生：瓶口为什么用棉花封住？换成橡皮塞可以吗？对照组如何设置？实验结束后的总结指导要联系粮食的储存和农田的中耕松土。

3.4.4 中学生物学课外实验的实施

中学生物学课外实验是课堂的一种有效准备、延伸和补充。生物学的研究对象决定了生物学的实验与观察的长期性，因此，课外实验也就成为生物学教学内容的重要组成部分。

1. 中学生物学课外实验的界定

生物学课外实验指的是：教师根据教育教学需要，有目标、有计划、有组织地安排、指导学生以小组或个人的形式，利用业余时间，在校内、校外进行的一种生物学实验方式。根据目标不同，课外实验可以分为四种：一是为实验教学作准备和训练实验小助手的课外实验；二是实验课堂上已做了的实验，但还需要课后继续观察、记录和统计分析的实验和需要进一步探究的课外实验；三是校本课程和青少年科技创新活动的课外实验；四是学生纯粹出于对生物学的浓厚兴趣而自发在课后或业余时间开展的实验。

2. 中学生物学课外实验的特点

(1)教学辅助性。

生物学课外实验是教学活动的组成部分，是实验教学的先导或继续或外延。为实验教学做准备和训练实验小助手的课外实验，是为教学或实验做技术准备和指导准备。课后的实验和进一步探究的课外实验，是完成教学任务和满足学有余力的学生的学习需要。校本课程和青少年科技创新活动的课外实验以及凭借自身兴趣而自发开展的课外实验，是一部分学生将学习兴趣转化为学习志趣进而转化为终身志向的特殊课程的教学需要。

(2)研究独立性。

生物学课外实验是学生自己动手设计、自己实施管理和自己观察记录，在学生自己读书、汲取信息、查阅资料、做实验的过程中遇到的困难和问题，主要依靠学生自己动脑筋思考分析解决。因此，课外实验体现了学生的主体作用，体现了学生的自主性，教师处于指导、辅助的地位，使学生的主观能动性得到了充分发挥的机会，并能有效地培养学生独立获取信息、独立解决问题的能力。

(3)科学探究性。

校本课程和青少年科技创新活动的课外实验以及凭借自身兴趣而自发开展的课外实验，是锻炼和培养科学探究能力的最佳途径。对于学生正确使用一般的实验器具，掌握采集和处理实验材料、进行生物学实验的操作、生物学绘图等技能，利用多种媒体搜集生物学的信息，学会鉴别、选择、运用和分享信息，以及发展科学探究能力等是很有裨益的。而一般为了实验的教学准备和进一步探究的课外实验，实验原理和实验方法都比较简单，所用的仪器设备也不复杂，要求的实验条件也比较容易满足。但是，从材料的筛选、设备的组合与自制替代品到实验结果的预期、分析都是科学探究基本方法的训练。

(4)形式多样性。

课外实验的形式是多种多样的，只要是适应教学内容的需要，有助于达到活动的目标，参加某一课外实验的人数可多可少；课外实验的时间可长可短；课外实验活动者可动可静；课外实验活动场地可以在室内，也可以在室外，可以在校内，也可以在校外。总之，可以根据活动的内容、学生的年龄特征、知识水平和设备等具体条件，自行灵活确定课外实验的形式。

3. 中学生物学课外实验的意义

(1)巩固和深化课堂教学知识。

由于课堂实验受时间、地点等条件的限制，无法看到许多实验的全过程。要使学生能够具体、直观感受知识、概念的内涵，单靠课内讲授和实验是不够的。如“种子萌发过程”“根的向地性生长过程”等内容，在课堂实验的有限时间内无法看到结果，课堂讲授也只能一般性描述，因此，学生听后印象不深、掌握不牢。对于这样的内容，如果课后再辅之以课外实验，既可克服时间限制，观察也会更具体、更直观，当然也有利于巩固和深化课内知识。

(2)强化与提升实验技能。

课堂实验由于受时间、空间、人数、器材等的限制，观察、分析和动手操作机会大为减少，而课外实验大多分散在校外、野外或家庭中进行，场地较为广阔，或者参与实验人数较少，再加上实验延续时间较长，所用器材一般简便易得或者容易自制，这就大大增加了观察、分析的时间及动手操作的机会，有利于强化与提升实验能力。

(3)培养和提高科学素养。

课外实验是在课堂之外进行的，实验方案设计、实验器材使用、实验对象、实验现象观察和实验结果分析、整理等环节均独立完成，实验过程中遇到的各种问题也需要独立解决，所以与课堂实验相比，课外实验更能发挥学生个体在实验活动中的主观能动性，更有利于培养学生的独立能力。许多课外实验均为探索性实验，如“看看种子怎样萌发和长成幼苗”的课外实验需时较长，无法在课堂实验中完成，在这样的实验中通过动手操作、亲自观察、记录，并且动脑筋去比较、分析和思考，不仅获取了新的知识，而且学会了探求新知识，久而久之，便逐步养成了进行科学研究的初步能力和创造能力。“向日葵人工辅助授粉”“植物营养繁殖的操作”等课外实验，不仅印证和掌握了有关知识，而且还使学生学会了人工授粉、扦插、压条和嫁接等实用技术，培养了理论联系实际的能力。

(4)建立和养成科学价值观。

学生在课外实验中通过与其他同学进行交流和讨论，提高了他们对于生命科学内涵的认识，对于科学价值认同和认识论的感悟大有好处，而这些正是教师通过课内的讲授和实验所不能代替的。

4. 中学生物学课外实验设计及教学程序

根据课外实验自身的特点，其设计及教学步骤如下。

(1)确定课外实验的目标。

确定实验的目标是任何类型的课程首先要考虑的问题。确定课外实验的目标除考虑整个课外实验完成后应达到的目标，还应考虑每次课外实验活动(某一单元)的目标。同时还应将总目标、宏观目标、长期目标、模糊目标进行分解，具体到位，形成目标的多极化、阶段性，真正做到目标明确。

(2)分析学情。

学生起点知识和能力以及个性特征的分析是我们课外实验设计也要考虑的问题，只有设计了真正符合学生特点的课外实验才有意义，过高和过低都不利于活动目标的达成，相反，还增加了学生负担。除此之外，还应考虑学生的个性特征，为其个性的发展提供条件。

(3)课外实验形式的确定。

根据课外实验的目标和当地的实际情况以及学生的实情，来确定课外实验活动的类型和活动形式。活动类型在前面已有介绍。活动形式主要是指以个人还是小组或者整个班级的形式进行课外实验活动。

(4)课外实验的准备。

确定以上步骤后，教师开始做准备工作。课外实验准备主要包括：仪器、工具、材料及其代用品的准备；资料的准备；地点范围的准备；必要时的示范准备；安全的准备(包括出现各种意外情况的考虑)。

(5)实验方案的制订。

大多数课外实验在中学生物学教材中都没有详细的方案设计，因此，在实验前，教师应组织学生共同讨论，进行课外实验方案的制订，还应充分考虑到各种资源和可以替代的仪器设备和材料，乃至具体假设和验证假设的方案、方法步骤、结果记录、分析手段等细节问题。

(6)课外实验的实施。

在课外实验实施过程中，教师的任务是引导，在学生需要时提供必要帮助。

(7)总结、讨论实验结果。

学生的课外实验活动结果不是最重要的，关键是过程，这是课外实验的原则之一，但是课外实验活动完成之后，还是需要学生总结出一个基本结果，得出一个初步结论。

(8)教师的总结、评价。

学生得出结论后，教师要进行总结和评价，不仅对课外实验活动结果和结论进行总结和评价，更应对活动过程进行总结和评价。既对这次课外实验活动做出正确分析，肯定成绩，找出问题，也为下次课外实验活动积累经验。

5. 中学生物学课外实验的注意事项

(1)加强计划性管理。

课外实验是教学内容的组成和延伸部分，因此在设计课程计划时，可以考虑在其中安排课外实验。如人教版《义务教育教科书　生物学　七年级　上册》中，安排了5次课外实验：发豆芽、对某种植物进行无土栽培、帮助植物授粉、给栽培植物松土、参加当地的绿化活动。其中有一些课外实验是受季节限制的，所以，应及早按计划安排调整课外实验时间，以保证其正常进行。另外，课内实验的准备工作，也希望课外实验小组的骨干参加，培养他们成为课内实验的小助手。

(2)注重课外实验小组的建设。

构建实验小组是课外实验的组织前提。课外实验的自主性强，教师对实验的指导、监督、评价和管理都是通过小组完成的。课外实验小组通常由2～6名学生组成，在构成上要求小组成员家庭住址的地理位置靠近，兴趣相投也是主要的条件。至于学业成绩、性别、家庭背景等方面存在差异都是合理的。

3.5　中学生物学实验教学的评价

“评价”原意为评论货物的价值，英文中“评价”含义为引出和阐明价值。因此，从本质上说，评价是一种价值判断活动。教学评价是指以教学目标为依据，通过多种方法系统地收集各种信息，对教学效果做出价值判断，并对教学进行必要调整的过程①。教学评价是教师了解教学过程，调控教学行为，激励学生学习的重要手段，是教学过程的有机组成部分。通过评价，教师可以了解到学生的学习情况，并针对学生学习中存在的问题不断改进自己的教学。对生物学实验教学的评价是中学生物实验教学中不可缺少的一个重要环节。

---

①　张可柱，张祥沛．高中生物学新课程理念与教学实践[M]．北京：商务印书馆，2006.

3.5.1 新时代基础教育学生评价的价值取向

受传统教育评价观的影响，我国基础教育过于强调学生评价的甄别选拔功能，注重考试成绩，强调结果性评价，致使学生评价长期处于失衡状态①。新时代基础教育学生评价应转变评价的价值取向，使学生评价与教育实践和社会发展的需求牢固结合，发挥评价对学生学习的改进作用。

1. 为了学习而评价

“为了学习而评价”(assessment for learning)这一概念首次出现在1999年英国评价改革小组发布的宣传手册中。2002年，英国评价改革小组对这一概念做出了更为清晰的界定：它是指学习者和教师用来确定学生现在到底学到什么地步、目标应该在哪里以及如何更好地到达目标而收集和阐释证据的过程。“为了学习而评价”是从形成性评价理念发展而来的，它是在继承形成性评价关注评价过程的基础上，经过多年的实践形成的独特评价理念。“为了学习而评价”的核心要义是通过评价来促进学生学习，进而帮助学生主导自己的学习，使评价活动成为帮助学生逐步完成学习目标的教学过程的一部分。“为了学习而评价”应成为新时代基础教育学生评价的价值取向，让评价成为促进学生学习的重要手段。相较于传统教育评价理念，“为了学习而评价”在内涵上发生了如下转变。

第一，评价主体从单一的教师主体转变为教师和学生双重主体。“为了学习而评价”主张学生成为学习的主人、评价的主体，而不是仅将学生作为评价对象。它要求教师预先告知学生学习目标，让学生明确自身学习活动的方向，由此激发学生的学习主动性和内在学习动机，激励学生积极实现这些目标。在教学过程中，教师通过评价活动，实时掌握学生的学习状态和表现，及时调整和改善教学。同时，学生可以在教师的引导下通过自我评价明晰自己的学习目标、现有的学习水平以及达到目标的途径。这样有助于学生及时改进学习，促进自我发展。

第二，评价内容从注重学习结果转向学习过程和学习结果并重。传统学生评价理念更为关注学生考试成绩，而“为了学习而评价”不仅关注学生考试成绩、检验学生的知识储备和技能掌握程度，还将学生在学习过程中的表现作为评价内容，充分注意每个学生不同的学习起点和学习途径，寻找效率最高的个性化学习的道路，突出评价活动对学习的促进作用。由此可见，“为了学习而评价”不是为了测量学生达到学习目标的程度，而是在教学活动中通过评价及时发现学生在学习过程中存在的问题，并及时解决。

第三，评价结果从注重学生学业等级区分转向促进学生学习、鼓励学生超越自我。学习活动本身没有优劣之分，只要学生在学习的过程中有所进步、有所发展，那么其学习活动就可以被称为有效的学习。“为了学习而评价”有助于真正发挥“以评促学”的作用，通过对学生学习过程的评价，尊重每个学生的学习自主权和个性发展需求，让

① 刘志军，熊杨敬．基础教育学生评价生态的失衡与重构[J]．中国教育学刊，2017(9)：67-70.

学生能主导自己的学习。树立“为了学习而评价”的理念，有助于学生乐于接受评价、积极参与评价和有效开展自评。

2. 为了改进而评价

评价是手段而不是目的。“为了改进而评价”(assessment for improvement)能克服当下学生评价过于重视学习结果的弊端，实现对学生学习的起点、过程和结果的全方位评价，通过在不同时间节点采取不同形式的学生评价，可以有效改进学生的不足、促进学生发展。“为了改进而评价”关注学生每天在学校的所有表现，包括课上、课下展现出德智体美劳各方面的行为表现，并针对不同评价内容设计多元化的评价方法。

目前，我国基础教育阶段学生评价亟待解决的问题是破除“唯分数”的评价导向，改变过度关注学生考试成绩、将考试成绩作为学生评价的唯一指标的现象。相较于结果性评价，增值评价更符合新时代教育对学生评价的要求。学生增值评价是一种关注学生学习起点、过程、变化和结果的发展性、形成性评价，旨在测量学生发展的进步程度。增值评价可以剔除影响学生学习成效但短时间内无法改变的因素，评价学生在可以改变方面的一段时间内的学业变化情况，能有效实现“不比基础比进步”“不比背景比努力”。

基于此，树立“为了改进而评价”的价值取向的目的在于以下三点。第一，促进学生学习的改进。通过不同主体的评价，教育者可以全面详实地了解学生在德智体美劳方面的进步和不足，从而帮助学生不断改进，真正做到“以评促学”。第二，促进教师教学的改进。学生在评价中表现出的不足，可以为教师教学策略的运用提供有效的依据，有助于教师有针对性地开展教学活动，从而促进学生全面发展，实现“以评促教”。第三，促进学校发展的改进。学生的发展是学校长足发展的“立身之本”，学校可以在完善各项评价机制的基础上形成学校的发展特色。总之，学生评价能起到“以一带三”的作用，同时促进学生、教师和学校的改进。

3. 为了发展而评价

评价作为教育的重要组成部分，理应有助于促进学生发展。新时代我国基础教育评价需要树立“为了发展而评价”(assessment for development)的价值取向，让评价真正成为促进学生发展的“指南针”。“为了发展而评价”的内涵有以下三个方面。

首先，评价的目的在于促进学生的发展。学生作为成长中的人，无时无刻不处于一个不断学习、不断发展的过程，因此，对学生的评价应该在学生发展的过程中进行，而不是以一次评价结果或考试成绩来判断学生的终身发展情况。

其次，只有实现全面发展，学生才能成长为一个完整的人。新时代我国基础教育改革的目的是促进学生德智体美劳全面发展。“为了发展而评价”强调评价内容的全面与均衡，评价内容一方面要充分反映学生在德智体美劳五方面素养的发展状况，另一方面要关注学生的个性发展，彰显每个学生的成长与进步。

最后，评价以学生的发展为尺度展开，注重的是学生接受学校教育后在身心各方面上获得的增长。学生是独立的个体，每个学生的发展方向和发展目标各不相同，教师在对学生进行评价时，应该以每个学生的具体发展需求为出发点，进行有针对性的评价，从而促进学生发展。传统评价方式以成绩为基础、以分数为参照，过于重视考试结果评价，这导致了学生表现的日常性、成长的动态性和发展的差异性被忽视，把学生的发展需要“掩盖”在成绩分数之中。在这种评价观的导向下，实现学生全面而有个性发展的教育目的不断式微①。

综上所述，可以归纳出“为了发展而评价”的三个定位。一是指向学生的全面发展。学生在成长的过程中，需要通过评价来确定自身的发展是否达到了各级教育目的、目标的要求，是否满足了未来社会生活的基本要求，是否具备了国家公民的基本素养。二是指向学生的个性发展。学校不是工厂，教育的目的不是制造出质量、规格都一模一样的“产品”。作为独立个体，每个学生都有独一无二的个性和特长，以学生发展为导向的教育评价需要为学生个性发展创设公平和谐的外部环境，让每个学生在评价的过程中都能体现出自身的特色与优点。三是评价指向学生的终身发展。评价不仅要使学生各方面得到基本的发展，还要培养学生长远发展需要的品格和技能，使学生在离开学校之后能具备在社会中获得持续发展的终身学习的能力。“为了发展而评价”的提出不仅是为了促进学生当下的发展，还是为了帮助学生获得长远的发展。

3.5.2　评价的依据

1. 学业质量标准

学业质量是学生在完成课程学习后的学业成就表现，反映核心素养要求。学业质量标准是以核心素养为主要维度，结合课程内容，对学生学业成就具体表现特征的整体刻画②。学业质量标准作为《义务教育生物学课程标准(2022年版)》和《普通高中生物学课程标准(2017年版2020年修订)》的重要组成部分，与课程内容密切配合，为确定教学目标、开展过程性评价提供了重要依据。基于核心素养导向的生物学课程学业质量标准明确了生物学学科的育人价值和质量要求，系统阐明了学生在义务教育及高中阶段应当达到的生物学核心素养发展水平及其表现特征。

教师可以依据学业质量标准评价学生的学业水平，更好地把握教学尺度，做好以生物学核心素养为导向的教学实施方案，提高课堂的有效性，不断改进教学。无论在教学过程中还是在某一阶段的教学结束时，教师都应根据学业质量标准，对学生的学习过程和学习效果进行评价，了解学生的学习存在哪些优势，分析其中还有哪些不足，针对学生的学习成果，找到自身教学方式的优点与缺陷，发扬优点，弥补缺陷，改进教学，提升教学质量③。

2. 学科核心素养评价体系

学科核心素养是落实学业质量标准的基础与核心。学科核心素养体系是依据学科核心素养培养目标的实际要求，按照学业质量标准要求对核心素养表现特征做出的一

---

① 苏启敏．价值反思与学生评价[M]．北京：北京师范大学出版社，2010.

② 中华人民共和国教育部．义务教育生物学课程标准(2022年版)[S]．北京：北京师范大学出版社，2022.

③ 曹一鸣，王立东，何雅涵．义务教育数学考试评价与教学实施——基于《义务教育数学课程标准(2022年版)》的学业质量解读[J]．教师教育学报，2022，9(3)：97-103.

定描述和界定，它是落实学业质量标准过程中不可缺失的重要环节。学科核心素养是涉及知识、技能、情感态度价值观等多方面能力的集合体，根据学生学习的结果，按照学业质量标准、学科教学规律和学生认知发展规律，将学科各核心素养表现指标按照教学目标划分为不同等级，是将学业质量标准具体化的过程，同时也是检测学生通过学习后是否达到所规定的能力和素养程度的重要依据。核心素养不仅可教可学，而且具有可测量性，可以根据学科核心素养体系中对学生能力素养的规定要求进行教育评价。学科核心素养体系提供了达成具体学习目标后应对不确定因素下，学生应具备的处事行为特征，也为教师指出了教学要达成目标的具体要求，是教师应该培养学生具备什么样的能力的依据。由于学生存在学习能力的差异，达成学科素养和能力水平的层次不同，根据教育教学规律和学生认知规律研制学科核心素养水平等级划分，是评价学生学科核心素养的发展水平的重要依据。因此，系统理解新课标中学科各核心素养的内涵及其相互关系，区分各水平等级之间的差异，是全面、真实、合理评价的关键。

3.5.3 评价的内容

评价内容应以课程目标、课程内容和学业质量标准为依据，结合具体的实验内容，围绕学科核心素养，从生命观念、科学思维、科学探究和社会责任四个维度综合评价学生通过实验学习后的总体情况。除了评价学生应有的基础知识和基本技能外，更重要的是对学生学科核心素养养成状况的测评：学生能够理解生物学基本现象、事实、规律；能够解释发生在身边的生物学现象；掌握相关科学探究技能、比较、判断、分析和推理等思维品质，确立正确的情感、态度、价值观和科学的世界观；着眼于促进个人发展与社会发展的统一性，着力培养新时代中国特色社会主义建设者和接班人。

1. 对生命观念的考核

注重对生命现象的认识和研究生命现象的基本思想方法的考核。“生命观念”是指对观察到的生命现象及相互关系或特性进行解释后的抽象，主要包括：结构与功能观、进化与适应观、稳态与平衡观、物质与能量观等。通过分析生命观念的含义，引导学生形成生命观念这一基本的生物学核心素养。例如，在人教版《普通高中教科书　生物学　必修1　分子与细胞》“降低化学反应活动能的酶”一节中，安排了“比较过氧化氢在不同条件下的分解”“淀粉酶对淀粉和蔗糖水解的作用”“影响酶活性的条件”三个探究实验，引导学生通过实验现象和事实建构概念，达成“酶能降低化学反应活化能”“酶的专一性与高效性”“酶的作用条件温和”等概念，教师在该系列实验的评价中，应关注学生在概念形成上的具体情况。

2. 对科学思维的考核

注重在学习过程中的观念、程序和科学思维的考核。科学思维是一种客观的，建立在现象、证据基础上的思维方式，通过观察、实验、调查、统计、分析、综合、归纳、演绎，揭示事物的普遍规律，抽象出事物的一般原理，是一种建立在严密的逻辑基础上的思维方式。例如，在“探究培养液中酵母菌种群数量的动态变化”实验中，教师可以通过让学生自主设计表格记录数据，绘制变化趋势曲线，说明酵母菌种群数量变化并解释原因，利用公式预测第8天的数量，课后进行计数验证；总结造成曲线变化(包括上升、稳定、下降)的原因，并分析不同小组结果差异的原因，引导学生考虑营养条件、空间、有害物质积累、杂菌竞争等。

3. 对科学探究的考核

重视学生探究过程的体验，重视科学素养的养成过程。强调科学探究的重要目标是让学生体验科学研究过程，形成初步的科学探究能力，增进对科学探究的理解。具体目标能力包括：发现和提出问题的能力，形成猜想和假设的能力，进行简单实验设计的实践能力，收集和处理信息的能力等。如在“探究酵母菌细胞的呼吸方式”实验中，教师引导学生分组合作，讨论出实验的基本思路和预期结果及结论。教师提示：①分几组实验？②怎样控制有氧和无氧的条件？③如何检测产物中的 CO_2 和酒精？④如何保证酵母菌在整个实验过程中正常生活？学生分小组探讨并展示小组实验设计方案。教师进行过程性评价。

4. 对社会责任的考核

注重从生命的角度认识自然与环境的关系，强调对学生环境和社会的责任感的考核。生物学知识与生活、生产和社会息息相关，正确的社会责任意识不是自发形成的，需要在正确的思想指导下，在学校教育教学过程中，不断努力才能树立起来的。如在“探究抗生素对细菌的选择作用”实验中，学生在完成实验后，教师可提供以下情境题目对学生社会责任进行考核：下列使用抗生素的事例常见于许多家庭，请你分析其合理性并提出相关建议。①甲感染登革热病毒后，立即使用抗生素，他认为早用抗生素可以更早地痊愈。②乙在生病时，经常自行在医嘱的基础上加大服药剂量或缩短抗生素使用时间。①

3.5.4　中学生物学实验教学的评价方法

突出评价的发展性功能是中学生物学新课程评价改革的核心，突出评价的过程性是开展发展性评价的基本策略。所以中学生物学实验评价的核心内涵是要注重学生实验状况的过程性评价，实现评价目标多元化、评价手段多样化，强调形成性评价与终结性评价相结合、定性评价与定量评价相结合、反思性评价与激励性评价相结合。

综合以上评价的核心内涵，在中学生物学实验教学对学生的具体评价中，可采用建立学生生物学实验记录卡、实验的纸笔测验、实验操作的评价、学生实验探究能力的考查、访谈与调查结合的质性评价、表现性评价、设置学生实验成长记录袋等方法进行学生实验的全方位评价。

1. 建立学生生物学实验记录卡

学生生物学实验记录卡是教师用于系统观察记录学生平时实验课中情况的评价方法，也是教师和学生进行交流的工具。通过记录卡，教师可以了解学生的学习行为，有针对性地指导学生实验学习；学生也可以清楚地看到自己在实验学习过程中取得的

① 黄徐丰．“社会责任”核心素养评估研究——基于SOLO分类评价理论和哥特曼量表法[J]．中学生物学，2020，36(6)：45-47.

进步和存在的问题。一般情况下，记录卡只限于教师和学生本人之间进行交流，不宜向他人公开。记录卡可由教师根据本班学生的具体情况自行设计，主要项目包括以下几项：①学生在实验课中的出勤情况；②学生在实验课上的表现情况；③学生在实验小组合作学习中的表现情况；④学生完成实验的情况；⑤教师对学生实验课表现的评价和完成实验报告的情况等。

2. 实验的纸笔测验

纸笔测验是常用的评价学生学业成绩的方法，也是一种非常重要而有效的评价方式。评价的目的不仅要给学生阶段性实验学习的质量做出结论性评价或者评分，还要诊断学生在实验学习中存在的问题，便于教师和学生有的放矢、对症下药地进行解决。目前单元测评、会考、中考、高考的纸笔考试都包含了部分实验内容。实验题在各类考试命题中占有非常重要的地位，是考查学生综合能力的有效方法。要充分利用好传统的纸笔测验，就需要教师编制好实验测试试题，对学生进行实验相关考查内容的测试。

(1)编制实验的纸笔测验试题。

首先，教师要明确测试的目的，是为了诊断教学缺失和学习困难还是评定学生等级。根据测验目的来选择测验的试题类型、测验时间、范围、内容。

其次，把握中学生物学实验纸笔测试试题编制基本原则。①试题取材均匀，并具有实验内容的代表性。②试题的叙述应力求简明扼要，题意明确。③各个试题宜彼此独立，避免含有暗示答案的线索。④试题要避免错误，避免偏难琐碎知识。⑤试题要有科学正确的答案。⑥多数试题难易适中，尽量避免太难或者太易的试题。⑦在试卷中，试题排列顺序上遵循先易后难。

再次，在命制生物学实验的纸笔测验试题时，在内容上主要考虑三个方面。①突出实验基础知识和核心实验内容的考查。不必过分强调枝节内容和零散的知识，应考查学生是否具有良好的实验知识体系或结构。②重视能力考查。实验纸笔测验试题主要是检测能力，因此，试题要注重考查学生运用所学知识解决实际问题的能力，包括信息采集、编译、导出能力，分析思考能力，书面表达能力等。注重题型创新，如实验分析题适用于考查学生的原理应用能力；案例设计适用于考查学生的探究能力和表达能力。③兼顾科学态度与社会责任内容的考查。

最后，以实验教学目标为横轴，以实验内容为纵轴，设计双向细目表，尽量使试题的取材充分涵盖所要评价的实验教学目标和实验内容①。根据双向细目表，选定测验的题型，并参考各类型试题应有的命题原则与技巧，设计、编制实验的纸笔测验试题。

(2)分析实验的纸笔测验试题。

分析实验的纸笔测验试题，包括实验试题的分析和经过实验的纸笔测验试题测试后的学生答卷情况分析。

实验的纸笔测验试题测试后，经过对学生的答卷情况分析，可以衡量出命制的生物学实验纸笔测验试题是否科学，是否达到有效地对学生进行检测的目的，其衡量标

---

① 刘恩山．中学生物学教学论[M].2版．北京：高等教育出版社，2009.

准的主要量化指标是①：

①试题的难度(difficulty index)分析：试题的难度是指试题答对人数占总人数的百分比。难度值越大，表示答对的人数越多，说明试题越简单；反之，说明试题越困难。

②试题的区分度(discrimination index)分析：试题的区分度是指试题能够区别答对和答错人数的百分比，是试题能够区别高低不同能力组群的功能。区分度大表示将答对和答错人数很好地进行了区别。

在实验的纸笔测试中，对学生经过实验纸笔测试后的学生答卷情况展开分析，主要是分析学生在解答试题的过程中反映出来的一些具体问题。是实验的背景知识、实验的基础知识没有掌握，还是实验原理不明晰，是实验能力、信息能力欠佳，还是审题不仔细导致过失性错误，等等。同时要有针对性地进行实验纸笔测验试题的变式训练，提高学生的实验纸笔测验的应对能力。

【案例】

(2021 年全国高考卷乙卷第 2 题)选择合适的试剂有助于达到实验目的。下列关于生物学实验所用试剂的叙述，错误的是

A. 鉴别细胞的死活时，台盼蓝能将代谢旺盛的动物细胞染成蓝色

B. 观察根尖细胞有丝分裂中期的染色体，可用甲紫溶液使其着色

C. 观察 RNA 在细胞中分布的实验中，盐酸处理可改变细胞膜的通透性

D. 观察植物细胞吸水和失水时，可用蔗糖溶液处理紫色洋葱鳞片叶外表皮

(2021 年全国高考卷乙卷第 29 题节选)生活在干旱地区的一些植物(如植物甲)具有特殊的 CO_2 固定方式。这类植物晚上气孔打开吸收 CO_2，吸收的 CO_2 通过生成苹果酸储存在液泡中；白天气孔关闭，液泡中储存的苹果酸脱羧释放的 CO_2 可用于光合作用。回答下列问题：

(3)若以 pH 作为检测指标，请设计实验来验证植物甲在干旱环境中存在这种特殊的 CO_2 固定方式。(简要写出实验思路和预期结果)

【点评】

实验与探究能力是高考生物学考查的关键能力之一，以探究为特点的实验过程不仅会直接影响核心素养中“科学思维”“科学探究”的落实，也会间接影响另外两个核心素养的达成。2021 年全国高考卷乙卷生物学对实验与探究能力的考查主要涉及实验试剂的选择、实验操作方法、实验现象的分析和实验思路的设计。例如，2021 年全国高考卷乙卷第 2 题考查不同实验试剂的作用原理，要求学生准确理解不同实验试剂在鉴别、处理实验材料时的现象与作用，重视内容的基础性与覆盖面；2021 年全国高考卷乙卷第 29 题要求学生以 pH 作为检测指标，写出验证植物在干旱环境中的特殊 CO_2 固定方式的实验思路和预期结果。这些试题在不同程度上考查了学生实验基本能力、科学探究能力和科学思维方法，旨在改变教师在黑板上讲实验、背步骤的教学模式，引

① 刘恩山．中学生物学教学论[M].2 版．北京：高等教育出版社，2009.

导中学加强实验教学，回归课标、回归教材，减少死记硬背和“机械刷题”，围绕大概念和重要概念精心设计教学活动，创设丰富的情境案例，促进学生有意义地建构概念、理解概念①。在实验和探究教学中，要重视科学方法和探究技能的指导，让学生能通过思维活动或逻辑推理分析、解决问题，逐步发展学科核心素养，实现学科的育人价值。

3. 实验操作的评价

实验操作主要包括科学态度、实验设计、实验过程和方法、实验效果等方面的评价。常使用多种评价工具或形式，评价学生在实际情景中应用生物学实验基本知识的能力，以及在情感态度和动作技能领域的成就。

教师在考查前，可以将考核内容提前告知学生，让学生有一定的准备时间，同时为学生实验操作准备好所需的各种材料和器具。考查过程中，让学生自主设计实验操作，自主选择所需的材料和器具，教师进行评价，见表3-6。

表3-6　对学生的生物学实验操作评价表

项目	标准(优＝总是；良＝基本上；中＝有时；差＝很少)	评价
科学态度	积极参与、认真观察、如实记录、实事求是地报告实验结果	
实验设计	实验目的明确，实验设计有新意，仪器和用具准备充分	
实验过程与方法	按照实验室规章制度进行实验操作；了解实验器具、药品的用途、原理、使用方法及注意事项，能够科学正确地使用实验器具和药品；实验操作逻辑顺序合理，操作规范，能预见实验室和野外研究中所存在的潜在危害并对自身实施有效的保护措施，在危险发生后能正确及时从容应对	
实验效果	按时完成实验；实验效果好；能提出改进实验操作的建议或方法	
教师评价	教师评语： 教师签名：　　　　日期：	

【案例】

实验“绿叶中色素的提取和分离”

1. 确定教学目标

尝试提取和分离绿叶中的色素，简述色素的种类及在光合作用中的功能。

从结构与功能相适应的角度，理解叶绿体适于进行光合作用的结构特点。

通过对相关实验数据的分析和讨论，总结色素带颜色变浅的原因，领悟批判性思维、归纳与概括，发展科学思维。

① 黄徐丰，王国莉，林钿栋．2021年高考理综全国乙卷生物学试题评析[J]．生物学教学，2021，46(9)：60-63.

2. 制订实验行为评价量表(表3-7)

表3-7 “绿叶中色素的提取和分离”实验行为评价量表

序号	内容	是	否
①	是否先检查材料、用具		
②	是否正确处理菠菜叶片		
③	向研钵中加入的药品及用量是否恰当		
④	过滤操作是否正确		
⑤	是否正确制备滤纸条		
⑥	是否正确收集滤液		
⑦	是否正确画滤液细线		
⑧	滤纸条上的色素带是否完全分离		
⑨	实验结束后是否洗手、打扫卫生和整理		
⑩	是否规范正确书写实验报告		
评价建议			

3. 制订实验操作评价量表(表3-8)

表3-8 “绿叶中色素的提取和分离”实验操作评价量表

班级________ 学生姓名________ 教师姓名________

评价项目	评价要点及标准	分数	评定分数
提取叶绿体中的色素	取材：正确称量，菠菜叶去茎秆，剪碎	10	
	研磨：充分，快速。研钵上应加一纸盖	15	
	过滤：滤液收集于小试管中，及时用棉花将试管口塞紧	10	
制备滤纸条	形状规则；下端对称地剪去两角；用铅笔在下端1 cm处画线	10	
画滤液细线	滤液细线画2～3次；滤液细线要细、齐	15	
分离叶绿体中色素	滤液细线不能淹没于层析液；用培养皿盖住小烧杯(或者用棉塞塞住试管)	20	
观察记录	滤纸条上出现四条色素带；色素带相互分离	20	
实验持续时间		累计分值	

4. 制订实验过程评价量表(表3-9)

表3-9 “绿叶中色素的提取和分离”实验过程评价量表

考查内容	考查要点	同伴互评	教师评价
实验原理	①理解实验原理 ②了解实验所用药品的性质和作用		
实验过程	①收集的滤液颜色浓绿 ②滤液细线细、齐		
实验结果	从上到下有四条色素带，颜色分别是：橙黄色、黄色、蓝绿色、黄绿色		

【点评】

生物科学是一门实验科学，实验操作是生物学课程培养的重要能力之一。该案例是将学生在实验过程中的表现纳入评价视野进行全域评价，这种评价叫“表现性评价”。采用表现性评价除了观察学生在完成实验任务时的表现，还适合考查学生综合运用知识解决实际问题的能力，也适宜测评情感、态度和价值观等非智力因素，是一种对能力的行为表现进行直接评价的方法，也是当前流行的评价方法之一。

4. 学生实验探究能力的考查

培养学生的探究能力是中学生物学实验课的重要目标之一。在生物学实验教学过程中，对探究能力的评价重点应放在考查学生根据观察或生活经验发现有探究价值问题的能力，提出有效、准确、高质量供探究问题的能力，根据问题做出合理假设的能力，自行设计实验的能力，有步骤地进行实验、操作规范完成实验的能力。有时也需要综合运用纸笔测验、质化与量化结合进行评价，同时也要关注对情感态度及价值观的综合评价。

5. 访谈与调查结合的质性评价

访谈是中学生物学实验评价中收集具体情况和征求意见时常用的办法。对观察收集到的信息，有时还需要进一步了解学生本人以及他人的看法或意见，这就可以采用访谈的方法。访谈时，教师需要事先设计好目的与要求，围绕目的与要求提问，并控制访谈的议题中心，防止跑题。一旦出现跑题的情况，教师要及时干预，要做好访谈记录，以便能顺利地将记录综合成评价报告。

调查也是中学生物学实验教学评价中的常用方法。调查问卷从短小的表格到详细的说明可以有不同的规格和多种样式。如何设计问卷使其能够恰当、高效地获得教师想要得到的信息，就显得极为重要。

例如，为了了解和评价学生对生物学实验的兴趣、态度、价值观等方面的发展情况，教师可以设计一份生物学实验调查问卷，在实验课开设之前、课程之中、结束之后各进行一次调查，比较分析调查结果。实施调查可以采用面谈或笔答的方法。

【案例】

说明：

①本调查纯属个人研究课题所需，别无他意，请如实填写。

②不用填写姓名和学校，只需选择所在年级即可。(高二______、高三______)

③答题时，请选择你认为最合适的答案，并将答案序号填入题后的括号里。谢谢！

1. 你喜欢做生物学实验吗？(　　)。

A. 很喜欢　B. 喜欢　C. 较喜欢　D. 不喜欢

2. 你做分组实验时，动手情况是(　　)。

A. 每个实验都动手做　B. 多数实验动手做

C. 少数实验动手做　D. 从来不动手，只看别人做

3. 实验前，你常做预习吗？(　　)。

A. 每个实验都预习　B. 多数实验能预习

C. 少数实验能预习　D. 从不预习

4. 做某一实验前，你对该实验的目的(　　)。

A. 很清楚　B. 清楚　C. 较清楚　D. 不清楚

5. 你对"生物学实验"的理解是(　　)。

A. 实验是人为控制生物现象的过程

B. 实验是研究生物学的重要方法

C. 实验课是动手课

D. 实验就是在实验室上课

6. 你在实验观察中，发现过可疑的现象吗？(　　)。

A. 经常发现　B. 发现过　C. 较少发现　D. 从未发现过

7. 你对实验中观察到的现象，做记录吗？(　　)。

A. 经常做记录　B. 多数做记录　C. 少数做记录　D. 从不做记录

8. 你能独立完成实验操作吗？(　　)。

A. 全部能　B. 大部分能　C. 少部分能　D. 不能

9. 你在实验中对实验仪器的不足之处提出过改进意见吗？(　　)。

A. 多次提出　B. 提出过　C. 较少提出　D. 从未提出过

10. 你在实验中自制过简单的仪器吗？(　　)。

A. 多次自制过　B. 自制过　C. 很少自制　D. 从来没有自制过

11. 你们班的生物学实验分组情况是(　　)。

A. 1人一组　B. 2人一组　C. 3人一组　D. 4人以上一组

12. 课本上的"小实验""小制作"你是(　　)。

A. 全做　B. 多数做　C. 少数做　D. 全没做

13. 你对生物学实验课时数的看法是(　　)。

A. 多　B. 较多　C. 较少　D. 太少

14. 自己设计实验数据记录表格的情况是(　　)。

A. 全部自己设计　B. 多数自己设计　C. 少数自己设计　D. 从未设计过

15. 你能独立完成实验报告吗?(　　)。

A. 能　　B. 大部分能　　C. 少部分能　　D. 不能

6. 表现性评价

表现性评价是一种新型的学生学业评价方式，是指教师在学生完成一项具体的学习任务过程中，对学生的认知、情感、技能和学习成果进行的实际考查。这种评价的关注点是学生能够做什么而不是知道什么，它既可以了解学生在完成任务过程中所表现的行为、情感与心理过程，也可以评价经过学习过程之后所取得的外显的学习“产品”。这种方法联系学生对真实生活世界的体验，强调在真实的任务情境中对学业情况进行评价，所以，西方评价学者也把它称作“真实性评价”。

表现性评价是利用一种行为量规来评价，量规是一种表格形式的评价工具，它既可以进行评价或者等级评价，同时也是一个有效的教学工具，可以指导学生的行为，是连接教学与评价的一个桥梁。表现性评价的实施程序如下。

(1)确定表现性评价标准。

评价标准的来源主要有四个方面。一是国家课程标准。二是实践经验总结，如“仪器操作技能的评价”“小发明的评价指标”。三是教师专业判断。评价标准与教学目标、课程内容、教学过程要保持高度一致。四是师生共同商讨。被评价者参与评价设计的程度越深，对评价过程的认同度越高，也就越愿意在评价中投入更多时间和精力。

表现性评价是一项具体的任务，可通过编制评价等级量表和细则来完成。按照习惯做法，表现性评价可划分为优秀、良好、一般和较差四个等级。在实际操作中，也可根据评价项目的不同，做出相应的等级划分。

(2)制订表现性评价的评定细则。

在评价细则的制订方面，可以对表现进行等级描述来完成，通常描述应把握以下几点。一是教师应先自行操作一遍，找出可能出现的情况。二是列出实验操作的重要步骤，作为评价的标准。三是标准的数量不宜太多，一般限制在10～30项。四是评价尽可能用可观察、可测量、可量化的指标。五是将标准按行为表现的先后排列，以方便观察和判断。

(3)编制表现性评价量规。

评价量规可以由诸如1～10之类的数字构成，数字与质量水平相对应。评价量规也可由执行某种行为的频率(如总是、基本上、有时、很少)构成。还可能由表现的一般特性(如优、良、需努力)构成。

【案例】

观察花的结构

一、表现任务

本节课设计了9个任务，以指导学生的整个过程。任务1～7让学生动手完成一项生物学实验，任务9让学生制作花瓣贺卡，都属于真实情境性的任务。

1. 外部观察。观察百合花的外部结构，找出花瓣、雄蕊和雌蕊。

2. 具体计数。用手将百合花的花瓣取下，依次放好，观察花瓣、雄蕊和雌蕊的数目。

3. 分辨雄蕊。指出百合花的花药和花丝，用手触摸花药，感受花药中的花粉。

4. 分辨雌蕊。取下百合花的雄蕊，观察雌蕊的结构，指出柱头、花柱和子房。

5. 寻找胚珠。用双面刀取下百合花的子房，将子房横切，再将子房纵切，用放大镜观察纵切面，用双面刀刮出一粒粒的胚珠。

6. 观察玫瑰花。用观察百合花的方法，找出玫瑰花的花瓣、花萼、花托、花柄、雄蕊(花药、花丝、花粉)、雌蕊(柱头、花柱、子房)，并说明判断理由。

7. 小组合作。分组展示实验结果，讨论实验中出现的问题以及解决方案。

8. 实验报告书写。将实验目的、原理、工具、步骤、结果、分析写在实验报告上。

9. 制作花瓣贺卡。将花的各部分结构展平，贴出一个新的图案：在图案的旁边用铅笔标出各结构的名称；为你的创意图取一个名字；针对你的图案写一段美好的、祝福的话。

二、评分规则(表3-10)

表3-10 评分规则

表现任务	5分	3分	1分
外部观察	多感官结合，客观全面观察；细致入微，重点突出，能区分花瓣和花蕊的结构	相对客观，但不能多感官结合；观察不够仔细，能区分花瓣和花蕊的结构	不能进入课堂状态，观察方法不够恰当，不能区分花瓣和花蕊的结构
具体计数	完整取下花瓣，整齐摆放，没有损坏其他结构；细致观察花瓣、雄蕊和雌蕊，能准确说出其数目；实事求是，以实验结果为准	完整取下百合花的花瓣，没有破损其他结构，正确计数百合花的花瓣、雄蕊和雌蕊数	百合花花瓣不能完整取下，零碎百合花花瓣散落在桌面，不能正确计数花瓣、雄蕊和雌蕊数目
分辨雄蕊	准确区分花药和花丝的结构，说出雄蕊结构特点，通过触觉感受花药中的花粉	了解雄蕊的结构，能区分出花药和花丝的结构	知道雄蕊，但是不能找出花药和花丝
分辨雌蕊	完整取下雄蕊，了解雌蕊的结构，准确区分柱头、花柱和子房的结构，说出雌蕊结构特点	完整取下雄蕊，了解雌蕊的结构，能够区分出柱头、花柱和子房	完整取下雄蕊，但是不能找出柱头、花柱和子房
寻找胚珠	熟练使用双面刀片，在解剖盘上将子房横切再将子房纵切，确切找到胚珠	使用双面刀片，能将子房横切再纵切，找到粒状结构，但不能辨识	不能正确使用双面刀片，没有找到胚珠的结构

续表

表现任务	5分	3分	1分
观察玫瑰花	熟练去掉玫瑰花瓣，找到雄蕊和雌蕊，说出判断依据	找到玫瑰花雄蕊和雌蕊	操作混乱，不能准确区分玫瑰花的各部分结构
小组合作	熟练解剖玫瑰花，准确区分结构，从不同方面说出玫瑰花雄蕊和雌蕊的区别	操作步骤比较模糊，有些结构不能分辨清楚	操作混乱，结构分辨不清
实验报告	思路清晰，描述详尽，语言严谨，卷面工整	报告整体符合要求，只出现部分失误	报告不能符合要求，出现错误较多
花瓣贺卡	花的结构展平，图案有创意，标注名称和祝福语，整个作品较为美观	花的各部分结构展平，贴出一个新的图案	花瓣摆放较乱，不能形成完整的一个图案

将上述9项任务按照3个等级进行评分，综合教师评价、学生自评和学生互评，获得38分以上(含38分)的为“优秀”；获得31～37分的为“良好”；获得27～30分的为“及格”；27分以下为“不及格”。教师对于整个班级学生在表现性评价过程中的共同问题进行总结，学生也可以根据自己的各项得分进行反思和查漏补缺。

7. 设置学生实验成长记录袋

学生成长记录袋又称学生档案夹，是根据教育教学目标、有意识地将学生的相关作品及其他有关素材(包括实验记录卡、纸笔测验试卷、实验操作评语、实验报告、成果作品、访谈调查等)都收集起来，构成学生成长记录袋的主要内容。成长记录袋是师生共同创建的过程，民主、透明、真实是一大特点，质性＋量化是另一大特点，学生通过实验过程的亲身经历与自己成长记录袋建设中的全程参与，学会了反思和判断自己的进步与努力。教师则通过对学生成长记录袋合理地思考、分析与评价，比较全面地反映学生在生物学实验过程中的进步与成长。

(1)成长记录袋的主要内容(表3-11)。

表3-11　成长记录袋的主要内容

序号	主要内容	份数
1	自我介绍和评价	
2	随机评价记录表(包括实验课上答题、平时测验、作业、实验等)	
3	我的发现(发现的问题、设计的解决方案或探究方案、与别人不同的解决问题的方法等)	
4	一件科技小制作或一篇小论文	
5	一份或几份很满意的实验考试或考查试卷	
6	一篇最好的调查报告	
7	一本保存最好、质量最高的实验报告册	

续表

序号	主要内容	份数
8	一张或者几张最好的生物学实验绘图	
9	实验竞赛等方面的获奖证书或影印件	
10	我的实验学习总结或反思	
11	……	

说明：

学生的任务：设计、收集、编排。

教师的任务：①指导学生操作完成自我评价；②引导学生学会自我反思、定位、激励；③指导学生改进行为；④收集、保存学生的成长记录袋。

(2)设置学生成长记录袋的步骤。

①明确设置成长记录袋的目的。

设置成长记录袋的终极目的就是全面追踪反映学生的成长过程，使师生很方便地知晓学生在生物学实验中的发展情况，从而促进学生“全域”发展。

②确定成长记录袋所装内容。

成长记录袋所装内容的确定由师生共同商议进行。记录袋内装的应该是学生认为最能反映其实验课成就的实物材料，可以包括阅读过的书目及使用过的材料清单、实验设计方案、实验录像资料、小组活动资料、实验报告、调查报告、实验成绩测验分数、自制的实验模型及其他媒体资料、自我实验反省材料，其中也包括教师对学生所做出的量化评价分数与质性评语。

(3)进行有序存放，方便师生使用。

将已经建立的学生成长记录袋进行归类有序存放，按照年级、班、小组编制成册，方便师生的查阅与使用。不能杂乱堆放、不便检索，或束之高阁、流于形式。

在当今信息技术条件下，师生可运用信息手段的加盟来记录和展示在生物学实验的成长历程中建立起的电子成长记录袋，这将更方便、更快捷、更形象、更真实地反映学生实验中的成长历程。

3.6 中学生物学实验教学的反思

教学反思涉及教学价值、教学实践和教学环境等多方面的反思内容，在层次上又表现为理论性的、伦理性的和技术性的反思。如果说教学价值的思考是理论性和伦理性层面为主的反思，那教学实践和教学环境的思考就是以教学操作为主的技术性层面的反思。

3.6.1 教学反思概述

1. 教学反思的含义及解析

什么是“教学反思”？按照我国反思教学研究中的权威专家靳玉乐先生在《反思教

学》一书中的界定，教学反思指教师自觉地围绕自己已经实施了的教学实践活动进行重新评价，对教学实践活动中好的地方和不尽如人意的地方所进行的深度思量与改进①。因此，首先，主要是教师本人出于道德观、责任心、成就感而进行的自我反思(有时也来自学生的或同事的视角或其他方面的刺激)，即教师自己把已经实施了的教学实践中的各个教学部分，包括：教学目标、教学内容、教学策略、教学方式、教学评价等教学环节，作为认识对象而进行的重新、全面、深入的审视和质疑以及总结梳理。其次，教师自己在反思中找准已经实施了的教学实践活动中的差距。再次，做出整改方案。最后，在下一循环的教学实践活动时，教师尽量发扬其教学实践长处，尽量避免或克服教学实践短处，进入一个不断循环、螺旋上升的更优化的教学状态中，从而进一步提高教学的实效性，在此过程中同时提升了教师本身的教育教学素养。

2. 教学反思的程序流程

教学反思的程序流程如图3-17所示。

从图3-17可以看出，教学反思由“反思”开始，教师重新理性地去回顾与审视教学过程，然后提出整改方案计划（即提出计划)，做好教学实施准备，进入下一循环教学实施中(即实施教学“行动”)。然后，又对实施的教学“行动”情况进行信息收集(即收集数据)、对实施的教学“行动”情况进行思考分析(即分析数据)，对其再次评价和进入下一个循环的反思中。即反思教学是从“反思”开始，又跃升到下一次“反思”中去，这样的反思不是简单循环，而是从这一次反思到下一次反思不断地螺旋上升。

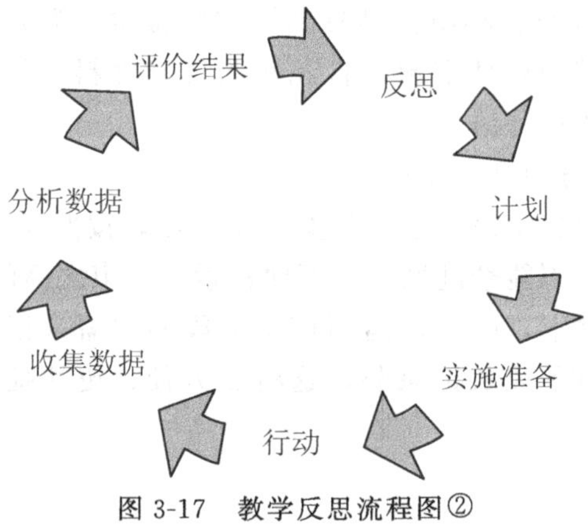

图3-17　教学反思流程图②

3. 教学反思与教师成长的关系

随着时代的发展、教育的深化改革，社会对教师的素质要求越来越高。在新一轮基础教育课程改革的推动下和新的课程观影响下，教师仅作为单一的经验型教师或单一的专家型教师都有失偏颇，已经不能满足高要求的现代教学需要，社会深情呼唤“经验型＋专家型＋反思型”的教师。

美国心理学家波斯纳曾提出教师的成长公式是“经验＋反思＝成长”，我国著名心

① 靳玉乐．反思教学[M]．成都：四川教育出版社，2006.

② 靳玉乐．反思教学[M]．成都：四川教育出版社，2006.

理学家林崇德也提出“优秀教师=教学过程+反思”①的成长过程。教学反思与教师成长的关系如图 3-18 所示。

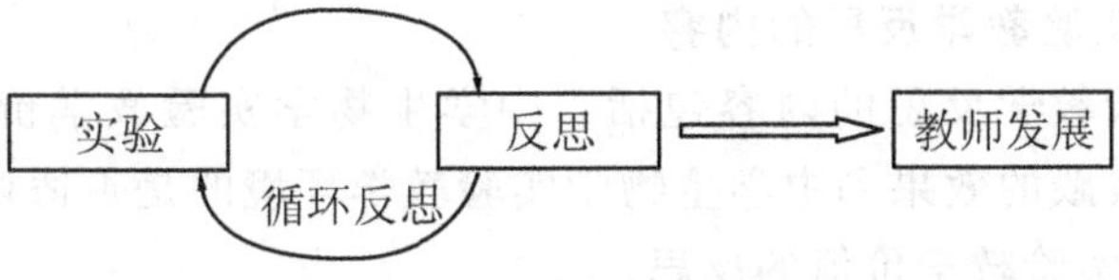

图 3-18　教师发展过程

从图 3-18 中可以看出，教师就是在这样不断反思、改进、发展中怒放出了教学生命的“火花”，到达了教学艺术的更高意境，步入了教学效果中的“神圣殿堂”。

3.6.2　中学生物学实验教学反思

中学生物学实验教学反思，指的是教学反思主要聚焦在中学生物学实验教学的相关方面。当上完一节、一个单元、一个学期、一个学段的中学生物学实验课后，教师本人、师生一起或教师与实验教辅人员一起对已经进行过的实验，进行定期或不定期的总结和信息反馈。主要目的是促使教师总结经验教训，便于下一循环实验课的改进和提升，更好地提高中学生物学实验教学的效果。

1. 中学生物学实验教学反思的类型

中学生物学实验教学反思的类型，按照反思时间可分为“行动后反思”“行动中反思”和“为行动反思”，即“实验教学后反思”“实验教学中反思”和“为实验教学反思”。这三类反思并不是一种线性关系，而是一个螺旋上升的发展过程，你中有我、我中融你、相互交织。

“实验教学后反思”与“实验教学中反思”虽然发生的时间不同，但都是对已做过的中学生物学实验或正在进行的中学生物学实验所做出的审视和反应。

“实验教学后反思”是在实验教学课后，教师对实验的各个环节的轨迹进行回溯与改进思考，使下一循环的中学生物学实验教学更加完美，有助于提高教学总结能力和评价能力。

“实验教学中反思”直接指向正在进行中的中学生物学实验教学。教师对实验中出现的始料不及的情况做出快速反应、调整与解决，从而确保实验教学顺利高效地进行，有助于提高中学生物学教师的教学调控和应变能力。

“为实验教学反思”则是对还未开展的实验所进行的一种事前反思、预测反思、主动性反思。是教师通过平常的“实验教学中反思”“实验教学后反思”而形成的一种习惯性超前反思，对即将进行的中学生物学实验进行前瞻性思考、预测、拟订计划、未雨绸缪，以促进今后的实验教学更加有效地实施，有助于提高教师的教学预测和分析能力。

一般来讲，青年教师偏爱“实验教学后反思”与“为实验教学反思”，而对于“实验教学中反思”来说，因为缺乏丰富的教学经验和组织教学的能力而不能游刃有余地进行。

① 林崇德．发展心理学[M]．北京：人民教育出版社，1995.

资深教师突出表现在“实验教学中反思”的自如操控，他们的敏锐、机智能帮助他们发现问题，然后反应并及时解决。

2. 中学生物学实验教学反思的内容

中学生物学实验教学反思的内容包括：中学生物学实验教学价值体现的情况、中学生物学实验教学实践的效果和中学生物学实验教学环境的是否适切等方面。

(1)中学生物学实验教学价值的反思。

中学生物学实验教学中的主体是中学生，教师是实验教学中的发动者、组织者、引导人。中学生物学实验教学价值的反思，就要考虑所开设的实验类型、实验训练的内容元素、实验开设的手段方式、实验的指导辅助、实验资源的合理分配等方面是否体现了以中学生作为学习主体、尽可能地调动其兴趣、满足其各种层次的需求。使中学生在实验中不仅得到了科学严谨的熏陶，还增加了兴趣，体验到了快乐，人格日趋成熟，素质全面发展。

(2)中学生物学实验教学实践的反思。

中学生物学实验教学实践的反思，宏观讲是对实验课程进行的各个大环节的回忆、整改。如：实验课程的计划、实验教学的组织实施策略、实验课前准备、实验教学的实施、实验教学的评价方面的审视。而具体讲，主要集中在对实验课程设计、实验教学目标、实验教学内容、实验教学方法、实验教学评价的反思上。

①实验课程设计的反思。

实验课程设计反思从几个方面去思考：实验课程设计的科学性、目的性与创新性。实验课程设计的科学性应依据“课标”的要求去做出正确判断；实验课程设计的目的性是依据实验教学目标进行权衡；实验课程设计的创新性是依据教师是否充分运用了学校实验条件的软硬件设施而开设出了所有要求的实验、是否照顾到了学生的需求、是否体现出了实验本身的特色和独具教师的个人特质等进行判断。在对实验课程设计综合得出总体审视性反思的同时，对下一循环的实验课程设计做出相应的合理调整。

②实验教学目标的反思。

实验教学目标的反思应从以下方面入手：

在实验教学目标的确定上思考依据“课标”制订的目标是否具体？除了根据“课标”制订实验教学目标外，可以根据学生实情基础、兴趣所在、今后发展的方向进行一些差异性地适度“微调”。

在实验教学目标的生成实现上，对预设的目标与真正实现的目标进行差异性分析，对已经实现的目标层次、实现范围和达成率的情况也具体分析，思考其中的问题，找出其中的原因，提出解决办法。

例如：“初中课标”在第一个学习主题“生物体的结构层次”中要求学生“正确、规范地制作临时装片，使用显微镜进行观察”。某教师在七年级实验之后反思发现，班上大部分学生从没见过显微镜，对显微镜使用需要手把手教。因此，在对实验目标进行反思后，在下一个班或下一个循环实验前，就要对学生的学情进行分析，再适度调整实验教学目标，如果大部分学生未接触过显微镜，教师则需要采取精讲显微镜的构造、强化显微镜的使用，确保达成“课标”的基本要求。

③实验教学内容的反思。

实验教学内容的反思应依据“课标”、教材或自行确定的实验内容，思考是否进行了创造性的、个性化的演绎、创生。可以沿着一连串的“追问”去进行反思：实验实施中对本实验的特点、重点、难点的把握与突出情况怎样？实验选材恰不恰当，是否达到了印证实验、演示实验、探究性实验的目的？实验操作简单明了吗？实验效果明显吗？课程素材的引进与加工能更好地帮助学生理解实验原理与实验方法吗？哪些部分可以修改？怎样改进？

④实验教学手段方法的反思。

实验教学手段方法主要按照“行为主义教学理论”的“刺激—反应”的原理去反思，重点思考为什么本次实验安排了这种教学手段与方法的实验刺激。安排这种手段与方法的实验刺激的理论依据是什么？这种实验教学的手段与方法建立起了“刺激—反应—巩固”的有效联结吗？还有没有更直观的、更友好、更独具教师个人魅力的手段与方法去强化对学生的刺激？实验教学策略中的“先讲解后实验”“边讲解边实验”“边示范演示边实验”“边实验边指导”“先实验后总结”“随机应变式”的这些策略是否满足实验教学的组织？有没有更好满足学生实际情况的更适切的策略？学生进行实验操作、实验分析、实验交流与表达的学习探究方法暴露出了哪些缺憾？如何改进与修复这些不足？

⑤实验教学评价的反思。

实验教学评价的反思是以确定的实验教学目标作为标准，对教师的实验教学工作与学生的实验效果做出客观衡量与价值判断的过程。可以从实验教学评价的理念、评价的主体、评价的方式、评价的内容、评价达成的最后效果等方面去回忆思考和提出整改方案。如评价除了关注实验的技能规范、实验报告的整洁以及实验成绩的评定以外，还应对学生实验态度进行观察分析，从而使教师更好地了解教学状况和学生的实验状况。

(3)中学生物学实验教学环境的反思。

按照靳玉乐先生在《反思教学》一书中的观点，教学环境指的是：教学物理环境与教学心理环境①。简单讲，教学物理环境指教师为学生构建的能使实验正常进行的各种物化条件，包括实验室的空间大小和环境卫生、实验器材的恰当数量配置、实验小组的人员组织、座位编排的方式等情况。

教学心理环境包括：师生、生生之间的人际关系，教师的组织管理方式，校风、班风、小组风气等，这些因素会对实验效果产生一定影响。师生、生生之间和谐的人际关系，有助于营造出和谐轻松的实验教学心理环境，能极大地提高学生学习的兴趣和效率。教师的组织管理方式中的民主性、放任性或专制性，都直接对实验教学效果产生影响。民主性教师尊重学生、欣赏鼓励学生，因而实验教学心理环境较为平等和谐，有助于学生思绪飞扬，进行创造性实验的开展。教师组织管理方式的放任或专制都有失偏颇，造成实验教学效果的低下。学生“主流性”的校风、班风、小组风气会使学生容易形成心理趋同的倾向，是影响实验教学的重要力量之一。

---

① 靳玉乐．反思教学[M]．成都：四川教育出版社，2006.

在教学反思时，教师本人应针对以上实验教学环境的方方面面，反思自己所创设的实验环境对学生的实验态度和实验行为以及实验效果是否起到了引导、帮助、促进、规范、约束的作用，有什么问题？应该如何改进？

3. 中学生物学实验教学反思的方式

实现教学反思的方式现在比较推崇行动研究、案例分析、教学后记三种基本途径。此处重点推荐简便易行的“教学后记”。

“教学后记”可以写、可以录。

“写”教学后记，方便、快捷、成本低，可以是条款型的反思“备忘录”，也可以是叙事型的反思“记叙文”，还可以是夹叙夹议的反思“教后记”，不拘一格，形式多样，自行选择。

“录”教学后记，直观、形象、方便交流、便于保管。当今，手机、照相机、摄像机的日趋普及，为“录”教学后记提供了更加便捷的载体条件，非常方便教师将平常实验教学中的“实情实景”完整地摄制并保存下来。既可作为教师教学欣赏、教学交流的“资源包”，又可作为教学研究、教学后记的“素材库”，为教师“教学后记”开启了更加“三维”、更加“立体”的视野。

下面着重从“写” 教学后记入手，介绍教学后记的几个方面。

(1)记成功之处。

将实验教学过程中成功之处真实地记录下来。如教学理论基本原理具体应用时的“顿悟”；引起学生实验“共鸣”的策略与手段；教育教学思想方法的有效渗透与应用的过程；实验教学中临时应变得当的措施与方法；达到实验教学目标的教学方法上的独到与创新；实验教学评价渗透的新理念、新方式、新内涵的实践体会等。将其详细得当地记录在实验教学设计上，供以后实验教学时参考使用，并可在此基础上不断地改进、完善、推陈出新。

(2)写不足之处。

即使是成功的实验教学也难免有疏漏失误之处，对其进行回顾、梳理，并对其作深刻的反思、探究和剖析，使之成为以后再进行实验教学时应该加以注意与吸取的教训。

(3)记教学机智。

实验教学中，随着实验内容的展开，师生的思维发展及情感交流的融洽，往往会因为一些偶发事件而产生瞬间灵感。这些“智慧的火花”“瞬间的灵感”“艺术地处理”常常不由自主、不期而遇，是创造性实验教学中的“结晶”，若不及时利用反思去捕捉并记录下来，可能便会因时过境迁而遗忘。这种记录是非常有意义的，随着教师的教学生涯延伸，这些记录下来的“教学机智”就是承载着一个教师由稚嫩的开始，走向成熟、成功、怒放生命的“教育家的丰富足迹”。

(4)写学生见解。

在实验教学过程中，学生是比较兴奋的，总会有“创新的火花”在闪烁，如自行创新实验设计思路、调整实验选材、变化实验手段、改革实验方法、实验中的小制作、实验中的小“聪明”等。教师应当首先持充分肯定的态度真实地记录，同时，这些难能可贵"创新的火花"也可以在日后实验教学中补充、完善与利用，是教师作为启发其他学生的"引子"。在下一轮实验中，这些来自学生群体中的"活生生的样板"为其他学生的实践创新提供了更有教育意义的素材。

总之，写"教学后记"，一在行动上，贵在及时、贵在执着地坚持；二在内容上，短小精悍、一事一议、一得一记，有感而发，求真务实，能真实反映教师本人在实验课中的思考、发现、感悟、体会或困惑；三在文体上，不拘形式，可以是教后记，教育随想，情景记录，案例分析，问题争鸣等；四在篇幅上，有感则长，无感则短，长短不拘，一有所得，及时记下，以记促思、以思促改、以改促教；五在时间上，做到记录及时，一般不超过当天，每周 2～5 篇，目的是使教学后记成为实验教学设计的延伸拓展与有效补充。

【案例】

《鸡绕道取食》实验教学反思①

"探究动物的绕道取食"是人教版《义务教育教科书　生物学　八年级　上册》第五单元第二章第二节"先天性行为和学习行为"中的一个重要内容，要求学生运用实验的方法探究动物的绕道取食是先天性行为还是学习行为，目的是培养学生的各种科学探究能力和严谨求实的科学态度。

一、本探究实验的亮点

通过本次实验，让学生清楚地观察到动物的绕道取食是学习行为，而且同一种动物在同一年龄段学习能力是有区别的。这个实验的成功是全体生物老师和同学们努力的结果，是全体班主任老师支持与配合的结果。这个实验有四大亮点。

亮点一：从科学知识到学习观、人生观的引导

我们在实验过程中适时对同学们进行了情感、态度教育、人生观的教育。当同学们观察到第一只鸡因胆怯不去尝试取食时，"这只鸡适应环境的能力较差不敢在众人面前去尝试取食，忍受饥饿。如果同学们不珍惜时间好好学习，增长知识和才干，那大家以后适应社会的能力也差，大家如何在高速发展的社会上立足呢？所以同学们应珍惜时间，好好学习，大胆尝试，提升能力。"当同学们观察到鸡要经历多次尝试才学会绕道取食时，温馨提示同学们："鸡都能克服困难达到目标，相信同学们会珍惜学生时代的美好时光，树立目标，排除万难，创造奇迹。"

亮点二：不拘泥于教材，将课内探究与课外探究有机结合

同学们的设计方案从教材上提到的成年鸡到小猫、小狗、小鸭以及不同年龄段的动物。当同学们观察到鸡经历了 8 次或 5 次"尝试与错误"就学会了绕道取食时，我们提出了新的探究课题：为了节约实验时间，我们选用成年家鸡，但成年家鸡在生长和发育过程中，已经具有一定的生活经验，所以经过简单的几次"尝试与错误"就学会了绕道取食。如果将成年家鸡换成刚孵出不久的小鸡或其他较低等的小动物时，要经过

① 漆世平，张健．关于《鸡绕道取食》的探究性生物实验教学反思[J]．中国教育技术装备，2013(29)：61-62.

多少次“尝试与错误”才能学会绕道取食呢？请同学们利用课余时间继续探究，由此激发学生们的探究热情，使探究不因实验的结束而结束。

亮点三：注重实验反思

实验结束后，要求学生写出实验反思，分析实验现象，改进实验方案，培养学生的创新精神。有同学在实验反思中这样写道：“今天，我亲眼看见鸡学会绕道取食的过程，虽然经历了8次‘尝试与错误’，但最终学会了绕道取食，增加了生存本领。从今天开始，我一定要珍惜时间，不怕困难，努力将学习搞好。否则少壮不努力，老大徒伤悲。”有同学在实验反思中写道：“虽然两只都是成年家鸡，但在学会绕道取食的过程中经历的‘尝试与错误’的次数却不相同，说明同一年龄段的动物学习能力不同。在本实验中要是每组实验分别用三只来自同一母鸡的成年鸡做重复实验，实验结果就更具有说服力。”有同学这样写道：“方案二中可以选用经饥饿处理的不同年龄段的鸡进行实验，如刚孵出的小鸡、孵出1月的小鸡、孵出2月的小鸡和成年家鸡，这样可以比较同种动物不同年龄段的学习能力。”有同学这样写道：“生物学实验太有趣了，我一定要努力学习，长大以后成为一名研究动物行为的生物学家。”还有学生这样写道：“对青春期的我们来说，尝试与错误也是一种学习行为，失败是成功之母。”

亮点四：充分利用农村学生的生活经验、学校的现有资源开展实验

实验场地、实验材料都就地取材，因地制宜，合理安排了探究时间，让探究活动高效有序地进行。

二、本探究实验的不足

虽然本次探究实验取得了一定的成功，但仍有不足。

1. 为了节约实验成本，没有按每班的学习小组在学校统一安排做实验，而是将全年级学生分成A、B两个大组。由于每组人数太多，加之离鸡的距离太近，对鸡的干扰太大，使得有一只鸡好长时间因胆怯不敢去尝试取食，浪费了一定的时间。

2. 虽然两组的同学们都很安静、但两组间的距离太近，组与组间存在相互干扰，应将一组设置在后操场，另一组设置在前操场，避免组间干扰。

3. 话筒声音太大，对鸡也有干扰。

4. 考虑到缩短实验的时间，鸡龄的选择稍大，下次尽量选择较低龄的小动物或其他低等的动物，使实验更具说服力。

5. 实验前，对动物进行饥饿处理的时间应更长，若是两天效果会更好。

6. 在本实验中，未设置重复实验。

总之，科学探究是一个丰富而复杂的过程，我们将继续努力，引导学生在生活和生产中发现问题，带着问题走进课堂，坚持课内探究与课外探究相结合，带着收获的同时带着更新的问题走出课堂。

第 4 章
中学生物学实验教学案例——初中篇

对于生物科学专业的师范生而言，通过动物学、植物学、微生物学、生物化学、生理学、遗传学等专业课的学习，已经掌握了中学生物学教材中所涉及的实验、科学探究活动等的实验原理、设备使用、实验操作方法等，缺少的是对中学生物学实验教学的设计、实验的准备、课堂组织、实验过程管理等方面的经验和注意事项的掌握。通过本章精选的初中生物学实验及第 5 章的高中生物学实验，希望能够指导生物科学专业的在校师范生或者刚刚走上工作岗位的教师，体验如何进行实验教学的设计、实验的准备、实验课的学生小组建设、实验室安全教育，实验课程实施过程中的教学组织、课堂管理、实验方法乃至实验数据分析、结论推导、效果评价等方面，做到细致、全面、安全、有效地开展中学生物学实验教学。每个实验都设计了实验基本知识与原理导航、实验目的与要求、实验准备、实验安全警示、实验方法与步骤程序、实验指导、数字资源拓展等环节，以上所有环节都是针对生物科学专业的师范生提出的，特此说明。

实验 1　体验科学家是怎样工作的

本实验目的在于使学生体验科学的工作方法。由于长期以来重视实验结果和结论的记忆，而忽视实验过程与方法的经历和感悟，所以在中学开展此类实验是一种新的尝试。

1.1　实验基本知识与原理导航

为了适应时代的发展，《义务教育初中生物学课程标准(2022 年版)》在继承我国现行生物学教学优势的基础上，力求更加注重学生能够在探究能力、学习能力和解决问题能力方面有更好的发展，能够在责任感、合作精神和创新意识等方面得到提高。因此，课程目标提出：要初步具有收集和利用课内外的图文资料及其他信息的能力，初步学会生物科学探究的一般方法，发展学生提出问题、做出假设、制订计划、实施计划、得出结论、表达和交流的科学探究能力，在科学探究中发展合作能力、实践能力和创新能力。初步学会运用所学的生物学知识分析和解决某些生活、生产或社会实际问题的能力，使学生不仅能学习和记忆现有的生物学知识和技能，而且能够学会如何发现新的知识，为提高全民族的科学素质做好最基础的思维训练。

根据《义务教育生物学课程标准(2022 年版)》发展核心素养的课程目标的要求，在初中生物学实验中，不仅以“生命观念”的知识作为基础，尤其强调要促进“科学思维”

和“探究实践”能力与品格的形成。

“科学思维”指的是：在认识事物、解决实际问题的过程中，尊重事实根据，崇尚严谨求实，基于证据和逻辑，运用比较、分类、归纳、演绎、分析、综合、建模等方法，进行独立思考和判断，多角度、辩证地分析问题，对既有观点和结论进行批判审视、质疑包容，乃至提出创造性见解的能力与品格①。

发展科学思维是培育学生理性思维、批判质疑、勇于探究等科学精神的重要途径。

“探究实践”指的是：源于对自然界的好奇心、求知欲和现实需求，解决真实情景中的问题或完成实践项目的能力与品格。探究实践活动主要包括科学探究和跨学科实践。主要环节有：发现问题或提出任务，制订方案，实施方案，获得证据或形成初步产品，分析证据或改进设计，得出结论或物化成果，进行表达、交流或展示，等等。

科学探究是学习生物学的重要方式，跨学科实践是扩展视野、增强本领的重要途径，探究实践是创新型人才的重要标志。

1. 理解科学探究

①体验科学探究是人们获取科学知识、认识世界的重要途径之一。②意识到提出问题是科学探究的基础，解决科学问题常常需要做出假设。③意识到科学探究可以通过观察、实验、调查等多种途径来获得事实和证据。④意识到科学探究既需要观察、实验、调查，又需要进行推理和判断。⑤体会到科学探究需要正确地表达，需要与人交流和合作。科学探究的具体内涵见表4-1。

表4-1　科学探究的环节与内涵

科学探究过程中的各个环节	基本内涵
发现问题或提出任务	尝试从日常生活、生产实际或学习中发现与生物学相关的问题，尝试书面或口头表述这些问题，描述已知科学知识与所发现问题的冲突所在
制订方案	拟订探究计划，列出所需要的材料与用具，确定并控制变量，设计对照实验
实施方案	进行观察、调查和实验，获得和收集证据，形成初步产品，分析、评价证据的可靠性或改进设计
得出结论或物化成果	描述现象，得出结论或物化成果
进行表达、交流或展示	撰写探究报告，交流探究过程和结论

① 中华人民共和国教育部．义务教育生物学课程标准(2022年版)[S]．北京：北京师范大学出版社，2022：5.

2. 发展科学探究能力

《义务教育生物学课程标准(2022 年版)》还给出了“探究影响鼠妇分布的环境因素”的教学与评价案例，此案例重在使学生经历探究的全过程，领悟科学的思想观念、研究方法，形成一定的科学探究能力，并从中去体验理解科学发现的乐趣。

“探究影响鼠妇分布的环境因素”的实验，以鼠妇作为研究对象。鼠妇，又名鼠负、负蟠、鼠姑、鼠黏、地虱等，是甲壳纲(Crustacea)等足目(Isopoda)潮虫亚目(Oniscoidea)潮虫科(Oniscidae)鼠妇属(*Porcellio*)动物的俗称，全世界有 150 种以上，多为分布广泛的世界性物种。光对鼠妇的生活有着极大的影响，因此鼠妇通常生活于潮湿、腐殖质丰富的地方，如潮湿处的石块下、腐烂的木料下、树洞中、潮湿的草丛和苔藓丛中、庭院的水缸下、花盆下以至室内的阴湿处。中国常见种有鼠妇、光滑鼠妇等。由于它具有生长迅速、繁殖能力较强、容易捕捉等特点，所以经常用来作为实验的材料。关于“探究影响鼠妇分布的环境因素”的详细实验过程，请参考《义务教育生物学课程标准(2022 年版)》中的相关内容。

因为南北地域的差异性，“探究影响鼠妇分布的环境因素”的实验也可以采用“探究影响果蝇分布的环境因素”的实验来代替。以下是“探究影响果蝇分布的环境因素”的实验全过程。

“探究影响果蝇分布的环境因素”的实验，以果蝇作为研究对象，果蝇属果蝇科(Drosophilidae)果蝇属(*Drosophila*)昆虫。体长 3 mm，黄褐色或带斑点，眼睛亮红色，具有完全变态(图 4-1)。由于它具有生长迅速、繁殖能力较强、容易饲养、饲料易得、实验需要空间较小等特点，经常用来作为遗传学实验的材料。

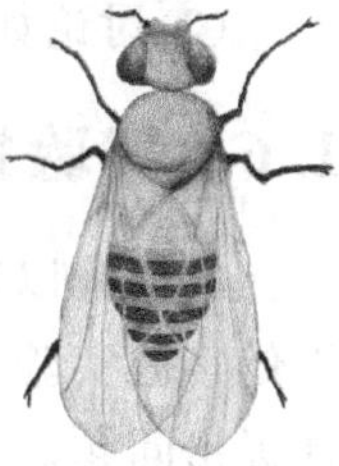
图 4-1　果蝇

1.2　实验目的与要求

(1)锻炼指导学生进行探究的能力。

(2)熟练地运用实验法的基本要求，引导学生设计实验的全过程。

1.3　实验准备

1. 实验器材的准备

大号透明塑料食品袋、广口瓶、腐烂的香蕉、香蕉味的香精、米酒、食糖、水、白纸、橡皮筋、记录本、笔。

2. 预实验的准备

果蝇的诱捕和处理：实验前 3～5 d，准备若干广口瓶，瓶内放入少许腐烂的香蕉，用白纸和橡皮筋封好瓶口，白纸上开一个直径约 0.5 mm 的小孔，以便让果蝇进入瓶内。将广口瓶置于草地或花坛里，野生果蝇便会飞入瓶中，待瓶内的果蝇达到一定数量时，将封口纸换成纱布，就可以进行实验了。实验前 2 d，用一个同样大小的广口瓶，口对口罩在除去封口纱布的有果蝇的瓶子上。将下部的瓶子遮黑，利用果蝇的趋光性，使果蝇和腐烂的香蕉分开(图 4-2)。等果蝇全部飞到空瓶中，用纱布将有果蝇的瓶子口封住，并让果蝇处于禁食状态 1～2 d。保留一瓶果蝇不与食物分离，供学生观察思考、提出研究问题用。

图 4-2　分离果蝇的数量

1.4　实验安全警示

本实验中接触玻璃瓶应注意避免破损、刺伤手指，接触大量果蝇应防止其飞入眼睛，必须佩戴手套和护目镜。

1.5　实验方法与步骤程序

(1)设计一个什么物质引来了果蝇的探究实验，并实际操作一遍。

(2)讨论如何鼓励学生像科学家一样工作，体验科学探究的过程。

1.6　实验指导

本实验以亲历科学探究为主要目的。在板书了课题“体验科学家是怎样工作的”后，不像其他实验交代目标、方法步骤、注意事项等，而是鼓励学生观察果蝇的生活环境并提出问题。

(1)引导观察。教师将饲养果蝇的瓶子和装有新鲜香蕉的瓶子展示给学生观察，告诉学生科学家也是普通人，只是科学家会从平常的事物中发现科学问题。提示学生观察的目的是，要提出一个可以用生物学来研究的问题。进行观察时，不仅要用眼，还要把其他感觉器官都用上，耳、鼻、舌、身也能帮我们感觉事物，有时还要借助一些工具，譬如放大镜等。最重要的是一边观察，一边还要思考观察的事物有什么变化、有什么不同。

(2)提出问题。先指出自己观察到的饲养果蝇的瓶子和装有新鲜香蕉的瓶子有什么不同。然后大家一起讨论，这些不同怎样形成一个可以研究的生物学知识问题。教师要善于认同学生发现的问题，并不是任何问题都可作为科学研究的开始的。所以，首先，需要让学生明确科学问题与非科学问题的区别。其次，要让学生知道怎样表述问题才算清晰明了、才足以作为科学研究的问题，进而让学生学会如何去组织、提炼科学问题。最后，确定以探究“什么物质引来果蝇”作为此次实验的研究问题。

(3)做出假设。假设就是一种科学猜想。通过交流各自对果蝇的观察，应用已有知识，对问题的答案提出可能的设想。比较腐烂香蕉和新鲜香蕉的差别，猜猜看究竟什么是吸引果蝇的主要环境因素，并且预计假设和猜测是否能够通过实验来检验。教师选定学生提出的较为合理的推测，如以香蕉的果香味、甜味和酒味是吸引果蝇的主要因素作为假设，进入下一步活动。

(4)制订计划。采用教师提供的器具和实验室可利用的其他器具，要求学生设计一个实验方案用以验证自己的假设。在其他条件要求一致的情况下，如用大口瓶就都用大口瓶，用培养皿就都用培养皿，用液体检验就都用液体……主要思考怎么模拟香蕉的果香味、甜味和酒味。同时考虑将实验限制在一定的空间范围内，进行实验器皿标号，设计记录表格，以便记录。实验装置设计建议如图 4-3 所示。

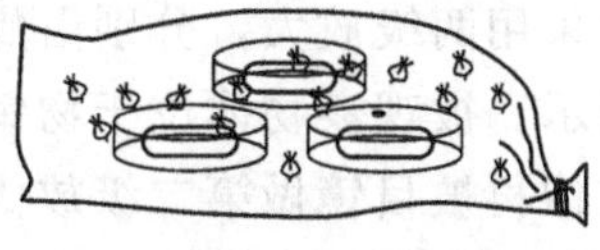

图 4-3 果蝇实验装置示意图

(5)实施计划。根据自己的实验设计进行实验，观察并记录果蝇在一定时间内的活动变化。

(6)得出结论。统计和分析各组实验数据，讨论实验数据是否支持假设。

(7)表达交流。讨论“你认为本实验验证了什么物质引来了果蝇”，交流并撰写探究报告。

(8)实验结束后的总结。本次实验的结果并不重要，重要的在于实验结束后的回忆，你认为实验法应当包括几个主要环节？回忆全过程后进行总结，实验法包括：①观察事物；②提出问题；③做出假设；④制订计划；⑤实施计划；⑥得出结论；⑦表达、交流等环节。最后得出：科学家就是这样工作的，本次活动只不过用了最简单的过程，体验了科学家的工作方式。

活动完成后将果蝇放回大自然中。

1.7 网站链接

义务教育生物学课程标准(2022 年版)，http://www.moe.gov.cn/srcsite/A26/s8001/202204/W020220420582359998122.pdf。

实验 2 认识显微镜的结构 练习使用显微镜

显微镜的使用是“初中课标”的第一个主题“生物体的结构层次”中要求初中学生掌握的技能。正确规范地使用显微镜是生物学的基本技能之一，也是形成实验能力的重要因素。同时，使用显微镜可以帮助初中学生更加直观地认识动植物细胞的结构特点，了解微观的生物世界，加深对生物学知识的学习。因此，在有限的时间里要让初中学生熟练且规范地使用显微镜。

显微镜是初中生物学实验仪器中较为贵重的仪器之一。对于七年级学生来说，显微镜结构复杂且操作相对烦琐。要求他们在两课时的时间内记忆显微镜的结构、各部分的功能，同时学会正确操作显微镜是一件比较困难的事情。因此在传统的教学中，教师一般采用同步式教学，即面对几十个学生教师边演示指导，学生边完成实验的过程。这是初中学生第一次做的实验，也往往是新教师首次指导的实验，师生都有一定的困难和问题。选做本实验可以使学生熟练掌握显微镜的使用，使教师掌握实验准备和指导工作。

2.1 实验基本知识与原理导航

表面为曲面的玻璃或其他透明材料制成的光学透镜可以使物体放大成像，光学显微镜就是利用这一原理把微小物体放大到人眼足以观察的尺寸。近代的光学显微镜通常采用两级放大，分别由焦距很短的物镜和焦距较长的目镜组成，其成像光路如图4-4所示。被观察物体位于物镜的前方，被物镜做第一级放大后成一倒立的实像，然后此实像再被目镜做第二级放大，成一虚像，人眼看到的就是虚像。而显微镜的总放大倍率就是物镜放大倍率和目镜放大倍率的乘积。通常显微镜都有几组物镜和目镜，并分别标有放大的倍数，可供任意选择。例如，使用40×的物镜和15×的目镜时，显微镜的放大倍数就是$m=40\times15=600$(倍)。从上述表达式可以看出，物镜和目镜的焦距越小，显微镜的放大倍数越大。但由于受到光的衍射的限制，通常显微镜的放大倍率不能超过2 500倍。放大倍率是指直线尺寸的放大比，而不是面积比。

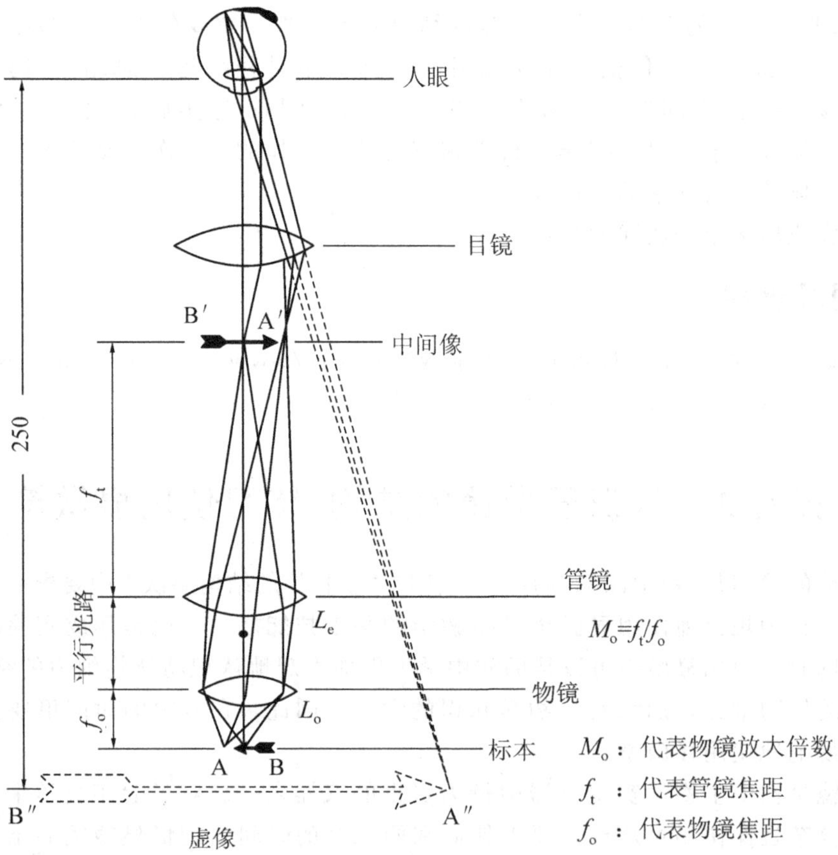

图4-4 显微镜成像原理图

2.2 实验目的与要求

(1)复习显微镜的结构和作用，再次熟悉显微镜的使用方法。

(2)概述本实验如何准备和指导，以及学生使用显微镜易出现的问题及纠正方法。

(3)学会显微镜简单故障的维修。

2.3　实验准备

1. 实验器材的准备

(1)显微镜的检查和维修。实验前应对所用显微镜逐一检查，了解各种显微镜特点，发现故障应及时排除。

(2)制作微字载玻片或胶片供初中学生观察。收集一些微型印刷字(如邮票、信封上)，放在载玻片上，滴一滴香柏油使其透明；或滴一滴墨汁在载玻片上，待干后用解剖针在墨迹处轻轻刻写微型符号(“1”“上”)或简易文字。也可用透明胶片剪成 6 cm×2 cm 的小块代替载玻片，如上法制作。

(3)制订实验室守则和实验规划。实验前结合本校情况分别或综合制订，并张贴在实验室黑板旁。

2. 实验指导的准备

(1)学生分组。学生根据课堂教学中的分组进行实验，也可以重新编组并确定小组长，安排座位。在实验桌上编好座位，并根据实验材料及设备编组。小组长协助教师分发及整理材料、用具和指导小组实验。小组长要事先培训，本实验应先让小组长熟悉显微镜，熟练使用方法和练习观察。

(2)印制行为量规。按表 4-2 的格式制作一个表格。

表 4-2　“显微镜的使用”评价量规表

实验者姓名：　　　　　　　　班级：

实验日期：　　　　　　　　　评分人姓名：

实验步骤			权重	自评			他评		
				☺	😐	☹	☺	😐	☹
技术	取镜	①右手握住镜臂，左手托住镜座取出显微镜	3						
		②将镜箱放回实验台下的储物柜中	1						
	安放	①显微镜离实验台边缘 7 cm 左右	3						
		②略偏左，镜筒向前，镜臂向后	1						
		③不得用手指接触镜头	2						
	对光	①低倍物镜正对通光孔	5						
		②物镜前端与载物台保持 2 cm 左右距离	2						
		③选择遮光器上最大的光圈	3						
		④左眼注视目镜，右眼睁开	5						
		⑤根据光线强弱正确选择使用反光镜	3						
		⑥对准室内散射光源，不使用太阳直射光源	3						
		⑦得到圆形的明亮视野，如日光灯的亮度	5						

续表

实验步骤			权重	自评			他评		
				☺	😐	☹	☺	😐	☹
技术	观察	①将标本置于通光孔正中	5						
		②用压片夹夹住切片	3						
		③调节粗准焦螺旋，下降镜筒，注视物镜与玻片间的距离	6						
		④寻找目标时，左眼看目镜，右眼睁开，调节粗准焦螺旋，上升镜筒	6						
		⑤看到较清楚的物像	5						
		⑥调节细准焦螺旋，看到清晰的物像	5						
知识	理解计算	①会移动玻片，寻找自己需要观察的对象	5						
		②知道观察到的物像与实际物像的关系	4						
		③会计算物像放大倍数	5						
安全与维护	收镜	①取下装片	3						
		②转动转换器使物镜离开通光孔	3						
		③下降镜筒到最低位置	3						
		④将反光镜竖直	3						
		⑤右手握镜臂，左手托镜座，收镜回箱	3						
	清洁	整理清洁实验台	5						
合计									

(3)编写实验指导和教学设计，绘制显微镜构造图或课件。就实验目的、内容、方法及思考题等编写教学设计，显微镜结构如无挂图，应自己绘制。布置学生按课本预习实验内容。

2.4　实验安全警示

本次实验是初中学生第一次进入实验室。应该将实验室的应急预案介绍给他们，必要时应该做一些预案演练。

2.5　实验方法与步骤程序

本实验分为3个课时。第1课时，介绍实验室守则及实验规则；第2课时，认识显微镜的结构；第3课时，练习使用显微镜。

1. 实验室守则的教学

各校应该根据实际情况，制订出切实可行、简明扼要、便于督促检查的实验室安全规范操作制度，并将其张贴在实验室里。在学生第一次进实验室上课时向全班学生介绍这些安全规范操作制度，并经常教育学生，共同遵守。

2. 认识显微镜的结构

认识显微镜的结构是一个难点。让学生一次记住包括遮光器上的光圈在内的 15 个新词，对于他们来说是有困难的。

为了帮助初中学生记忆，教师可以采用如下多种教学方法：①结合实物进行讲解，如在讲台上摆放一台显微镜，然后配合显微镜挂图或课件，边讲解边指导学生观察本组的显微镜。②分类整理，如将显微镜的结构分为机械、光学两个部分进行讲解，或者再将机械部分分为支持和调节部分。总之，分类整理是帮助学生记忆的好方法。③在讲解的过程中，注意要遵循一定的顺序，如先讲机械部分，由下到上：镜座、镜柱、镜臂、准焦螺旋，再由上到下：镜筒、转换器、载物台。④将显微镜的结构和功能联系起来讲解，如镜柱，虽然不像生活中的柱子，但它也起着支撑的作用，所以叫镜柱。⑤注意联系生活实际，如平时我们拉人是拉手臂的，所以持握显微镜的部分叫镜臂。⑥利用汉语的结构特点进行词语解释，如靠近眼睛的镜头叫目镜，反射光线的镜子叫反光镜等。⑦引导学生进行探究，可以让学生先根据教材中的示意图，依次认识实物的名称，相互介绍检查，然后教师再来整理解释，这样可以大大提高记忆的持久性和提取的灵活性。⑧及时巩固，填图或相互讲述显微镜的结构与功能并交互检查，也可以增加学生的重复次数，增强记忆。为了方便检查，可以用不干胶制作标签，让学生粘贴于相应部位来进行检查。但要注意目镜、反光镜等部分不要被污染。

3. 练习使用显微镜

本实验应使学生观察到微字载玻片上的微小物像，明确这物像是放大的倒像，并区别物像与灰尘。同时，弄清移动载玻片的方向和视野内的运动方向相反，并识别气泡和练习光线的调节。此外，还可巩固显微镜的使用方法。

(1)观察微字载玻片或胶片，可提一些问题让学生练习后回答。

(2)观察气泡。滴一滴稀胶水在载玻片上，用针搅出气泡，加上盖玻片观察，以便于今后观察细胞结构时进行区别。

(3)观察浮游生物。滴一滴含有浮游生物的水在载玻片上，加上盖玻片观察，同时练习光线的调节。

4. 使用显微镜的注意事项

(1)显微镜安放前，首先要示范从镜箱中提取显微镜的方法。站立观察时，一般要求放在离桌边 12～15 cm 处，坐着观察时，放在左肩前离桌边 3～5 cm 处。

(2)学生常用直射光对光，应纠正这一错误举动并告之原因。对好光后，由于遮光器、转换器未转到位，或其上螺丝松动，会导致视野不圆，应进行调整。需检查学生是否从目镜里看到合适视野及光亮程度是否合适，不要随意挪动显微镜，如几个学生使用一台显微镜，应动人勿动镜。

(3)学生开始观察时，常常眼睛离目镜太近，致使视野中看到的是眼睫毛，应纠正这一错误动作。需向学生说明显微镜下观察的物像是一个放大的全倒转的倒像。观察时要求学生坚持用左眼观察，同时要睁开右眼。向下降镜筒时，眼睛从一侧注视物镜和载玻片之间的间隙。目镜内观察时，镜筒只能上升，以免损坏物镜，这些都是要提醒学生养成好的习惯。

(4) 提醒学生显微镜是精密仪器，随时都必须重视它、维护它。

(5) 提醒学生在不加盖玻片或盖玻片周围有液体时，不宜观察标本片，以免污损镜头。

载物台要保持清洁干燥，不要让装片或切片上的水流到载物台上。从载物台取标本时，应先升镜筒，避免撞击物镜。

(6)不准拆卸显微镜，勿随意转准焦螺旋。如遇操作不灵的情况，应及时报告，不可强行使用。

(7)转换物镜时，应旋转物镜转换器的转动板，不要用手直接推物镜，以免使物镜光轴发生倾斜(图 4-5)。

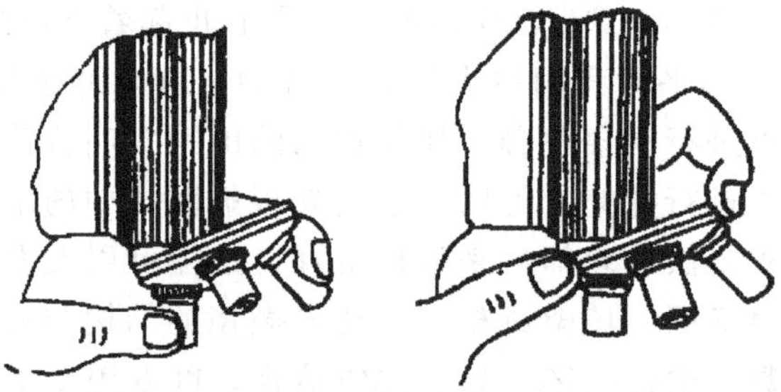

(a)不正确的操作方法　　(b)正确的操作方法

图 4-5　转换物镜操作方法图

(8)使用倾斜关节时，倾斜角度不宜过大，以免关节失灵或重心不稳而摔坏显微镜。

(9)使用完毕，应降下镜筒，竖直反光镜，用正确方法送回装镜箱，并锁好。

2.6　实验指导

1. 交代实验目标

(1)练习使用显微镜，学会规范的操作方法。

(2)能够独立操作显微镜。

(3)能够将标本移动到视野中央，并看到清晰的图像。

2. 复习显微镜的结构及功能

先复习显微镜的结构及功能，然后给学生发放评价量规表，同时分组(2～4 人一组)，让学生依据量规互评。具体操作方法如下：

(1)发放表格。每个学生一份，要求认真如实填写相关信息：实验者姓名、班级、实验日期、评分人姓名。

(2)学生自学量规要求。

(3)教师与学生配合演示。教师请一个同学配合，让学生根据量规指导教师操作(学生念量规，教师操作，并给出客观公正的评价)。

(4) 根据教师的演示，学生交互指导。评分人逐条读显微镜的操作步骤，实验者按照听到的内容操作使用显微镜。在量规表中有三张脸谱，分别表示三个等级。评分人边读边观察实验者的操作是否规范并给予评价：若实验者可以规范且迅速地完成操作，评分人可在与笑脸对应的空格中打钩；若实验者操作失误但经指出后能够及时改正，则评分者可以选择第二等级；若实验者操作失误且经指正后仍不能正确操作，则评分者可在与哭脸对应的空格处打钩。

实验者在操作的同时，也需要给自己的操作做出评价。

(5)角色互换。实验者与评分者的角色交换，再进行一次操作和评价。

(6)教师将评价量规表收回并作总结。整个评价过程基本可以控制在 20 min 内完成，平均每人有 10 min 的操作时间。中学一般 40 min 一个课时，教师有充分的时间解释整个实施过程，并在学生评价结束后做出相应的总结性评价。

2.7　数字资源拓展

教学视频　　教学设计文本

附录：显微镜的维护和修理

1. 维护

(1)日常性工作。存放地点要保持干燥、通风。潮湿的环境会使显微镜生锈发霉。暑假前要进行一次检查，打开箱门，取出显微镜，擦拭箱子，通风干燥。检查目镜和物镜。擦除脏污，检查防潮剂，发现问题，及时更换变色硅胶。变色硅胶在吸湿后颜色变白或不透明，表明已失去吸湿作用，可烘干后继续使用。如果无干燥剂，可用小烧杯装半杯生石灰块放在箱内，最好装箱封存。潮湿地区显微镜摆放要做到离地、离墙、架空，避免过多地接触湿气。周围环境要用石灰、木炭等吸水、防潮。

(2)做好三防工作。三防指防锈、防霉和防雾。

①防锈。锈蚀的原因很多，如空气相对湿度大且气温高，空气中含有二氧化硫、硫化氢之类腐蚀性气体，零件热处理后残留余酸，尘埃、手汗等的浸渍等。防锈措施如下：

装配前要清除尘埃、油垢、金属屑，使部件清洁干净；

部件清洁后不得有水渍和油渍，清洗时应戴细纱手套和口罩；

装配时手不得接触非喷漆表面和镜片，连接面和露在外面的非漆面应涂防锈脂或防锈油。

②防霉。生霉的主要原因是微生物在光学元件表面生长繁殖。防霉措施如下：

严格控制室内湿度且温度箱内应有足够的袋装硅胶干燥剂；

在与光学元件相邻 10 mm 以外的金属零件内壁涂抹含 1%五氯苯汞的防尘脂；

禁止用手或未经脱脂的工具接触光学元件。

③防雾。雾是光学元件表面呈现“露水”状的微小物质。“雾”有油脂性、水湿性和油

水混合性三种，防雾的主要措施是防油脂挥发和防湿。

(3)镜头的擦拭。

①擦拭工具。

镜头刷，也叫驼毛笔，主要用来掸除尘埃等附着物，也可以用质地软的羊毫笔代替。

洗耳球，也叫吹气球，属医疗器械，是带嘴的橡皮球，可以去掉纤维、尘埃。

鹿皮，其纤维柔软，不伤镜片，可长期使用。用脏后可用肥皂温水洗净，再用清水漂洗，阴干，干后揉搓。

医用棉签，市场有售。由于其裹制紧实，不容易掉棉纤维，因此可以深入镜头内擦拭。

镜头纸，为一次性使用的消耗品，一般装订成册，其纤维已经过处理，也较柔软，揉搓几次后易发生纤维松散失落。为此，从装订册上取下镜头纸时，不要用手撕，要用剪刀剪。一张镜头纸可剪成几小块使用。

镜头液，酒精和乙醚的等量混合液(可以根据空气湿度调整混合液的比例，空气湿度大时，可以升高乙醚的比例)。

②污染部位的鉴定。擦拭光学系统时，鉴定污染部位相当重要。如果“头痛医脚”，必然越擦越脏。观察目镜中的污染物痕迹，转动目镜，如果痕迹转动说明污染物在目镜上，如果不动说明污染物可能在物镜或反光镜上。更换物镜，如果污染痕迹消失或改变，说明污染部位在物镜上，反之污染物可能在反光镜或者聚光器上。

③镜头的擦拭。一般擦拭镜片的顺序为掸、吹、擦。

掸是用镜头刷掸去镜片上的尘埃，避免擦拭时镜面被坚硬的尘粒划伤。

吹是用洗耳球将微小纤维和灰尘吹去，为擦拭做好准备。

擦是用医用棉签擦拭镜片。

在擦拭镜头时，鉴定污染物种类是非常关键的。水溶性污染物，如糖或盐，容易出现在物镜靠近观察物体一侧。一般情况下用医用棉签蘸少许清水，涂在镜片上，轻轻将镜片擦拭干净。如果污染物过多，可以先用清水浸泡后，用软木木签将污染物挑除后，再进行擦拭。脂溶性污染物，如香柏油或人体皮脂，容易出现在物镜靠近观察物体一侧和目镜靠近眼睛一侧，这是由于学生操作不当造成的，可以用医用棉签蘸镜头液擦拭干净。霉菌菌斑，容易出现在目镜头，两片镜片之间和目镜、物镜头内部的镜片表面上，可以用医用棉签蘸3%～5%的冰醋酸溶液清除霉菌体，再用清水擦拭干净。

擦拭镜片，须往一个方向擦。所谓一个方向，是沿着镜头的直径作直线擦拭，而不是沿着圆周擦拭，这样可以减少不必要的镜头划伤。

2. 维修

(1)镜筒下滑。镜筒下滑是由粗准焦螺旋手轮与轴套之间摩擦力减小而引起的。新显微镜由于运输中的颠簸，使其松动。这种情况可以双手握住粗准焦螺旋手轮，同时顺时针转动粗准焦螺旋，紧固即可消除。但旧显微镜镜筒下滑往往是由于长期使用，使得塑料垫圈磨损造成的。回松手轮后，可以在手轮和轴套之间加入塑料垫圈再紧固。

(2)镜筒不动。镜筒不动是由镜筒与镜臂之间的燕尾滑动槽中的润滑油干涸造成的。处理这种情况可以用 60～70 ℃煤油，反复淋洗或浸泡燕尾槽，使其干涸的润滑油松动后，取下镜筒，再反复清洗，最后加入干净机油，使其保持滑动自如。

(3)微调失灵。微调失灵是由于初中学生只用细准焦螺旋调整光学系统，致使细准焦螺旋中螺纹偏挤至一侧。可将右侧细准焦螺旋手轮取下，用花鳃钳夹紧中轴向后旋松，调整到适中位置后，将手轮装好，即可消除。

(4)关节松动。关节松动是由于学生经常过度倾斜镜臂。可以先取下显微镜所有光学部分，用铁钉顶住关节双孔螺丝的一侧小孔，用小钳工锤轻击，使其顺时针方向旋转紧固。如紧固不动，可回松该螺母，取出关节螺杆，在镜柱与镜臂之间加入塑料垫圈后，再紧固。

(5)转换器过松或过紧。转换器过松或过紧是由于学生长期不正确地转换物镜，可用螺丝刀紧固转换器中央的螺钉，注意螺钉的三种情况(图 4-6)。

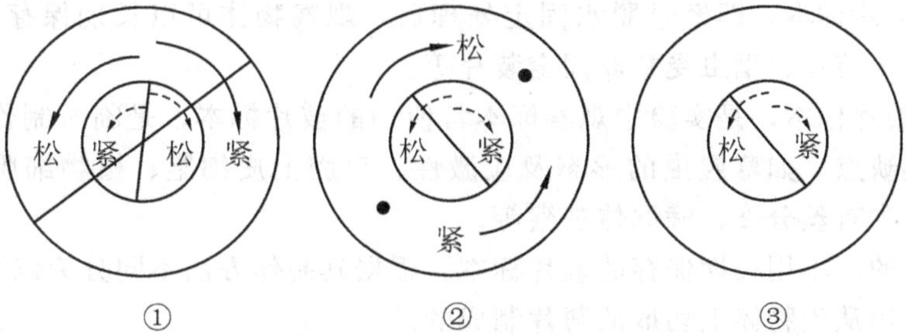

图 4-6　物镜转换器紧固螺钉示意图

第③种情况下螺钉是一个锥形的垫圈，没有螺纹。此种显微镜不容易出现紧或松的故障，其他型号显微镜可以视故障情况，酌情松或紧螺钉，消除故障。

(6)物镜转换器不能定位。这是因为定位卡过松，可调整其弹性，也可能是螺钉松动。如果是滚珠定位的，要查看滚珠是否脱落，再检查三角形弹片的弹性是否合适。

(7)遮光器不能定位。在载物台与遮光器之间有定位弹簧和滚珠。滚珠遗失或弹簧失效都可能造成光栏不能定位，应更换，组装时应涂润滑油。

(8)反光镜过松过紧。反光镜夹及插座(图 4-7)，如果是镜夹松动，可先取下反光镜，将镜夹向内弯，再将反光镜卡入夹内。插脚在插座内过松过紧时需要调整插脚缝宽窄，插脚过紧不易转动时，容易将插脚与镜夹的铆合处拧松，致使插脚不在插座内转动，造成插脚与镜夹间的转动。遇此情况应将插脚与镜夹铆接牢固，并调整插脚缝的距离，使其能在插脚座内转动而不松弛。

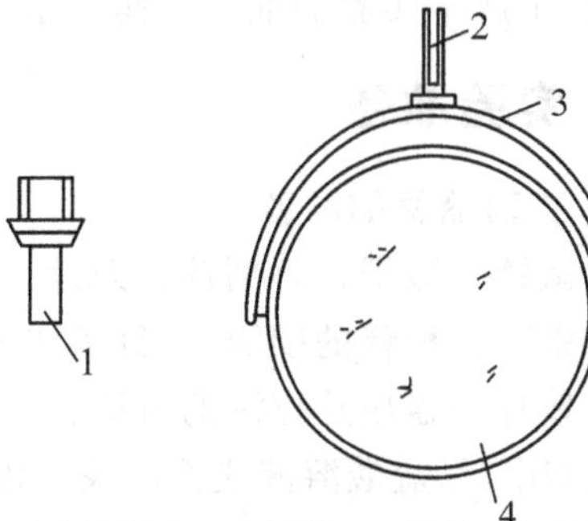

1. 反光镜插座　2. 插脚　3. 镜夹　4. 反光镜

图 4-7　反光镜夹及插座关系图

实验3 制作临时装片 观察动植物细胞

制作装片和绘制生物学图是初中生物学的基本技能之一，在生产、科研中也有广泛的用途。这是初中学生初次练习有关技能，并进一步认识动植物细胞结构的实验，选做此实验的目的是强化制作装片和绘制生物学图的基本技能，同时进一步强化显微镜的使用。

3.1 实验基本知识与原理导航

显微镜所要观察的材料，必须是薄而透明的，因此只有经过加工，将观察用的材料制成玻片标本，才可以进行观察。玻片标本类型按照制作标本保存的时间长短，可分为两类。

(1)永久玻片标本，即经过脱水固定处理后，观察物体可以长期保存的玻片标本，如洋葱根尖固定装片、蛔虫受精卵固定装片等。

(2)临时玻片标本，是实验中观察标本常使用的玻片标本，是临时制作的，保存时间不长久是其缺点。如草履虫的形态及应激性、口腔上皮细胞、植物细胞质壁分离及复原、洋葱根尖有丝分裂、病原体观察等。

这种临时的，不用长期保存的玻片标本，根据其制作方法不同分为以下三种。

①切片：用从生物体上切取的薄片制成的。

②涂片：用液体的生物材料(如细菌培养液、血液)经过涂抹制成的。

③装片：用从生物体上撕下或挑取的少量材料制成的。

制作玻片标本的玻璃片是根据显微镜的要求专门制作的。托载标本的玻璃片称为载玻片，常用的载玻片厚度为1～1.5 mm。覆盖标本的玻璃片称为盖玻片，常用的盖玻片厚度为0.15～0.2 mm。为了保证玻片的透明度，新买来的玻片须擦洗干净后才能使用。

3.2 实验目的与要求

(1)熟练掌握制作临时装片和绘制生物学图的基本方法。

(2)了解本实验的准备工作、学生易出现的问题及指导实验应注意的事项。

3.3 实验准备

1. 实验器材的准备

显微镜、镊子、解剖针、刀片、载玻片、盖玻片、纱布、培养皿、吸管、吸水纸、洋葱、番茄、稀释的碘酒(或红墨水)、3H绘图铅笔及绘图纸。

载玻片和盖玻片擦洗的方法：

(1)用1%盐酸溶液或洗涤灵浸泡30 min，流水洗10 min，移入70%酒精中，用洁净纱布或绸布擦拭备用。

(2)用1%洗衣粉溶液加热煮沸约10 min，待冷却后用流水洗5 min，擦干备用。

(3)用洗液浸泡约 30 min，经自来水充分冲洗后取出，擦干备用。

2. 实验指导的准备

(1)培训小组长掌握并指导本实验关键步骤，如擦盖玻片、滴水量、取材的大小、加盖玻片的方法以及区分细胞质和液泡等。

(2)准备示范的植物细胞图，教师绘制或利用学生以往的优秀作业。

(3)准备细胞质壁分离、细胞质流动、胞间连丝的示范镜并附上说明图。

(4)准备临时装片制作过程挂图、示教的大载玻片和盖玻片(按实物比例放大数倍)。

3.4　实验安全警示

本实验应注意防止刀片等锐器的划伤。

3.5　实验方法与步骤程序

(1)制作临时装片并观察，画一张为中学生示范的植物细胞图。

(2)推选两个师范生分别试讲，制作临时装片和绘制生物图。

(3)以小组开展讨论：本实验如何对中学生进行指导?

3.6　实验指导

1. 交代实验目标

(1)通过实验，学习制作和观察临时装片，认识动植物细胞的基本结构。

(2)通过实验，掌握制作、观察细胞临时装片以及绘制细胞结构图的技能。

(3)通过比较动植物细胞结构上的异同点，培养学生的观察能力、总结归纳能力、逻辑思维能力和知识的应用能力。

(4)认同细胞是生命活动的基本结构和功能单位。

2. 制作临时装片

开始时，应当讲述什么是装片及其作用，并介绍载玻片、盖玻片，再配合装片制作过程图，边讲边演示，指导学生操作。根据中学生物学教材上的实验指导，可将制作临时装片的过程归纳为擦片、滴水、取材、展平、盖上盖玻片和染色六阶段。

(1) 擦片。用洁净的纱布把载玻片和盖玻片擦拭干净。盖玻片易碎，应重点指导，可用两种方法：一是在平整、光滑的实验桌面或玻板上垫一张干净的纸，将盖玻片放在其上，用干净纱布先擦一面，再擦另一面。二是用左手大拇指和食指夹住盖玻片边缘，右手大拇指和食指或中指垫上纱布捏住盖玻片相对移动纱布，均匀用力，轻轻擦拭(图 4-8)。擦好的盖玻片可对光检查，如不干净，蘸点水再擦。载玻片则用左手两边卡其边缘，右手用纱布包住上下两面来回擦拭(图 4-9)。擦好的载玻片和盖玻片应放在干净的培养皿中，取用时用镊子，不要用手，以免造成污染。

(2) 滴水。用吸管在擦净的载玻片中央滴上一滴清水，注意水量适当(图 4-10)，初中学生常容易滴水过多或过少。水过多，盖玻片容易浮动或污染载物台，可用少许吸

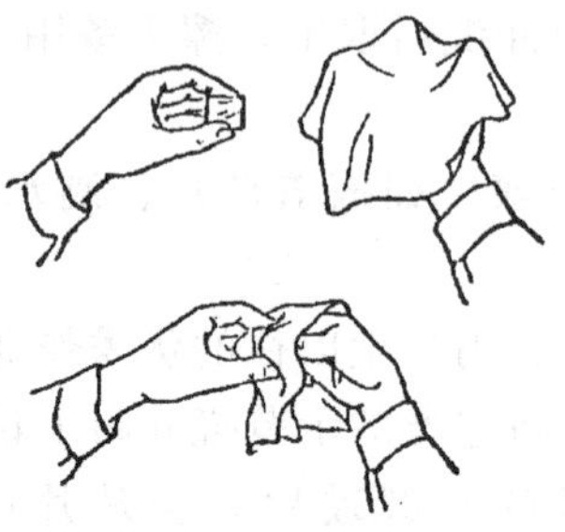

图 4-8 擦拭盖玻片
(仿盛占春)

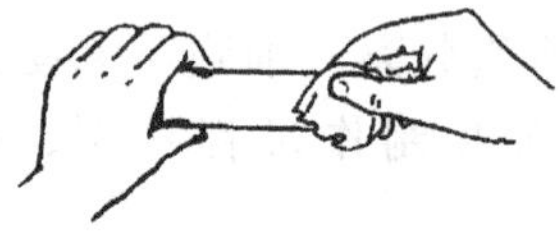

图 4-9 擦拭载玻片

水纸在盖玻片一侧吸去部分水。水过少，加盖玻片易产生气泡。

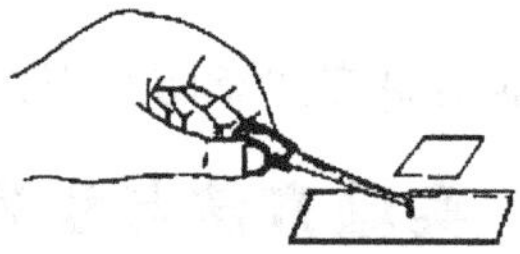

图 4-10 滴水

(3) 取材。用镊子从洋葱鳞片叶内侧的表皮上，撕取一小块透明薄膜状表皮。这是关键步骤，易出现取材过多或未取到成熟的表皮细胞的情况。取洋葱表皮细胞，先剥去洋葱外表的干鳞片，再剥下肉质鳞片，纵横切划成边长约 0.5 cm 的正方形小块，再用镊子撕下 2～3 mm 大小的内表皮，把表皮内面即平滑面朝上放置于载玻片上。如表皮细胞不成熟，无发达的液泡，应重新取材。观察番茄果肉细胞时，则剖开番茄果实，用解剖针挑取其中少许成熟的果肉细胞。取口腔上皮细胞时，用消毒牙签的钝端，在漱净的口腔任意一侧的颊部轻轻刮几下，动作要轻，刮的次数不宜太多(图 4-11)。

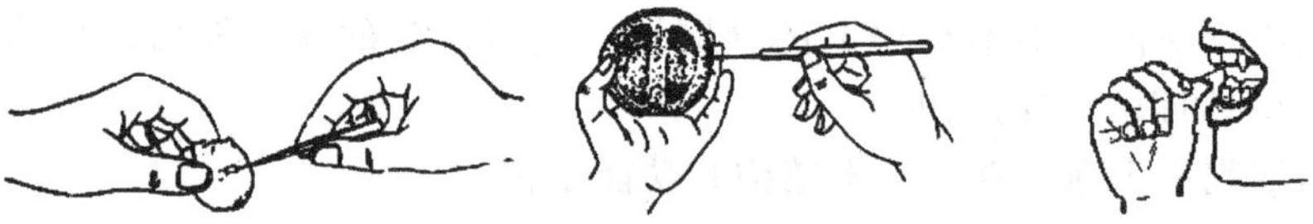

图 4-11 取材

(4) 展平。取下的洋葱表皮、番茄果肉细胞或人体口腔上皮细胞应迅速放在载玻片的水滴中，用解剖针展平。番茄果肉细胞、人体口腔上皮细胞还要用解剖针搅散。

(5) 盖上盖玻片。用镊子夹起盖玻片，让其一边先接触载玻片上的水滴端，再轻轻地盖上，以免产生气泡。由于学生在操作过程中易产生气泡的现象，此步可用示教大载玻片和盖玻片边讲边示范防止气泡产生的要领(图 4-12)。

图 4-12 盖玻片

(6) 染色。目的是清楚地观察洋葱表皮细胞或人体口腔上皮细胞各部分结构。方法如生物学教材实验所述，也可用稀释碘酒或红墨水代替清水，直接滴在载玻片中央染色。

3. 观察并画图

(1) 观察。观察洋葱表皮细胞，教师应提醒学生显微镜观察是平面的，而细胞是立体的。初中学生还往往分不清细胞质和液泡，教师应指出从染色的深浅、透明度的不同来区分：颜色较深的是细胞质，颜色较浅的是液泡。并指出细胞膜在光镜下是看不到的，必须在质壁分离示范镜中才能看到，同时还要向学生简单介绍质壁分离玻片的制作方法。

细胞质壁分离、细胞质流动、胞间连丝的示范应在学生画图时，组织学生分组观察。

(2) 绘制生物简图。生物简图是生物学的"语言"，是学好生物学必不可少的工具。因此，在生物学教学中，教师不仅要培养学生填图、记图、读图的习惯，而且要培养学生自己动手绘制图的习惯。这样，不仅有助于学生的头脑中形成清晰的生物表象，而且有利于读图能力和填图能力的提高，还可培养空间概念和空间想象力，有利于学生自主、高效、有意识地学习。心理学研究表明，人的大脑通过不同渠道对知识的吸收比率是不相同的：视觉 83%、听觉 11%、嗅觉 3.5%、味觉 1%、触觉 1.5%。因此，可以说人的大脑中储存着的知识，绝大多数是通过视觉和听觉获得的，与视觉有关的"图形信息"占绝对高的比例，生物学知识更是如此。因此，当遇到生物学问题时，若能提供一定的生物图像，使之与大脑中储存的知识一致或相近，就能使新旧知识处于"共鸣"状态，置身于生物学情境之中，知识被激活，思维被最大限度地激发，起到提高思维敏捷性的作用。学习生物学知识时穿插一些图像有利于活跃思维，提高思维的有序化程度，合理、协调地利用图像和图景，可以促进各种知识之间的相互迁移，从而灵活地分析生物学问题，提高思维的灵活性、广阔性。

生物简图和艺术图有明显的不同。艺术图是作者从艺术的角度、用艺术的观点去观察、分析事物，在绘画的过程中，除了要考虑画面的大小与长短外，还要根据对景物作筛选处理的经验和体会，通过艺术的手法将景物表达出来。而生物简图是作者从科学研究的角度出发，站在科学的立场上，用科学的观点去观察所画的生物，绘图必须符合实际，实事求是，来不得半点虚假。描绘符合科学的生物图，要求具有一定的生物学专业知识，并有一定的艺术修养，要在符合科学性的前提下，注意构图、笔触、衬阴或色调等事项。这样绘制出来的生物图，不仅逼真，而且美观。

绘图工具需要准备 HB 和 2H 两种绘图铅笔、白色橡皮、绘图纸、直尺或三角板。

绘图要求：

①需要具有一定的专业知识和绘画基础(自己多练)。

②所绘之图要有科学性。体形正确、各部比例适当，应选取正确、具有代表性的实体，而不是变形、畸形的部分，要实事求是，不要夸张或艺术加工。

③要注意生物体的真实感、立体感、层次感，并用绘生物图的手法将其表现出来。虽不强调生物图的艺术加工，但生物图也要求整洁、美观、有艺术图的美感。

④所绘之图一定是从实验观察而来，而不能照抄书本或凭想象而作。图放大或缩小须注明倍数。如用绘图仪绘显微镜下的实体则应注明显微镜的放大倍数。

绘图方法：

①观察及设计。实验中仔细观察实物外形及各部结构，在脑海中形成该图形的概念，然后考虑作几个图，在绘图纸上尝试如何摆布、图形大小、图中各结构比例等。有实验册的学校，按实验册的要求统一格式。没有实验册，绘图纸一般选用16开大小，正上方写明实验课题，右一角纵列：班级、姓名、学号、日期。图画在纸中央稍偏左处，图的名称写在图下正中位置。图形大小根据所画生物决定。如本次实验绘制植物细胞，宽可以占空白部分的1/5，长可以占1/3左右。图中各结构比例，要按照显微镜观察到的实物比例安排，不要扩大或缩小个别细胞器，如细胞核、液泡等。

②起草。按实体外形轮廓定一个比例分割点，并在纸上的适当位置画出这个点(如在头顶正中这个点)。通过这个点作一条对称虚线(不对称动物也可作一条近似对称线)，然后根据实体外形轮廓各部到对称线的距离远近分别定出多个点，用2H铅笔轻轻把这些点连接起来，即得到一个外形图，内部各部再按比例绘出。先得到略图，再进一步详绘加工使线条明晰、光滑、整洁。图形摆放应稍微偏左，以便右侧标注。

③点点衬阴法。生物学图的立体感、层次感的表现手法与美术绘画不同，不采用涂抹阴影线或涂黑，而是采用“点”来衬阴。即将上述绘好的草图，根据实体的厚薄、光线的明暗用铅笔垂直在纸面点上许许多多疏密不同的粗细均匀的小圆点来表现，实体厚实处、光线暗处就以多点小圆点来表现，点得密实些；而实体薄色浅、光线明处则以小圆点稀疏、少来表现。明、暗交界处要有过渡，打点时注意应手握笔的中部，保持笔杆与纸张垂直，轻轻转动笔杆则会画出大小均一的圆点。点子要圆，笔尖要细，要垂直纸面，不要点出逗号或短线，不涂阴影，只能用铅笔，不能用钢笔等。

这是绘生物图的常用方法，即使现今绘图方法和工具较多，这种方法也不会被完全淘汰，须多认真练习。

④图题及标注。经上述仔细认真绘成的生物图形在纸上应稍偏左，以便标注各部名称。图绘成后在图下方或上方适当位置注明图形题目，并用铅笔以细直线段引出各部，并用方块汉字标注出各部名称。

图形完成后应整洁、美观、正确，整个画面不必着色或其他修饰。书写应用楷书或仿宋体，勿用美术字、草书等。

3.7 数字资源拓展

教学视频　　教学设计文本

附录

1. 观察细胞原生质流动的材料

一般选用黑藻、轮藻的幼嫩小叶，紫鸭跖草雄蕊花丝毛、南瓜幼茎的表皮毛、孔雀草(万寿菊)花的表皮毛等都比较理想。

2. 观察胞间连丝的材料

取玉米颖果，用清水浸泡一天左右，用镊子剥去表皮，露出糊粉层，制作徒手切片(注意刀口与糊粉层平行)。将切下的薄片放在清水中，选出厚度均匀的薄片放在载玻片上的清水滴中，或加一滴番红液，盖上盖玻片在高倍镜下观察即可。

选成熟的红色辣椒，撕下一小块表皮放在载玻片上，用一滴50%甲紫染色，盖上盖玻片用显微镜观察，效果也很好。

3. 观察细胞质壁分离

取洋葱最外一层鳞片叶顶端或靠近根部外侧紫色最深处的表皮，做好洋葱表皮临时装片。从盖玻片一边滴入5%食盐溶液或30%蔗糖溶液，在盖玻片另一边用吸水纸吸水，使之渗入盖玻片里面的材料中。然后用显微镜观察，可见到质壁分离现象。

4. 目镜指针的简易制作方法

为使中学生准确观察示范镜中所要观察的部分，可在目镜中安放指针。其制作方法是：取下目镜镜头，旋出目镜上面的一块透镜，可见到目镜筒中央有一个铁圈(光澜)，在铁圈上用胶粘一根长约5 mm的睫毛或头发，拧上透镜观察，视野中就显出一根指针来。注意睫毛应比光澜半径略短，并稍偏于半径方向。

5. 染料的代用品

为解决生物学实验课和指导初中学生开展生物学科技活动中的一些困难，现介绍几种效果较好且价廉的显微玻片标本制作中的代用药品，用于玻片标本的染色。

(1) 医用紫药水。市售的医用紫药水，是指甲紫、结晶紫这一类性质相同的碱性染料，将其稀释5～6倍后，可以代替碱性染料使用，是染细胞核和染色体的优良材料。例如，做果蝇唾腺染色体装片时，将医用紫药水稀释后，可使细胞质染成浅蓝而染色体被染成深蓝。若染色过深，可用2%的醋酸做褪色处理。也可用于洋葱根尖的压片染色，镜检可以看到细胞壁染成蓝紫色，细胞质几乎无色，染色体着色最深，核质淡紫色。

(2) 医用红药水。医用红药水即外伤用的红药水，又叫红汞，其浓度为2%。它本身是一种有机汞化剂(二溴羟基荧光黄二钠盐)，为一种酸性染料。稀释后可用作醋酸洋红的代用品，染洋葱根尖有丝分裂装片或口腔上皮细胞装片时，细胞被染成红色。

(3) 医用碘酒。医用碘酒又叫碘酊，是碘片及碘化钾的酒精溶液，市售碘酒浓度为2%，特别是在临时装片中经常使用，可根据情况稀释2～5倍，如染细胞核时稀释5倍。在证明细胞内含有淀粉和蛋白质时，经常使用碘酒染色，它能使细胞内蛋白质呈现黄色而淀粉被染成蓝色。在染色前把切片放在水中，以除去液泡中含有的其他物质，则可保证染色反应更明显。例如，制作衣藻和水绵的临时装片时，用碘酒染色可使淀粉核染成蓝色，利于观察。

实验4　观察植物叶的结构

本实验为巩固叶的结构知识，并学习徒手切片技术，后者是显微镜观察的配套技术，可利用新鲜材料观察组织细胞的真实结构。选做本实验应着重掌握徒手切片技术和指导方法。

4.1　实验基本知识与原理导航

用光学显微镜观察的样品必须是透明的，因此，无论是临时装片还是永久制片的玻片标本，在制作前都必须先将材料切成薄片。

徒手切片法简称手切片法，即以手持刀片，将材料切成能在显微镜下观察其内部结构的薄片的方法。它是植物形态解剖学实验及研究中最简单和最常用的切片方法，也是学生应掌握的最重要的基本技能之一。这种切片方法简便易行，节省时间，而且所需工具简单，只要有一把锋利的剃刀、双面刀片或单面刀片就可以操作。它还有一个独特的优点，就是可以看到组织细胞内的自然结构和天然颜色。其缺点是不易做到将整个切面切得薄而完整，往往厚薄不一，过软或过硬的材料比较难切。

徒手切片一般处理的是新鲜材料，有时也可将材料预先固定好。

4.2　实验目的与要求

(1)熟练掌握徒手切片的技术，讲授、演示徒手切片方法。

(2)掌握指导中学生进行生物绘图的方法。

(3)了解本实验的准备及对中学生实验观察的指导。

4.3　实验准备

1. 实验器材的准备

新鲜的蚕豆或其他双子叶植物的叶片、胡萝卜或萝卜的圆锥根(或马铃薯块茎、甘蓝球茎、聚苯乙烯泡沫塑料)、显微镜、载玻片、盖玻片、毛笔、解剖针、盛有清水的小玻璃皿、吸管、剃刀或双面刀片或单面刀片、医用胶布、叶片横切面挂图或模型、叶的横切片及叶脉标本。

2. 实验指导及预实验的准备

(1)培训小组长。本实验是中学生初次做徒手切片及显微镜下观察细微结构，课前应指导小组长反复练习徒手切片，了解其要领。观察叶的横切面切片，辨认叶的各部结构。

(2)培养蚕豆幼苗或盆栽玉簪。可在9月、10月盆播蚕豆，注意浇水、保温和光照。

(3)选择夹持物。夹持物即夹持实验材料的物体，常用胡萝卜根和马铃薯块茎来做夹持物。可切成长约3 cm、底面积约1 cm^2、切面平整的长方体，浸水保存。如用包装的硬泡沫塑料，应选内部质地均匀无硬颗粒的，切成与上述大小相同的长方体备用。

4.4　实验安全警示

在徒手切片制作过程中使用的刀具都很锋利，教师在指导学生操作的过程中要特别强调刀具使用的规范性，并准备创可贴等药品以备急用。

4.5　实验方法与步骤程序

(1)按生物学教材上实验的方法步骤做徒手切片并观察。

(2)学生试讲并演示本实验的方法步骤。

(3)讨论如何组织中学生以小组合作的方式进行此次实验。

4.6　实验指导

1. 交代实验目标

(1)制作植物细胞的临时装片，学习制作临时装片的基本方法。

(2)认识植物细胞的基本结构。

(3)练习绘制细胞结构图。

为避免中学生实验操作时间长短不一，无法统一进行生物绘图的时间，教师在交代实验目的的同时可教会中学生生物图的绘法，强调生物绘图注意事项。

2. 练习徒手切片

方法一：单刀具拉切法。

做徒手切片可分五个阶段进行，即：准备夹持物、切取观察材料、握夹持物和持刀、拉切、挑选薄的切片和制作装片。教师先用较大的材料在讲台上边演示、边讲边让中学生跟着操作。拉切一步应让中学生重复操作几遍，由小组长协助，教师巡视并进行个别指导。

(1)准备夹持物。夹持物(如胡萝卜根或马铃薯块茎)用刀从一端的中线纵向劈开(不要劈到底)，以夹持叶片。

(2)切取观察材料。把准备好的新鲜蚕豆叶片放在载玻片上，切去叶茎、叶尖和叶缘，切成长度和宽度都小于夹持物劈缝的长方块，再放入夹持物(用胡萝卜根或马铃薯块茎制成)劈缝中。

(3)握夹持物和持刀。所用的刀和刀片都要锋利，但此时要防止割破手指。用左手的拇指和食指捏紧夹有叶片的夹持物，并使其劈缝与自己本身平行，拇指要稍低于食指，以免被刀割破。夹持物上端要略高于手指，但勿过高，以防切割时夹持物和刀摇动。右手拿刀，如用有柄的剃刀(图4-13)，要使刀柄与刀背成钝角，刀口朝自己，刀身平放，拇指压住曲折处，食指、中指与拇指相对压紧，或把近刀柄处放食指上面，拇指压紧刀身。如用刀片，刀身、刀口放法同前，用拇指和食指捏紧刀片的右下角。

(4)拉切。这是切片的关键阶段。拉切的刀先要蘸水，在夹持物上端横切一刀，使其表面平整。然后刀口对着夹持物，进行连续拉切。拉切方向是向着操作者，要保持水平，速度要快，这样才能切得薄又平。连续拉切若干片后，把切下的薄片用毛笔迅速刷入清水中备用。

图 4-13　握夹持物和持刀示意图

(5)在清水中挑选最薄的切片制成临时装片。

方法二：双刀片夹切法。

叶的徒手切片还可以用锋利的两片双面刀片重叠在一起，以橡皮膏或牙膏皮尾部的瓦楞固定，注意使两片刀刃在同一水平面上不能错位。取一块宽度不超过刀片长度的叶片，放于光平的木板上，叶背向上，主脉与刀片垂直，双手捏住刀片，垂直下切直至完全切断，提取刀片，用针挑出两片刀片之间的叶切片，放入清水供作装片(图 4-14)。

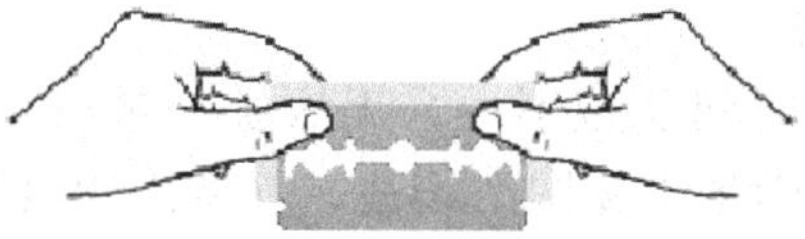

图 4-14　双手持固定好后的两片双面刀片

3. 观察叶横切片

先用叶横切面挂图或模型复习叶的结构，并复习使用显微镜观察的步骤。要求中学生分清叶上、下面及叶结构的三部分，再分别观察每部分的位置及结构特点，思考这些特点与叶的主要功能的关系。

4. 观察叶下表皮

用尖头镊子撕取蚕豆叶下表皮做成装片，观察其细胞特点，尤其注意保护细胞与气孔。

4.7　数字资源拓展

教学视频　　教学设计文本

实验5　探究绿色植物在光下制造有机物

本实验是检验植物的重要生理作用——光合作用产生淀粉的实验，同时也是初中学生第一次接触植物生理方面的实验，实验的准备、操作和指导都较为繁难。因此选做此实验具有重要的指导作用。

5.1　实验基本知识与原理导航

光是绿色植物制造有机物不可缺少的条件，没有光，植物就不能进行光合作用。同时光合作用必须在绿色植物体内进行，绿色植物通过光合作用制造的有机物主要是淀粉等糖类，一部分糖类在植物体内还会转变成蛋白质、脂类等其他物质。淀粉遇碘变蓝，而绿色植物体内含有叶绿体，使绿色植物呈现绿色。叶绿体易溶于有机溶剂，可利用水浴酒精对叶片进行脱色处理。

5.2　实验目的与要求

(1)掌握本实验的准备工作及操作技能。

(2)明确指导实验时需要注意的问题。

(3)了解做本实验的各种材料和不同的实验方法。

5.3　实验准备

1. 实验材料的准备

准备生长健壮的实验植物（天竺葵的扦插法及管理见附录）。

如选择代用材料应注意：

(1)该植物光合产物必须是淀粉。如洋葱、甜菜这类只产生糖、无淀粉积累的植物不宜选用。

(2)必须是在单位时间里光合作用产物比较多的植物，如金莲花、凤仙花、小白菜、锦葵、玉米、冬葵、葡萄、马铃薯、番茄、南瓜、杨树、向日葵、马兰、金盏花、紫茎泽兰等。

(3)应是叶绿素较易溶解的植物。如选黄杨、冬青，其叶表面有致密而厚的角质层，脱色较困难，必须将叶表皮撕去。

2. 实验器材的准备

黑纸片、曲别针、酒精、碘液、小烧杯、大烧杯、培养皿、酒精灯、三脚架、石棉网、镊子、火柴、清水。

3. 预实验的准备

(1)实验前，可让全体或部分学生利用课余时间，进行选叶遮光和暗处理，以了解实验的全过程，并布置学生预习，最好拟出提纲或思考题。

(2)准备示教用的酒精脱色及碘酒染色的叶片，放在盛清水的玻璃皿内备用。

5.4 实验安全警示

实验过程中需使用水浴酒精对叶片脱色，操作过程中需提醒学生避免水浴酒精与明火相遇。实验后对废弃物进行集中处理。

5.5 实验方法与步骤程序

(1)实验课前，按照实验指导，选择材料和设计实验方法，并做好以下准备。

①选叶遮光。实验前 2～3 d，选大小适中、生长健壮、便于接受光照的天竺葵叶片。用不透光的纸或软木片剪成圆形或其他形状的小片，取两片大小、形状相同的纸片，靠近叶缘部分，使其紧贴上、下表皮并对齐遮盖起来，再用大头针或曲别针将其固定。

②暗处理。将以上处理的天竺葵，在实验前放在暗室中 2～3 d，或严加遮盖使其不见光。

③进行光照。实验前，把经过暗处理的天竺葵，放在日光下照 2～3 h(夏季时间可稍短)。若光线不强或遇阴雨天，可在实验前一天下午取出，置于 40 W 日光灯下距 10～20 cm 处照射 8～10 h。

(2)实验课时，按照设计做实验，讨论指导实验应注意的问题。

(3)各组代表汇报本组实验结果及体会。

5.6 实验指导

1. 交代实验目标

(1)检验绿色植物在光下制造的有机物是不是淀粉。

(2)探究光是不是绿叶制造有机物不可缺少的条件。

本实验先于化学课使用酒精灯及水浴加热酒精，实验前必须认真交代其安全使用的方法。

2. 交代实验步骤

(1)酒精脱色。将以上处理的叶片摘下，去除遮光物，放入装有酒精的小烧杯中水浴加热，使其脱色。这时要十分注意：应先分装好酒精，再点酒精灯，切勿颠倒，勿用酒精灯直接加热酒精，要用水浴加热酒精，并加石棉网，以免引起火灾和烧坏盛水的烧杯。为节省时间，加热的水最好用热开水。酒精浓度不宜过高，以免叶片脱水严重而变硬发脆。

(2)清水冲洗。叶片被煮成黄白色时，取出放入清水中稍加冲洗。如叶片已变硬，可在水中回软片刻。

(3)滴加碘液。把叶片从清水中取出，放在玻璃皿中展平，用吸管加几滴碘液，注意观察叶片的颜色变化。

(4)清水冲洗。稍候片刻，把叶片从碘液中取出用清水漂洗，再放在衬以白纸的玻璃上，就会明显地看到：没有遮光部分显出蓝色，遮光部分不显蓝色。同时演示示教的叶片。

(5)制作切片。取叶片变蓝部分做横切徒手切片，或撕下其表皮制作临时装片。

(6)显微观察。显微镜下观察变蓝部分的叶片细胞。

3. 本实验的其他方法建议

如无合适的盆栽植物，夏季可以选野外的绿色植物的两片叶，在前一天傍晚做遮光处理，次日经日光照射半天后取下，照前述方法，检验有无淀粉生成。

也可摘取植物的枝条或叶片做这个实验。选取有健壮叶片的枝条置于黑暗处 1～2 d，再摘下这一枝条或叶片，做局部遮光处理后插到盛有清水的杯子里。如用叶片，要把叶柄在水中切一个新切口，以免其导管被空气堵塞影响吸水。再放一个广口瓶或透明塑料袋，把杯子连叶或枝条一起罩住，防止水分过度蒸腾(图 4-15)。然后放阳光下照射，约 2 h 后可检验有无淀粉生成。

图 4-15 证明绿色植物在日光下制造淀粉的装置图

4. 实验指导的思考

本实验除可安排作为学生探究的实验课，也可作为获得新知识的学生实验或演示实验。由于实验的生理过程不能直接看到，而是由实验结果得出光合作用的动力是阳光，场所是叶绿体，产物是淀粉的结论。这需要教师在实验前向学生交代前期对叶片处理的过程与方法，引导学生了解为什么这样做。在指导观察时，注意启发学生分析、归纳、推理，使观察到的现象、结果上升为理性认识。因此，教师应适时地提出一些问题让学生思考，启发学生自己得出结论，这些问题如下：

(1)实验前为什么要把天竺葵放在黑暗环境中 2～3 d？不进行这样的暗处理，结果又会怎样？

(2)为什么要用酒精脱去叶子上的绿色？

(3)为什么叶没有遮光部分显蓝色，遮光部分不显蓝色？这说明了什么？

(4)叶片被染成蓝色的是什么部分？为什么？

5.7 数字资源拓展

教学视频　　教学设计文本

附录

实验用天竺葵的繁殖及管理。一般采用扦插法，从3—6月上旬均可进行。7—8月天竺葵进入休眠期，此时扦插不易成活。秋后可利用修剪下来的枝条进行扦插，但成活率不高。扦插的具体方法是：选1年或2年的健壮枝条，剪成7～10寸(1寸≈3.33 cm)长的小段，保留顶端1～2片小叶。插条做成后，可略晾干。然后插入盛沙土的浅盆中，可先用竹签打洞再插入插条，深度为3 cm左右，立即浇一次透水后置于半阴处。以后经常保持盆土湿度，不可过湿。约过1月即可生根，生根后就可分栽上盆。天竺葵性喜干旱、怕涝、怕阳光直晒，平时浇水不宜过多，生长期注意施肥，就可培养出较多理想的实验材料。

实验6　观察草履虫

草履虫是原生动物门的代表动物，通过学习掌握该门的主要特征，并了解原生动物是最原始、最低等的动物，从而了解动植物的主要区别。可见观察草履虫实验是很重要的。但实验材料缺乏，而初中学生又是初次进行小动物的活体观察，因而常影响实验效果。本实验主要解决草履虫的采集、培养、提纯和实验的指导等问题。

6.1 实验基本知识与原理导航

草履虫是一种身体很小，圆筒形的原生动物，它只由一个细胞构成，是单细胞动物，雌雄同体。最常见的是尾草履虫，体长只有80～300 μm。因为它的身体形状从平面角度看上去像一只倒放的草鞋底，而被叫作草履虫。草履虫身体表面包着一层膜，膜上密密地长着许多纤毛，靠纤毛的划动在水中旋转运动。它身体的一侧有一条凹入的小沟，叫“口沟”，相当于草履虫的“嘴巴”。口沟内的密长的纤毛摆动时，能把水里的细菌和有机物碎屑作为食物摆进口沟，再进入草履虫体内，供其慢慢消化吸收，残渣由一个叫肛门点的小孔排出。草履虫靠身体的表膜吸收水里的氧气，排出二氧化碳。大多数种类的草履虫生活在有机质较多的死水或缓流中。

6.2 实验目的与要求

(1)分小组采集草履虫，并进行培养、提纯。

(2)组织学生兴趣小组参与草履虫的采集、培养。

(3)了解观察草履虫的实验指导方法。

(4)学会使用手机采集显微镜下的视频。

6.3　实验准备

1. 实验材料的准备

(1)干稻草、丝瓜、莴苣叶、旧稻草垫子、干玉米雄花穗、干荷叶、小麦粒、干酵母、动物内脏(肝、胰、甲状腺等)、蛋黄、牛肉汁(50 g牛肉、100 g水，煮熟)。

(2)课时充足时，可带领全班同学参与野外采集。若实验时间有限，可选拔一些感兴趣的同学组成兴趣小组，课余时间带领其全程参与草履虫的采集、培养、提纯，然后组织全班同学观察草履虫的结构。

2. 实验用具的准备

三角烧瓶、吸管、广口瓶或者烧杯、酒精灯、三脚架、石棉网、棉塞、纱布、载玻片、盖玻片、显微镜、pH 试纸、1%碳酸氢钠溶液、棉塞和纱布、丝绢或涤纶布。

6.4　实验安全警示

带领学生在室外采集草履虫时，应注意安全，避免滑落水沟等意外事故的发生。使用刀具切取实验材料时应注意使用方法，防止意外划伤。

6.5　实验方法与步骤程序

1. 实验步骤

(1)在实验室中制备培养液后，由各小组自选环境采集草履虫，带回实验室接种培养。待繁殖出大量个体后，视情况进行提纯再培养。

(2)按照生物学七年级上册教材中指导观察草履虫的方法，分小组讨论如何对中学生进行实验的观察指导。

2. 实验方法

(1)草履虫的采集和培养的方法。

①制备培养液有4种方法，可根据情况取其一。

a. 把干稻草切成2～3 cm长，每克加水200 mL，煮沸至水呈茶色。

b. 丝瓜切成条形，用1 g加100 mL水煮沸30 min。

c. 取1 g莴苣叶，加水100 mL，煮沸。

d. 切碎动物内脏，如肝、胰或甲状腺等1 g，加200 mL蒸馏水，浸泡一天后过滤备用。以上无论哪种培养液，其pH应在7～7.5，如偏酸可加入1%碳酸氢钠中和。待冷却后，分装在三角瓶或小烧杯中，液面应离瓶杯口有一定距离，用棉塞和纱布封好，以避免透气和防止灰尘落入。

②采集。在有机质丰富、不太流动的污水河沟或池塘里，食堂排水道和生活污水沟内，都可以采到草履虫。

a. 用广口瓶或烧杯从以上水体的表层取水，对着阳光观察，若见有针头大小的白点在游动，就可带回镜检。

b. 取以上水体底部有气泡，灰白色菌膜上下的水和水面漂浮的杂草、叶片等。带回静置一段时间，取杂草、叶片上的水来镜检。

c. 新鲜稻草近根部的几节常有草履虫休眠包囊，取来剪成1.5～2 cm长，揉松软后浸入玻璃缸的清水中，其高度约为水的1/5，而水的高度约为缸的2/3。缸口盖上玻璃后放温暖、光亮处，经7 d左右，可见水面有许多游动的小白点，可能就是草履虫，也常混有其他原生动物。

③接种培养。培养液放置24 h后，其表面产生一层菌膜，表明有大量细菌可作为草履虫食物。此时将采集回来的水样对着日光观察，从小白点处取一滴，做成装片，镜检是否有草履虫。也可在漏斗下口包一小块细密的丝绢或涤纶布过滤水样，使虫体滤集其上，然后小心取下翻转于载玻片上，使其与载玻片上的水滴接触。如有条件也可将水样用1 500～2 000 r/min离心2 min，使虫体较集中，做成装片镜检。如果有草履虫，可连同载玻片放入培养液里，用纱布封口培养，温度24～27 ℃，2～3 d以后，培养液表面菌膜下可见大量的白点，这样一般就可得到较纯的草履虫。

(2)草履虫的提纯。

如草履虫培养液中还有其他原生动物，需要进行提纯，其方法主要有三种。

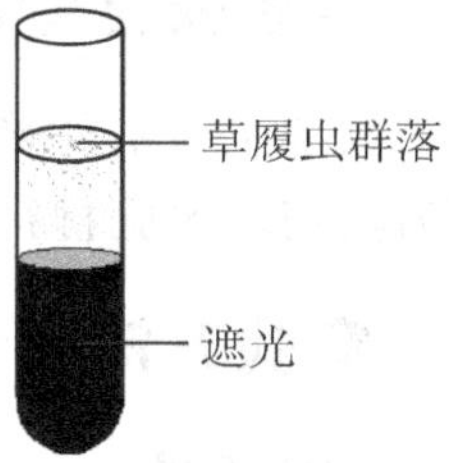

图4-16　遮光分离法示意图

①遮光分离法。先将试管下半部用黑纸或锡箔纸包裹，以不透光为准。然后取1份草履虫培养液加4份清水于试管中，摇匀、静置(图4-16)。草履虫具向光性，纤毛发达，约20～30 min后，见试管上层有小点浮游，取之即为纯净的草履虫。

②牛肉汁分离法。将100 g牛肉切成小方块，放入200 mL水中，煮1 h(期间不断加水保持200 mL)，滤出汁液。取一干净载玻片，平放在显微镜或双筒解剖镜的载物台上，用吸管吸取牛肉汁培养液滴一滴在载玻片的一端，用另一吸管吸取草履虫培养液滴一滴在另一端，两液滴间相距约为2 cm。然后用解剖针或缝衣针从牛肉汁培养液一端引一水线向草履虫培养液一端(图4-17)。

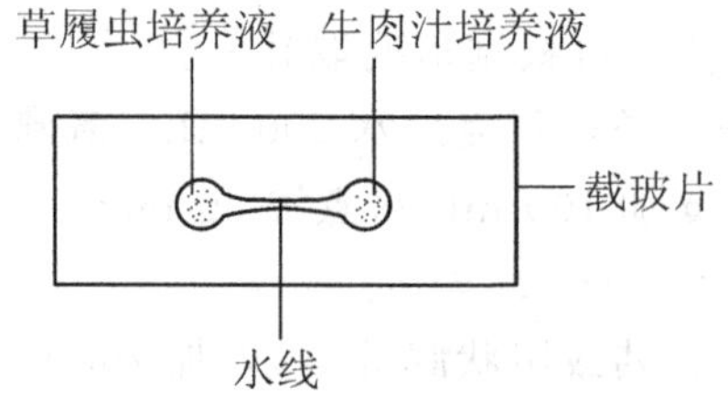

图4-17　牛肉汁法分离草履虫

在显微镜下可以观察到，草履虫对牛肉汁很敏感，不久就有不少草履虫通过水线游到牛肉汁培养液一端来。其他小动物对牛肉汁不太敏感，游走也比草履虫慢。当有草履虫游到牛肉汁培养液的一端，而其他小动物尚未游到一半时，用药棉擦掉水线和原来那滴草履虫培养液，这时牛肉汁培养液中就有纯净的草履虫了。

③微吸管分离法。先制微型吸管，即先将外径6～7 mm的玻璃管在酒精喷灯上加

热，并不断转动使其管壁四周均匀受热。当玻璃管变软时，迅速离开火焰，拉成外径约为 1 mm 的细管。然后用酒精灯继续将细管外径拉至 0.3～0.4 mm。从细管部分 1 cm 长处切断，另一端套上橡皮囊。分离时先用干净的普通吸管从草履虫液中吸取小白点，滴在载玻片上制成装片镜检，再用微吸管在显微镜下逐个吸取草履虫作种源。

通过分离提纯得到的草履虫，置于新制备的培养液中逐步扩大培养，从凹型载玻片到试管再到三角瓶、玻璃缸，均可获得大量纯净的草履虫。

6.6　实验指导

1. 交代实验目标

观察草履虫的外形和运动。

2. 交代实验步骤

(1)从草履虫培养液的表层吸一滴培养液，放在载玻片上，用肉眼和放大镜观察草履虫。

(2)盖上盖玻片，在低倍镜下观察草履虫的形态和运动。

3. 培养草履虫的注意事项

(1)培养期间，要经常镜检虫体的生长、运动情况，培养良好时，可见到虫体长得饱满，以旋转或滚动方式游动。若发现培养液有臭味、浑浊或虫体运动方式改变等异常情况，要及时更换新培养液。

(2)草履虫是好气性生物。在试管中培养时，管口用棉花塞。用玻璃缸培养时，要盖上玻璃，防止灰尘落入，但玻璃缸口与液面之间应留有一定空隙。

4. 对学生观察的指导

实验用的草履虫，最好在前一周布置中学生培养并带来自用，这可促进中学生积极、认真地进行实验，也解决了材料来源问题。由于中学生是初次在显微镜下观察微小的活体，常因使用显微镜不熟练、草履虫不停活动而影响实验效果。有必要先复习一下显微镜的使用，并想法限制草履虫运动(见附录)，指导观察还应配合板图、挂图。本实验可采用分段实验方式进行，各段观察要点如下。

(1)体形。吸一滴表层培养液放于载玻片上，先用肉眼和放大镜观察其大小和外形。再盖盖玻片，用低倍镜选择一个清晰不太游动的草履虫，观察其前后端及整个外形。

(2)运动。用低倍镜可看到一个个草履虫游动很快，身体不断旋转呈螺旋形前进。

(3)应激性。在载玻片两端各加一滴草履虫培养液，用解剖针使之连接。右边培养液放少许棉纤维，再放一粒食盐在棉纤维右边，注意不能直接放食盐在培养液边缘，否则草履虫会马上死去。载玻片下衬以黑纸，用肉眼就能见到右边培养液的草履虫一个个向左边的培养液游去。

(4)结构。一般不易看清。装片在限制草履虫的运动后，在低倍镜下找个不游动的草履虫，调光圈使视野稍暗，可见到纤毛、口沟、食物泡、伸缩泡、收集管和大核、小核(图 4-18)。如加一滴甲基绿染液或硼砂洋红染液染色后，大核、小核更为清楚。注意每个结构的位置、数目及伸缩泡、收集管收缩情况，想想它们的作用。

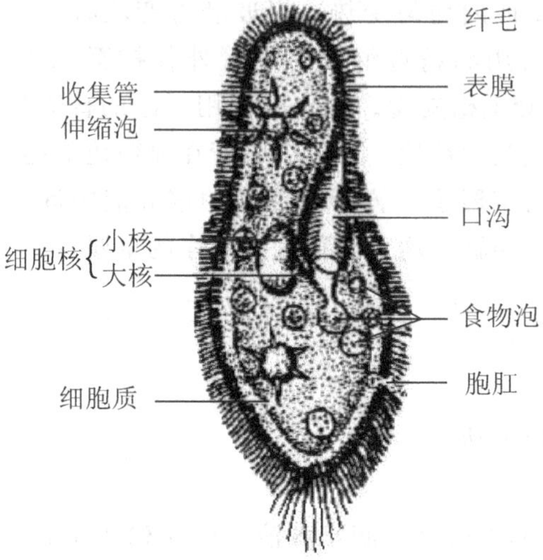

图 4-18　草履虫的结构图

6.7　实验结果记录

制作摄影平台。在 70 mm×150 mm 的三层板的中央打 ϕ28 mm 的孔作为手机安放的平台。VPC 给水管的直接头内径为 31 mm，壁厚为 5 mm。其中部打三个 ϕ3.5 mm 的孔。孔间的夹角为 120°。将直接头的上端口用砂纸打磨粗糙，然后涂上 502 胶与三层板中孔对齐，用手指压 5～10 min 使其紧密黏合。待其黏合稳固后，使用螺丝刀将 ϕ4 mm 螺丝分别装入直接头外三个孔。再将其置于镜筒之上，紧固螺丝，摄影平台就完成了(图 4-19、图 4-20)。

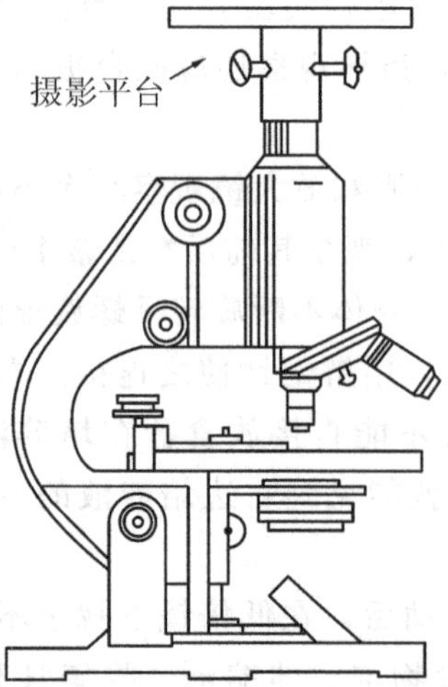

图 4-19　带手机摄影平台的显微镜

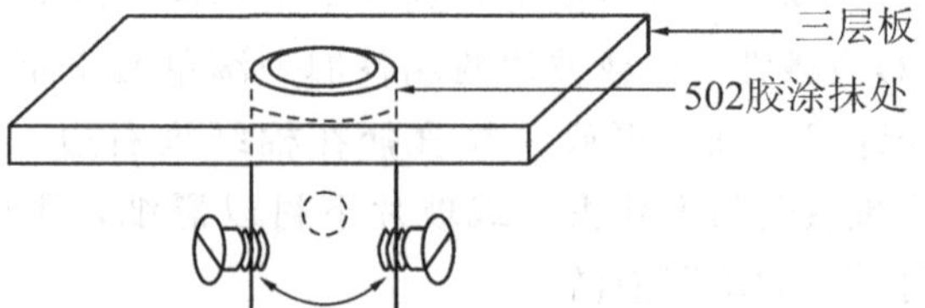

图 4-20　摄影平台的斜视图

显微拍摄。将显微镜视野内调为均匀的明亮度，太亮会在拍照时出现光圈。先将标本玻片置于载物台上，并把观察物体放于物镜的正下方。用手机的镜头对准目镜，看到一个明亮的圆形白色物像在屏幕中央，将手机放在摄影平台上，转动粗准焦螺旋、细准焦螺旋，视野内获得清晰的物像。按手机摄影调焦键，使图像充满整个显示屏，观察其中图像、调节细准焦螺旋，待图像效果最好后，按下拍摄键，打开手机拍摄功能，便可完成拍摄过程。

将手机中的相应文件转移至电脑中，就可以插入相应的课件中。

6.8　数字资源拓展

教学视频　　教学设计文本

附录

限制草履虫运动，如用棉纤维，易使纤毛运动受阻，用量也不易掌握，一般采用以下方法效果较好：

(1)取少许草履虫培养液，使虫体密度加大，游动范围缩小。

(2)按1∶3比例配制蛋清和水，取少许涂在载玻片上，再滴草履虫液，能减缓虫体游动。

(3)先滴少许唾液于载玻片上，再加草履虫液，亦能减缓游动。

(4)先加1%碘液半滴，再加草履虫液于载玻片上，可抑制虫体活动，但过量会杀死草履虫。

实验7　探究蚂蚁的通讯行为

7.1　实验基本知识与原理导航

动物群体中的不同个体之间，相互关系非常密切，需要随时交流信息。动物个体之间可以借助相互之间的动作、声音、气味等传递信息。一个群体中的动物个体向其他个体发出某种信息，接受信息的个体产生某种行为反应，这就是动物之间的通讯行为(communication)。

7.2　实验目的与要求

(1)了解本实验的准备工作有哪些。

(2)对中学生易出现的问题进行预测。

(3)了解指导本次实验应注意的事项。

7.3 实验准备

选择野外的蚁穴(或者人工饲养的一窝蚂蚁)、食物、多张小纸片(或者树叶等)、鱼缸(或者其他饲养容器)。

如果课时充足，可带领全班同学到野外寻找蚁穴进行实验和观察。如果时间有限，则可事先指导课外兴趣小组的同学进行蚂蚁的采集和饲养，然后再组织全班同学进行分组实验。

7.4 实验安全警示

带领学生在室外采集蚂蚁时，应提醒学生注意安全，避免滑落摔伤等意外事故发生，同时要防止被蚂蚁咬伤。建议：带上小药箱，准备常用外伤药物，如消毒杀菌药和创可贴等。

7.5 实验方法与步骤程序

(1)提出问题。首先，带领学生仔细观察蚂蚁的取食现象：一只蚂蚁发现食物后，会迅速返回巢穴。不一会儿，蚂蚁“大部队”就会“浩浩荡荡”地奔向食物所在地。思考：如何引导学生提出问题，如蚂蚁取食时是怎样交流信息的?

(2)做出假设。实验时，根据以上的观察问题：蚂蚁不能发声，它们是靠什么传递信息的呢?侦察蚂蚁在食物和巢穴之间是否留下了标记?引导学生做出合理的假设。

(3)制订计划。下面的方案可以作为指导中学生进行蚂蚁通讯行为探究的参考。

方案一：用较大的鱼缸或者其他容器饲养一窝蚂蚁，在离开蚁穴稍远处放些食物，当蚁群的侦察蚁侦察到食物后，就会看到大批的工蚁出来搬运食物。如果在侦察蚁返巢的路上事先放一张纸片，让它从上面爬过，待大批工蚁出来时，观察蚂蚁的行动。一段时间后，再做对照实验，即待大批工蚁出来时，先移走纸片，其他条件不变，再观察蚂蚁的行动。

方案二：用多张纸片事先铺满蚂蚁要走的路径(图4-21)，当蚁群走过后将小纸片重新排列，例如排成圆形、半圆形(图4-22、图4-23)，将食物放在圆心处，再观察蚂蚁的行动。

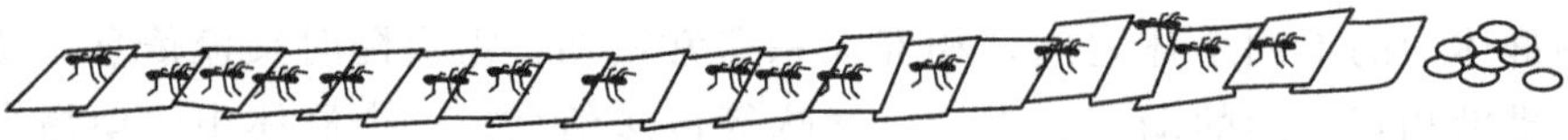

图4-21　蚂蚁经过纸片觅食示意图

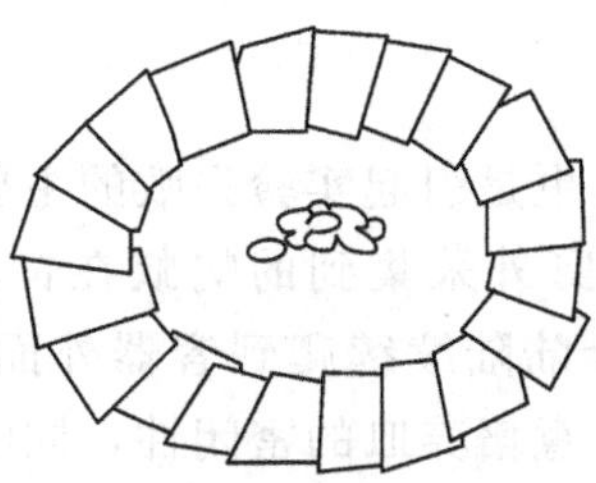

图 4-22　食物放在圆形纸片的中心

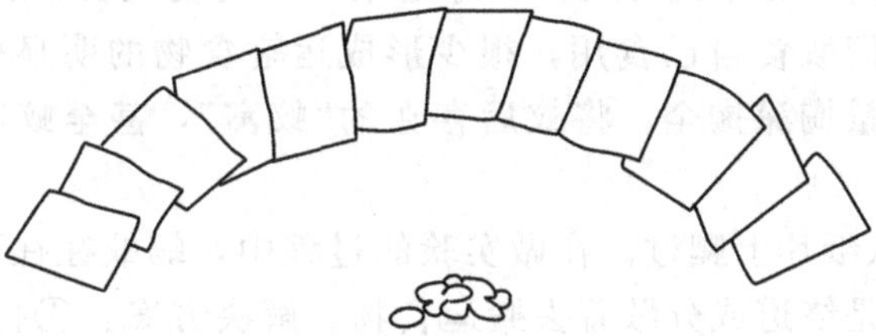

图 4-23　食物放在半圆形纸片的中心

观察：蚂蚁的行为有什么区别？蚂蚁在纸片上留下了什么？为什么？

在指导中学生制订探究计划时，需要提醒学生仔细考虑以下问题：饲养蚂蚁需要什么条件？给蚂蚁提供什么样的食物？把纸片换成树叶或者其他物体可不可以？

指导小组讨论并完善以上方案，尝试提出新的方案。

(4)实施计划。按照选定的探究计划指导学生进行实验、认真观察并做好记录。

(5)分析结果，得出结论。实验结果是否支持你的结论？你的结论是什么？

(6)表达与交流。引导中学生对在探究活动中发现的其他有趣现象进行表达与交流，如将侦察蚁爬过的众多纸片摆成一个圆圈，其他工蚁的通讯行为又将怎样？会不会沿着这些纸片不停转圈呢？

(7)讨论。指导学生进一步探究：蚂蚁的通讯方式与气味有关吗？通讯在社会行为中有什么意义？

(8)教师带领学生一起进行实验探究的总结。

①探究时，各个组提出的问题是：

②各个组设计的方案是：

③各个组观察到的现象是：

④各个组汇报，总结蚂蚁常用的通讯方式有：

⑤各个组反思，从实验的设计，到观察、分析、得出结论，有哪些方面做得较好？哪些方面需要改进？

7.6 实验反思

本实验常常存在以下问题，也是引起实验失败的主要原因。

(1)采集的蚂蚁不好养。从野外采集到的蚂蚁在饲养过程中，可能会碰到如下问题：蚂蚁个头小，善于爬行，会陆陆续续爬到容器外面去，影响实验正常进行。解决方案是：选取适宜器皿，既要注意培养皿的密闭性，同时又要注意透气性。

(2)实验现象不明显。采集蚂蚁时，常常只能抓到工蚁，很难把整窝蚂蚁都采回，而工蚁认为蚁后存在的地方才是“蚁窝”，才是家，才会发现食物后搬运食物回“蚁窝”。所以遇到食物只见它们取食自己食用，很少形成运输食物的明显搬运现象。解决方案是：采集蚂蚁时要尽量掏深掏全，将蚁后存在的“蚁窝”，甚至蚁窝周围的泥土也全盘进行采集。

(3)很难让蚂蚁从纸片上爬过。在做实验的过程中，蚂蚁往往不从预先铺好通向食物的纸片上通过，而是绕道或分散着去搬运食物。解决方案：①提前1～2天采集蚂蚁后，将其饥饿静养；②选择味浓的食物；③将蚂蚁放在半封闭的器皿中做实验，不受风力的直接干扰。

7.7 实验创新探究

在中学生物实验实施时，除了参照中学生物学教材上的方案进行实验外，还可参考以下方案，为中学生提供新的思路，勇于进行新尝试。

【方案一】

(一)探究蚂蚁取食经过的路线时，可以采用如下改进方案。

1. 将学生异质自愿组合成四组，每组取大托盘一个。在大托盘内放入6～8只大小相差无几的鹅卵石，间隔一定距离排成一列(如果托盘较小，也可排成两列)。加入清水，使鹅卵石的顶部刚好露出水面。

2. 按照鹅卵石之间的距离，将一次性木筷用剪刀剪成小段分别放在两块鹅卵石上，使小段的木筷刚好连在一起，形成以鹅卵石为桥墩、木筷为桥面的小桥，但木筷的首尾不能连在一起。

3. 在木筷的一端放一些面包屑，在木筷的另一端放几只饥饿的蚂蚁，会观察到蚂蚁沿着连在一起的木筷到另一端去取食。

分析实验成功原因：

如果将木筷放在平地上，蚂蚁在寻找食物时随意性较大，既延长了探究时间，又影响了观察效果，而将木筷搭成小桥后可迫使蚂蚁只能沿着木筷向前运动，缩短了探究时间。

在实验中采用饥饿的蚂蚁，可以增强蚂蚁的趋食行为。

只放出几只饥饿的蚂蚁寻找食物，既可以观察蚂蚁返回时经过的路线，又可以为以后多数蚂蚁通过木筷奠定基础。

（二）探究蚂蚁返回经过的路线时，可以采用以下改进方案。

1. 将木筷用镊子从托盘中轻轻取出，并在地面上排成任意形状，如直线、半圆或S形等。然后再把带有蚂蚁的面包屑放在一端或中心位置，注意这时尽可能不要惊动蚂蚁。就会发现蚂蚁总是沿着摆放的木筷返回，当摆放的形状有变化时，蚂蚁爬行的路线也总是随着改变。

2. 用另外一些未用过的干净小段木筷也摆放成任意形状，如直线、半圆或S形等。然后再把带有蚂蚁的面包屑放在一端或中心位置，再观察蚂蚁取食后返回路线的情况有什么不同。

3. 将木筷从以上托盘中轻轻取出移到平地上，可以使观察到的现象更加明显。

4. 用另外一些未用过的干净小段木筷摆放成任意形状作为实验对照。

（三）探究蚂蚁能否沿侦察蚁留下的标记寻找食物时，可以采用如下改进方案。

待侦察蚁返回时，将饲养的蚂蚁全部放在木筷的一端进行观察，如果蚂蚁全部沿侦察蚁经过的木筷运动，就说明侦察蚁确实在经过的路线上留下了气味，而其他蚂蚁就是沿着侦察蚁留下的气味去寻找食物的。

【方案二】①

1. 准备实验器材：培养皿盖3个、长约10 cm的小木棒2根（分别编上序号1、2），小烧杯3个（分别编上序号1、2、3）、软毛笔、食物。

2. 将小烧杯倒扣在装水的培养皿里，做成两个小岛，在蚂蚁洞附近安放两座小岛，用水来隔离小岛（图4-24）。

其中岛1放上食物，岛2无食物。在蚁穴附近用小木棒搭建桥1和桥2，分别通向岛1和岛2。等待一段时间，当侦察蚁经过桥1到达岛1找到食物后，会沿原路返巢通报消息。蚁巢里的蚂蚁接到消息后，会沿着侦察蚁走过的路线到岛1上搬运食物。对比岛1，岛2可能会有少数蚂蚁来光顾，但是由于没有食物，相比之下蚂蚁到达的概率和行为方式明显少得多。当岛1和桥1上的蚂蚁足够多时，就可以进行下一个实验步骤了。

3. 首先把岛2和桥2这一整套装置从右边挪到蚁洞左上侧。然后撤掉岛1和桥1这一整套装置，把桥1上的蚂蚁用毛笔清扫干净，用一个无食物的岛3摆放在原来岛2的位置，用桥1连接蚁洞和岛3（图4-25）。

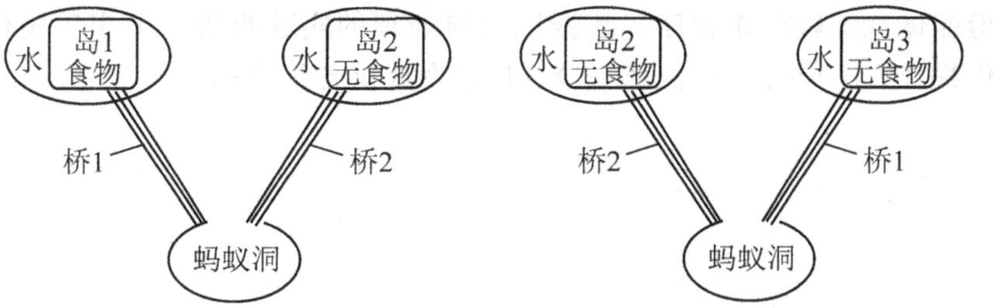

图4-24　观察蚂蚁觅食行为装置一　　图4-25　观察蚂蚁觅食行为装置二

① （改编自）田春华．“探究蚂蚁的通讯”实验改进[J]．生物学通报，2006(8)：32.

将岛2、桥2移动到相反位置，是为了检测方向对蚂蚁判断食物位置的影响。很快就会发现，从蚁洞里出来的蚂蚁陆续会沿着桥1涌向岛3，它们在岛3上到处寻找着侦察蚁发现的食物，可是没有找到食物。而蚂蚁到达岛2的概率和行为方式与到达岛3的相比明显少得多。

4. 根据以上实验现象，分析得出：蚂蚁受岛1食物气味的引诱沿桥1取食时留下了气味(信息素)，所以把岛1换成了没有食物的岛3后，蚂蚁仍会沿着信息素指向去寻找食物。从这个实验可以得出的结论是：蚂蚁是通过气味(信息素)来交流信息的。

实验8 测定食物中的能量

8.1 实验基本知识与原理导航

选择容易燃烧的食物，通过测量食物燃烧时所释放出热能来测定食物中的能量。一般采用1 mL水每升高1 ℃，需要吸收4.2 J的热能的原理进行实验设计，自制一种简易燃烧装置，就能测定物质燃烧时所释放出的能量大小。

8.2 实验目的与要求

(1)通过指导中学生做出假设、设计方案、验证方案、分工合作、查表与计算、对照比较、统计分析、集体讨论、表达交流等，并将实验结果与能源、环保、材料等社会实际问题有机结合，促进中学生思维品质的训练和对科学研究方法的掌握，有利于学生创新思维的形成和综合素质的提高。

(2)天平、量筒、温度计、酒精灯等实验器具的正确使用和数值读取。

8.3 实验准备

1. 实验器材的准备

干燥花生仁、干燥核桃仁、天平、量筒、温度计、酒精灯、空罐、试管夹等。

2. 实验指导的准备

要求中学生认真预习实验、讨论并完善实验计划。教师可提前一周让每组学生自行设计一份能体现实验操作程序、数据记录与处理的实验报告，上交后集体评选并修改产生一份最佳方案①(表4-3、表4-4)，打印发放供各组使用。

① 魏素荣．对测定食物中的能量探究性实验的浅见与改进[J]. 生物学教学，2002(8)：11.

表 4-3　数据记录

序号	项目	器具	数据记录
1	花生种子称质量	天平	$C=$　　(g)
2	量水	量筒、试管或烧杯	$V=$　　(mL) 即 $m=$　　(g)
3	第一次测水温	温度计	$T_1=$　　(℃)
4	第二次测水温	温度计	$T_2=$　　(℃)
5	花生种子燃烧时间	手表	$t=$　　分　　秒
6	灰分称质量	天平	$C_0=$　　(g)

表 4-4　数据处理

序号	项目	数据处理
1	水温升高	$\Delta T=T_2-T_1=$　　(℃)
2	花生燃烧释放的热量(用于水温升高)	$Q=4.2\times m\times\Delta T=$　　(J)
3	查表并算出花生种子所含的热量	$E=$　　(J)
4	花生种子燃烧中能量有效转化率	$\eta=Q/E\times100\%=$　　%
5	花生种子减轻的质量	$\Delta G=G-G_0=$　　(g)

8.4　实验安全警示

注意酒精灯的安全使用。锥形瓶不宜用来直接加热，在实验过程中易爆炸，发生意外。

8.5　实验方法与步骤程序

(1)提出问题。思考如何引导中学生提出类似于这样的问题：每种食物中含有多少能量?

(2)做出假设。思考如何指导中学生做出合理的假设。

(3)制订计划。参照下面的实验装置和实验步骤，指导学生根据自己或者小组确定的探究课题，制订探究计划。以下的计划方案供指导学生时参考。

①在空易拉罐顶部的中央，剪一个比锥形瓶口略大的圆孔，圆孔周围以及罐底部四周剪若干孔洞，以便通风。

②取一只锥形瓶(50 mL)，注入 30 mL 水，并放入一支温度计(温度计下端要浸入水中)。

③参照图 4-26 安装好实验装置，并测量水温。

④称出一粒干燥花生的质量，将这粒种子放到火焰上燃烧。

⑤将刚刚燃烧的花生种子尽快放到锥形瓶底部。待这粒花生种子完全燃烧后，测量水温。

(4)讨论和完善计划。组织学生讨论：自己的计划方案是否完善?如何修改?实验

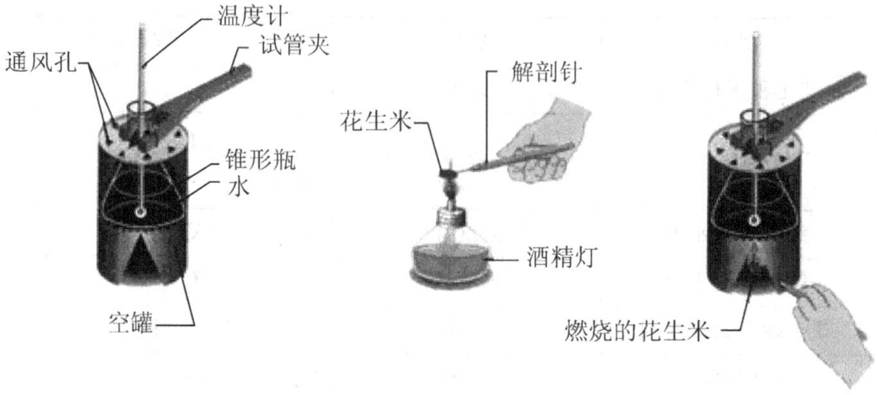

图 4-26　测定花生种子能量的装置

装置中一定要用空易拉罐吗？怎样才能做到尽量减少花生种子燃烧中能量的丢失？

(5)实施计划。指导学生按照修改完善后的探究性计划进行实验，并及时统计和分析数据。

(6)分析结果，得出结论。指导学生将数据进行分析并得出结论。

(7)表达与交流。小组开展实验的汇报交流，并写出实验报告。

(8)讨论。组织中学生讨论取材、方案计划、实验实施中的相关问题：

①你的数据与教材中的数据(核桃仁：1 368 kJ；花生仁：1 247 kJ)以及与同学们的数据大概一致吗？如果差距太大，分析原因。

②这个实验只做一次，结果可靠吗？应该怎么做？

8.6　实验改进

(1)按照初中生物学教材中的建议，制作易拉罐装置麻烦且不安全(易划破或烫伤)，可改用铁架台固定试管或烧杯等玻璃器具。

(2)把花生种子置于解剖针的尖端或铁丝小环上，便于燃烧。

(3)指导学生统计各组的最终实验数值后，求出数值范围及均值，进一步明确水的适用量、燃烧时间及水温升高的范围等。

实验 9　观察动物的学习行为

本实验在学校往往不能完成。原因是小动物容易受到干扰，学生的好奇围观必然会造成它的骚动和不安，会让它因害怕而不知道何去何从。因此学生不能在实验室很好地观察动物的“尝试与错误”的学习行为，只能在野外、实验室安静的自然状态或者改变实验诸因子的情况下来探讨和观察“动物的学习行为”。

9.1　实验基本知识与原理导航

动物的学习行为是动物个体运用经验调整动作方式，以更好地适应环境的行为。

学习是十分复杂的过程，动物有几种主要的学习方式。

(1)习惯化学习(habituation learning)。

习惯化学习是最简单的学习。当一种刺激反复进行时，动物的反应可逐渐减弱，最后完全消失。蜘蛛在第一次听到声音时，会迅速躲避，但时间一长，就不再躲避了。习惯化可使动物对于环境中既无利又无弊的刺激不产生反应。如果对与生活无关的刺激频繁发生反应，那就只是徒耗能量而毫无所得。

(2)印刻学习(imprinting learning)。

小鸡、小鸭、小鹅等动物对于第一次接触的、能活动的较大物体都有紧紧追随的现象，这就是印随，说明动物已经将所接触的物件“印入”脑中了。

印随学习和其他学习行为有几个重要区别：①印随学习只需要少量的经验信息就可学成，并且一旦学成，就可保持较长时间，很难改变。②印随学习不需奖励或惩罚，但只能在成长阶段的一定时期内具有这种学习现象，这个时期称为临界期(critical period)或敏感期，过了敏感期就没有印随学习了。

印随学习在进化上是有选择价值的，因为动物出生后首先接触的活动物体一般都是它的母亲(图 4-27)。追随母亲、和母亲建立联系而不和别的动物建立联系，就能得到保护和抚育而不至于被别的动物所伤害。在许多哺乳动物中，母亲与子女之间也是通过印随学习而建立联系的。动物的这种行为使母兽不至于误认其它母兽的子女，有利于自己基因的传播，因而也有利于保护本物种的基因库。

图 4-27　印随学习

(人孵育的雏鹅和雌鹅孵育的雏鹅，混养一处后，前者追随人，后者追随雌鹅而分别走开)

(3)联系学习(associative learning)。

把 2 个或 2 个以上的刺激联系起来而诱发同样的行为，是联系学习。巴甫洛夫的条件反射实验就是一种联系学习的实验。巴甫洛夫把食物和铃声联系起来，在给狗食物之前先摇铃，经过若干次训练后，只要一摇铃，不给食物也能引起狗的胃液分泌。铃声与胃液并无关系，但经过学习，无关刺激和胃液分泌联系起来了。另一种联系学习是用奖励和惩罚的方法，如让一条蚯蚓走“Y”形管，管的一个岔管里黑暗潮湿，有食物，另一个岔管里没有食物，并且通了电流，蚯蚓进去就要受到电击。蚯蚓从“Y”形管口进入，经过多次尝试，逐渐地走入黑暗潮湿而有食物的岔管的次数越来越多，说明蚯蚓已经学会了如何逃避电击、找到食物了。这种学习的方法就是“尝试与错误”的方法。

(4)洞察学习(insight learning)。

这是很复杂的学习形式，是利用存在脑中的、从其他性质的刺激取得的经验来解决当前新问题的能力。最有名的例子是黑猩猩取食物的行为，将黑猩猩喜欢吃的食物，如香蕉，悬空挂在高处，同时室内散放几个木箱和短木棒等，黑猩猩虽然以前没有遇到过这样的问题，却能想到把木箱搬来摞高，自己爬上去把香蕉拿下来(图 4-28)。这说明黑猩猩有推理的能力，它根据以前的经验，知道木箱摞起来可弥补身高的不足。不但如此，黑猩猩还能把短棍套连成长棍，把香蕉取下来。

图 4-28　黑猩猩的洞察学习

本实验之所以采用金鱼来设计实验方案，是因为金鱼本身生活在水里，受外界影响会比较小，诱因在水中扩散较快，也更为直接，效果明显，方便学生们观察。

9.2　实验目的与要求

(1)设计一种在课堂上容易观察的小动物，进行“尝试与错误”学习行为的探究，并通过实验和记录，分析其学习的“进步”情况。

(2)讨论方案的可行性和有效性，形成在中学可以实施的方案。

9.3　实验准备

1. 实验器材的准备

鱼缸、金鱼喂食漏斗(市场有售)、食用油桶、矿泉水瓶、3～5 cm 小金鱼、鱼饲料(最好是线虫，俗称“红虫”)、小鱼网、剪刀、卫生香、打火机。

2. 预实验的准备

制作迷宫：将食用油桶洗净，根据鱼缸的高度将食用油桶的两端截去，在其一侧开一个和金鱼体长一样大小的洞。在矿泉水瓶底部，用卫生香烫十几个洞，在瓶壁也开一个与金鱼体长同样大小的洞，其高度可以与油桶洞的高度不同。将油桶置于鱼缸中央，矿泉水瓶置于油桶中央，将喂食用的小漏斗固定于矿泉水瓶的顶端。调整两个桶洞的方向，务必使两个洞不要重叠(图 4-29)。

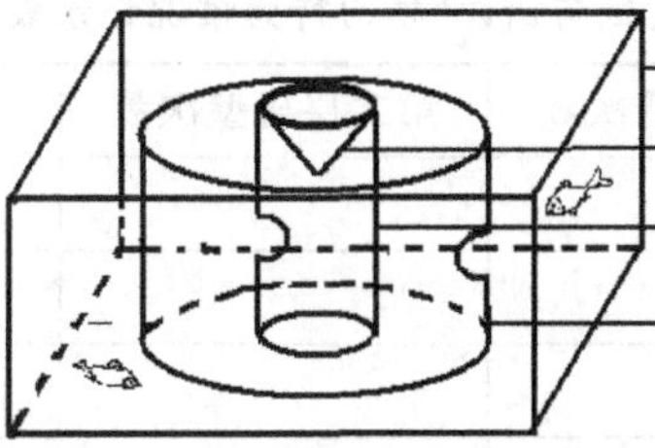

图 4-29　金鱼绕道取食装置图

饲喂金鱼：从市场购置金鱼，在鱼缸中放置几天不喂食，使其保持饥饿状态。但是要注意经常往鱼缸水里加氧，保持氧气充足。

9.4　实验安全警示

本实验中接触水生动物须戴防水手套和护目镜。

9.5　实验方法与步骤程序

(1)根据以下实验指导的步骤进行实验，并记录结果，进行数学统计分析，检验是否与预期结果相同或相似，修正实验方案。

(2)讨论如何在中学实验中，使中学生观察到明显的实验现象，并且可以体验到动物的学习行为。

(3)引导中学生自行思考设计一个更可行的实验方案，预计其结果，并讨论可行性及有效性。

9.6　实验指导

首先，上课开始时，介绍动物的学习行为及对于动物种群生存与繁衍的意义。其次，交代实验目标是运用研究动物行为的方法，探究成因。最后，交代清楚以下实验步骤：

(1)从饲养金鱼的鱼缸中，捞一条金鱼，放入图 4-29 装置中的食用油桶外侧。当金鱼趋于稳定以后，在喂食漏斗中放入饲料，开始计时，观察这条金鱼找到食物的过程，并记录所需的时间。观察金鱼经过几次碰壁和尝试绕道的“尝试与错误”学习以后，才找到食物放置的地方。

(2)当金鱼吃到饲料以后，取出喂食漏斗，取出矿泉水瓶，将金鱼导入油桶以外，将矿泉水瓶冲洗干净，重新放入迷宫中间。

(3)待金鱼稳定以后重复(1)步骤。将结果记录在记录表中。

(4)经过 5 次重复以后，统计分析结果。

9.7　实验结果记录

实验结束后，指导中学生将金鱼的“尝试与错误”的学习行为记录于表 4-5 中。

表 4-5　金鱼“尝试与错误”学习行为情况记录表

次数	时间/s	第一层碰壁次数	第二层碰壁次数	备注
1				
2				
3				
4				
5				

第 5 章
中学生物学实验教学案例——高中篇

实验 1　检测生物组织中的糖类、脂肪和蛋白质

本实验在学习蛋白质、糖类和脂质等知识内容之前进行，一方面是由于实验设计带有一定的探究性和开放性，有利于培养学生的实验探究能力，为后续章节开展探究性实验奠定基础；另一方面也为学生学习生物体中有机物一节内容增加感性认识，有利于领悟生命的物质性。学生可通过本实验初步学会糖类、脂肪、蛋白质等物质检测的基本原理和方法，认识理化技术在生物学研究中的应用。

1.1　实验基本知识与原理导航

某些化学试剂能够使生物组织中的相关有机化合物产生特定的颜色反应。

糖类中的还原糖(如葡萄糖、果糖)与斐林试剂发生作用，生成砖红色沉淀。生物组织中普遍存在的还原糖种类较多，常见的有葡萄糖、果糖、麦芽糖。它们的分子内都含有还原性基团(游离醛基或游离酮基)，因此叫作还原糖。蔗糖的分子内没有游离的还原性基团，因此叫作非还原性糖，不具有还原性。本实验中，用斐林试剂只能检验生物组织中还原糖存在与否，而不能鉴定是否为非还原性糖。斐林试剂由质量浓度为 0.1 g/mL 的氢氧化钠溶液和质量浓度为 0.05 g/mL 的硫酸铜溶液配制而成，二者混合后，立即生成淡蓝色的 $Cu(OH)_2$ 沉淀。$Cu(OH)_2$ 与加入的葡萄糖在加热的条件下，能够生成砖红色的 Cu_2O 沉淀，而葡萄糖本身则氧化成葡萄糖酸。其反应式如下：

$$CH_2OH—(CHOH)_4—CHO+2Cu(OH)_2 \longrightarrow CH_2OH—(CHOH)_4—COOH+Cu_2O\downarrow+2H_2O$$

用斐林试剂鉴定还原糖时，溶液的颜色变化过程为：浅蓝色→棕色→砖红色(沉淀)。

脂肪可以被苏丹Ⅲ染液染成橘黄色(或被苏丹Ⅳ染液染成红色)。脂肪是构成人体组织的正常成分，其结构如图 5-1 所示。它不溶于水而易溶于酒精、乙醚、氯仿等脂溶剂中。脂肪主要存积于脂肪组织中，并以油滴状的微粒存在脂肪细胞质内。脂类的主要功能是氧化供能，脂类染色使用最广泛的染料是苏丹染料，最常用的有苏丹Ⅲ、苏丹Ⅳ等。脂肪被染色，实际上是苏丹染料被脂肪溶解吸附而呈现染料的颜色。经研究认为，组织中脂质在液态或半液态时，苏丹染料着色效果最好。

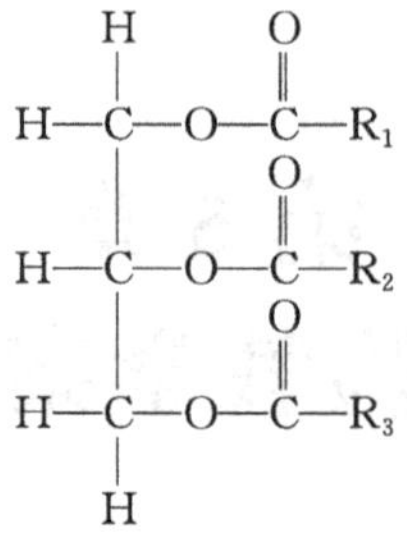

图 5-1　脂肪结构式

蛋白质与双缩脲试剂发生作用，产生紫色反应。组成蛋白质的氨基酸分子是通过肽键互相连接起来的，其中的肽键结构与双缩脲(尿素加热至 180 ℃左右，生成双缩脲并放出一分子氨)相似，双缩脲($H_2NOC—NH—CONH_2$)在碱性环境中能与 Cu^{2+} 作用，形成紫色或紫红色的络合物，这个反应叫作双缩脲反应，反应式如图 5-2 所示。

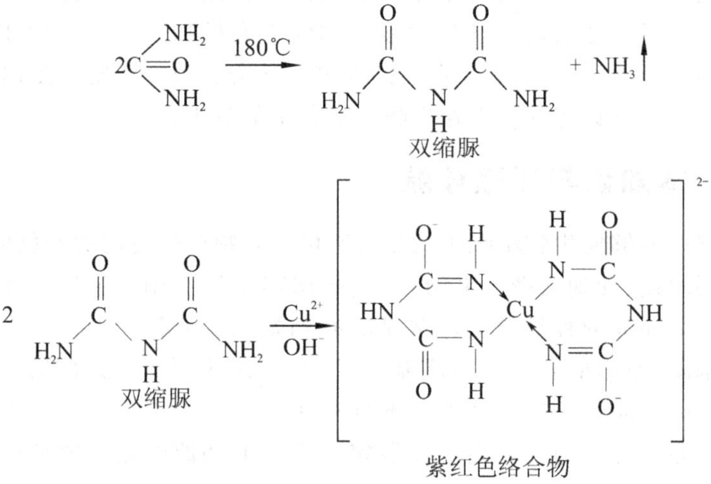

图 5-2　双缩脲反应式

$—CS—NH_2$，$—CH_2—NH_2$，$—CRH—NH_2$ 或 $—CHNH_2—NH_2$ 以及乙二酰二胺

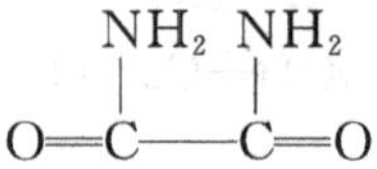

等物质都能与双缩脲试剂发生作用，产生紫色反应。因此，有双缩脲反应的物质不一定都是蛋白质或多肽。本活动通过设计系列实验，根据蛋白质双缩脲反应的特性来检测生物组织中是否含有蛋白质。

以上实验说明：可以根据与某些化学试剂所产生的颜色反应，检测生物组织中糖类、脂肪或蛋白质等物质的存在。

淀粉遇碘变蓝色。淀粉是白色无定形粉末，由直链淀粉(占 10%～30%)和支链淀粉(占 70%～90%)组成。直链淀粉能溶于热水而不呈糊状，支链淀粉不溶于水，与热水作用后则膨胀而成糊状。其中溶于水中的直链淀粉，呈弯曲形式，并借分子内氢键卷曲成螺旋状(图 5-3)。这时加入碘酒，其中碘分子便钻入螺旋当中空隙，并借助范德华力与直链淀粉联系在一起，从而形成络合物。这种络合物能比较均匀地吸收除蓝光以外的其他可见光(波长范围为 400～750 nm)，从而使淀粉变为深蓝色。

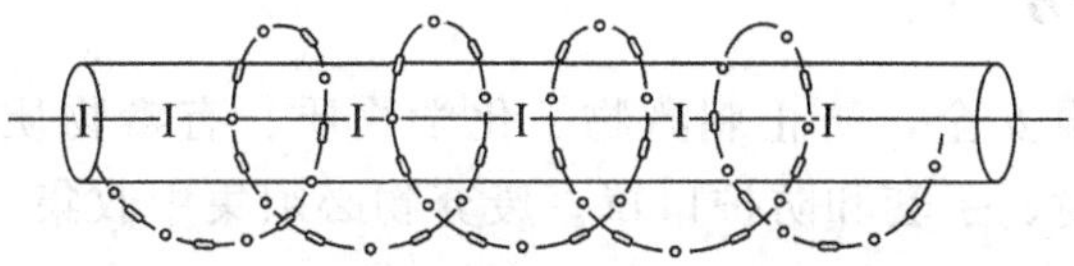

图 5-3 碘-淀粉络合物结构示意图

1.2 实验目的与要求

(1)说出糖类、脂肪和蛋白质的检测原理和方法。

(2)通过实验现象的比较和实验结果的归纳，形成注重实证的科学逻辑思维能力。

1.3 实验准备

1. 实验试剂的准备

(1)斐林试剂的配制：甲液为质量浓度0.1 g/mL的氢氧化钠溶液，乙液为质量浓度0.05 g/mL的硫酸铜溶液。使用时临时配制，将4～5滴乙液滴入2 mL甲液中，配完后立即使用。

(2)苏丹Ⅲ溶液的配制：称取0.1 g苏丹Ⅲ干粉，溶于100 mL体积分数为95%的酒精中，待全部溶解后再使用。

(3)苏丹Ⅳ溶液的配制：称取0.1 g苏丹Ⅳ干粉，溶于50 mL丙酮中，再加入体积分数为70%的酒精50 mL，充分混合后即可使用。

(4)双缩脲试剂的配制。

①取10 g氢氧化钠放入容量瓶(或有刻度的烧杯)中，加水至100 mL，待充分溶解后倒入试剂瓶中，配成质量浓度为0.1 g/mL的氢氧化钠溶液。瓶口塞上胶塞，贴上标签，写上试剂A。

②取1 g硫酸铜放入容量瓶(或有刻度的烧杯)中，加水至100 mL，待充分溶解后倒入试剂瓶中，配成质量浓度为0.01 g/mL的硫酸铜溶液(蓝色)。瓶口塞上胶塞，贴上标签，写上试剂B。

(5)碘液配制方法：将碘化钾2 g放入5 mL蒸馏水中，加热使其完全溶解；然后加入I_2 1 g，完全溶解后用蒸馏水稀释至300 mL，放入具有毛玻璃塞的棕色玻璃瓶中，置于暗处保存。

测定淀粉时，可将上述溶液稀释2～10倍，使染色不致过深，效果更好。

(6)选择含糖量较高，颜色为白色或近白色的植物组织，以苹果、梨为最好。

(7)选择富含脂肪的种子，以花生种子为最好(实验前浸泡3～4 h)。

可用浸泡1～2 d的黄豆种子(或用豆浆、鸡蛋的蛋清)。

2. 实验器具的准备

剪刀、解剖刀、双面刀片、试管、试管架、试管夹、大小烧杯、小量筒、滴管、玻璃漏斗、酒精灯、三脚架、石棉网、火柴、研钵和石英砂(可用家用豆浆机代替)、纱布、载玻片、盖玻片、毛笔、吸水纸、显微镜。

1.4 实验安全警示

本实验应注意用眼安全，防止刺激物、化学物质、有毒物质、极端温度和锐器的伤害，必须戴好护目镜、手套和防护口罩。废弃物必须集中收集，合理处置。

1.5 实验方法与步骤程序

(1)讨论学生分组的方法。如把初中使用过显微镜的学生集中在一起，根据需要分组数目报数。如需要分10个组，就让他们1～10报数，其他学生也同样，凡报数为同一数字的学生为一组。这样可以把已经具有使用显微镜经验的学生均匀分配到每个组里。可以以4人为一组进行实验，通过颜色反应定性地验证生物组织中的还原糖、蛋白质、脂肪、淀粉等成分，让学生了解构成细胞的化合物中含有这些成分，并学会生物组织中物质成分鉴定的操作方法，掌握获得新知识的途径和方法。

(2)按照"实验指导"中的方法与步骤实施操作。

(3)讨论"实验指导"中应注意的问题及安全事项。

1.6 实验指导

1. 交代实验目标

能独立操作鉴定生物组织中还原糖、脂肪、蛋白质的基本方法。

2. 交代实验原理

(1)可溶性还原糖 ＋ 斐林试剂→砖红色沉淀。

(2)脂肪小颗粒 ＋ 苏丹Ⅲ染液→橘黄色小颗粒。

(3)蛋白质 ＋ 双缩脲试剂→紫色反应。

(4)淀粉＋碘液→蓝色反应。

3. 交代实验步骤

教师可将实验步骤简化，事先写在黑板上，以提示学生注意。

(1)还原糖的鉴定。

①鉴定步骤(图5-4)。

a. 选材匀浆。苹果或梨洗净、去皮、切块，取50 g放入家用豆浆机，加50 mL水研磨搅碎；或取5 g放入研钵中加5 mL水和石英砂，研磨成浆。

b. 过滤。将玻璃漏斗插入试管中，在漏斗上垫上一层纱布，取2 mL组织研磨液过滤。若用家用豆浆机此过程可以省略。

c. 加入斐林试剂。取斐林试剂甲液1 mL和乙液1 mL，充分混合，滴入试管。注意：不能分别加入。

d. 水浴加热。在沸水中加热2 min。

e. 观察溶液颜色变化。组织样液浅蓝色→棕色→砖红色。

②结论：还原糖与斐林试剂在加热煮沸的过程中生成砖红色沉淀。

③实验成功的要点：

a. 还原糖的鉴定实验应选择含糖量较高、颜色为白色或近白色的植物组织，以苹

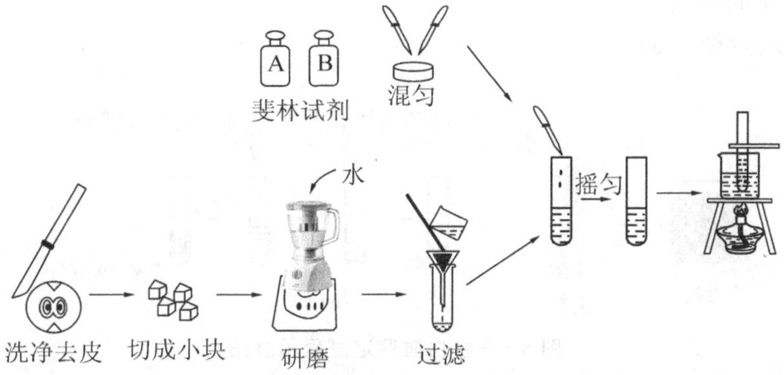

图 5-4 还原糖的鉴定步骤示意图

果、梨为最好。

b. 斐林试剂要两液混合均匀且现配现用。

(2)脂肪的鉴定。

①鉴定步骤(图 5-5)。

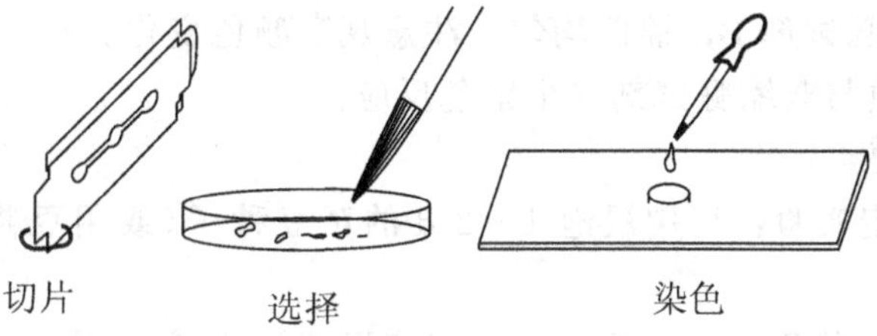

图 5-5 脂肪鉴定示意图

a. 取材切片。花生种子(浸泡 3～4 h)，将子叶削成薄片。

b. 选片。取理想薄片。

c. 染色。在薄片上滴 2～3 滴苏丹Ⅲ染液。

d. 清洗。用吸管吸取清水，反复冲洗去除浮色。

e. 制片。制成临时装片。

f. 观察。先在低倍镜下，找到材料的脂肪滴，然后转为高倍镜观察。

②结论：细胞中的圆形脂肪小颗粒已经被染成橘黄色。

③实验成功的要点：

a. 脂肪的鉴定实验应选择富含脂肪的种子，以花生种子为最好(实验前温水浸泡 3～4 h)。

b. 该实验成功的关键是获得只含有单层细胞的理想薄片。切片成功的关键在于切片的刀具，必须保持锋利。最好采用新的双面剃须刀片。两片刀片并排，上面用胶布粘好进行切片。

c. 滴苏丹Ⅲ染液染色 2～3 min，时间不宜过长，以防细胞的其他部分被染色。

(3)蛋白质的鉴定。

①鉴定步骤(图 5-6)。

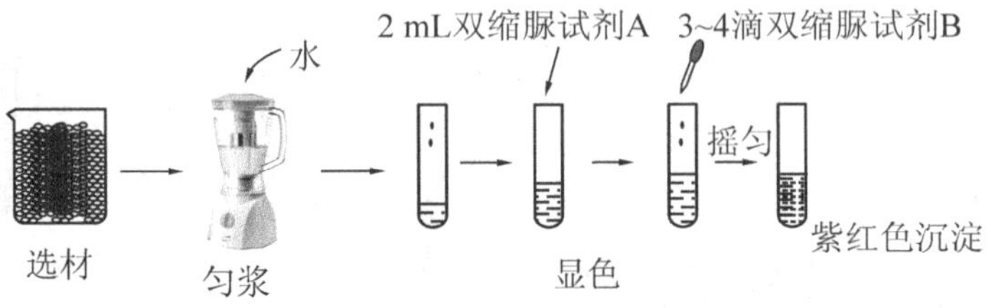

图 5-6　蛋白质鉴定过程示意图

a. 选材。取几粒浸泡过 1～2 d 的黄豆。

b. 匀浆。取 50 g 放入家用豆浆机，加水 50 mL，研磨 5 min；或将黄豆切成薄片，放进研钵中，加少许石英砂和 5 mL 水，充分研磨。

c. 过滤。将玻璃漏斗插入试管中，在漏斗上垫上一层纱布，过滤黄豆组织研磨液。若用家用豆浆机此过程可以省略。

d. 显色。取 5 mL 组织样液注入试管，并加入双缩脲试剂 A，摇荡均匀，再向试管中加入 3～4 滴双缩脲试剂 B，摇荡均匀，注意观察颜色变化。

②结论：蛋白质与双缩脲试剂发生紫色反应。

③实验成功的要点：

a. 蛋白质的鉴定实验：可用浸泡 1～2 d 的黄豆种子(或用豆浆、鸡蛋的蛋清稀释液)。

b. 双缩脲试剂的使用，一定要先加入双缩脲试剂 A 液，再加入双缩脲试剂 B 液。

c. 还可设计一支加底物的试管，不加双缩脲试剂，进行空白对照，说明颜色反应的引起是蛋白质的存在与双缩脲试剂发生了反应，而不是空气的氧化引起的。

在实验开始时，检查中学生预习实验原理和方法步骤的情况。为了节省时间，让同组内不同的学生分别选择不同的实验材料，分工合作，小组内交流，共享实验结果。也可以让不同组的学生选择不同浓度的实验材料做实验，将结果进行分析比较，作对照探究。高中教材中本实验安排为验证性实验，有条件的学校可以改为探究性实验，安排在讲课之前(先实验后讲解)，或与讲课同步进行(边讲解边实验)，还需要进行综合设计的思考。

如果教师制作了标准色阶，如牛奶稀释 4 倍、8 倍、12 倍和 16 倍，本实验就可以从定性实验改变为半定量的实验。可以设计学生游戏“我们知道你们往牛奶里兑了多少水”，让各小组配置浓度不同的溶液，通过对照自己结果，猜测对方的浓度，使学生理解色阶在测试中的作用。同理，这种方法也可以用于淀粉、还原糖等的测试。

1.7　实验结果记录(表 5-1)

表 5-1　实验结果记录

待测样品	还原糖		脂肪		蛋白质		淀粉	
	预测	实测	预测	实测	预测	实测	预测	实测

1.8　数字资源拓展

教学视频

实验 2　探究植物细胞的吸水与失水

本实验是高中生物学的第一个探究性实验，应予以高度重视。教师在教学前要做好预实验，组织学生学习科学探究的一般步骤和方法，明确本实验的原理、思路和大致步骤。通过本实验，学生不仅能对植物细胞渗透吸水和失水形成清晰的认识，促进对细胞膜控制物质进出作用的理解，还可以提升实验操作及显微镜观察的基本技能。

2.1　实验基本知识与原理导航

当细胞液的浓度小于外界溶液浓度时，细胞液中的水分就透过原生质层进入外界溶液中，使细胞壁和原生质层都出现一定的收缩。由于原生质层比细胞壁的收缩性大，当细胞不断失水时，原生质层就会与细胞壁逐渐分离开，也就是发生了质壁分离。当细胞液的浓度大于外界溶液的浓度时，外界溶液中的水分就透过原生质层进入细胞液中，整个原生质层就会慢慢地恢复成原来的状态，使植物细胞逐渐发生质壁分离复原。

2.2　实验目的与要求

(1)观察在不同浓度下植物细胞的吸水与失水状况，阐明渗透作用的原理，理解质壁分离现象发生的原理。

(2)熟练使用显微镜、制作装片等相关技能。通过对实验结果的观察记录，学会对实验数据进行记录、分析和处理的方法。

2.3　实验准备

1. 实验材料的准备

紫色洋葱鳞片叶、质量浓度为 0.3 g/mL 的蔗糖溶液、质量浓度为 0.5 g/mL 的蔗糖溶液、清水。

2. 实验器具的准备

显微镜、镊子、刀片、载玻片、盖玻片、滴管、吸水纸。

2.4 实验安全警示

本实验应注意用眼安全，防止锐器的伤害，因此必须戴好护目镜、手套和防护口罩。废弃物必须集中收集，合理处置。

2.5 实验方法与步骤

(1)讨论学生分组的方法。例如，把初中使用过显微镜的学生集中在一起，根据需要分组数目报数。如需要分10个组，就让他们从1～10报数。其他学生也同样，凡报数为同一数字的学生为一组。这样可以把已经使用过显微镜的学生均匀分配到每个组里。

(2)按照“实验指导”中的方法与步骤实际操作。

(3)讨论“实验指导”中应注意的问题及安全事项。

2.6 实验指导

1. 交代实验目标

(1)学会用显微镜观察植物细胞质壁分离和复原的过程。

(2)观察不同浓度的蔗糖溶液对细胞吸水失水的影响，知道如何辨别细胞的死活。

(3)通过实验更好地描述植物细胞的结构，阐明渗透系统的必备条件以及细胞膜的功能。

(4)能够说出植物细胞发生渗透作用的原理。

(5)通过实验进一步熟悉显微镜的操作。

2. 交代实验步骤

(1)制作临时装片与观察。选用紫色特别深的洋葱外表皮，用刀片在洋葱鳞片叶的外表面划一个小方块，用镊子撕取这一小块洋葱表皮，将它平展地放入载玻片中央的清水滴中，并盖上盖玻片(额外要求：两组学生可以取一块洋葱的鳞片叶的内表皮制成临时装片，记录并比较观察结果)。

(2)观察细胞的质壁分离。从盖玻片的一侧滴入0.3 g/mL的蔗糖溶液(外界溶液中的物质必须是不可以被植物细胞吸收的物质，如硝酸钾、碳酸铵等，因为如果这些物质被植物细胞所吸收，就会使质壁分离后的植物细胞自动发生质壁分离复原)，在盖玻片的另一侧用吸水纸吸引。这样重复几次，洋葱表皮细胞就浸润在蔗糖溶液中。注意重复3～4次。将装片放在载物台的中央，先用低倍镜观察，再用高倍镜观察。同学们都可以看到细胞中的液泡逐渐变小，颜色加深，原生质层开始在边角与细胞壁分离(图5-7)，最后完全分离(用内表皮的细胞也可观察到，但将内外细胞作比较会发现内表皮细胞的液泡颜色浅，体积大)。

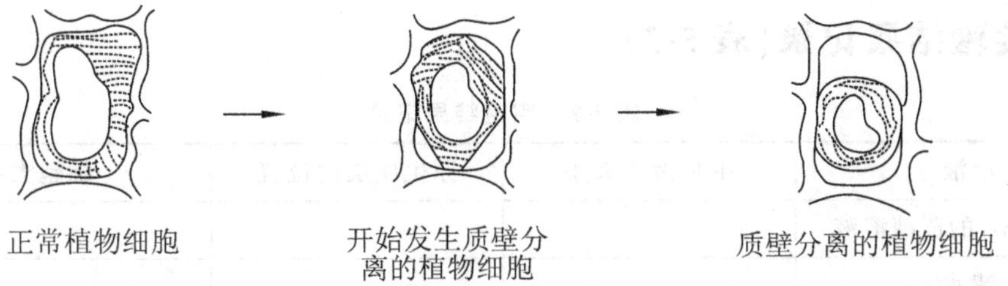

图 5-7　植物细胞质壁分离过程演示图

(3)观察质壁分离的复原。从盖玻片的一侧滴入清水，在盖玻片的另一侧用吸水纸吸引，这样重复几次，洋葱表皮细胞就浸润在清水中(也可用浓度为 0.5 g/mL 的蔗糖溶液做对照处理)。观察发现经过低浓度 0.3 g/mL 的蔗糖溶液处理后的细胞质壁分离现象在清水中缓慢复原，液泡逐渐变大，颜色变浅。而经 0.5 g/mL 的蔗糖溶液对照处理后的质壁分离在清水中没有复原。

(4)设计估测细胞液浓度的方法。学生在课余时间，可以设计估测细胞液浓度的方法(提示：配制一系列浓度梯度的蔗糖溶液，视野中有一半细胞发生质壁分离时的蔗糖溶液浓度就可表示细胞液的平均浓度)。

3. 实验注意事项

(1)本实验应该选用新鲜的洋葱，以保证细胞膜具有选择透过性，能够顺利完成质壁分离和复原的实验过程。干燥、衰老的细胞生命活动较弱，影响实验效果。

(2)实验过程中，要保证显微镜视野不变。在载物台上滴加蔗糖溶液或者清水，引发细胞发生质壁分离或质壁分离复原时，连续观察同一个视野中单个或多个植物细胞的失水和吸水情况。

(3)质量浓度为 0.3 g/mL 的蔗糖溶液比较黏稠，提醒学生注意实验过程中尽量不要沾到物镜镜头或载物台上。实验结束后，要尽快清洁物镜镜头和载物台。

4. 实验拓展

(1)实验材料的拓展：若无法取得合适的洋葱等材料，还可以使用具有较多叶绿体的材料，如黑藻，通过观察叶绿体分布情况判断细胞是否发生质壁分离现象。

(2)特殊的质壁分离现象：可以观察质壁分离的自动复原现象。如采用硝酸钾溶液引发质壁分离，植物会快速主动转运硝酸根离子进入细胞，在较短的一段时间后会出现自动复原现象。做这个实验，只需将前述实验的高浓度溶液换成摩尔浓度为 0.6 mol/L 的硝酸钾溶液，其他操作方法和步骤不变。

(3)直观的植物吸水失水现象：可将香葱剪成 3～4 cm 的葱段，沿葱段壁剪开(不要剪到底)，交替放置在装等体积的清水和 30％蔗糖溶液的烧杯中，可以在 2～3 min 看到葱段在蔗糖溶液中发生闭合，在清水中张开。或是将等长的萝卜条分别浸泡在清水和 30％蔗糖溶液中，大约 3 h 后将两组萝卜条进行比较分析，可观察到萝卜条的长度发生明显的变化。

2.7 实验结果记录(表5-2)

表5-2 实验结果记录

溶液	中央液泡大小	原生质层的位置	细胞大小
0.3 g/mL的蔗糖溶液			
清水			

2.8 数字资源拓展

教学视频　　教学设计文本

实验3 用高倍显微镜观察叶绿体和细胞质的流动

活细胞中的细胞质处于不断流动的状态。观察细胞质的流动，可用细胞质基质中的叶绿体的运动作为标志。本实验可通过高倍显微镜清晰地观察叶绿体的颜色、形态和流动方向，进而判断细胞质的流动方向。

3.1 实验基本知识与原理导航

细胞是生物体结构和功能的基本单位，能生长、分裂和增殖，生活细胞不断地进行着新陈代谢，表现为细胞质的不断流动。高等绿色植物的叶绿体存在于细胞质基质中，一般呈绿色，形态为扁平的椭球形或球形。

细胞质：细胞质是指细胞膜以内、细胞核以外的部分，由均质半透明的胞质溶胶和细胞器及内含物组成，胞质溶胶约占细胞体积的1/2，含无机离子、脂质、糖类、氨基酸、蛋白质等。骨架蛋白与细胞形态和运动密切相关，被认为对胞质溶胶中酶反应提供了有利的框架结构。绝大部分物质中间代谢和一些蛋白的修饰作用在胞质溶胶中进行。悬浮在细胞质溶胶中的细胞器，分为具界膜的和不具界膜的两类，它们参与了细胞的代谢过程。内含物则是在细胞生命代谢过程中形成的产物，如糖原、色素粒、脂肪滴等。

细胞质的流动是一种生命活动的现象，普遍存在于生活的细胞之中。细胞质基质中含有多种无机化合物和有机化合物，还有很多种酶。细胞质是活细胞进行新陈代谢的主要场所，细胞质的流动能够促进细胞内营养物质的运输和细胞器的移动，能够为细胞内的新陈代谢提供所需要的物质及内部环境。细胞质的流动非常缓慢，由于它可以带动细胞内叶绿体的移动，因此，借助直接观察到的叶绿体流动而间接推测出细胞质在流动是本实验的基本原理。所以取材时，注意选取具有叶绿体的、生命活动旺盛的、质地稍微薄一些的叶片材料进行观察。还可施加促进细胞新陈代谢的因素，如适宜的光照、温度、pH、生长素等，这些都可以促进细胞质的流动。反之，不利的环境变化和某些化学药品，如麻醉剂等，则会抑制细胞质的流动。

细胞质流动方式包括细胞质的环流、穿梭运动和布朗运动等。

细胞器：指分布在细胞质中，具有特定形态、结构和生理功能的“器官”，它包含自身特定的酶系。具界膜的细胞器如内质网、高尔基体、溶酶体、线粒体、叶绿体和过氧化物酶体等，不具界膜的细胞器如核糖体、微管、微丝、中间纤维等。

叶绿体是植物细胞特有的细胞器，与其他质体不同，它带有绿色的叶绿素，从而使含有大量叶绿体的一切植物器官均呈现绿色。早在 19 世纪末，人们就已发现叶绿素，但直到 1934 年才由英国学者希尔(R. Hill)将叶绿素从植物细胞中分离出来，并在离体条件下证实叶绿体确实可以同化二氧化碳为碳水化合物，而且它的光合能力也接近于完整叶片的光合能力，这才证实叶绿体是高等植物光合作用的完整单位。也就是说，光合作用的整个过程是在叶绿体内进行的。

叶绿体在绿色细胞中的数目不仅随物种而异，而且受生态条件的影响颇大。如在蓝藻细胞中只有一个叶绿体，星接藻有两个，而高等植物则最多，每个叶肉细胞中有 20～100 个或更多。在缺硼条件下生长的黄瓜，它的叶肉细胞所含叶绿体的数目较少，体积却较大。

叶绿体的片层结构还易受环境条件与叶位的影响。同一种植物，处于弱光或红光下，它叶片中的叶绿体的基粒数目较多，每个基粒具有的片层数目也较多，酯类颗粒却较少，成为阴型叶绿体。处于强光或蓝光下，就会形成基粒与片层数目均较少、酯类颗粒却较多的阳型叶绿体。同一株冬小麦，其构成基粒的类囊体层数随叶位上升而增多。其中旗叶叶绿体的类囊体层数最多，它比第 5 叶几乎多 1.5～3 倍。

黑藻［*Hydrilla verticillata* (Linn. f.) Royle］，水鳖科(Hydrocharitaceae)、黑藻属(*Hydrilla*)、多年生单子叶沉水草本植物(图 5-8)，茎直立细长，长 50～80 cm，叶带状披针形，6～8 片轮生。叶缘具小锯齿，无柄，雌雄异体，花白色，较小，果实呈三角棒形。

南瓜(*Cucurbita moschata*)，原产于南美洲，后传入我国。一年生蔓生草本。茎长达数米，节处生根，粗壮，有棱沟，被短硬毛，卷须分 3～4 叉。南瓜茎表皮毛(图 5-9)在光合作用旺盛的 8:00—12:00，可以在显微镜下观察到紧贴细胞壁的细胞质在明显流动。

图 5-8　黑藻

图 5-9　南瓜茎表皮毛显微图形

紫鸭跖草雄蕊花丝毛紫鸭跖草[*Tradescantia pallida* (Rose) D. K. Huntcv. Purpurea]，鸭跖草科、紫露草属、多年生草本，高20～50 cm，茎多分支，肉质，紫红色，下部匍匐状，节上常生须根，上部近于直立。叶互生，披针形，先端渐尖，全缘，基部抱茎而成鞘，鞘口有白色长睫毛，上面暗绿色，边缘绿紫色，下面紫红色。花密生在二叉状的花序柄上，下具线状披针形苞片，萼片，绿色，卵圆形，宿存；花瓣，蓝紫色，广卵形；雄蕊6枚，花丝有短而纤细念珠状毛。上午刚开花时，可以在雄蕊花丝毛连接处(图5-10)看到明显的细胞质流动现象。

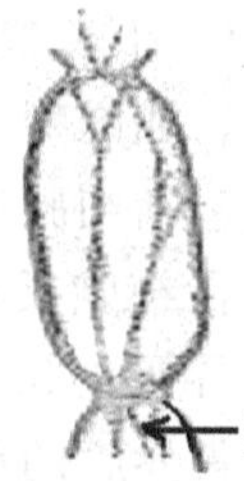

图5-10　紫鸭跖草雄蕊花丝毛

3.2　实验目的与要求

(1)掌握观察植物活细胞中叶绿体以及细胞质流动的技能，根据当地生物资源情况筛选植物，研究对材料进行处理的方法。

(2)练习使用手机采集细胞质流动的视频资料。

3.3　实验准备

1. 实验材料的准备

藓类的叶(或菠菜叶)、新鲜的黑藻叶等，在取材前的20 min左右，将材料置于20～25 ℃的温水中，或将浸有黑藻的水杯置于100 W的灯光下照射并加温(一般在25 ℃左右)，照射20 min后再取材制片。

2. 实验器具的准备

显微镜、载玻片、盖玻片、滴管、镊子、刀片、培养皿、培养缸、吸水纸和铅笔。

3.4　实验安全警示

本实验应注意显微镜用眼安全，防止锐器的伤害。废弃物必须集中收集，合理处置。

3.5　实验方法与步骤程序

(1)分小组探究不同植物，能够观察到细胞质流动的条件和方法，做好记录。

(2)有条件时可以将观察到的情况用手机的录像功能制成动态视频录像。

(3)讨论实验指导方案。

3.6　实验指导

1. 交代实验目标

(1)学会观察植物活细胞中叶绿体以及细胞质的流动，体验细胞的新陈代谢和生命的运动。

(2)巩固使用显微镜、制作装片及生物学绘图的技能。认同细胞器随细胞质基质一起运动，并非只是细胞器自身在运动。

2. 交代实验步骤

(1)取材：用镊子取一片黑藻的健壮叶片，或者取菠菜叶稍带些叶肉的下表皮，放入盛有清水的培养皿中。

(2)制作临时装片：在载玻片中央滴一滴清水，用镊子夹住所取的叶，放入水滴中，盖上盖玻片。临时装片中的叶片要随时保持湿润状态。

(3)显微镜观察：先在低倍显微镜下观察，寻找叶片上退化的叶脉，置于通光孔中央，再换高倍镜观察，可以看见叶脉周围具叶绿体的细胞内的细胞质带动叶绿体缓缓流动的现象。由于大液泡在细胞的中央，而细胞质只是贴壁的一层，因此可以看到叶绿体是环绕中央大液泡循着同一个方向旋转式流动着。

(4)绘图：用铅笔画一个叶片细胞，画出细胞内叶绿体的形态和分布情况。

3. 实验注意事项

(1)临时装片中的叶片要随时保持有水状态。若细胞失水，叶绿体和细胞器的移动范围会受到限制，一旦细胞严重脱水，细胞就会死亡。

(2)水浴锅设定的温度不能过高，当达到35 ℃时，胞质环流的速度会大大降低。

(3)显微镜的光线调节要相对暗淡，因为黑藻的细胞质是均匀透明的胶状物质，若太明亮，则影响观察。

(4)一般来说，10:00—16:00胞质环流速度较快，是观察的最佳时间。

3.7 数字资源拓展

教学视频

实验4　绿叶中色素的提取和分离

绿叶是植物进行光合作用的重要器官，叶绿体中的色素在光合作用中起着吸收、传递和转化光能的作用。本实验有助于学生掌握色素提取和分离的原理与方法，通过实验得出的结论有助于认识绿叶中色素的种类和颜色，进一步发展结构与功能观，为光合作用过程和应用的学习奠定基础。

4.1 实验基本知识与原理导航

绿色植物利用空气中的二氧化碳、阳光、泥土中的水分及矿物质来制造食物，整个过程称为“光合作用”，而所需的阳光则被叶内的绿色元素吸收，这种绿色元素就是叶绿素。

叶绿素(chlorophyll，chl)：光合作用膜中的绿色色素，它是光合作用中捕获光的主要成分。高等植物叶绿体中的叶绿素主要有叶绿素 a 和叶绿素 b 两种，分子式：$C_{40}H_{70}O_5N_4Mg$，属于天然合成的低分子有机化合物，不属于芳香族化合物。叶绿素不溶于水，而溶于有机溶剂，如乙醇、丙酮、乙醚、氯仿等。在颜色上，叶绿素 a 呈蓝绿色，而叶绿素 b 呈黄绿色。从图 5-11 所示的叶绿素分子结构图中可以看出，此分子含有三种类型的双键，即碳碳双键、碳氧双键和碳氮双键。按化学性质来说，叶绿素是叶绿酸的酯，能发生皂化反应。叶绿酸是双羧酸，其中一个羧基被甲醇所酯化，另一个被叶绿醇所酯化。

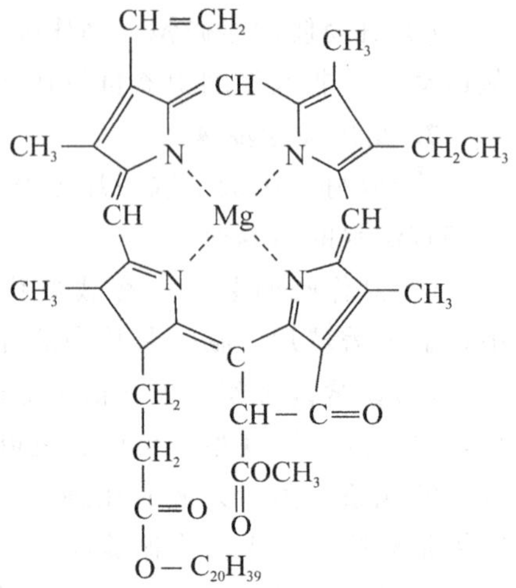
图 5-11　叶绿素分子结构图

叶绿素分子含有一个卟啉环的“头部”和一个叶绿醇的“尾巴”。镁原子居于卟啉环的中央(图 5-11)，偏向于带正电荷，与其相连的氮原子则偏向于带负电荷，因而卟啉具有极性，是亲水的，可以与蛋白质结合。叶绿醇是由四个异戊二烯单位组成的双萜，是一个亲脂的脂肪链，它决定了叶绿素的脂溶性。叶绿素不参与氢的传递或氢的氧化还原，而仅以电子传递(即电子得失引起的氧化还原)及共轭传递(直接能量传递)的方式参与能量的传递。

卟啉环中的镁原子可被 H^+、Cu^{2+}、Zn^{2+} 所置换。用酸处理叶片，H^+ 易进入叶绿体，置换镁原子形成去镁叶绿素，使叶片呈褐色。去镁叶绿素易再与铜离子结合，形成铜代叶绿素，颜色比原来更稳定。人们常根据这一原理用醋酸铜来保存绿色植物标本。研究发现，叶绿素共有 a、b、c 和 d 4 种，凡进行光合作用时释放氧气的植物均含有叶绿素 a；叶绿素 b 存在于高等植物、绿藻和眼虫藻中；叶绿素 c 存在于硅藻、鞭毛藻和褐藻中；叶绿素 d 存在于红藻中。叶绿素 a 的分子结构由 4 个吡咯环通过 4 个甲烯基(=CH—)连接形成环状结构，称为卟啉(环上有侧链)。卟啉环中央结合着 1 个镁原子，并有一环戊酮，在环上的丙酸被叶绿醇($C_{20}H_{39}OH$)酯化、皂化后形成的钾盐具有水溶性。

在光合作用中，绝大部分叶绿素的作用是吸收及传递光能，仅极少数叶绿素 a 分子起转换光能的作用。它们在活体中大多是与蛋白质结合在一起的，存在于类囊体膜上。

叶绿醇是亲脂的脂肪族链，由于它的存在而决定了叶绿素分子的脂溶性，使之溶于丙酮、酒精、乙醚等有机溶剂中。叶绿素主要吸收红光及蓝紫光(在波长 640～660 nm 的红光部分和波长 430～450 nm 的蓝紫光部分具有较强的吸收峰)，因为叶绿素基本上不吸收绿光使绿光透过而显绿色。由于在结构上的差别，叶绿素 a 呈蓝绿色，叶绿素 b 呈黄绿色。在光下易被氧化而褪色。

纸层析是以滤纸作为惰性支持物。滤纸纤维和水有较强的亲和力，能吸收 22%左右的水，而且其中 6%～7%的水是以氢键形式与纤维素的羟基结合，在一般条件下较难脱去，而滤纸纤维与有机溶剂的亲和力甚弱，所以一般的纸层析实际上是以滤纸纤维的结合水为固定相，以有机溶剂为流动相。当流动相沿纸经过样品时，样品点上的溶质在水和有机相之间不断进行分配，一部分样品随流动相移动，进入无溶质区，此时又重新分配，一部分溶质由流动相进入固定相(水相)。随着流动相的不断移动，各种不同的部分按其各自的分配系数不断进行分配，并沿着流动相移动，从而使物质得到分离和提纯。叶绿体中的色素是有机物，不溶于水，但能溶解在有机溶剂中，如丙酮、酒精等，所以用丙酮或酒精能浸提出叶绿体中的色素。层析液又是一种脂溶性很强的有机溶剂，叶绿体中的色素在层析液中的溶解度不同，溶解度高的随层析液在滤纸上扩散得快，溶解度低的随层析液在滤纸上扩散得慢，从而对叶绿素进行分离。

4.2 实验目的与要求

(1)学会提取和分离绿叶中的色素。

(2)分析实验结果，探索叶绿体中有几种色素，以及各自颜色上的差别。

4.3 实验准备

1. 实验材料的准备

选择新鲜的绿色植物叶片(如菠菜叶)，叶片要薄，表面没有蜡质。

层析液配方：①20份汽油、2份丙酮、2份石油醚、1份苯。将滤纸条直接用该层析液进行层析，就可以得到比较理想的效果。②9份体积分数为95%的酒精和1份苯混合。③汽油或四氯化碳加少许无水硫酸钠。④体积分数为95%的酒精或93号汽油。

丙酮、二氧化硅、碳酸钙。

2. 实验器具的准备

干燥的定性滤纸，有条件的将其置于恒温干燥箱中，60 ℃干燥24 h；也可以在日光下晒一段时间，使其保持干燥。

毛细吸管可以用直径为3～5 mm的毛细玻管在酒精喷灯上拉制。

烧杯(100 mL)、研钵、小玻璃漏斗、尼龙布、剪刀、小试管、培养皿、药匙、量筒(10 mL)、天平。

3. 实验指导的准备

要求学生做好实验预习，理解实验原理，了解实验目的要求和方法步骤。实验课上，教师应向学生说明本实验的实验原理，使学生知道叶绿体中的色素之所以能够分离，是因为几种色素随层析液在滤纸上的扩散速度不同。

4.4 实验安全警示

本实验应注意用眼安全，防止刺激物、化学物质、有毒物质、极端温度和锐器的伤害，因此必须戴好护目镜、手套和防护口罩。废弃物必须集中收集，合理处置。

4.5 实验方法与步骤程序

(1)按照“实验指导”，进行分小组实验操作。

(2)尝试用不同的方法进行实验并观察其结果，比较优劣。

(3)分析结果及产生的原因。

(4)讨论实验指导方案。

4.6 实验指导

1. 交代实验目标

(1)初步学会用过滤方法提取叶绿体中的色素和用纸层析法分离提取到的色素。

(2)学会分析实验结果，探索叶绿体中有几种色素，以及各自颜色上的差别。

(3)养成实事求是的科学态度。

教师要合理安排好实验课的时间。如每组两个学生分工合作，一人提取色素，另一人制备滤纸条，并让学生仔细观察实验结果，及时进行记录和讨论。

2. 交代实验步骤

(1)提取色素(图5-12)。称取5 g菠菜的绿色叶片，剪碎，放入研钵中。教师应提醒学生操作要迅速，剪碎前要去掉叶柄和粗的叶脉，并且尽量将叶片剪得细碎些。向研钵中放入少许二氧化硅和碳酸钙，再加入5 mL丙酮和少许氯化钠。用纸盖在研钵上，纸中心穿一个洞，将杵棒套入洞口进行迅速、充分的研磨。制得的色素提取液应加盖避光，以免叶绿体中的色素因接触空气或光照而遭到破坏。

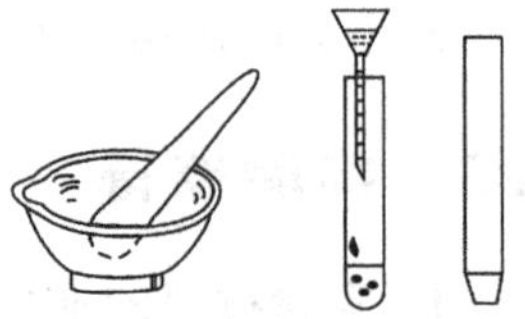

图5-12 研磨、过滤、制备滤纸条示意图

(2)制备滤纸条。取一块预先干燥处理过的定性滤纸，将滤纸剪成长6 cm、宽1 cm的滤纸条，将滤纸条的一端去两角做标记，并在距这一端1 cm处用铅笔画一条细的横线。裁取定性滤纸时，尽量注意双手不要接触纸面，以免手上的油脂或其他脏物污染滤纸。最好为学生准备好一次性手套，以免污染，影响效果。

(3)画滤液细线。用毛细吸管吸取少量滤液，沿铅笔线均匀地画出一条细而直的滤液线。待干燥后，再画2～3次。画滤液细线时，用力要均匀，速度要适中，色素线以3 mm宽的效果最佳。

(4)分离色素。将3 mL层析液倒入烧杯，将滤纸条(有滤液细线的一端朝下)略微斜靠着烧杯的内壁，轻轻地插入层析液中，随后用培养皿盖盖上烧杯。根据烧杯的高度制备滤纸条，让滤纸条长度高出烧杯1 cm，高出的部分作直角弯折。在滤纸条的另一端剪去两角并在离顶端1 cm处画好滤液细线后，将弯折部分用胶水粘在培养皿内顶壁上(图5-13)。

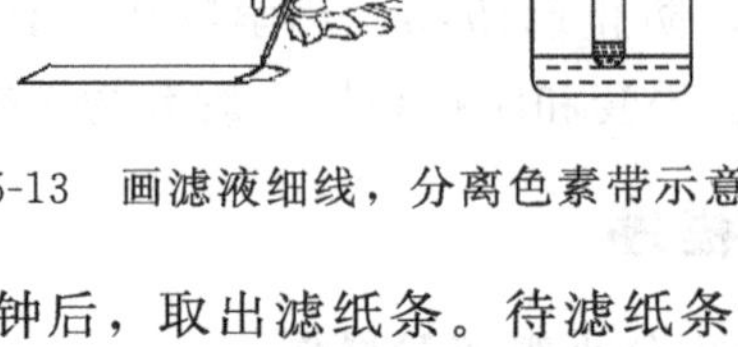

图5-13 画滤液细线，分离色素带示意图

(5)观察实验结果。几分钟后，取出滤纸条。待滤纸条干燥后，观察滤纸条上的色

素带的条数及各条色素带的颜色。为使学生了解自己探索的结果是否正确，教师应为学生提供 4 条色素带在滤纸上正确分布的样品，供学生对照使用(图 5-14)。由于取材和研磨力度不同，所以观察到的结果也不会相同。胡萝卜素脂溶性强，它的扩散速度最快，有时只能在层析液扩散的上沿看到微弱的橙黄线。叶绿素 a 和叶绿素 b 扩散速度差别不大，有时仅看到一条绿色条带，但是这条带的上缘为蓝绿色，而下缘为黄绿色。叶黄素根据含量的多少，有时显色不深，也会看不到，可以将滤纸条对着光线，可能看到前面胡萝卜素和叶绿素之间，有一条透光率小的暗带，便是叶黄素。如果全班都没有扩散开，可以考虑是选材中的蜡质影响了结果出现。如果仅出现个别没有扩散开的现象，应该考虑学生手上的油脂的影响。

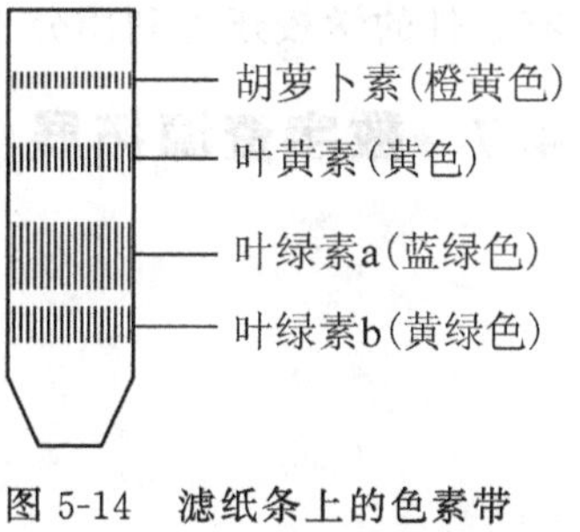

图 5-14　滤纸条上的色素带

有条件的学校，可以让学生自带实验材料(不同种类绿色植物的叶片)，分不同的小组进行探索实验，找出最佳实验材料。此项内容也可以安排在课外生物学科技活动小组进行。

(6)改进实验。

①改进实验装置。在圆形滤纸中央点一层析液，对叶绿体中的色素进行层析，会得到近似同心的四个色素环，由内到外依次是黄绿色、蓝绿色、黄色、橙黄色(图 5-15)。

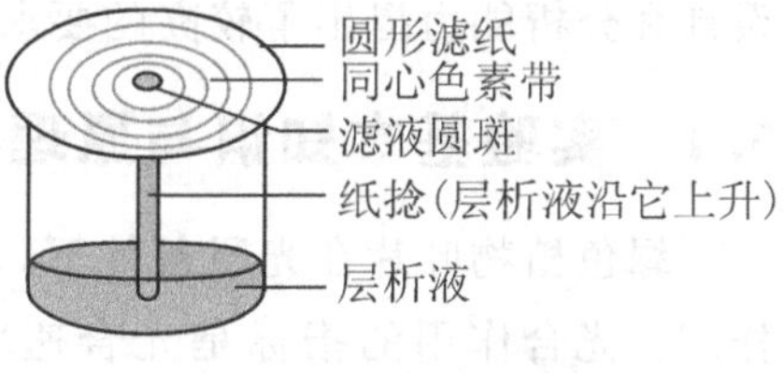

图 5-15　改进实验装置图

②改进过滤方法。采用重复过滤的方法可提高叶绿体色素提取液中色素的纯度和浓度。具体做法如下：取 2 个干净试管置于试管架上，将起过滤作用的漏斗置于其中 1 个试管上。将研磨好的叶泥全部倒入漏斗中，用少量无水乙醇清洗研钵，并将清洗液一起倒入漏斗内。将漏斗移到另一干净的试管上，把第一次过滤后得到的滤液倒入盛有叶泥的漏斗内再次进行过滤。这样反复多次过滤后，漏斗内的叶泥残渣由绿逐渐转白，这说明叶泥中的色素已被充分提取出来，最终将得到澄清的浓绿色的色素提取液。

③改进画线方法。采用色素涂片的方法画滤液细线，省时、省料且实验效果明显，具体做法如下：取 2 块干净的载玻片，在其中一块载玻片上滴 2 滴色素提取液。取另一块载玻片像制作血涂片那样将 2 滴色素提取液推平，制成一张叶绿体色素涂片。略等片刻(约 30 min)，取一张滤纸条在距末端 1.5 cm 处对折，得到一对折线。用对折后的滤纸小心将载玻片上的色素全部擦干净，操作时始终使对折线与载玻片相垂直。当载玻片上的色素被滤纸擦干净后，将对折线反折后拉平，即可看到在距滤纸条下端 1.5 cm 处有一条深绿色的滤液细线。

(7)实验拓展。可将教材中实验改为探究性实验，探究不同材料叶片中的色素种类和含量。除绿叶外，还可以用黄栌、银杏的黄色叶片、五角枫、月季的红色叶片进行此实验，以此研究不同材料中色素种类相同但色素含量有所不同的现象，体会生物界的统一性和多样性，并进一步思考低温条件可能对光合色素中的叶绿素有分解作用。

有条件的学校还可利用分光光度计测定色素含量，将定性实验改为定量实验。

4.7 数字资源拓展

教学视频　　教学设计文本

实验5 探究环境因素对光合作用强度的影响

本实验为探究性实验，通过探究不同环境因素对光合作用强度的影响，帮助学生进一步理解光合作用的原理和过程。同时通过实验的操作、实验数据的分析、实验结论的得出等，培养学生的科学探究和思维能力。本实验是开放度较高的实验，除教材提出的参考案例外，还可以联系光合作用原理和过程从各种环境因素进行思考分析，设计实验探究温度、CO_2浓度、光质等因素对光合作用强度的影响，因此对学生实验设计和分析能力提出了较高的要求。

5.1 实验基本知识与原理导航

绿色植物叶片在光照条件下，可利用CO_2与水生成O_2和有机物等物质，即光合作用。光合作用的指标是光合速率，其单位用每平方米叶片每秒钟吸收多少微摩尔CO_2来表示。光合速率的大小是受内部因素和外部因素影响的。就外部因素来看，包括光照、CO_2浓度、O_2、温度、水分和矿质营养等。

光是光合作用的能量来源，是叶绿素合成和叶绿体发育的必要条件，光还能调节碳循环中某些酶的活性。在一定范围内光合速率随着光照强度的增加几乎呈线性增加；但光照强度超过一定范围后，光合速率的增加变慢；当达到某一光照强度时，光合速率不再增加，这种现象叫光饱和现象，达到光饱和现象时的光照强度，叫作光饱和点。不同植物的光饱和点差异很大，阳生植物的光饱和点要比阴生植物高。产生光饱和现象的主要原因是同化力不能完全在碳同化反应中被利用完，导致部分或全部光合作用中心关闭(即不能吸收和转化光量子)，使光能以其他的形式散失而浪费。在光饱和点以下，光合速率随光照强度的减弱而下降，当降至某一光照强度时，植物光合作用吸收的CO_2等于呼吸作用放出的CO_2，此时的光照强度叫作光补偿点。当植物处在光补偿点时的光照强度以下时，植物的有机物积累量为零，考虑植物夜间的呼吸消耗，植物必须栽培于高于光补偿点的阳光下才能生长。

当叶片处于密闭见光的碳酸钠溶液中时，由于光合作用产生的O_2可使沉于溶液底部的叶片上浮；而对其叶片进行遮光处理，由于呼吸作用消耗了O_2，叶片又会沉向溶液底部，由此可以粗略测定光合速率。利用真空渗入法排除叶内细胞间隙的空气，充以水分，使叶片沉于水中。在光合作用过程中，植物吸收CO_2放出O_2，由于O_2在水中的溶解度很小，从而在细胞间积累，使原来下沉的叶片上浮(图 5-16)，根据上浮所需的时间长短，即能比较光合作用的强弱。需注意以下几点：该方法原理要在实验之前告诉学生；实验中叶片细胞间隙的真空处理以及上浮时间的测定是实验成功的关键；要选择长势相似的同株植物的叶片进行实验。

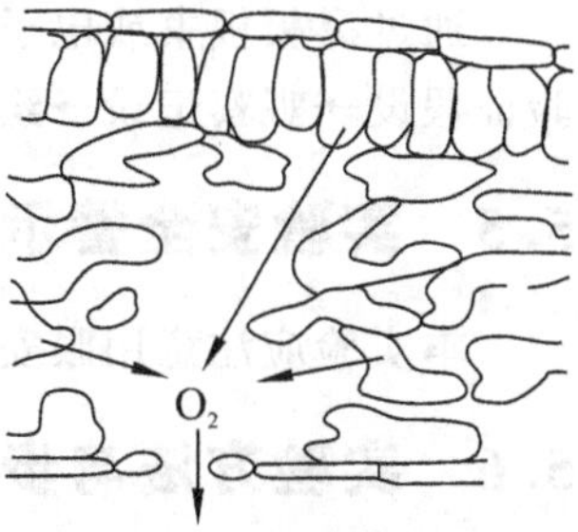

图 5-16　光合作用改变叶片比重示意图

5.2　实验目的与要求

(1)能够说出影响光合作用的环境因素。

(2)明确自变量、因变量，控制无关变量，开展实验探究环境因素对光合作用的影响。

(3)体验科学探究的基本过程，提出科学问题，确立合理的实验方法。

5.3　实验准备

1. 实验材料的准备

蚕豆需提前两周浸种发芽。它喜欢较冷的气候条件，种子在 15～20 ℃时发芽最好，10 ℃以下和 30 ℃以上时发芽率明显降低。蚕豆比其他豆类作物需水量大，干旱容易受害。蚕豆怕酸性，因此要充分施用石灰调整土壤 pH，使其保持在 6.0～6.5。可以播种在花盆中的沙土、菜园土或膨胀珍珠岩里，每天浇水保持土壤湿度，第 2 周即可得到 2～3 片真叶。

2. 实验器具的准备

40 W 的台灯、秒表、注射器、钻孔器、小烧杯、量筒、一次性吸管和清水。

5.4　实验指导的准备

根据人数和小组数准备实验记录表，见表 5-3。

表 5-3　植物光合速率实验记录表

叶片数	杯号					
	1	2	3	4	5	6
1						
2						
3						
4						
5						
6						
7						
8						
9						
10						

通过黑板板书或电子板书指引学生探究步骤：确定课题→提出假设→设计实验→验证假设→观察记录→绘制折线图→分析图形→推导结论。

5.5 实验安全警示

本实验应注意用眼安全，防止锐器的伤害。

5.6 实验方法与步骤程序

(1) 学生以小组为单位讨论，光作为研究对象，分析其对绿色植物光合速率产生了什么影响。教师应思考如何引导学生提出“光照强度会影响光合速率”的课题，围绕课题怎样进行假设(此处可以有多种假设，如：两者之间的关系是成正比的，两者之间的关系是成反比的，也可以是在一定的范围内成正比，随着光照强度的进一步增强，光合速率不再继续增强等)。

(2) 讨论如何设计实验验证自己的假设。

(3) 分小组讨论，进行实验，记录并分析结果，得出结论的过程。研究实验指导方案，并试讲。

5.7 实验指导

1. 交代探究目标

(1)本次实验主要探究光照强度与光合速率的关系，并运用实验来说明。

(2)学会运用数据、图像等数学模型来描绘一些生理现象。

(3)通过实验方法的探索，体验实验方法的选择对实验结果的重要性。

本活动适宜每小组2～4人进行合作研究，小组成员要分工明确。本活动最后要用具体的数据来说明结果，因此活动过程中数据的获得、记录和分析，以及折线图的绘制是本活动的重点，对所绘图形进行正确的分析，得出正确的结论是活动的难点。教师要在这些方面加强对学生的指导。

2. 建议探究的方法步骤

(1)制作绿叶圆片。从蚕豆上选取健壮、叶龄相似的成长叶数片，用直径1 cm的钻孔器，避开叶脉，打小圆片(图5-17)。

(2)调节圆片比重。将绿叶圆片分装在注射器中(图5-18)。抖动注射器，防止其互相粘连在一起，由于空间有限，圆形叶片不宜过多。用注射器吸入水，排出空气后，用手指堵住注射器前端小孔，把活塞用力向内推，即可造成加压环境而逐出叶肉组织中的空气，水即进入组织中。如此重复多次，整个叶圆片全部充满水分而下沉，把下沉的圆叶片连同水倒入小烧杯中，放在黑暗处备用，如图5-19所示。

(3)组装实验装置。取小烧杯6只，分别倒入20 mL清水，用一次性吸管向水中吹气，使其溶解部分CO_2。再各放入绿叶圆片10片，继续放在黑暗处备用。

(4)设置距离梯度。用直尺或卷尺，分别在距40 W的台灯20 cm、30 cm、40 cm、50 cm、60 cm、70 cm处，做上记号。

(5)进行光照。控制实验室其他方向来的光线，最好拉起窗帘。打开40 W的台灯，

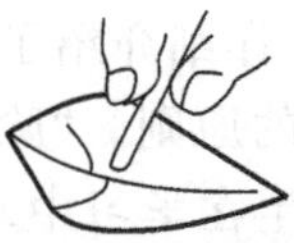

图 5-17 制作绿叶圆片

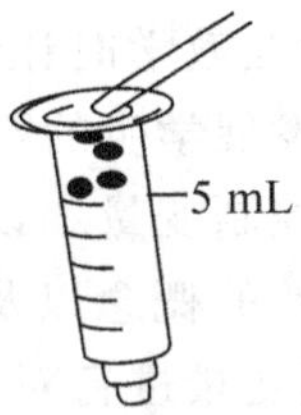

图 5-18 圆片装入注射器

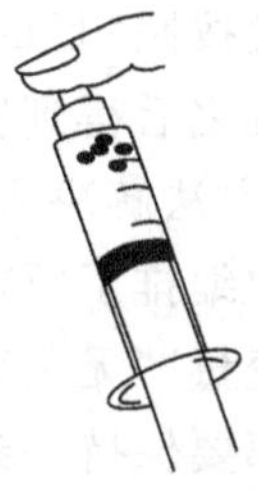

图 5-19 调节比重

取出组装好的实验装置，放置在 20 cm 处进行光照。

(6) 观察记录。观察烧杯中全部绿叶圆片上浮所需的时间，把结果填入记录表。

(7) 重复(5)、(6)步骤。依次在距 40 W 的台灯 30 cm、40 cm、50 cm、60 cm、70 cm 等位置重复进行光照和观察记录。

(8) 根据实验结果，辨别光合速率的强弱。

3. 实验拓展

(1)探究“CO_2 浓度对光合作用强度的影响”。可通过限定吹气时间控制自变量，制成不同浓度的 CO_2 水溶液。并将 3 个小烧杯同时置于 30 ℃的水浴中(可用塑料盆代替大烧杯)，把 1 盏 12 W 的 LED 灯置于水浴盆上方，通过调节台灯与烧杯之间的距离，使每个烧杯接受相同的光照强度，达到对温度以及光照强度等无关变量的控制。也可分别配制不同质量分数的 $NaHCO_3$ 溶液作为 CO_2 来源。

(2)探究“温度对光合作用强度的影响”。菠菜进行光合作用的适宜温度为 30 ℃左右，根据实验材料的适宜温度分别设定相应的温度梯度和温度范围，可将实验组的温度分别设置为 20 ℃、30 ℃、40 ℃，为保证实验温度不变，可将小烧杯置于不同温度的大烧杯中水浴保温。

(3)探究“光质对光合作用强度的影响”。用功率相同颜色不同的灯泡提供不同的光质，可采用 40 W 彩色灯泡，颜色分别为透明、红色、蓝色、紫色、绿色。实验过程中拉上窗帘，避免自然光的影响，将各实验组用隔板隔开，或加大各实验组间距，避免光质之间相互影响。

5.8 数字资源拓展

教学视频　　教学设计文本

实验 6 比较过氧化氢在不同条件下的分解

本实验通过比较过氧化氢在常温、加热、Fe^{3+} 催化、过氧化氢酶催化条件下的分解速率，让学生认识到，酶催化反应具有高效性，能更有效地降低化学反应的活化能。

教材中实验按照“目的要求—材料用具—方法步骤—讨论—结论”程序进行，在学生的讨论与交流之后得到实验结果，教师在教学时让学生创造运用“比较”“分析”“归纳”“概括”等科学方法解决实际问题，有效发展学生的科学思维。

教材中编排了“科学方法”栏目“控制变量和设计对照实验”，详细介绍了“变量”“自变量”“因变量”“无关变量”“对照实验”的概念以及设计对照实验的原则。“除自变量外，其余变量都要保持一致，并且要将因变量进行对比分析”，为学生在学习中掌握自主设计对照实验打下理论基础。

6.1 实验基本知识与原理导航

过氧化氢水溶液又名双氧水，分子式 H_2O_2，是一种弱酸性的无色透明液体，无毒，对皮肤有一定的腐蚀作用，产生灼烧感和针刺般疼痛。溶于水、醇、醚，不溶于石油醚。但由于其极不稳定，遇热、光、粗糙表面、重金属及其他杂质会引起分解，同时放出氧和大量的热，与可燃物接触可产生氧化自燃，具有较强的氧化能力，为强氧化剂。

由于 H_2O_2 分子结构的低对称性和过氧键的存在，H_2O_2 具有一定的自解性，在一般情况下会缓慢分解成水和氧气，但分解速度极其缓慢，纯 H_2O_2 在 30 ℃下一年分解率仅为 1%。研究表明，低浓度双氧水在低温下(<90 ℃)分解较缓慢，但随着温度的逐步升高，双氧水的分解速率会逐渐增大。温度升高可提高分子的动能，使活化分子比例增大，从而提高反应速率。

$FeCl_3$是一种无机催化剂，它可以催化 H_2O_2，分解成水和氧气，其中参与反应的主要是铁离子，在催化过程中，H_2O_2 先作为还原剂，再作为氧化剂。铁离子催化作用方程式为：

$$H_2O_2+2Fe^{3+}=2Fe^{2+}+2H^++O_2\uparrow$$

$$H_2O_2+2Fe^{2+}+2H^+=2Fe^{3+}2H_2O$$

过氧化氢酶作为一种氧化还原酶，普遍存在于生物组织中，其功能是催化细胞内 H_2O_2 分解，防止膜脂过氧化进而保护细胞避免受体内代谢物的破坏。作为一种催化转化能力最高的酶，过氧化氢酶可以以极高的速率催化 H_2O_2 分解为水和氧气，可以达到一分子过氧化氢酶每分钟催化五百万 H_2O_2 分子的速率，是生物防御体系的关键酶之一。过氧化氢酶是一种以铁卟啉为辅基的结合酶，它作用于 H_2O_2 的机理实质上是 H_2O_2 的歧化，必须有两个 H_2O_2 分子先后与其相遇且碰撞在活性中心上才能发生反应，且 H_2O_2 浓度越高，反应越快。

6.2 实验目的与要求

通过比较过氧化氢在不同条件下分解的快慢，了解过氧化氢酶的作用。

6.3 实验准备

1. 实验材料的准备

新鲜的质量分数 20%的肝脏(如猪肝、鸡肝)研磨液。

新配制的体积分数为3%的过氧化氢溶液，质量分数为3.5%的$FeCl_3$溶液。

2. 实验器具的准备

量筒、试管、滴管、试管架、卫生香、火柴、酒精灯、试管夹、大烧杯、三脚架、石棉网、温度计。

6.4　实验安全警示

高浓度过氧化氢溶液的氧化性强，对皮肤有一定的腐蚀作用，并且让人感到疼痛。配制溶液时最好佩戴乳胶手套，实验操作时务必提醒学生注意安全，尽量不要让过氧化氢溶液接触皮肤。如果有学生不小心把过氧化氢溶液滴到皮肤上，要督促学生立即用清水反复冲洗。若出现小面积皮肤被漂白的现象，也不必紧张，一段时间后就会复原。

6.5　实验方法与步骤程序

(1)分小组尝试完成实验全过程。

(2)讨论实验过程中应注意的科学原则。

(3)学会运用数据、曲线等描述实验结果，并尝试得出结论。

6.6　实验指导

1. 交代实验目标

(1)通过分析过氧化氢及过氧化氢酶的相关资料，归纳、概括过氧化氢酶在细胞代谢中的作用。

(2)通过观察不同实验处理下过氧化氢溶液的状态，推测过氧化氢分解的快慢，科学地分析自变量与因变量之间的关系。

2. 交代实验步骤

(1)取4支洁净的试管，分别编上序号1、2、3、4，向试管内分别加入2 mL过氧化氢溶液，按序号依次放置在试管架上。

(2)将2号试管放在90 ℃左右的水浴中加热，观察气泡冒出的情况，并与1号试管作比较。

(3)向3号试管内滴入2滴$FeCl_3$溶液，向4号试管内滴入2滴肝脏研磨液，仔细观察，并记录实验结果。

(4)立即将点燃的卫生香分别放入3号和4号试管内液面的上方，仔细观察，并记录实验结果。

3. 实施建议

过氧化氢酶的活性是本实验成功的关键，肝脏越新鲜，肝细胞中的过氧化氢酶活性越高，因此要尽可能在临近上课前制备肝脏匀浆，并通过预实验检验其效果。

实验前，教师需要引导学生分析本实验设计4支试管的目的，明确每支试管在探究实验设计中的价值。1号和2号试管实验结果对比，说明升高温度对过氧化氢分解速率的影响。1号、3号、4号试管实验结果对比，可以比较无机催化剂$FeCl_3$和生物催化剂过氧化氢酶催化过氧化氢分解的效率高低。为保证实验结果可靠，设计和完成实验时，要强调单一变量和等量原则，如在实验中的4支试管内均加入2 mL的过氧化氢溶液。

需注意的是，加入催化剂后要震荡混匀，使催化剂和底物充分接触。在第2支试管放到烧杯中加热时，要尽可能用沸水，因为实验中要控制水温在90 ℃左右，如果加入的水温度较低，在敞口的烧杯中加热可能需要较长的等待时间。需要酒精灯加热时，可以在烧杯口上加盖盖子，以利于烧杯中的水升温。当烧杯中的水温达到90 ℃时，不要将酒精灯灭掉，维持一段时间，可以较快地看到有少量气泡产生。

比较分析4支试管中出现的实验现象，对于达成本探究实验的教学目标非常重要。

理想的实验现象是：2号试管在90 ℃加热大概10 min后缓慢地出现少量的气泡；3号试管中出现较多的气泡，点燃的卫生香复燃不明显；4号试管出现大量气泡，点燃的卫生香复燃明显。教师可引导学生围绕教材中的4个讨论题展开讨论，加深学生的理解。

实验结束后，教师也可提出“为什么新鲜程度会影响酶的活性?”“酶活性降低的原因是什么?”等问题，引发学生进一步思考。

4. 注意事项

(1)肝脏最好是新鲜的。冷冻的肝脏比较容易获得，但是其新鲜程度不能保证，可能会影响实验的效果。教师要在实验前进行预实验，检验酶的催化活性，根据实际情况调整酶溶液的浓度。制好的肝匀浆放置时间不能过长，以免酶活性下降。

(2)过氧化氢溶液最好现配现用，因过氧化氢在常温下会分解，长时间放置会导致过氧化氢溶液浓度不准确，影响实验结果。

(3)在用量筒量取过氧化氢溶液和用滴管滴 $FeCl_3$ 溶液或者鲜肝浆时，需要注意操作的规范性。

6.7 数字资源拓展

教学视频　　教学设计文本

实验7　探究酵母菌细胞呼吸的方式

细胞呼吸是生物学的核心概念，这一概念的学习也是教学中的一个难点。通过“探究酵母菌细胞呼吸的方式”实验，学生不仅可以对“酵母菌作为单细胞生物采取何种方式进行细胞呼吸?”“酵母菌在有氧和无氧条件下细胞呼吸产物分别是什么?”等建立从感性到理性的认识，还可以增加直接体验，将抽象的概念与具体的实验现象联系起来。本实验是突破教学难点的重要手段，同时也是进行探究教学的良好载体，实验的准备、实验变量的控制、实验现象的观察、结果的记录等方面的探究实践活动，能有效激发学生的学习兴趣，提高科学思维与科学探究能力。

7.1 实验基本知识与原理导航

酵母菌是一种单细胞真菌，在有氧和无氧的条件下都能生存，属于兼性厌氧菌，因此用来研究细胞呼吸的不同方式。

在有氧条件下，物质在细胞内的氧化分解，具体表现为氧的消耗和二氧化碳、水及三磷酸腺苷(ATP)的生成，又称细胞呼吸，其根本意义在于给机体提供可利用的能量。

细胞呼吸可分为三个阶段：

第1阶段：各种能源物质遵循不同的分解代谢途径转变成乙酰辅酶A。

第2阶段：乙酰辅酶A(乙酰CoA)的二碳乙酰基，通过三羧酸循环转变为CO_2和氢原子。

第3阶段：氢原子进入电子传递链(呼吸链)，最后传递给氧，与之生成水；同时通过电子传递过程伴随发生的氧化磷酸化作用产生ATP分子。生物体主要通过脱羧反应产生CO_2，即代谢物先转变成含有羧基(—COOH)的羧酸，然后在专一的脱羧酶催化下，从羧基中脱去CO_2。细胞中的氧化反应可以通过“脱氢”“加氧”或“失电子”等多种方式进行，而以脱氢方式最为普遍和重要。即：

第一阶段：$C_6H_{12}O_6 \longrightarrow$ 2丙酮酸＋4[H]＋能量(2ATP)。

第二阶段：2丙酮酸＋$6H_2O \longrightarrow 6CO_2\uparrow$＋20[H]＋能量(2ATP)。

第三阶段：24[H]＋$6O_2 \longrightarrow 12H_2O$＋能量(34ATP)。

总反应式：$C_6H_{12}O_6+6H_2O+6O_2 \longrightarrow 6CO_2\uparrow+12H_2O$＋大量能量(38ATP)。

酵母菌通过呼吸作用产生大量的CO_2和水。CO_2可使澄清石灰水变浑浊，也可使溴麝香草酚蓝水溶液由蓝变绿再变黄。根据石灰水浑浊程度或溴麝香草酚蓝水溶液变成黄色的时间长短，可以检测出酵母菌呼吸作用产生CO_2的情况。

无氧呼吸是细胞呼吸的另一种方式。有机碳化合物经彻底或者不彻底氧化，所脱下来的电子经部分电子传递链，最后传给外源的无机氧化物(个别是有机氧化物)并释放较少能量。微生物学中常将无氧呼吸称为发酵，指生活细胞对有机物进行的不完全的氧化。这个过程没有分子氧参与。其氧化后的不完全氧化产物为酒精时，称为酒精发酵，总反应式为：

$$C_6H_{12}O_6 \longrightarrow 2C_2H_5OH+2CO_2\uparrow+2ATP。$$

其氧化后的不完全氧化产物为乳酸时，则称为乳酸发酵，总反应式为：

$$C_6H_{12}O_6 \longrightarrow 2C_3H_6O_3+2ATP。$$

在缺氧条件下，只能进行无氧呼吸，暂时维持其生命活动。无氧呼吸最终会使植物受到危害，一方面是由于有机物进行不完全氧化、产生的能量较少，因此在巴斯德效应作用下，加速糖酵解速率，以补偿低的ATP产额；另一方面无氧呼吸会造成不完全氧化产物的积累，对细胞产生毒性，也加速了对糖的消耗，有耗尽呼吸底物的危险。

无氧呼吸的全过程：

第一阶段：在细胞质的基质中，与有氧呼吸的第一阶段完全相同，即一分子的葡萄糖分解成两分子的丙酮酸，在此过程中会释放少量的[H]和少量能量。

第二阶段：在细胞质的基质中，丙酮酸在不同酶的催化下，分解为酒精和 CO_2，或者转化为乳酸。需要特别注意的是，丙酮酸转化为酒精或者乳酸的过程并不产生能量。在无氧条件下，酵母菌通过呼吸作用产生酒精和少量 CO_2。橙色的重铬酸钾溶液，在酸性条件下与乙醇(酒精)发生化学反应，变成灰绿色。

7.2 实验目的与要求

(1)通过实验能说出酵母菌细胞呼吸的方式及其产物，说出 CO_2 和酒精的检测方法。

(2)通过实验设计、现象描述、结果分析等环节，能正确使用一般的实验器具，学会检测酒精、二氧化碳等细胞呼吸产物的方法；学会控制自变量，观察和检测因变量的变化，以及设置对照组和重复实验；提高运用语言表达、信息分享与合作的能力。

7.3 实验准备

1. 实验材料的准备

酵母选用品质优良的“安琪活性干酵母”(以下简称“干酵母”)，这种材料中酵母菌的含量高，吸水后能快速恢复活性，且价格便宜，易购得。实验前可称 6 g 干酵母，分成 2 等份，各加蒸馏水至 10 mL 溶解。

溴麝香草酚蓝溶液的配制方法是：称取 0.1 g 溴麝香草酚蓝粉剂，溶于 10 mL 体积分数为 50%的酒精中后加蒸馏水至 100 mL 摇匀，再逐滴加入 5%的 $NaHCO_3$，使溶液 pH 调至 7.2 左右即可。调节 pH 时不宜用 NaOH 等强碱，否则难以控制而使 pH 过大，反应时间延长。

澄清石灰水的配制方法：在每 1 000 mL 清水中加入 2 g 生石灰，搅拌均匀。不久石灰沉淀，倒出上面澄清的水，用滤纸过滤。为防止石灰水与空气里的 CO_2 接触，石灰水必须保存在密闭的瓶里，且用橡皮瓶塞塞紧。

重铬酸钾溶液的配制方法：称取 20 g 重铬酸钾，加热使之溶解在 40 mL 水中，然后缓慢倒入 360 mL 工业浓硫酸并不停搅拌，配制好后装入有盖子的广口瓶中保存。配制溶液的过程中，当倒入一定量(40～50 mL)的浓硫酸后，混合液变得很黏稠，像很稠的糨糊，继续倒入浓硫酸后，则又变成液态混合液。加浓硫酸时须用玻璃棒不断搅拌，并注意防止液体外溢。若用瓷桶大量配制，注意瓷桶内面必须没有掉瓷，以免强酸烧坏瓷桶。

配制时切记，不能把水加于硫酸内(因硫酸遇水会瞬间产生大量的热量使水沸腾，体积膨胀而发生爆溅)。

用 CO_2 进行检测时，可减少用量至 30 mL，在使用溴麝香草酚蓝溶液检测 CO_2 时，减少用量至 3 mL，这样既节省试剂又能达到良好的效果。

2. 实验指导的准备

准备实验记录表，见表 5-4。

表 5-4　酵母菌细胞呼吸实验记录表

组　别	现　象	
	检测 CO_2 时(用 ________)	检测酒精，加入重铬酸钾溶液
有氧呼吸组		
无氧呼吸组		

课前各小组在教师的指导下，讨论并确定实验设计方案。

7.4　实验安全警示

本实验中 NaOH、重铬酸钾、浓硫酸等都是有刺激性或腐蚀性很强的试剂，应小心使用，避免与皮肤和眼睛接触，因此操作时要戴好护目镜、胶皮手套和围裙、长筒胶靴，以保证安全。废弃物必须集中收集，合理处置。

7.5　实验方法与步骤程序

(1)分小组阅读"实验指导"，并尝试完成实验，体验操作要点。

(2)讨论如何引导学生设计本实验，以及实验中应注意的安全问题。

(3)形成一个完整指导方案，以备将来教学中使用。

7.6　实验指导

1. 交代实验目标

(1)能概述酵母菌的两种呼吸方式。

(2)运用设置对比实验的方法和控制实验条件中有氧、无氧的方法。

(3)根据已有知识自主设计实验方案。

2. 提供参考设计方案

(1)配制酵母菌培养液。取 6 g 干酵母，分成 2 等份，分别放入锥形瓶，各加蒸馏水至 10 mL 溶解。

(2)连接实验装置。按图 5-20 将实验装置组合好，气泵可选用鱼缸用气泵。向 3# 瓶内注入 240 mL 质量分数为 5% 的葡萄糖溶液，并加入酵母菌培养液。

(3)检测 CO_2 的产生。将上述装置进行水浴(38 ℃)加热并通氧，8～10 min 就有 CO_2 产生，停止通氧并检测 CO_2。CO_2 可使澄清石灰水变混浊，也可使溴麝香草酚蓝溶液由蓝变绿再变黄。实验中如果用溴麝香草酚蓝溶液检测，6 min 可观察到现象。在使用溴麝香草酚蓝溶液时，用量 3 mL 即可。而用澄清石灰水检测，只要 2 min 即可观察到明显现象。注意：干酵母可以在短时间内大量繁殖，产生的气泡过多，容易使酵母菌培养液也沿着导管流出至检测试剂中，从而影响观察。实验前可在酵母菌培养液中加 1～2 滴食物油作为消泡剂，降低表面张力，使小气泡尽快破裂。如果用溴麝香草酚蓝检测，最好通气 10 min 后，停止通气进行检测观察；如果用澄清石灰水进行检测，通气后 5 min 内即可看到有氧呼吸组澄清石灰水变浑浊。

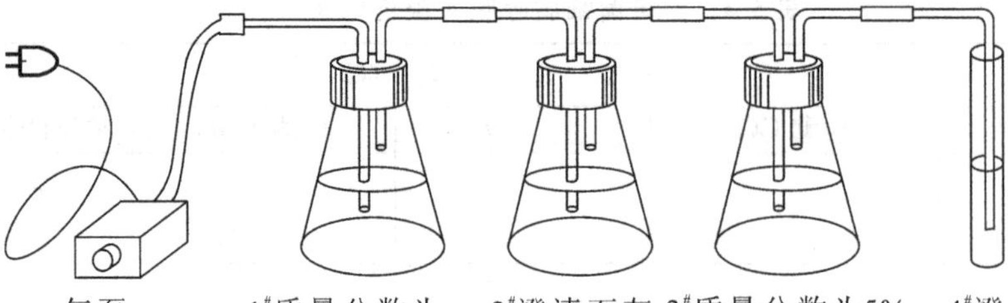

图 5-20　探究有氧呼吸产物的装置

(4)无氧呼吸组按图 5-21 组装探究装置。向 1# 瓶内注入质量分数为 5% 的葡萄糖溶液 240 mL，并加入酵母菌培养液。为了制造无氧环境，用较小的锥形瓶，瓶内残存的空气较少；或用液状石蜡封住液面，避免与氧气接触，都能有效地排除有氧呼吸的干扰。置放 10 min 即可。

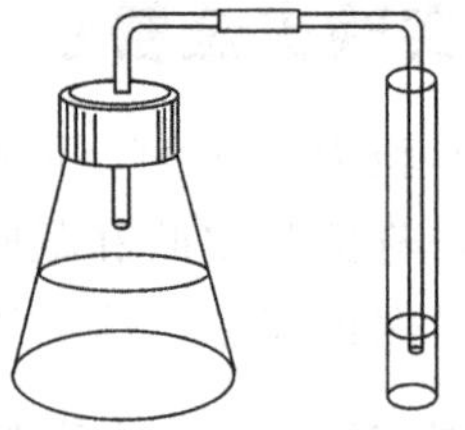

图 5-21　探究无氧呼吸产物的装置

(5)检测酒精的产生。从锥形瓶内取 2 mL 酵母菌培养液滤液，注入试管中，滴加 0.5 mL 配制好的重铬酸钾溶液，并轻轻振荡，使它们混合均匀。观察试管中溶液的颜色变化，再观察实验现象，记入记录表中。

3. 实验结果的分析与讨论

教师可组织各小组分享在实验中产生的异常现象，并对这些异常现象进行探讨。如很多学生发现用酸性重铬酸钾检测酒精时，有氧和无氧装置产生的颜色反应几乎一样。教师可带领学生查阅资料并分析可能原因：

(1)有氧呼吸装置实验操作中可能供氧不足，导致部分酵母菌进行无氧呼吸产生少量酒精。

(2)重铬酸钾是强氧化剂，在酸性条件下可将酒精氧化成乙醛，同时六价铬被还原为三价铬而产生颜色反应。酵母菌培养液中的葡萄糖是还原性糖，同样也可以被重铬酸钾氧化，其颜色反应与酒精相同。因此，有氧与无氧装置中酸性重铬酸钾的颜色反应可能为葡萄糖所致。

4. 注意事项

(1)实验成功的关键取决于严格控制有氧和无氧的环境。有氧呼吸装置应提供稳定的有氧环境，如用气泵持续通入空气。在无氧呼吸装置中，装有酵母菌的锥形瓶应放置一段时间再连通盛有澄清石灰水的锥形瓶，使得锥形瓶中氧气耗尽。教师也可选择在无氧呼吸装置加入酵母菌溶液后，立即加入液状石蜡或植物油密封，以提供严格的无氧环境。

(2)该实验耗时较长，若希望缩短实验现象出现所需的时间，教师可在课前活化酵母细胞。即将干酵母加入 30～35 ℃的温水中放置 0.5～1 h；同时在配制酵母菌与葡萄糖的混合液时，用 35～40 ℃的水配制，并在 35～40 ℃的水浴中完成反应。

(3)鉴定酒精时，将酵母菌培养液过滤后，取滤液进行酒精鉴定。原因是酵母菌培养液本身具有颜色且不透明，可能会对颜色反应产生遮盖和干扰。也可通过让学生闻有氧与无氧呼吸装置是否有酒精气味，来替代用酸性重铬酸钾鉴定酒精。

5. 实验拓展

该实验耗时较长，为减少操作时间，可用 100 mL 注射器替代锥形瓶进行小体系的反应，具体操作如下。

(1)制备去 CO_2 的空气。取 100 mL 注射器编号为 1，吸取 20 mL NaOH 溶液后再吸入 50 mL 空气。封口后将注射器平置 3～5 min。

(2)制备培养液。在烧杯中倒入 50 mL 葡萄糖溶液，称取 5g 酵母倒入烧杯混合。

(3)制备有氧呼吸与无氧呼吸反应体系。无氧呼吸组：取 100 mL 注射器编号为 2，吸取 10 mL 酵母菌培养液，封口后将注射器平置进行反应。有氧呼吸组：取 100 mL 注射器编号为 3，吸取 10 mL 酵母菌培养液，通过硅胶管与 1 号注射器连通，将 40 mL NaOH 处理过的空气推入 3 号注射器进行反应。实验过程中轻晃 3 号注射器使得培养液与空气充分接触，避免无氧呼吸。

(4)反应 20 min 后，进行 CO_2 与酒精的鉴定。

7.7　数字资源拓展

教学视频　　　　教学设计文本

实验 8　观察根尖分生区组织细胞的有丝分裂

本实验是人教版《普通高中教科书　生物学　必修 1　分子与细胞》第 6 章“细胞的生命历程”中的一个重要的实验。本实验对学生加深理解植物细胞有丝分裂过程和学习使用高倍镜有着重要作用，中学生常常由于根尖取材不当、高倍镜使用不熟练等而影响实验效果，因此选此实验以着重解决有关问题。本实验通过显微镜的观察，可以让学生认同有丝分裂过程是一个物质变化的过程，从而在头脑中将有丝分裂的 5 个单独时期通过想象形成一个连续的整体过程。

8.1　实验基本知识与原理导航

在高等植物体内，有丝分裂常见于根尖、茎尖等分生区细胞。由于各个细胞的分裂是独立进行的，因此在同一分生组织中可以看到处于不同分裂时期的细胞。通过在高倍显微镜下观察各个时期的细胞内染色体(或染色质)的存在状态，就可以判断这些细胞各处于有丝分裂的哪个时期，进而认识有丝分裂的完整过程(图 5-22)。各个时期的细胞内染色体容易被碱性染料(如改良苯酚品红染液)着色。

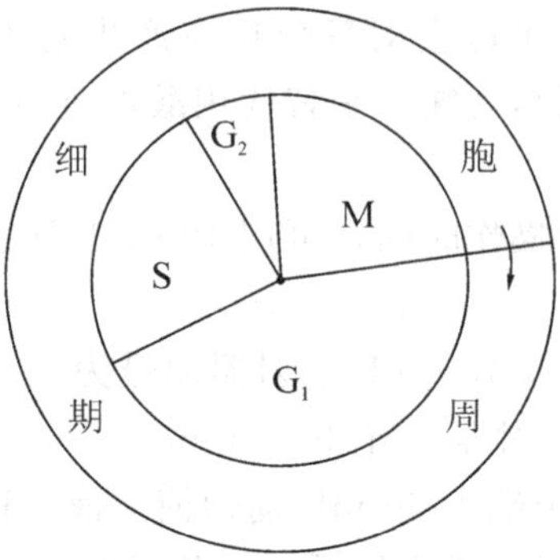

图 5-22　植物细胞周期示意图

8.2　实验目的与要求

(1)掌握实验材料的筛选与培养方法。

(2)熟悉植物细胞有丝分裂各时期的特征；掌握生长点细胞的特点；熟悉根尖各部分细胞的形态。

(3)讨论中学指导方案，并加以完善。

8.3　实验准备

1. 实验试剂的准备

(1)固定液的配制。用3份95%酒精和1份冰醋酸混合进行配制。

(2)解离液的配制。用38%盐酸和95%酒精以1∶1混合进行配制。

(3)染色液的配制。

①0.5%甲紫液：1 g甲紫加200 mL蒸馏水。

②1%醋酸洋红：100 mL冰醋酸加1 g洋红煮沸30 s，冷却后过滤即可。还可在冷却时加一枚生锈的小铁钉，或在冷却后加1%～2%铁明矾水溶液数滴，直至此液变为暗红色而不发生沉淀时，再进行过滤。

③改良苯酚品红染液：取3 g碱性品红，溶于100 mL 70%酒精里，配成母液A，可长期保存。取出母液A 10 mL，加入90 mL 5%苯酚水溶液，配成母液B。再取45 mL的母液B，加入6 mL冰醋酸和6 mL 38%的福尔马林，此液即苯酚品红染色液。取10 mL苯酚品红染色液加入90 mL 45%的冰醋酸和1 g山梨醇，此液即为改良苯酚品红，可长期保存，时间越久效果越好。

2. 实验材料的准备

以下工作一般是教师做，如果交给学生去做，效果将会更好。

选择洋葱(可以用葱、蚕豆、玉米、小麦、大蒜代替)。这些不同的材料来源方便，培养期短，易生根，根尖数目多，均可达到较为理想的效果，且可在不同的季节选用不同的材料。因此，可以用这些材料代替洋葱完成实验，达到实验目的。

(1)根尖的培养：在室温20～25 ℃条件下，实验前3～4 d，选取底部鳞茎盘面积较大的洋葱若干个，用刀片切去底部陈根或切去外层老皮，分别置于口径小于葱头的小烧杯或广口瓶上(图5-23)。杯内盛清水，使洋葱底部接触到杯内水面，置于温暖向阳处，注意每天换水1～2次，以免因氧气不足等而造成根尖生长缓慢或腐烂。这样做可以使洋葱鳞茎易生根，且数目多、生长速度快。或选取健壮的大蒜瓣，剥去外皮，用牙签并排串连，放入培养皿，使其中清水浸没蒜瓣根部。或选取饱满的蚕豆、小麦、玉米种子用清水泡1～2天，待种子吸水膨胀后，取出置于垫湿润滤纸或草纸的培养皿中。以上根尖培养均应保持室温20 ℃左右。

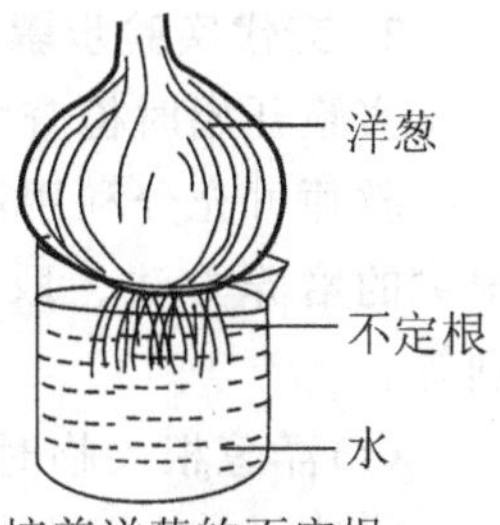

图5-23　洋葱根尖的培养

(2)根尖取材与固定：待根尖长到1～2 cm时(注意不宜过长)，此时根尖分生区细胞处于有丝分裂高峰期，剪取根尖放入盛有固定液的培养皿内浸泡2～4 h后，取出放入70%酒精保存备用。为了能够看到更多的分裂中期细胞，在固定前可进行根尖前处理，最简便的方法是低温处理，即将盛有根尖的小瓶在冰箱0～5 ℃中放置20 h左右，或在0 ℃冰水中放置24 h。在不同地区、品种、日照、温度条件下，植物根尖细胞有丝分裂的高峰各不相同。

3. 实验器具的准备

光学显微镜、载玻片、盖玻片、培养皿、剪刀、镊子、解剖针、吸水纸、滴管、酒精灯、洋葱根尖细胞永久装片。

8.4　实验安全警示

本实验应注意用眼安全，防止刺激物、化学物质、有毒物质和锐器的伤害，因此必须戴好护目镜、手套和防护口罩。注意显微镜的安全使用和摆放。废弃物必须集中收集，合理处置。

8.5　实验方法与步骤程序

(1)按照中学实验指导的方法步骤，实际操作一遍，讨论实验成功的关键环节。

(2)研究操作中的注意事项及其指导学生的方案。

(3)根据要求自己设计方案，试讲，并讨论如何修改完善。

8.6　实验指导

在实验课前准备5台示范镜，分别示范有丝分裂固定装片中的间期、前期、中期、后期和末期。

1. 交代实验目标

(1)制作洋葱根尖细胞有丝分裂装片，熟练操作显微镜观察并概述植物细胞有丝分裂的过程，识别有丝分裂的不同时期，比较细胞周期不同时期的时间长短。

(2)探讨有丝分裂各时期的核相变化，进行高倍显微镜观察。

(3)绘制植物细胞有丝分裂简图，养成严谨求实的科学态度。

(4)通过显微镜的观察，认同有丝分裂过程是一个物质变化的过程。

2. 交代实验步骤

实验开始时检查学生预习实验原理和方法步骤的情况。

教师可充分利用解离、漂洗、染色三个步骤中的等待时间，讲解以下内容：洋葱根尖的培养方法、取材时间、解离和漂洗的目的和方法、分生区和其他区细胞的区别等。

(1)洋葱根尖临时装片的制作(图5-24)。

①选材。选择生长健壮白色的洋葱根，切取洋葱根尖2～3 mm，立即投入盛有15%盐酸和95%的酒精溶液的混合液(1∶1)的培养皿中。

②解离。在室温下解离3～5 min后取出根尖。解离就是用药液使细胞的胞间层物质溶解，使组织中的细胞相互分离开来，在压片时细胞易于分散。

③漂洗。待根尖酥软后，用镊子取出放入盛有清水的培养皿中漂洗10 min。

④染色。把漂洗后的洋葱根尖放入盛有质量浓度为0.01 g/mL或0.02 g/mL的甲紫溶液(或醋酸洋红液)的玻璃皿中，染色3～5 min。

⑤制片。用镊子将这段洋葱根尖取出，放到载玻片上，加一滴清水，并用镊子尖把洋葱根尖弄碎，盖上盖玻片，在盖玻片上再压一片载玻片。然后用拇指轻轻地压上方的载玻片，这样可以使细胞分散开来。

实验成功的要点：

①剪取根尖时，一定要剪取生长旺盛，带有分生区的根尖，同时注意取材的时间，一般在10:00左右或14:00左右分裂旺盛，剪取洋葱根尖2～3 mm。当根长到2～3 cm时在11:00左右可以取材，取材长度以5 mm左右为宜。

②解离充分是实验成功的必要条件。剪取的洋葱根尖，立即放入盛有盐酸和酒精混合液(1∶1)的玻璃皿中，在室温下解离3～5 min，至根酥软为止。解离中，应注意时间的把握，不能太长也不能太短。解离太长使细胞的结构破坏，影响制片的效果，太短则不易使细胞分散，观察时细胞容易重叠。解离后细胞已被盐酸杀死，不具备活性。

实验改进：传统的做法是固定与离析同时进行，即把所取材料放在由等量的浓盐酸和95%的酒精所配制的固定离析液中进行固定与解离。实践证明这样做不如把固定与解离分开进行效果好。即把取下的材料先放在固定液中，固定时间为3～5 h。固定剂可选用常用的FFA固定剂即福尔马林—醋酸—酒精固定剂，固定好的材料可放在70%的酒精溶液中保存。解离液以15%的盐酸溶液为好(用15%的盐酸代替10%的盐酸可缩短解离时间)。把固定好的根尖取出用清水冲洗干净后放入盛有15%盐酸离析液的培养皿中，解离时间5 min左右，只要根尖色泽变白略带透明即可，此时根尖压片效果较好。

③染色是制作根尖临时装片的另一个关键步骤，目的是使细胞的细胞质和细胞核及核中的染色体分别染上深浅不一的颜色，以便清晰地观察细胞分裂各个时期的特征。染色时，染液的浓度和染色时间必须掌握好，特别是染色不能过深，否则不易观察细胞中的染色体。

实验改进：常用的洋葱根尖的染色剂是甲紫和醋酸洋红。醋酸洋红因价格较贵，配制复杂且染色效果不如甲紫好，故目前多用甲紫作染色剂。但仅用 1% 的甲紫溶液对根尖进行染色，细胞核内均被染成深紫色，染色体又不突出，在显微镜下难以清晰地观察到有丝分裂各个时期核内染色体行为的变化。现将实验改进成：在 1% 甲紫溶液中滴加少量 10% 醋酸至溶液呈鲜亮的紫色，这样配制的染色剂，醋酸起到一定的分色作用，可加强细胞核和染色体的选择性着色，以避免核内都染成一片深紫色，从而达到良好的观察效果。而且用这种方法配制的染色剂可长久保存，溶液不易产生沉淀。

用清水洗净解离根尖，用镊子将洋葱根尖放在载玻片上。为了使其染色均匀，可用镊子将圆柱状的根尖轻轻压扁，加 2 滴染色液进行染色，染色时间 3～5 min。染色时若用酒精加热，效果更好。但注意加热时不可使染色液蒸发，只需使载玻片在酒精灯火焰上来回移动几次即可。染色完毕，盖上盖玻片。再盖以 2 层吸水纸，用拇指轻压一下(也可用铅笔的橡皮头在盖玻片上轻轻敲几下)，即可使根尖细胞均匀地扩散成云雾状，四周多余的水分可用吸水纸吸掉，这样就可在显微镜下进行观察了。至此，一个较为理想的用于观察植物细胞有丝分裂的临时装片即告制成。

④漂洗的目的是洗去多余的盐酸，防止解离过度和影响染色。由于染色剂是碱性染液，如不漂洗，酸碱发生反应，不利于着色；同时也是为了洗去药液，防止解离过度。用镊子把酥软的根尖取出，放入盛有清水的玻璃皿中漂洗约 10 min。

⑤压片时，先用镊子将根尖弄碎，盖上盖玻片；在盖玻片上加盖一片载玻片，用拇指轻压载玻片。压片时用力必须适当，过重会将组织压烂，过轻则细胞不易分散，二者都将影响观察效果。

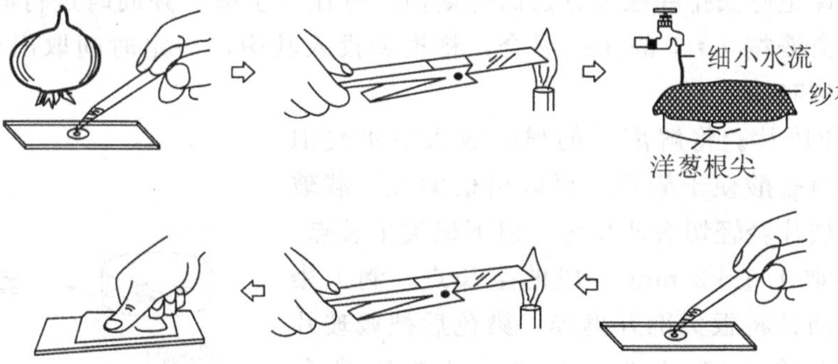

图 5-24　制作洋葱根尖细胞有丝分裂临时装片流程图

(2)用显微镜观察。

①低倍镜观察。

②高倍镜观察。

实验成功的要点：

①教师教给学生的观察要领是：让学生观察时，强调先用低倍镜观察，再转用高倍镜观察，切忌直接使用高倍镜。

②在一个视野中不能观察到一个细胞有丝分裂的连续过程，因为细胞在解离时已经被杀死，不再进行细胞分裂了。因此在一个视野中，我们只能找到某一时期的细胞图像，要找全有丝分裂各时期细胞，应慢慢地移动装片，在不同的视野中寻找。

③确认一个细胞周期中各个时期的长短，其方法就是看在这一时期中观察到的细胞的多少。

④增加演示实验。教师在实验课前准备5台示范镜，分别示范有丝分裂固定装片中的间期、前期、中期、后期和末期。

(3)绘图。

根据自己在显微镜下观察到的洋葱根尖细胞有丝分裂各时期的细胞特点，绘制出洋葱细胞有丝分裂前期、中期、后期的简图，并能区分各时期细胞的特点。

3. 指导学生分组实验

学生可以按4人为一组进行实验。通过实验，学生可以独立完成装片的制作，进行高倍显微镜观察、生物学绘图等技能的训练。

教师指导实验时，还应强调高倍镜使用注意问题，然后由学生独立实验。实验过程可分为根尖培养、取材固定、解离、染色、压片及观察等部分，各学校根据实际情况，决定学生从哪一部分开始操作。

(1)根尖的培养与固定。

(2)解离。从固定液中取出洋葱根尖，取95%酒精洗去醋酸，再投入解离液中，使细胞间果胶层解离，细胞易于分散和染色以便观察。解离时间必须掌握好。要根据材料及季节决定。时间过短，细胞不易分散，时间过长，细胞及细胞核形态被破坏。可用镊子轻轻按伸长区，以感酥软而不散为宜。解离后用镊子夹取根尖，注意不要夹在生长点部位。

如果实验课正好安排在根尖分裂高峰期内，可让学生取材并同时进行固定、解离。把固定液与解离液按1∶1的比例混合，将根尖投入其中，一定时间取出就可染色压片，这样可节省时间。

(3)染色和压片。将解离后的根尖放入清水浸泡10 min，以洗净盐酸便于染色。再取出根尖置于载玻片中央，用盖玻片轻轻切去伸长区，留下根尖生长点。从根尖向上切取1.5～2 mm一段的生长点，滴上染液，然后用解剖针将根尖剖开捣碎。染色后把载玻片放在酒精灯火焰上通过3～4次，以加速染色(图5-25)。具体染色时间教师须先进行试验再确定。一般甲紫染3～5 min，醋酸洋红15～20 min，改良苯酚品红10～15 min。染色时注意防止染色液蒸发而变干。

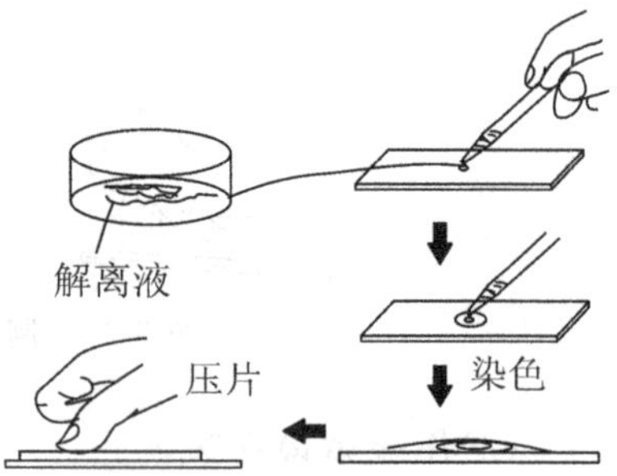

图5-25　制片过程示意图

压片时应注意，用毛边纸吸去多余染液，滴上清水，加上盖玻片后，再覆以2～3层吸水纸，用手指轻轻按压盖玻片，然后用铅笔的橡皮头轻轻均匀地敲打盖玻片，至肉眼见材料呈雾状即可。敲打时，铅笔应垂直于玻片，但切勿使盖玻片移动，以免细胞变形。

(4)观察。先在低倍镜下，找到分散较好的生长点细胞，并将处于分裂期的细胞移至视野正中。换上高倍镜，调细准焦螺旋，直至看清物像为止。观察时应找出细胞分裂间期和有丝分裂各期的细胞，注意各期细胞内染色体的变化，并让学生数清染色体数目。为使学生认识植物细胞有丝分裂过程的连续性并巩固有关知识，在观察前后，可放植物细胞有丝分裂录像(时间控制在 8 min 以内)。

为保证实验效果，教师在学生实验结束后可逐个评分。有的中学评分标准是：在低倍镜下找到生长点细胞，得 60 分，如再看到分裂期四个时期的细胞各期加 10 分。

4. 替代方案

如果学生自制临时装片不成功，可以观察有丝分裂永久装片。除洋葱外，还可以选择其他材料进行实验。

大蒜：大蒜($2n=16$)同洋葱类似，鳞茎易获得，且易一次性培养大量根尖。同洋葱相比大蒜更易发新根，且产生的根数量更多。

吊兰：吊兰($2n=28$)是多年生常绿草本植物，根部数量多，一年四季随时可以进行实验且细胞体积较大，易于观察。

风信子：风信子($2n=16$)是多年生草本球根类植物，是常见的水培观赏植物，它的优势在于根部数量多，易于获得，细胞大，形态及排列规则，便于观察。

蚕豆：蚕豆($2n=12$)是双子叶植物，它的优势在于：①获得根尖时间短，蚕豆种子浸泡一昼夜后就会萌发，第 2～3 天即可获得可利用的根尖材料；②根尖粗壮，每个根尖分生区细胞数量较多，易于找到分裂图像；③蚕豆根尖分生区细胞较大，且体细胞中染色体数目更少，更易于显微镜观察。

不同材料解离时间不同，洋葱、大蒜、风信子、吊兰以 5～8 min 为宜；蚕豆以 10～15 min 为宜。

8.7　实验结果记录

实验结束时，要求学生将实验结果记录在表 5-5 中。

表 5-5　实验结果记录表

细胞周期		样本 1	样本 2	总数	分裂期细胞数/细胞总数
间期					
分裂期	前期				
	中期				
	后期				
	末期				
计数细胞的总数					

实验9 观察蝗虫精母细胞减数分裂固定装片

本实验通过观察动物生殖细胞减数分裂永久装片或现场制作并观察临时装片，提高学生的显微镜操作技能，帮助学生认识减数分裂过程中典型的细胞分裂相，辨认减数分裂的不同时期，识别不同时期染色体的形态、位置和数目，加深对减数分裂过程的理解，并在头脑中建构减数分裂的动态过程图。最终帮助学生形成减数分裂的概念，并深入理解同源染色体、联会、四分体等相关概念。

9.1 实验基本知识与原理导航

在减数分裂过程中，染色体复制一次，细胞分裂两次，从而导致生殖细胞内染色体数目减半。染色体在减数分裂过程中的行为主要表现为以下几个方面。

(1)复制：在精子和卵细胞的形成过程中，首先在第一次分裂的间期，要进行DNA的复制和有关蛋白质的合成，也就是染色体的复制。复制的结果，每条染色体具有两个并列着的姐妹染色单体，这两个姐妹染色单体通过着丝点相连。需要注意的是，虽然通过复制，DNA的含量加倍了，一个染色体具备了两个姐妹染色单体，但由于着丝点没有增加，所以，染色体数目仍然没有增加。

(2)联会：两条染色体联会形成了四分体。在减数分裂过程中，同源染色体两两配对的现象叫作联会。联会发生在第一次分裂的前期，联会的每条染色体上都具备了4个姐妹染色单体，因此，每对同源染色体都含有4个染色单体，4个DNA分子，被称为四分体。从染色体的角度讲，因为是两个染色体配对，又称为二价体。

(3)交叉互换：同源染色体在减数分裂的四分体时期往往发生染色单体片段的交叉互换现象，这种现象对于生物的遗传和变异具有极其重要的意义。交叉互换是发生在同源染色体的非姐妹染色单体之间，通过这种行为形成了很多新的配子，即重组型的配子。

(4)分离和组合：在减数分裂过程中，一个非常重要的染色体行为就是同源染色体的分离和非同源染色体的自由组合。可以说复制和联会行为均在为这一行为做准备，这一行为在生物的遗传和变异中起着举足轻重的作用。

(5)平均分配：复制后的染色体平均分配到两个子细胞中去。实际上这一行为和过程与(4)交织在一起，形成最终结果。第一次分裂和第二次分裂的均分略有不同，第一次分裂中没有着丝点的分裂，而第二次分裂有了着丝点的分裂。因此，我们认为减数分裂的染色体减半行为发生在第一次分裂的过程中，这是减半的含义所在。

正是因为有了这些复杂而特殊的染色体行为，生物的遗传、变异，物种的稳定和进化才有了保障(图5-26、图5-27)。

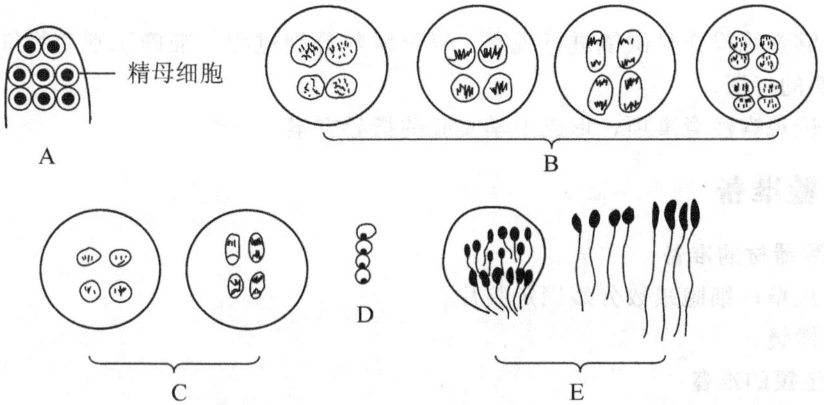

A. 精巢管顶端　B. 减数第一次分裂　C. 减数第二次分裂　D. 精子细胞　E. 精子

图 5-26　高倍镜下观察蝗虫精母细胞减数分裂的几个时期的示意图

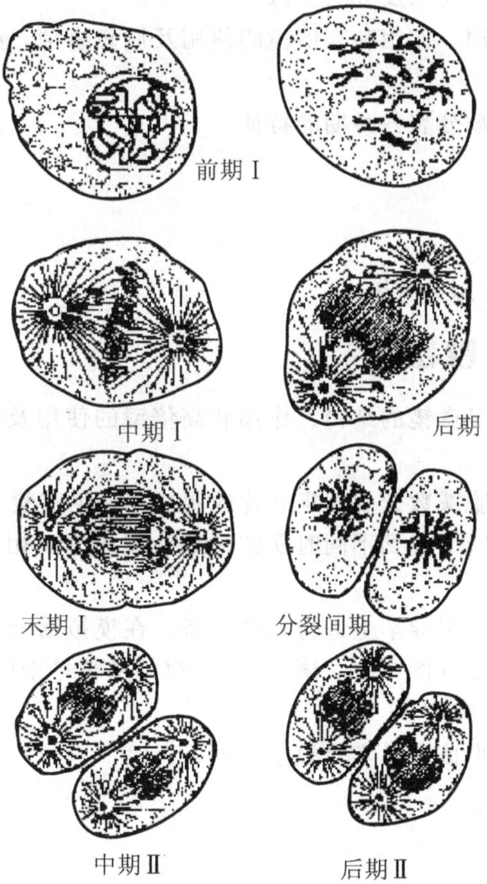

图 5-27　蝗虫精母细胞减数分裂示意图

9.2　实验目的与要求

(1)能够熟练操作显微镜进行观察，复习减数分裂过程，准确识别动物细胞减数分裂各个时期的特征。

(2)讨论观察注意事项，形成中学实验的指导方案。

9.3　实验准备

1. 实验器材的准备

(1)蝗虫精母细胞减数分裂固定装片。

(2)显微镜。

2. 示范镜的准备

为使实验课顺利进行，教师必须事先选择易清晰观察的蝗虫精母细胞减数分裂固定装片，课前在教桌上准备好示范镜，便于无法获得清晰显微图像的学生使用。

3. 实验指导的准备

(1)预习本实验的目的要求及方法步骤。

(2)复习显微镜的结构、作用和高倍镜的使用及注意事项，必要时还要组织实习预备课进行练习。

(3)熟悉动物细胞减数分裂各时期的特征。

(4)培训小组长。

9.4　实验安全警示

本实验应注意安全使用显微镜。

9.5　实验方法与步骤程序

(1)开课时简单复习显微镜的结构、作用和高倍镜的使用及注意事项，复习减数分裂各时期的主要特征。

(2)介绍蝗虫精母细胞减数分裂固定装片的制片和染色实验。

(3)对照插图在显微镜下找到不同时期的减数分裂的分裂相，分析其特点及与模式图的差别。

(4)对照建构的模型，引导学生进行理性思考。在模拟活动的基础上引导学生进行总结和概括，结合参考图示(图5-26、图5-27)观察蝗虫精母细胞减数分裂的固定装片，以加深对减数分裂过程的理解。

(5)讨论指导要点，形成中学实验教学计划。

9.6　实验指导

1. 交代实验目标

(1)通过观察蝗虫精母细胞减数分裂固定装片，识别减数分裂不同阶段的染色体的形态、位置和数目，加深对减数分裂过程的理解。

(2)使用高倍镜，观察蝗虫精母细胞减数分裂固定装片。

2. 交代实验原理

蝗虫精母细胞减数分裂固定装片的制片和染色实验；高倍显微镜的使用方法，并将实验步骤简化，写在黑板上，以提示学生。

实验开始时检查学生预习实验原理和方法步骤的情况。

结合参考图示(图 5-26、图 5-27)观察蝗虫精母细胞减数分裂的固定装片，以加深对减数分裂过程的理解。学生共同讨论，回答教师提出的开放性问题和教材中的相关讨论题。

3. 交代实验步骤

两个学生使用一台显微镜(若实验室条件允许，最好一个学生使用一台显微镜)。

(1)低倍镜观察。在低倍显微镜下观察蝗虫精母细胞减数分裂固定装片。在低倍显微镜下依次找到减数第一次分裂中期、后期和减数第二次分裂中期、后期的细胞，识别初级精母细胞、次级精母细胞和精细胞。

实验成功的要点：

显微镜的取镜、安放、对光和观察。如低倍物镜正对通光孔；选择遮光器上最大的光圈；左眼注视目镜，右眼睁开；根据光线强弱正确选择使用反光镜；对准室内散射光源，不使用太阳直射光源；得到圆形的明亮视野；标本置于通光孔正中；用压片夹夹住切片；调节粗准焦螺旋，下降镜筒，注视物镜与玻片间的距离；寻找目标时，左眼看目镜，右眼睁开，调节粗准焦螺旋，上升镜筒；看到较清楚的物像。

(2)高倍镜观察。在高倍显微镜下仔细观察染色体的形态、位置和数目。再尝试着找到减数分裂其他时期的细胞。

实验成功的要点：

在低倍镜下找到要观察的目标，移到视野中央，换高倍镜，调节细准焦螺旋，看到清晰的物像。

(3)绘图。根据观察结果，应尽可能多绘制一些减数分裂不同时期的细胞简图。

绘图时要符合生物学绘图的基本要求：

①绘图要用黑色硬铅笔，不要用软铅笔或有色铅笔，一般选用 2H 铅笔。

②图的大小及在纸上分布的位置要适当。一般画在靠近中央稍偏左方，并向右方引出注明各部名称的线条。各引出线条要整齐平行，各部名称写在线条右边。

③画图时先用轻淡小点或轻线条画出轮廓，再依照轮廓一笔画出与物像相符的线条。线条要清晰，比例要准确。较长的线条要向顺手的方向运笔，或把纸转动再画。同一线条粗细相同，中间不要有断线或开叉痕迹，线条也不要涂抹。

④绘出的图要正确，观察时要把混杂物、破损、重叠等现象区分清楚，不要把这些现象绘上。

⑤图的明暗及浓淡应用细点表示，不要采用涂抹方法。点细点时，要点成圆点，不要点成逗号。

⑥整个图要美观、整洁，还要特别注意准确性。

结论：减数分裂是形成配子过程中的一种细胞分裂，其中一次是减数分裂，一次是普通分裂。

实验中，应该引导并帮助学生形成对感性知识的理性概括。通过实验进一步培养学生使用高倍镜的实际操作能力，让学生体验科学观察过程，培养科学研究的精神。

9.7 实验结果记录

实验结束时，要求学生将实验结果简单绘制在表 5-6 中。

表 5-6 实验结果记录表

时期	绘制减数分裂细胞简图	评价
减数第一次分裂		
减数第二次分裂		

9.8 实验拓展：制作和观察细胞减数分裂的临时装片

蝗虫精巢中的精小管是观察减数分裂的经典材料。蝗虫染色体较大且数目较少(雄性 $2n=23$，XO；雌性 $2n=24$，XX)，将蝗虫的精小管制成临时装片，能观察到减数分裂不同时期染色体的特点，也可以尝试以蛙类为观察材料。在植物方面，被子植物雄蕊花药中的小孢子母细胞经过减数分裂形成四个小孢子。小孢子经有丝分裂发育成雄配子体，即花粉粒。韭菜的染色体较大，为同源四倍体($4n=32$)，而且材料便宜易得、花药数量大，以韭菜花粉母细胞为材料观察减数分裂能取得良好效果。

1. 材料用具

卡诺氏液(无水乙醇：冰醋酸=3：1)、体积分数分别为 95%和 70%的酒精、醋酸洋红或改良苯酚品红染液、剪刀、镊子、解剖针、密闭玻璃瓶(固定和保存材料用)、载玻片、盖玻片试管夹、酒精灯等。

2. 方法步骤

(1)固定：捕捉雄性四龄蝗虫(雄性成虫较小，其腹部末端如船尾状；雌性成虫较大，其腹部末端分叉)，在卡诺氏液中固定 24 h，用体积分数为 95%的酒精漂洗至无醋酸味，浸入体积分数为 70%的酒精中，于 4 ℃保存。

(2)取材：将蝗虫两对翅及附肢从基部剪去，沿腹部背板下缘由后向前剪开(勿伤及内脏)，除去背板，即可在背侧见到一块深黄精巢，轻轻取出，置于蒸馏水中浸泡5～10 min，即可见精小管呈菊花状散开。

(3)染色：挑取一根精小管，置于洁净的载玻片中央，迅速滴一滴醋酸洋红液染色。然后用解剖针尖端切断精小管，从断口处轻轻挤压，缓缓盖上盖玻片。

(4)压片：在盖玻片外加吸水纸，用拇指向下垂直压片，使精小管中的细胞散开，同时用吸水纸吸取盖玻片周围溢出的染液。

(5)烤片：用试管夹夹取装片在酒精灯外焰上烤片两次，每次2～3 s，注意避免染液沸腾。烤片能增强染色效果，使染色体颜色加深。

(6)观察：将制作好的临时装片放在显微镜下观察。

由于蝗虫染色体较大，数目相对较少，因此易于观察和计数。与观察永久装片相比，虽然制作临时装片需要取材和制作，但试剂易得，方法简便，减数分裂不同时期的分裂相明显，易于识别，因此有条件的学校可开展制作和观察临时装片的活动。如果以韭菜为材料，制作临时装片和观察的方法与蝗虫的类似。

实验10　建立减数分裂中染色体变化的模型

减数分裂是高中生物学的核心概念之一，也是基因分离定律和自由组合定律的细胞学基础。减数分裂中染色体数目和行为变化既是教学重点，也是教学难点，它是一个连续动态的微观变化过程，利用传统的教学方法难以让学生透彻认识其本质特征。本实验通过建立物理模型，用直观、简化的形式帮助学生认识减数分裂不同时期染色体的形态、位置和数目，明确不同时期的典型特征，在头脑中建构减数分裂的动态过程图，形成减数分裂、同源染色体、自由组合、联会等概念，并理解减数分裂形成的配子具有多样性的原因和意义。

10.1　实验基本知识与原理导航

模型方法是以研究模型来揭示原型的形态、特征和本质的方法，是逻辑方法的一种特有的形式。模型舍去了原型的一些次要的、非本质的细节，以简化和理想化的形式去再现原型的各种复杂结构、功能和联系，是连接理论和应用的桥梁。模型与原型及理论的关系如图5-28所示。

$$\text{原型}\underset{\text{解释}}{\overset{\text{抽象化}}{\rightleftharpoons}}\text{模型}\underset{\text{具体化}}{\overset{\text{证明}}{\rightleftharpoons}}\text{理论}$$

图5-28　模型与原型及理论的关系

模型的种类很多，一般所说的模型主要有物理模型、数学模型、概念模型等。模型方法的概念听起来很陌生，但是模型方法在生物学上并不陌生，在教材中很多地方都使用了这种方法。举例如下：

物理模型：用实物代替原型进行研究的方法。如DNA双螺旋模型，叶绿体结构模型等，还有用小纸片表示染色体，这也是一种物理模型。

数学模型：用符号、公式、图像等数学语言表现生物现象、特征和状况的方法，如酶的活性随温度变化而变化的曲线，豌豆实验中9∶3∶3∶1的比例关系，还有减数分裂过程中染色体数量变化曲线等。

概念模型：用想象的抽象概念或图形代替原型进行研究的方法，如光合作用过程模型，呼吸作用过程模型，血糖的来源与去向模型等。

原始生殖细胞进行减数分裂的过程实际上是染色体数目规律性变化的过程。在减数分裂过程中，染色体复制一次，细胞分裂两次，从而导致生殖细胞内染色体数目减半。染色体在减数分裂过程中的行为主要表现为以下几个方面：复制、联会、交叉互换、分离和组合、平均分配。本实验是利用橡皮泥(或其他替代物)来表示染色体的变化过程，从而把微观的东西放大，把抽象的事物变得直观。

10.2 实验目的与要求

通过建立减数分裂中染色体数目和行为变化的模型，加深对减数分裂过程及其特点的认识，理解配子中染色体组合的多样性，领悟减数分裂的意义。

10.3 实验准备

1. 实验器材的准备

(1)红色和黄色的橡皮泥：用橡皮泥做出4条黄色和4条红色的染色单体，其中2条黄色的染色单体长3～4 cm，2条长6～8 cm；2条红色的染色单体长3～4 cm，2条长6～8 cm。

(2)一张较大的白纸(或画有细胞轮廓的白纸板)。

2. 实验指导的准备

(1)明确本实验的目的要求及方法步骤。

(2)熟悉动物细胞减数分裂各时期的特征。

(3)培训小组长。

10.4 实验安全警示

本实验应注意废弃物必须集中收集，合理处置。

10.5 实验方法与步骤程序

(1)讨论实验分组的方法，建议4个学生为一小组。

(2)教师演示并辅导学生构建一个有丝分裂染色体数目和行为变化的模型。

(3)学生开始活动之前，教师应介绍模型构建和模拟的方法。实验一定要让学生自己动手做，在做的过程中要注意应用知识，从而增强学生的动手操作能力和理论联系实际的能力。

(4)观看活动视频资料，参照“实验指导”中的活动步骤分别进行活动。

(5)讨论还有哪些方法可以进行模拟活动。

(6)尝试根据自己的特长与兴趣设计一次模拟活动，并进行尝试、修改和完善。

10.6　实验指导

1. 交代实验目标

(1)能够阐明细胞的减数分裂并模拟分裂过程中染色体的变化。

(2)学会运用模型建构的方法，模拟减数分裂过程中染色体数目和行为的变化，体验减数分裂中染色体的规律性变化，从而理解精子和卵细胞的形成过程。

(3)根据个人的能力与爱好，制作不同形式的“模型”，模仿减数分裂过程中染色体的行为，锻炼自己的动手操作能力和比较、分析、归纳能力。

(4)通过模型建构活动，理解模型方法的重要作用，在以后的学习和生活中能应用这一重要方法解决实际问题，以提高学生的生物科学素养和科学探究能力。

(5)通过该课题的研究，认同物质运动的规律性、可认知性。

2. 交代实验步骤

(1)活动准备。

①把颜色、长度相同的两条染色单体成对并排放置。用同种颜色的小块橡皮泥代表着丝点，在两条染色单体中部用小块橡皮泥粘起来，代表减数分裂开始时已完成复制的染色体。

②在纸上画一个足够大的初级精母细胞的轮廓，能够容纳所做的4条染色体。画出中心体和纺锤体。

(2)组织活动。

①活动一：模拟减数分裂中染色体数目及主要行为的变化。

a. 把做好的染色体放在画好的细胞内，让长度相同、颜色不同的两条染色体配对，使着丝点靠近。红色代表来自母方的染色体，黄色代表来自父方的染色体。

b. 将两对染色体横向排列在纺锤体中部赤道板处，红色染色体放在赤道板的一侧，黄色染色体放在另一侧。

c. 双手分别抓住并移动染色体的着丝点，使红色和黄色的染色体分离，分别移向细胞的两极。

d. 在另一张纸上再画两个次级精母细胞的轮廓，并画出中心体和纺锤体，将已经移到细胞两极的染色体分别放到这两个新细胞中。

e. 把新细胞中的染色体横向排列在细胞中央的赤道板处，平均分开每条染色体上的小块橡皮泥——相当于着丝点分离。抓住粘有小块橡皮泥(即着丝点)的部位，把染色体分别拉向细胞的两极。尽量一次移动所有的染色体，像在活细胞中发生的那样。然后，在两极有染色体的部分画出细胞轮廓，代表新细胞生成。

②活动二：模拟减数分裂过程中非同源染色体的自由组合。

a. 同活动一的步骤a。

b. 将两对染色体横向排列在赤道板处，注意，这次要在赤道板的每一侧放两条不同颜色的染色体。

c. 同活动一的步骤c、d、e，完成减数分裂全过程。

③活动三：模拟减数分裂中四分体时期非姐妹染色单体间的互换。

a. 同活动一的步骤a、b。

b. 选择一对同源染色体，用黄色标签纸贴在红色染色体的一条单体的一端，用红色的标签纸贴在黄色染色体的一条单体的一端，模拟同源染色体的交叉互换。

c. 同活动一的步骤c、d、e，完成减数分裂全过程。

(3)表达与交流。

与其他小组交流建构模型的过程和结果，用语言和图解说明减数分裂中染色体数目及主要行为的变化。

本活动可以根据学生的个性，由学生自己进行设计。如擅长语言的学生可以描述实验过程和现象；精于计算的可以建立数学模型；敏于舞蹈的可以设计肢体动作模型；酷爱网络的可以建设网站；偏好计算机的可以编制程序；喜欢热闹的可以组织游戏……教师指导的关键在于引导学生边讨论，边利用各自的"模型"，让学生尝试比较、分析、归纳形成配子的减数分裂的过程与特点，同时注重发动学生之间的评价和修改意见与建议。通过学生的活动，检查学生对于减数分裂的认识与领会的程度。在学生活动过程中用数码相机或手机拍摄一些照片，及时反馈，纠正学生在操作上存在的不足。同时设计几个典型错误，让学生辨别，更好地掌握减数分裂各时期细胞的特点。教师要引导学生再次仔细观察教材上配子染色体组成的特点，然后请学生利用模型说明如何能形成如图所示的配子细胞。

(4)实验拓展。

如果学生的思维能力较强，可尝试建立3对或3对以上同源染色体自由组合的模型，可以用特殊橡皮泥或其他材料凸显着丝粒，可以制作着丝粒位于端部或近端部的染色体，甚至制作X、Y染色体。教师还可以提出纺锤丝连错方向或染色体断裂等问题，为后续章节讲授染色体变异埋下伏笔。

10.7 实验结果记录

模型建构结束时将实验结果和总结记录在表5-7与图5-29中。

表5-7 减数分裂过程中染色体和DNA的数目变化关系

分裂过程	染色体数目变化	DNA数目变化
间期		
Ⅰ前		
Ⅰ中		
Ⅰ后		
Ⅰ末		
Ⅱ前		
Ⅱ中		

续表

分裂过程	染色体数目变化	DNA 数目变化
Ⅱ后		
Ⅱ末		

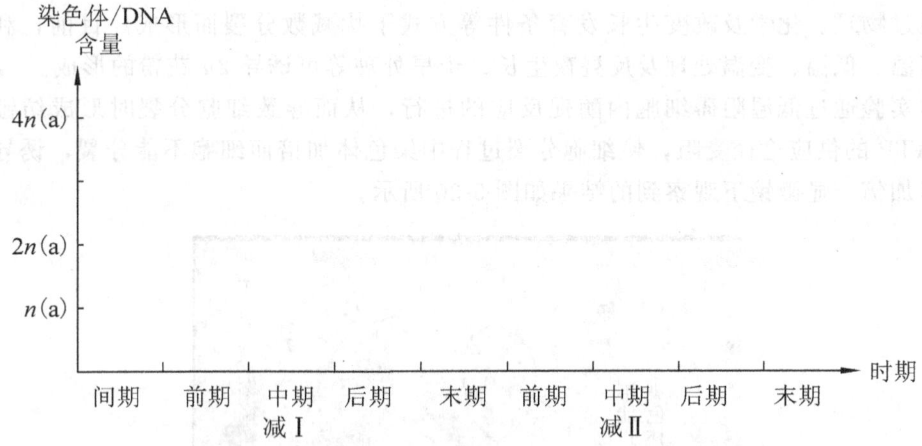

图 5-29　减数分裂过程中染色体和 DNA 的数目变化规律曲线图

10.8　数字资源拓展

教学视频　　教学设计文本

实验 11　低温诱导植物细胞染色体数目的变化

学生已有“观察根尖分生区组织细胞的有丝分裂”的实验基础，因此完成本实验的难度不大。设置本实验的主要目的是让学生观察逆境（低温）等对植物细胞有丝分裂的影响，理解自然界中多倍体植物形成的原因，以及理解如何通过人工诱导多倍体的方法对作物进行育种。

11.1　实验基本知识与原理导航

据统计，自然界有 30%～35%的被子植物，其中 70%的禾本科植物属于多倍体，它们在植物进化中起了重要的作用。由于许多重要作物均是多倍体，因此多倍体诱导育种有着日益广阔的应用和发展前景。

自然界的多倍体在无性和有性阶段均可产生。无性阶段是由于体细胞在分裂过程中偶然发生染色体加倍而造成的，而有性阶段则是由于小孢子母细胞或大孢子母细胞在减数分裂过程中不减数产生了 $2n$ 配子。因此，人为地诱导体细胞不分裂和性细胞不减数是产生多倍体的有效途径。无性阶段的诱导可分为物理诱导和化学诱导两种。如利用高温或低温、X 射线、中子、激光等物理方法，或用化学药剂如秋水仙素，都可诱导多倍体的产生。有性阶段诱导的目的是产生未减数的 $2n$ 雄配子和雌配子，$2n$ 配子可通过物理、化学及改变生长发育条件等方式干扰减数分裂而形成。目前，利用射线、高温、低温、变温处理及反昼夜生长、干旱处理等可诱导 $2n$ 花粉的形成。

本实验通过低温阻碍细胞内酶促反应的进行，从而导致细胞分裂时形成纺锤体所需的 ATP 的供应途径受阻，使细胞分裂过程中染色体加倍而细胞不能分裂，诱导染色体数目加倍。显微镜下观察到的结果如图 5-30 所示。

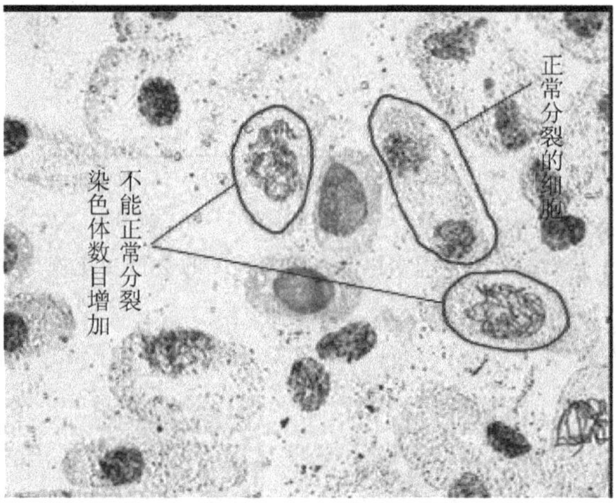

图 5-30　诱导染色体数目加倍的显微观察

11.2　实验目的与要求

(1)学习低温诱导植物细胞染色体数目变化的方法。

(2)理解低温诱导植物细胞染色体数目变化的作用机制。

11.3　实验准备

1. 实验材料的准备

实验药品的配制：

(1)固定液：取 3 份无水酒精与 1 份冰醋酸，按体积比混合即可。

(2)解离液：取 15％的盐酸与 95％的酒精，按 1∶1 的体积比混合即可。

(3)改良苯酚品红染液(略)。

(4)植物细胞选用大蒜、蚕豆、洋葱的根尖分生组织，这些材料容易获得，萌发根迅速而量多。

2. 实验器材的准备

冰箱、显微镜、盖玻片、载玻片、培养皿、滤纸、纱布、烧杯、镊子、剪刀。

3. 实验指导的准备

本实验步骤较多，若中间过程操作不当，将难以看到实验结果。可采用任务表现性评价来对学生的实验操作进行量规，教师课前制作好量规表(表5-8)。

表5-8 “低温诱导植物染色体数目加倍”评价量规表

实验者姓名： 班级： 互评人姓名： 实验日期： 总得分：

实验步骤	操作要点	分值	评分细则	自评	他评
1. 取材、固定根尖	(1)剪取诱导处理的根尖0.5～1 cm，放入卡诺氏液中浸泡15～20 min	10	取材正确可得5分，固定方法、固定时间正确得5分		
	(2)固定后用95%酒精冲洗两次	5	正确冲洗得5分		
2. 解离	滴加3～4滴解离液进行3～5 min的解离，使根尖酥软	15	根尖解离酥软得5分，解离时佩戴好护目镜、手套和防护口罩的得10分		
3. 漂洗	用清水在载玻片上漂洗5次(约10 min)	10	完成漂洗得5分，漂洗时间足够得5分		
4. 染色	滴加3～4滴改良苯酚品红染液，进行3～5 min染色	15	镜检时若染色体染色太浅或太深得5分，染色效果好得15分		
5. 制片	(1)加一滴清水在根尖上，盖上盖玻片	5	没有气泡得5分		
	(2)用铅笔头轻轻敲打装片，使细胞分散开	15	细胞重叠较多得5分，细胞少数重叠得10分，细胞分散较好得15分		
6. 观察	(1)显微镜操作：取镜、安放、对光、放装片、调焦	5	每步操作正确得1分		
	(2)用低倍镜找到分生区细胞，找到染色体正常的体细胞，以及染色体数目发生加倍的细胞。将已发生染色体数目加倍的细胞物像移至视野中央	10	找到分生区得5分，低倍镜下找到染色体数目发生加倍的细胞得5分		
	(3)在高倍镜下找到发生染色体加倍的细胞	10	高倍镜下找到染色体数目发生加倍的细胞得10分		
分值合计		100			

11.4 实验安全警示

本实验中盐酸、冰醋酸等是有刺激性和腐蚀性的药品，应小心使用，避免与皮肤和眼睛接触，因此必须戴好护目镜、手套和防护口罩。废弃物必须集中收集，合理处置。

11.5 实验方法与步骤程序

(1)分小组探究不同材料的冷冻时间和取材时间。

(2)用手机拍摄本组研究成果，并用其制作演示文稿，作为实验指导。

(3)讨论中学生操作时在技能和认知水平上可能的障碍，设计指导方案并试讲。

11.6 实验指导

1. 交代实验目标

理解低温诱导植物染色体数目加倍的方法及其作用机制，以及在植物育种上的意义。实验过程中，注意养成与他人合作、实事求是地记录实验结果的习惯。

2. 交代实验方法步骤

(1)培养根尖。参照观察植物细胞有丝分裂一节的方法。根的培养应保持在25 ℃左右，注意勤换水，以促使生根。取材应选取根尖以方便处理和观察，因这部分的细胞正在进行旺盛的分裂。还应注意取材的时间，大蒜在上午9:00—10:00细胞分裂旺盛。

(2)低温诱导。待观察植物长出约1 cm的不定根时，将整套装置放入冰箱4 ℃的冷藏室内，诱导培养36 h。

(3)取材、固定根尖。剪取诱导处理的根尖0.5～1 cm，放入固定液中浸泡15～20 min。固定液的重要特性是能迅速穿透细胞，将其细胞形态固定并维持染色体结构的完整性，还能够增强染色体的嗜碱性，达到优良染色效果。固定后用95%的酒精冲洗两次。

(4)制作装片。取固定好的根尖，根据“观察植物细胞的有丝分裂”实验中的有关操作，进行解离、漂洗、染色、制片。解离中，应注意时间的把握，不能太长也不能太短。

(5)观察装片。先用低倍镜寻找染色体形态较好的分裂相，视野中既有正常的二倍体细胞，也有染色体数目发生加倍的细胞。确认某个细胞发生染色体数目加倍后，再用高倍镜观察。

为了节省时间，教师可以安排学生在进入实验室时先剪取诱导好的根尖，放入固定液，然后开始检查学生预习实验原理和方法步骤的情况，这个过程用时约15 min。

3. 教学组织

教师在实验开始前，可以先复习染色体组、三倍体、多倍体和单倍体的概念，以及多倍体和单倍体育种的原理、操作方法和优点。同时复习“观察根尖分生区组织细胞的有丝分裂”的实验步骤，为本实验打好基础。

“低温诱导植物细胞染色体数目的变化”实验的成功率相对不高，学生在制片过程中也存在一系列困难，所以教师应在实验开始前充分讲解实验过程及注意事项，以提高实验的成功率。此外教师要做预实验，收集整理预实验结果，摸清实验的最适条件。如果有比较清晰的染色体数目发生改变的细胞图像，可以记录下来，并在实验教学中展示，以帮助学生明确实验成功的标准，提高实验效率。

4. 注意事项

(1)低温环境中洋葱根尖的细胞周期会延长，所以低温处理的时间要足够长，以获得更多的染色体数目发生改变的细胞。

(2)染色后细胞中除染色体外的其他区域仍含有染料影响观察。因此染色后可以在载玻片上滴加一滴冰醋酸，中和多余的染料，并马上用吸水纸吸去冰醋酸，再进行制片。

(3)压片时手指用力要均匀，避免将盖玻片压碎划伤手指。将 4 cm×4 cm 的吸水纸对折，把载玻片放在吸水纸中，右手拇指对准盖玻片的位置，隔着吸水纸垂直向下稍用力按压，再用镊子背端连续轻敲使根尖呈云雾状，吸去多余的染液。拇指压片将根尖压散、轻敲的目的是使细胞分散均匀，使制成的材料处于一个平面上，利于观察。

实验 12　探究抗生素对细菌的选择作用

本实验是人教版《普通高中教科书　生物学　必修 2　遗传与进化》第 6 章“生物的进化”第 3 节“种群基因组成的变化与物种的形成”中的内容，这是新增内容。本实验帮助学生理解抗生素对细菌的逐代筛选可以促进细菌耐药性的进化，理解滥用抗生素将导致耐药菌增加，了解“超级细菌”产生的原因和后果，从而形成合理使用抗生素的意识。

12.1　实验基本知识与原理导航

1. 细菌产生耐药性的机制

抗生素的发现和应用增强了人类抵抗细菌感染性疾病的能力，延长了人类的平均寿命。目前，人类经常使用的抗生素有 200 多种。但是，随着抗生素在医学、农牧业等领域的过度使用乃至滥用，以及残留有抗生素的废弃物向环境中的排放等，细菌对抗生素的耐药性也不断增强，甚至出现了无药可治的“超级细菌”。

细菌对抗生素产生耐药性的来源可以分为“体外形成”和“体内形成”两种。前者是通过耐药基因的水平转移使细菌获得了耐药性，或者是细菌在长期进化的过程中形成的，它与细菌是否接触过抗生素无关，并且这种耐药性是可以遗传的。后者则是细菌在接触抗生素的过程中，为了抵抗抗生素的杀伤作用而在体内产生的耐药性，这往往是临床上治疗细菌感染性疾病失败的一个重要原因。

不论哪种来源，耐药基因最初大多是因细菌发生突变而产生的，其耐药机制包括产生蛋白酶直接降解抗生素；细菌细胞壁的渗透性发生改变，阻碍抗生素进入菌体；对抗生素的作用靶位进行修饰以抑制抗生素的作用；等等。如最早在肠杆菌科细菌中发现的耐药基因 bla_{TEM-1}、bla_{TEM-2} 和 bla_{SHV-1}，通过表达β-内酰胺酶水解类抗生素而对其产生耐药性。

2. 筛选抗药性菌株的实验方法

(1)滤纸片法。选用质地均匀的滤纸，用打孔机打成大小相同的圆片，灭菌后烘干，浸泡于待测样品中，然后置于试验平板中培养一段时间后测定抑菌圈的大小。该方法操作简单、方便快捷被广泛使用，但由于浸泡药品时很难控制其在滤纸片上的吸附量且重复性较差，因此不适用于定量实验，只能用于定性实验。

(2)梯度平板法。梯度平板法是利用培养皿的一侧至另一侧铺有药物且浓度呈梯度分布的琼脂培养基，以筛选相应抗药性突变株的方法。将待检菌群涂布在适当浓度范围的梯度平板上，培养得到其自然形成的连续密集小菌落区和离散大菌落区。多次重复将大菌落涂布在梯度平板上，分界线逐步上升，因而筛选出菌群中的抗药性菌株，并预警该抗生素使用后可能出现的抗药性。

12.2 实验目的与要求

(1)通过对实验现象的观察、比较和分析，并基于抗生素能抑制细菌生长的原理，理解抗生素促进细菌耐药性的进化事实，认同种群是生物进化的基本单位，树立进化与适应观。

(2)基于事实和证据运用批判性思维认识耐药菌增加的原因。

(3)通过探究抗生素对细菌的选择作用，关注不正确使用抗生素带来的危害，关注身体健康。

12.3 实验准备

1. 实验材料的准备

(1)菌株。从公司购买或联系大学、科研院获得细菌(如大肠杆菌、金黄色葡萄球菌)的菌株，用培养基振荡培养一段时间后使菌株活化。活化时间与菌株质量、数量和学生数量都有关系，短则1～2 d，长则1周左右。

(2)培养基。制备牛肉膏蛋白胨液体培养基及固体培养基平板，也可以用LB培养基。培养基需经高温高压蒸汽灭菌。

以配制1 L培养基为例，配方及配制方法如下。

①牛肉膏蛋白胨培养基：称取牛肉膏5 g(用玻璃棒挑取到称量纸上称量)、蛋白胨10 g、NaCl 5 g、琼脂20 g。在烧杯中加入少量蒸馏水，将牛肉膏连同称量纸一同放入烧杯，待牛肉膏完全溶化后，用玻璃棒挑出称量纸，再加入蛋白胨、NaCl、琼脂(液体培养基不加琼脂)，搅拌均匀，将pH调至7.0～7.2，用蒸馏水定容到1 000 mL。将固体培养基分装到200～250 mL的锥形瓶中，便于后续倒平板，将液体培养基分装到100 mL的锥形瓶中，每瓶装50～75 mL，用于摇菌。121 ℃高温高压蒸汽灭菌20 min。灭菌后，待固体培养基冷却至60 ℃左右时，进行倒平板操作。

②LB培养基：配方为胰蛋白胨10 g、酵母提取物5 g、NaCl 10 g、琼脂15 g，将pH调至7.0。配制、灭菌、倒平板等操作同前。

(3)抗生素。建议购买分装好的抗生素，常用的有卡那霉素、(氨苄)青霉素、四环素、庆大霉素、链霉素等，按说明用无菌水稀释备用。或者用抗生素药物制备抗生素溶液，在培养皿中加入20 mL无菌水，称量药物(0.1～0.2 g，不要用糖衣药片或药膏，影响溶解效果)加入水中，搅匀备用。

(4)抗生素纸片。将滤纸用打孔机制成直径约6 mm的圆形小纸片。取50片小纸片放入清洁干燥的空瓶中，瓶口以单层牛皮纸包扎。经灭菌后干燥备用。在含有50片小纸片的瓶中加入抗生素溶液0.25 mL，翻动纸片，使每个小纸片充分浸透药液，翻动小纸片时不能将纸片捣烂。同时在瓶身记录药物名称，放入37 ℃温箱内干燥后密封备用。

抗生素纸片也可以现制现用。用无菌镊子夹取一张灭菌后干燥的滤纸片，放入无菌培养皿中，用微量移液器枪头吸取事先配好的抗生素溶液，滴到滤纸片上浸湿纸片，干燥后即可使用。本步骤需要无菌操作。

(5)其他。200 mL蒸馏水若干瓶、培养皿、滴管、移液器枪头、棉签等，将上述器材灭菌后备用。酒精灯、涂布器、镊子、记号笔、直尺等。

12.4　实验安全警示

实验结束后，应将耐药菌、培养基、纸片等进行高温灭菌处理。

12.5　实验方法与步骤

(1)用记号笔在培养皿的底部画两条相互垂直的直线，将培养皿分为四个区域，分别标记为①～④。

(2)取少量细菌的培养液，用无菌的涂布器(或无菌棉签)均匀地涂抹在培养基平板上。

(3)用无菌的镊子先夹取1张不含抗生素的纸片放在①号区域的中央，再分别夹取1张抗生素纸片放在②～④号区域的中央，盖上皿盖。

(4)将培养皿倒置于37 ℃的恒温箱中培养12～16 h。

(5)观察培养基上细菌的生长状况。观察纸片附近是否出现了抑菌圈？如果有，测量和记录每个实验组中抑菌圈的直径，并取平均值。

(6)从抑菌圈边缘的菌落上挑取细菌，接种到已灭菌的液体培养基中培养，然后重复步骤(2)～(5)。如此重复几代，记录每一代培养物抑菌圈的直径。

12.6　实验指导

1. 交代操作注意事项

按照教材上的步骤操作，操作时注意以下几点。

(1)放置抗生素纸片时要一步到位，避免在培养基上移动纸片；

(2)尽量让学生在超净工作台上操作，注意无菌操作的规范性；

(3)学生操作时应戴好口罩，避免感染；

(4)实验结束后，应将耐药菌以及用过的培养基、制片、镊子、涂布器、滴管、棉签等进行灭菌处理；

(5)如果同时做多种抗生素的实验或某种抗生素多个浓度的实验，每次使用镊子时，都要清洗镊子并在酒精灯火焰上灼烧，防止抗生素污染。

2. 教学组织

(1)教师应提前查阅资料，并通过预实验掌握所用抗生素的最适浓度。如大肠杆菌一般对链霉素、庆大霉素敏感，而对红霉素、青霉素不敏感。金黄色葡萄球菌是革兰氏阳性菌，对青霉素敏感，但很容易产生耐药性。

(2)本实验需要反复接种、摇菌，至少需要培养3代以上，所以需要合理地安排实验进程，包括培养基的用量、何时接种、何时摇菌等。

(3)前期准备工作较多，如培养基的配制、灭菌，倒平板，抗生素溶液和抗生素纸片的制备等。建议由课外小组操作完成，并用照片或视频记录准备过程。在教学中，可以让做准备工作的同学进行汇报，以完善学生对这一探究活动的体验。

3. 拓展方案

可以将全班学生分组，分别探究不同的课题。如探究多种抗生素对某种细菌的选择作用，探究某种抗生素对不同细菌的选择作用，探究某种细菌对不同浓度的某种抗生素的敏感性差异。

如果在实验中观察到一些特殊现象，或者学生提出有趣的问题，教师可引导学生进一步探究。如没有抑菌圈形成是否说明这种菌对这种抗生素已经有了耐药性？抑菌圈内会长出菌落吗？在挑取耐药菌并接种至锥形瓶后，向瓶中加入一定浓度的抗生素是否有利于筛选耐药菌？常用的除菌或清洁物品(84消毒液、卫生湿巾、肥皂、蒜等)对细菌是否有选择作用？

实验13　DNA的粗提取与鉴定

“DNA的粗提取与鉴定”是高中生物学中分子生物学水平的实验，安排在人教版《普通高中教科书　生物学　选择性必修3　生物技术与工程》第3章“基因工程”中。本实验的目标是通过尝试对植物或动物组织中的DNA进行粗提取，了解DNA的理化性质，理解DNA粗提取及鉴定的原理，为基因工程技术知识提供感性认识。

13.1　实验基本知识与原理导航

DNA和蛋白质等其他成分在不同浓度的NaCl溶液中溶解度不同。利用这一特点选择适当的盐浓度就能使DNA充分溶解，从而使杂质沉淀，或者相反以实现分离目的DNA。首先，在含有DNA的滤液中加入浓度为2 mol/L的NaCl溶液，过滤，取滤液，除去不溶的杂质。其次，加蒸馏水调节滤液中的NaCl溶液浓度为0.14 mol/L，析出DNA，过滤去除溶液中溶解的杂质。再溶解于2 mol/L的NaCl溶液，再次向去除杂质的滤液中加入等体积的冷却的95%酒精，静置2～3 min。最后，缓慢旋转玻璃棒将浓缩后的DNA丝状物卷起即可。

DNA在酸性条件下加热，其嘌呤碱与脱氧核糖间的糖苷键断裂，生成嘌呤碱、脱氧核糖和脱氧嘧啶核苷酸，而2-脱氧核糖在酸性环境中加热脱水生成ω-羟基-γ-酮基戊醛，后者与二苯胺试剂反应生成蓝色物质。鉴定时溶液蓝色的深浅，与溶液中DNA含量的多少有关，可以加入适量乙醛，提高反应的灵敏度。

13.2 实验目的与要求

(1)了解 DNA 的物理和化学性质，理解 DNA 粗提取与鉴定的原理。

(2)学会 DNA 粗提取的方法以及用二苯胺试剂对 DNA 进行鉴定。

13.3 实验准备

1. 实验材料准备

新鲜洋葱(也可以选择香蕉、菠菜、菜花或猪肝等作为实验材料)、研磨液、体积分数为 95%的酒精、2 mol/L 的 NaCl 溶液、二苯胺试剂和蒸馏水等。

2. 实验器具准备

烧杯、量筒、玻璃棒、研钵、纱布、漏斗、试管、试管夹、酒精灯、石棉网、三脚架、火柴、刀片和天平等。

13.4 实验安全警示

本实验应防止极端温度和锐器的伤害；二苯胺试剂配制时需用到浓硫酸，因此必须戴好护目镜、胶皮手套和口罩；废弃物必须集中收集，合理处置。

13.5 实验方法与步骤程序

(1)按照“实验指导”中的方法步骤实际操作。

(2)讨论“实验指导”中的操作建议和注意事项。

13.6 实验指导

1. 交代实验目标

(1)理解 DNA 的理化特性及其提取、鉴定原理。

(2)初步掌握 DNA 粗提取与鉴定方法。

(3)在实验过程中形成严谨细致、实事求是的科学态度。

2. 交代实验步骤

(1)称取约 30 g 洋葱切碎，然后放入研钵中，倒入 10 mL 研磨液，充分研磨。

(2)在漏斗中垫上纱布，将洋葱研磨液过滤到烧杯中，在 4 ℃冰箱中放置几分钟后，再取上清液。也可以直接将研磨液倒入塑料离心管中，在 1 500 r/min 的转速下离心 5 min 再取上清液放入烧杯中。

(3)在上清液中加入体积相等的、预冷的酒精溶液(体积分数为 95%)，静置 2～3 min，溶液中出现的白色丝状物就是粗提取的 DNA。用玻璃棒沿一个方向搅拌卷起丝状物，并用滤纸吸去上面的水分；或者将溶液倒入塑料离心管中，在 10 000 r/min 的转速下离心 5 min，弃上清液，将管底的沉淀物(粗提取的 DNA)晾干。

(4)取两支 20 mL 的试管，各加入 2 mol/L 的 NaCl 溶液 5 mL，将丝状物或沉淀物溶于其中一支试管的 NaCl 溶液中。然后，向两支试管中各加入 4 mL 的二苯胺试剂。

混合均匀后，将试管置于沸水中加热 5 min。待试管冷却后，比较两支试管中溶液颜色的变化。

3. 实施建议

(1)如果以菜花为实验材料，由于它的硬度较高，容易出现研磨不充分的情况，需要延长研磨的时间。而如果研磨时间太长，研磨时产生的热量可能会影响 DNA 的提取量，因此有条件的学校可以在材料处理的过程中加入纤维素酶，这样研磨的效果较好。如果以洋葱为实验材料，它的气味相对刺激，可以为学生准备护目镜，并注意通风。不同的实验材料，其 DNA 的含量有所差别，香蕉、草莓、鱼白等材料中的 DNA 含量较高。

(2)本实验处理植物材料的研磨液中含有 SDS(十二烷基硫酸钠)、EDTA(乙二胺四乙酸)、Tris(三羟甲基氨基甲烷)等试剂。SDS 可使蛋白质变性与 DNA 分离；EDTA 是一种 DNA 酶的抑制剂，可防止细胞破碎后 DNA 酶降解 DNA；Tris 提供缓冲体系，DNA 在这个缓冲体系中呈稳定状态。

实验中若遇到实验试剂缺乏的情况，可以用家用洗洁精(含有 SDS)或质量百分比为 10%的洗衣粉水溶液(含有蛋白酶和表面活性剂，可用温水溶解洗衣粉)替代研磨液，也能达到裂解细胞膜、让蛋白质变性的目的。还可以在研磨、过滤后得到的滤液中加入嫩肉粉(含有木瓜蛋白酶)，并在适宜温度的水浴中加热以加快反应速率，促使部分蛋白质水解。

(3)若提取的 DNA 中含有较多的杂质，鉴定效果不明显，教师可以引导学生思考提取的 DNA 中可能含有哪些杂质，能用什么方法鉴定这些杂质等。如双缩脲试剂可用于鉴定蛋白质。

(4)若想提高提取的 DNA 的纯度，可以在研磨、过滤后得到的滤液中加入等体积的氯仿，离心后取上清液，再加入等体积、预冷的体积分数为 95%的酒精以析出 DNA。这样操作的原因是氯仿能使蛋白质失去水合状态而变性，从而析出；离心后，溶液会分层，上层为水相，下层为有机相(氯仿)；DNA 溶解在上层，析出的蛋白质的密度比水的密度大，比氯仿的密度小，它分布在水相与有机相中间，这样就实现了蛋白质与 DNA 的分离。

4. 注意事项

(1)在将待鉴定的提取物加入 2 mol/L 的 NaCl 溶液中溶解时，需要不断搅拌以增加溶解的 DNA 的量，建议搅拌 3 min 以上。

(2)二苯胺试剂要现配现用，以保证实验效果。同时，加入二苯胺试剂后沸水浴处理的时间要在 5 min 以上，且要等到冷却后再观察结果，这样才可以观察到较为明显的显色反应。

13.7　数字资源拓展

教学视频　　教学设计文本

实验 14　DNA 片段扩增及电泳鉴定

本实验让学生尝试进行 PCR 和琼脂糖凝胶电泳的基本操作，体验这两项常规的分子生物学实验方法，帮助他们理解技术的原理，从而为今后运用这些技术打下基础。本实验的步骤较多，对学生统筹协调各个实验环节的能力提出了较高要求。

14.1　实验基本知识与原理导航

利用 PCR 可以在体外进行 DNA 片段的扩增。PCR 利用了 DNA 的热变性原理，通过调节温度来控制 DNA 双链的解聚与结合。PCR 仪实质上就是一台能够自动调控温度的仪器，一次 PCR 一般要经历 30 次循环。

DNA 分子具有可解离的基团，在一定的 pH 下，这些基团可以带上正电荷或负电荷。在电场的作用下，这些带电分子会向着与它所带电荷相反的电极移动，这个过程就是电泳。PCR 的产物一般通过琼脂糖凝胶电泳来鉴定。在凝胶中，DNA 分子的迁移速率与凝胶的浓度、DNA 分子的大小和构象等有关。凝胶中的 DNA 分子通过染色，可以在波长为 300 nm 的紫外灯下被检测出来。

14.2　实验目的与要求

(1)了解 PCR 和电泳鉴定的基本原理。

(2)尝试进行 PCR 的基本操作并用电泳鉴定 PCR 的产物。

14.3　实验准备

1. 实验试剂准备

可直接从公司购买商品化的 PCR 试剂盒，PCR 反应体系的配方可参考教材或试剂盒说明书(如 4 种脱氧核苷酸的等量混合液、2 种引物、*Taq* DNA 聚合酶、模板 DNA、扩增缓冲液、无菌水)。进行琼脂糖凝胶电泳操作需要准备的试剂有电泳缓冲液、凝胶载样缓冲液、琼脂糖、核酸染料等。

2. 实验器具准备

PCR 仪(可选用科学研究用的 PCR 仪，也可选用水浴锅式教学用的 PCR 仪以直观呈现 PCR 反应的过程)、电泳装置(包括电泳仪、连接线、电泳槽、制胶用的模具等)、微量离心管(根据所选的 PCR 仪来确定微量离心管的规格)、微量移液器、一次性吸液枪头等。

3. PCR反应体系配方(表5-9)

表5-9 PCR反应体系配方

试剂	用量
10浓缩的扩增缓冲液	5 μL
20 mmol/L的4种脱氧核苷酸的等量混合液	1 μL
20 μmol/L的引物 Ⅰ	2.5 μL
20 μmol/L的引物 Ⅱ	2.5 μL
H_2O	28～33 μL
1～5 U/μL的*Taq* DNA聚合酶	1～2 U
模板DNA	5～10 μL
总体积	50 μL

注：模板DNA的用量为1 pg～1 μg。

14.4 实验安全警示

本实验应注意戴好护目镜、手套和防护口罩，尤其应注意在高温、高压条件下的实验安全。废弃物必须统一收集，合理处置。

14.5 实验方法与步骤程序

1. 配制PCR反应体系

(1)在本实验中，需要使用微量移液器加入PCR反应体系的各个组分，让学生掌握正确使用微量移液器的方法十分重要。移液时，应按照“容量设定—吸液枪头安装—预洗吸液枪头—吸液—放液—卸去吸液枪头”六个步骤进行，一些关键步骤的操作规范如下。

吸液枪头安装：应采取旋转安装法，用力不能过猛。

吸液：先向下按压推动杆至第一停点，然后将吸液枪头垂直浸入液面，再平稳松开。

放液：将吸液枪头紧贴容器壁，先向下按压推动杆至第一停点，稍作停顿后再按至第二停点，确保吸液枪头内没有液体残留。

在使用过程中，不能超量程使用微量移液器。使用一次性屏蔽式吸液枪头有助于防止吸取的液体流入微量移液器，从而减少实验过程中的交叉污染。

(2)为保证加入反应体系中的各试剂体积的准确性，建议按照加入体积的大小，由大到小依次加入各试剂。即最先加入无菌水，为保护酶的活性，一般最后加入*Taq* DNA聚合酶。

(3)应按照教材或试剂盒说明书建议的体积加入各试剂，随意加大试剂用量并不会提高PCR扩增的成功率。如高浓度的引物可能引发错配，导致非特异性扩增，高浓度的4种脱氧核苷酸可能对扩增起抑制作用。用哺乳动物基因组DNA作模板时，建议在反应体系中加入 1 μg 模板；用酵母菌、细菌基因组 DNA 和质粒 DNA 作模板时，建议在反应体系中分别加入 10 ng、1 ng 和 1 pg 模板。

(4)如果所选用的 PCR 仪没有加热盖，需要在 PCR 反应体系配制好后加入液状石蜡进行封闭，以防止加热过程中液体蒸发。

2. 设置 PCR 仪的循环程序

教材给出的参考时间对绝大多数实验都是适用的。扩增 1 000 bp 片段的延伸时间一般设定为 1 min，教师可根据目的片段长度适当调整延伸时间。

3. 琼脂糖凝胶电泳

琼脂糖凝胶电泳是常用的分离、鉴定 DNA 的方法，这种电泳方法以琼脂糖凝胶作为支持物，利用 DNA 分子在泳动时的电荷效应和分子筛效应，达到分离混合物的目的。在一定的电场强度下，DNA 分子的迁移速率取决于分子筛效应，即分子本身的大小和构象。在本实验中，主要考虑 DNA 分子的迁移速率与其大小成反比。

(1)制备琼脂糖凝胶时，当凝胶溶液冷却到不烫手时可加入核酸染料。科学研究中常用的核酸染料是溴化乙啶(EB)，但由于它具有高致癌性，中学实验不建议使用，可用其他灵敏度高毒性低的新型核酸染料替代。

(2)将凝胶放入电泳槽后，应确保加样孔内充满电泳缓冲液且没有气泡，否则会影响加样。

(3)DNA 分子可发生两性解离，当电泳缓冲液的 pH 大于其等电点时，DNA 分子带负电；当电泳缓冲液的 pH 小于其等电点时，DNA 分子带正电。一般使用的电泳缓冲液的 pH 为 8，DNA 分子带负电，向正极泳动。教师应提醒学生注意电极方向。

14.6 实验指导

1. 交代实验目标

(1)了解 PCR 和电泳鉴定的基本原理。

(2)尝试进行 PCR 的基本操作并用电泳鉴定 PCR 的产物。

2. 交代实验步骤

(1)用微量移液器按照 14.3 中的配方或 PCR 试剂盒的说明书，在微量离心管中依次加入各组分。

(2)待所有的组分都加入后，盖严离心管的盖子。将微量离心管放入离心机里，离心约 10s，使反应液集中在管的底部。

(3)参照表 5-10 的参数，设置好 PCR 仪的循环程序，将装有反应液的微量离心管放入 PCR 仪中进行反应。

表 5-10 PCR 仪参数

循环程序	变性	复性	延伸
预变性	94 ℃，5 min	—	—
30 次	94 ℃，30 s	55 ℃，30 s	72 ℃，1 min
最后 1 次	94 ℃，1 min	55 ℃，30 s	72 ℃，1 min

(4)根据待分离DNA片段的大小，用电泳缓冲液配制琼脂糖溶液，一般配制质量分数为0.8%～1.2%的琼脂糖溶液。在沸水浴或微波炉内加热至琼脂糖熔化，稍冷却后加入适量的核酸染料混匀。

(5)将温热的琼脂糖溶液迅速倒入模具并插入合适大小的梳子，以形成加样孔。

(6)待凝胶溶液完全凝固，小心拔出梳子，取出凝胶放入电泳槽内。

(7)将电泳缓冲液加入电泳槽中，电泳缓冲液没过凝胶1 mm为宜。

(8)将扩增得到的PCR产物与凝胶载样缓冲液(内含指示剂)混合，再用微量移液器将混合液缓慢注入凝胶的加样孔内，留一个加样孔加入指示分子大小的标准参照物。

(9)接通电源，根据电泳槽阳极至阴极之间的距离来设定电压，一般为每厘米1～5 V。待指示剂前沿迁移接近凝胶边缘时，停止电泳。

(10)取出凝胶置于紫外灯下观察和照相。

3. 交代实验注意事项

(1)为避免外源DNA等因素的污染，PCR实验中使用的微量离心管、枪头和蒸馏水等在使用前必须进行高压灭菌处理。

(2)该实验所需材料可以直接从公司购买，缓冲液和酶应分装成小份，并在－20 ℃储存。使用前，将所需试剂从冰箱拿出，放在冰块上缓慢融化。

(3)在向微量离心管中添加反应组分时每吸取一种试剂后，移液器上的枪头都必须更换。

(4)在进行操作时，一定要戴好一次性手套。

附录1
实验器具的洗涤及各种洗涤液的配制

实验中所使用的实验器具是否经过清洁将直接影响实验结果。如果器具未清洁或被污染，往往会造成较大的实验误差，甚至会出现相反的实验结果。因此，实验器皿的洗涤清洁工作是非常重要的。

1. 实验常用洗涤液(清洁剂)的种类与配制方法

(1)铬酸洗涤液。

重铬酸钾—硫酸洗涤液(简称洗液或清洁液)可广泛用于实验器皿特别适用于玻璃器皿的洗涤，洗涤效力高。常用的配制方法有四种。

①取100 mL工业浓硫酸置于烧杯内，小心加热，然后慢慢地加入重铬酸钾粉末，边加边搅拌，待全部溶解后冷却，储于带玻璃塞的细口瓶内。

②称取5 g重铬酸钾粉末置于250 mL烧杯中，加水5 mL，尽量使其溶解。慢慢加入100 mL浓硫酸，边加边搅拌，冷却后储存备用。

③称取80 g重铬酸钾，溶于1 000 mL自来水中，慢慢加入工业浓硫酸1 000 mL，边加边搅拌。

④称取200 g重铬酸钾，溶于500 mL自来水中，慢慢加入工业浓硫酸500 mL，边加边搅拌。

特别提醒：加入工业用浓硫酸时，注意要分多次、每次5～10 mL逐渐加入，以免发生高热，爆裂玻璃容器。铬酸洗液的腐蚀性极强，因此操作时要小心，勿使其沾染衣物和皮肤等。

(2)浓硫酸—硝酸钠洗涤液。

由浓硫酸(化学纯)5.72 mL，硝酸钠(化学纯)2 g，蒸馏水94 mL配制而成，洗涤效力高，操作时要小心。

(3)浓盐酸洗涤液(工业用浓盐酸)。

可洗去水垢或某些无机盐沉淀，洗涤效力中等。

(4)5%草酸洗涤液。

可洗去高锰酸钾留下的痕迹，洗涤效力较弱。

(5)清洁剂。

用70%乙醚和30%无水乙醇混合，装入滴瓶备用。用于擦拭显微镜镜头上油迹和污垢等(注意瓶口必须塞紧，以免挥发)。

上述洗涤液(清洁剂)可多次重复使用，但使用前必须将待洗涤的实验器具先用水冲洗多次，除去肥皂液、去污粉或各种废液。若实验器具上有凡士林或羊毛脂时，应先用软纸擦去，然后再用乙醇或乙醚擦净，否则会使洗涤液迅速失效。如肥皂水、有机溶剂(乙醇、甲醛等)及少量油污物均会使重铬酸钾—硫酸液变绿，降低洗涤能力。当洗涤液重复使用多次后逐渐变成黑绿色时，说明其已氧化变质，则可弃之，及时更换新的洗涤液。

2. 实验器具的洗涤

(1)初用实验器具的清洗。

新购买的实验器具表面常附着有其他物质，可先用肥皂水(或去污粉)洗刷，再用自来水洗净，然后浸泡在1%～2%盐酸溶液中过夜(不少于4 h)，再用自来水冲洗，最后用蒸馏水冲洗2～3次，在100～130 ℃烘箱内烘干备用。

(2)使用过的实验器皿的清洗。

①一般实验器具。

如载玻片、盖玻片、试管、烧杯、锥形瓶等(包括量筒)。先用自来水洗刷至无污物，再选用大小合适的毛刷蘸取去污粉(掺入肥皂粉)刷洗或浸入肥皂水内。将器具内外，特别是器具内部，细心刷洗，用自来水冲洗干净后再用蒸馏水洗2～3次，烘干或倒置在清洁处，干后备用。凡洗净的实验器具，不应在器壁上带有水珠，否则表示尚未洗干净，应再按上述方法重新洗涤。若发现内壁有难以去掉的污迹，应分别使用上述的各种洗涤液予以重新洗刷，直到彻底清除污迹。

②量器。

如吸量管、滴定管、量瓶、研钵、实验盘等。使用后应立即浸泡于凉水中，勿使物质干涸。工作完毕后用流水冲洗，以除去附着的试剂和其他物质，晾干后浸泡在铬酸洗液中4～6 h(或过夜)，再用自来水充分冲洗，最后用蒸馏水冲洗2～4次，风干备用。

③其他。

具有传染性样品的容器(如分子克隆后或病毒污染过或生物体血液浸染过的容器)常规先进行高压灭菌或其他形式的消毒，再进行清洗。盛过各种毒品(特别是剧毒药品和放射性元素物质污染过的容器)必须经过专门处理，确知没有残余毒物存在时方可进行清洗，否则可考虑使用一次性容器。

附录 2
中学生物学实验中常用培养基的配制

1. 培养基的常规配制程序

(1)盛培养基器皿的洗涤和包装。

①玻璃器皿的洗涤。

玻璃器皿在使用前必须洗刷干净。将锥形瓶、试管、培养皿、量筒等浸入含有洗涤液的水中，用毛刷刷洗，然后用自来水及蒸馏水冲净。移液管先用含有洗涤液的水浸泡，再用自来水以及蒸馏水冲洗。洗刷干净的玻璃器皿置于烘箱中烘干后备用。

②灭菌前玻璃器皿的包装。

a. 培养皿的包装。培养皿由一盖一底组成一套。可用报纸将几套培养皿包成一包，或者将几套培养皿直接置于特制的铁皮圆筒内，加盖灭菌。包装后的培养皿须经灭菌之后才能使用。

b. 移液管的包装。在移液管的上端先塞入一小团棉花(勿用脱脂棉)，可避免外界及口中杂菌吸入管内并防止菌液等吸入口中。再将报纸裁成宽约 5 cm 的长纸条，将已塞好棉花的移液管尖端放在长条报纸的一端，折叠纸条包住尖端，以螺旋式包扎起来。末端剩余纸条折叠打结，准备灭菌。

(2)液体及固体培养基的配制。

①液体培养基的配制。

a. 称量。一般可用 1/100 粗天平称量配制培养基所需的各种药品，先按培养基的配方计算各成分的用量，然后进行准确称量。

b. 溶化。将称好的药品置于一烧杯中，先加入少量水(根据实验需要可用自来水或蒸馏水)，用玻璃棒搅动，加热溶解。

c. 定容。待全部药品溶解后倒入一量筒中，加水至所需体积。如某种药品用量太少时，可预先配成较浓溶液，然后按比例吸取一定体积溶液，加入至培养基中。

d. 调 pH。一般用 pH 试纸测定培养基的 pH。用剪刀剪出一小段 pH 试纸，然后用镊子夹取此段 pH 试纸在培养基中蘸一下，观看其 pH 范围，如培养基偏酸或偏碱时，可用 1 mol/L NaOH 或 1 mol/L HCl 溶液进行调节。调节 pH 时应逐滴加入 NaOH 或 HCl 溶液，以防止局部过酸或过碱，破坏培养基中成分。边加边搅拌，并不时用 pH 试纸测试，直至达到所需 pH 时为止。

e. 过滤。用滤纸或多层纱布过滤培养基。一般无特殊要求时，此步可省去。

②固体培养基的配制。

配制固体培养基时，应将已配好的液体培养基加热，再将称好的琼脂(按 1.5%～2%)加入，并用玻璃棒不断搅拌，以免糊底烧焦。继续加热至琼脂全部融化，最后补足因蒸发而失去的水分。

(3)培养基的分装。

根据不同需要可将已配好的培养基分装入试管或锥形瓶内，分装时注意不要将培养基沾在管口或瓶口以免造成污染。如操作不小心使培养基沾在管口或瓶口时，可用镊子夹一小块脱脂棉，擦去管口或瓶口的培养基，并将脱脂棉弃去。

①试管的分装。

取一个玻璃漏斗装在铁架台上，漏斗下连一根乳胶管，乳胶管下端再与另一玻璃管连接，乳胶管的中部加一弹簧夹。分装时，用左手拿住空试管中部，并将漏斗下的玻璃管嘴插入试管内，以右手拇指及食指开放弹簧夹，中指及无名指夹住玻璃管嘴，使培养基直接流入试管内。

装入试管培养基的量视试管大小及需要而定。若所用试管大小为15 mm×150 mm时，液体培养基可分装至试管高度1/4左右为宜。如分装固体或半固体培养基时，在琼脂完全融化后应趁热分装于试管中。用于制作斜面的固体培养基的分装量为管高1/5(3～4 mL)，半固体培养基分装量以管高的1/3为宜。

②锥形瓶的分装。

用作振荡培养微生物时，可在250 mL锥形瓶中加入50 mL的液体培养基。若用于制作平板培养基时，可在250 mL锥形瓶中加入150～200 mL培养基，然后再加入3～4 g琼脂粉(按2%计算)，灭菌时瓶中琼脂粉同时被融化。

(4)棉塞的制作及试管、锥形瓶的包扎。

培养好气性微生物需提供优良通气条件。同时，为了防止杂菌污染，必须对通入试管或锥形瓶内的空气预先进行过滤除菌，通常方法是在试管及锥形瓶口加上棉花塞等。

①试管棉塞的制作。

制棉塞时，应根据试管口的大小选用大小、厚薄适中的普通棉花一块，铺展成正方形，再对折成三角形，然后从三角形的一端卷起，卷成上粗下细的圆柱。制作的棉塞应紧贴管壁，不留缝隙，以防外界微生物沿缝隙侵入，不宜过紧或过松。塞好后以手提棉塞，试管不下落为准。棉塞的2/3在试管内，1/3在试管外。

目前也有采用金属或塑料试管帽代替棉塞，直接盖在试管口上，灭菌待用。

将装好培养基并塞好棉塞或盖好管帽的试管捆成捆，外面包上一层牛皮纸，用铅笔注明培养基名称及配制日期，灭菌待用。

②锥形瓶棉塞制作。

通常在棉塞外包上一层纱布，再塞在瓶口上。有时为了进行液体振荡培养加大通气量，则可用8层纱布代替棉塞包在瓶口上。目前也有采用无菌培养容器封口膜直接盖在瓶口上，既保证良好通气、过滤除菌，又操作简便，很受欢迎。

在装好培养基、塞好棉塞或盖好封口膜的锥形瓶口上，再包上一层牛皮纸(可用聚丙烯薄膜代替牛皮纸，其防水效果好，且可重复使用)并用线绳捆好，灭菌待用。

(5)培养基的灭菌。

培养基经分装包扎之后，应立即进行高压蒸汽灭菌，121 ℃灭菌20 min。若有特殊情况不能及时灭菌，则应将分装包扎好的培养基暂放在冰箱中保存。

(6)斜面和平板的制作。

①斜面的制作。

将已灭菌装有琼脂培养基的试管，趁热置于木棒上，形成适当斜度，凝固后即成斜面。斜面长度以不超过试管长度的 1/2 为宜。如制作半固体或固体深层培养基时，灭菌后则应垂直放置至冷凝。

②平板的制作。

将装在锥形瓶或试管中已灭菌的琼脂培养基熔化后，待冷至 50 ℃左右倾入无菌培养皿中。值得注意的是：温度过高时，皿盖上的冷凝水太多；温度低于 50 ℃，培养基易于凝固而无法制作平板。

平板的制作应在火焰旁进行。左手拿培养皿，右手拿锥形瓶的底部或试管，左手同时用小指和手掌将棉塞打开，火焰灼烧瓶口，用左手大拇指将培养皿盖打开一缝，至瓶口正好伸入，倾入培养基（直径为 90 mm 的培养皿加入培养基的量以 15～20 mL 为宜），迅速盖好皿盖，置于桌上。轻轻旋转平皿，使培养基均匀分布于整个平皿中，待冷凝后即成平板。

(7)培养基的无菌检查。

灭菌后的培养基一般须进行无菌检查。最好从中抽出几管(瓶)放在 37 ℃的培养箱中培养 1～2 d，确定无菌后方可使用。

(8)无菌水的制备。

在每个 250 mL 的锥形瓶内装 99 mL 的蒸馏水并塞上棉塞。在每支试管内装 4.5 mL 蒸馏水，塞上棉塞或盖上塑料试管盖，再在棉塞上包上一张牛皮纸或聚丙烯薄膜，高压蒸汽灭菌，0.1 MPa 灭菌 20 min。

2. 实验中常用培养基的配方

(1)牛肉膏蛋白胨培养基(培养细菌用)。

牛肉膏	3 g
蛋白胨	10 g
NaCl	5 g
琼脂	10～20 g
水	1 000 mL
pH	7.0～7.2

121 ℃灭菌 20 min。

(2)马铃薯培养基(PDA，培养真菌用)。

马铃薯	200 g
蔗糖(或葡萄糖)	20 g
琼脂	15～20 g
水	1 000 mL
pH	自然

马铃薯去皮，切成块煮沸 30 min，然后用纱布过滤，再加糖及琼脂，溶化后补足

水至1 000 mL。121 ℃灭菌30 min。

(3)麦芽汁琼脂培养基。

取大麦或小麦若干，用水洗净，浸水6～12 h，置于15 ℃阴暗处发芽，上盖纱布一块，每日早、中、晚淋水一次。麦根伸长至麦粒的两倍时，即停止发芽，摊开晒干或烘干，储存备用。

将干麦芽磨碎，1份麦芽加4份水，在65 ℃水浴锅中糖化3～4 h，糖化程度可用碘滴定之。

将糖化液用4～6层纱布过滤，滤液如浑浊不清，可用鸡蛋清澄清，方法是将一个鸡蛋清加水约20 mL，调匀至出现泡沫时为止，然后倒在糖化液中搅拌煮沸后再过滤。

将滤液稀释到5～6波美度，pH约6.4，加入2%琼脂即成。121 ℃灭菌20 min。

(4)半固体牛肉膏蛋白胨培养基。

牛肉膏蛋白胨液体培养基	100 mL
琼脂	0.34%～0.4%
pH	7.6

121 ℃灭菌20 min。

(5)豆芽汁蔗糖(或葡萄糖)培养基。

黄豆芽	100 g
蔗糖(或葡萄糖)	50 g
水	1 000 mL
pH	自然

称新鲜豆芽100 g，放入烧杯中，加水1 000 mL，用纱布过滤。用水补足原量，再加入蔗糖(或葡萄糖)50 g，煮沸熔化。121 ℃灭菌20 min。

(6)淀粉培养基。

蛋白胨	10 g
NaCl	5 g
牛肉膏	5 g
可溶性淀粉	2 g
蒸馏水	1 000 mL
琼脂	15～20 g
pH	7.2

121 ℃灭菌20 min。

(7)马铃薯牛乳培养基。

200 g马铃薯(去皮)煮出汁，加脱脂鲜乳100 mL、酵母膏5 g、琼脂粉15 g，加水至1 000 mL，pH 7.0。制平板培养基时，牛乳与其他成分分开灭菌，倒平板前再混合。

附录 3
中学生物学实验中常用试剂与溶液配制

1. 各级梯度酒精(脱水液、固定液)的配制(附表 3-1)

由于无水乙醇价格较高，中学生物学实验中常用三级化学纯(Chemical Pure)或四级实验试剂(Laboratory Reagent)的 95%酒精配制。配制方法很简便，即用 95%的酒精加上一定量的蒸馏水即可。可按下列公式推算：

原浓度(95%)酒精－配制浓度＝所需蒸馏水量。

附表 3-1　各级梯度酒精的配制

配制酒精浓度	95%酒精用量	加入蒸馏水量
85%	85 mL	10 mL
70%	70 mL	25 mL
50%	50 mL	45 mL
30%	30 mL	65 mL

2. 固定液的配制

(1)F. A. A 固定液(又称万能固定剂)。

福尔马林(38%甲醛)5 mL、冰醋酸 5 mL、70%酒精 90 mL 混合配制而成，用于生物材料的固定(为了防止幼嫩材料收缩，可用 50%酒精代替 70%酒精，还可加入 5 mL 甘油以防蒸发水分和材料变硬，此液兼有保存剂的作用)。

(2)F. P. A 固定液。

福尔马林(38%甲醛)5 mL、正丙酸 5 mL、70%酒精 90 mL 混合配制而成，效果比 F. A. A 好。

(3)卡诺氏固定液。

无水酒精 3 份，冰醋酸 1 份混合配制而成。

材料经卡诺氏固定液固定后，先后用 95%和 85%酒精浸洗，最后转入 70%酒精中保存备用。

(4)甘油-酒精软化剂。

甘油 1 份、50%或 90%酒精 1 份混合配制而成，适用于生物材料的软化。生物材料经固定液固定后，可用此液隔水蒸煮 24 h，然后长期保存备用。

(5)铬酸-硝酸离析液。

铬酸为三氧化铬的水溶液。

①10 mL 铬酸加入 90 mL 蒸馏水。

②10 mL 浓硝酸加入 90 mL 蒸馏水。

将上述两液临时等量混合，适合于对植物导管、管胞、纤维等木质化的组织进行解离时使用。

(6)盐酸-酒精固定离析液。

浓盐酸1份、95%酒精1份，等量混合备用。

3. 指示剂(染色剂)的配制

(1)中性红指示剂。

中性红0.04 g、95%乙醇28 mL、蒸馏水72 mL混合均匀(也可取中性红0.1 g溶于100 mL蒸馏水中)，过滤待用。用于染细胞中的液泡，还可鉴定细胞的死活。

中性红pH 6.8～8，颜色由红变黄，常用浓度为0.04%。

(2)碘液指示剂(染色剂)。

碘片1 g、碘化钾2 g、蒸馏水300 mL加热溶解，充分混合均匀，过滤后放入具有毛玻璃塞的棕色玻璃瓶中，置于暗处保存待用。也可将医用碘酒稀释2～3倍后待用。

碘液指示剂能将蛋白质染成黄色，可用于淀粉的鉴定。如果用于淀粉的鉴定，应将以上配制的染色剂稀释3～5倍成为指示剂使用；如果用于观察淀粉粒上的轮纹，则需稀释100倍以上，观察才会更加清晰。

(3)溴甲酚紫指示剂。

溴甲酚紫0.04 g、0.01 mol/L NaOH 6.4 mL，混合均匀，过滤待用。

溴甲酚紫pH 5.2～6.8，颜色由黄变紫，常用浓度为0.04%。

(4)溴麝香草酚蓝指示剂。

溴麝香草酚蓝0.04 g、0.01 mol/L NaOH 6.4 mL、蒸馏水93.6 mL，混合均匀，过滤待用。

溴麝香草酚蓝pH 6.0～7.6，颜色由黄变蓝，常用浓度为0.04%。

(5)甲基红染色剂。

甲基红(Methyl red) 0.04 g、95%乙醇60 mL、蒸馏水40 mL，混合均匀，过滤待用。

(6)铁醋酸洋红染色剂。

洋红1 g、冰醋酸100 mL、蒸馏水110 mL。

配法①：冰醋酸100 mL加入110 mL蒸馏水中煮沸，移去火苗后立即加入1 g洋红，充分搅拌，使其迅速冷却并过滤，再加入数滴醋酸铁或氢氧化铁媒染剂的水溶液，至颜色变为红葡萄酒色即可。注意铁剂不要加得太多，否则洋红会生成沉淀。

配法②：先将200 mL 45%醋酸水溶液放入锥形瓶中煮沸，移去火苗，然后慢慢地分多次加入1 g洋红粉末(注意不能一下倾入，以防溅沸伤人)，煮1～2 min，再用棉线悬入一生锈的小铁钉，过1 min后取出，或滴入4%的铁明矾液5～10滴，使染色剂略含铁质，以增进染色性能。过滤后，放棕色滴瓶中备用(避免阳光直射)。

配法③：如无洋红(胭脂红为同物异名)，可用地衣红代替，配法同洋红，对于某些生物材料染色效果更好。

(7)甲紫染色剂。

取1 g甲紫(或常以结晶紫、医用紫药水稀释5倍后代替)，溶于200 mL蒸馏水中。

(8)改良苯酚品红染色剂。

改良的苯酚品红染色剂是近年来观察植物染色体时使用的比较理想的染色剂，优点较多，使用方便。配法顺序如下：

母液A：取3 g碱性品红溶于100 mL 70%酒精中，此液可以长期保存。

母液B：取A液10 mL加入90 mL 5%苯酚(即石炭酸)水溶液中(2周内使用)。

母液C：取B液45 mL加入6 mL的冰醋酸和6 mL 38%的甲醛(可长期保存)。

染色剂：取C液10～20 mL，加入80～90 mL 45%醋酸和1.5 g山梨醇。放置2周后即可使用，染色效果显著，可普遍用于植物、动物组织的压片法和涂片法，使用2～3年不变质。山梨醇为助渗剂，兼有稳定染色剂的作用。如果没有山梨醇，也能染色，但效果稍差。

(9)番红染色剂。

番红是一种碱性染料，可使木质化、栓质化和角质化的细胞壁以及细胞核中的染色质和染色体染成红色。在植物组织制片中常与固绿配合进行对染，是最常用的染色剂之一。常用配方有下列两种：

①番红水液：取0.1 g番红，溶于1 000 mL蒸馏水中，过滤后备用。

②番红酒液：取0.5 g或1 g番红，溶于100 mL 50%酒精中，过滤后，即可使用。

(10)固绿染色剂。

固绿是一种酸性染料，可使纤维素的细胞壁和细胞质染成绿色。在植物组织制片中常与番红配合进行对染，是最常用的染色剂之一。常见配方为固绿酒液，即取0.1 g固绿溶于100 mL 95%酒精中，过滤后使用。

(11)苏木精染色剂(指示剂)。

苏木精是植物组织制片脂肪鉴定中常用的染色剂，它不单是很强的细胞核染料，而且可以分化出不同的颜色，配方很多，现仅举一种，即代氏苏木精。

甲液：苏木精1 g、95%酒精7～10 mL

乙液：铵明矾(硫酸铝铵)10 g(饱和量)

丙液：甘油25 mL、甲醇25 mL

配法是：首先分别配制甲、乙液，充分溶解后，将甲液一滴一滴地加入乙液中，并不断摇动，放入广口瓶后，瓶口用纱布扎住，置于光线充足的地方，使其氧化一周以上，再加丙液，混合均匀，瓶口仍用纱布封住，继续充分氧化，直到颜色变成深紫黑色为止。再过滤后密封瓶口，此液两个月后充分氧化成熟，染色力强，多年不坏。如果急用，可加少量过氧化氢促其氧化。使用时根据需要可将3～5份蒸馏水加入1份染液中稀释，用稀释液染色后，分化更明显。

(12)曙红(伊红或真曙红)染色剂。

取曙红或真曙红0.25 g溶于100 mL 95%酒精中。常与苏木精对染，能使细胞质染成浅红色，起衬染作用。

(13)间苯三酚染色剂。

取5 g间苯三酚的白色粉末溶解于95%酒精100 mL中(注意溶液呈黄褐色即失效)。

4. 鉴定类试剂的配制

(1)双缩脲试剂的配制。

取10 g氢氧化钠放入容量瓶(或有刻度的烧杯)中，加水至100 mL，待充分溶解后倒入试剂瓶中，配成质量浓度为0.1 g/mL的氢氧化钠溶液，瓶口塞上胶塞，贴上标签，写上试剂A。

取1 g硫酸铜放入容量瓶(或有刻度的烧杯)中，加水至100 mL，待充分溶解后倒入试剂瓶中，配成质量浓度为0.01 g/mL的硫酸铜溶液(蓝色)。瓶口塞上胶塞，贴上标签，写上试剂B。

双缩脲试剂可与蛋白质发生作用，产生紫色反应，所以，双缩脲试剂是鉴定蛋白质的常用试剂。

(2)苏丹溶液的配制。

①苏丹Ⅲ溶液的配制。

称取0.1 g苏丹Ⅲ干粉，溶于100 mL体积分数为95%的酒精中，待全部溶解后再使用。

②苏丹Ⅳ溶液的配制。

称取0.1 g苏丹Ⅳ干粉，溶于50 mL丙酮中，再加入体积分数为70%的酒精50 mL，充分混合后即可使用。

苏丹溶液可以用作脂肪的鉴定试剂。脂肪被苏丹Ⅲ染液染成橘黄色，或被苏丹Ⅳ染液染成红色。脂肪被染色，实际上是苏丹染料被脂肪溶解吸附而呈现染料的颜色。当脂质在液态或半液态时，对苏丹染料着色效果最好。

(3)斐林试剂的配制。

甲液：质量浓度为0.1 g/mL的氢氧化钠溶液

乙液：质量浓度为0.05 g/mL的硫酸铜溶液

使用时临时配制，将4～5滴乙液滴入2 mL甲液中即成斐林试剂，配完后立即使用。

斐林试剂是作为鉴定还原糖(如葡萄糖、果糖)的常用试剂，还原糖与斐林试剂发生作用后，生成明显的砖红色沉淀。

5. 封固剂的配制

(1)树胶封固剂。

将固体的加拿大树胶或冷杉胶，溶解于二甲苯中，稀稠要适当(绝对不能混入水或酒精)，是玻片标本最好的封固剂。现在已有市售的成品树胶封固剂。

(2)明胶封固剂。

配方：明胶1 g、石炭酸(苯酚)2 g、蒸馏水100 mL、甘油15 mL

配法：先将蒸馏水加温至30～40 ℃，慢慢加入明胶，待全部溶解后，再加入2 g苯酚和15 mL甘油，搅拌至全溶为止，然后用纱布过滤，储于瓶中备用。

附录4
中学生物学实验中的消毒及灭菌

1. 玻璃器皿的灭菌

玻璃器皿清洗晾干后用报纸或牛皮纸包好，以免灭菌后被重新污染。

(1)湿热灭菌。

用高压蒸汽锅灭菌时先放出冷空气，至放气阀喷出蒸汽时再升压，一般用 0.105 MPa 灭菌 20 min 即可。灭菌完毕后排放蒸汽，取出后烘干备用。

(2)干热灭菌。

将包好的实验器皿均匀地放入干燥箱内，注意用纸包扎的物品不要靠近干燥箱壁，不要摆得太挤，以免影响气体流通。干燥箱温度调至 160 ℃，在 160～170 ℃恒温下处理 2 h 即可。灭菌后到干燥箱冷却至 40～50 ℃时方可开门取物。特别提示：有橡皮头的玻璃器具不能使用干热灭菌。

2. 金属器械的灭菌

接种针、接种环可直接在火焰上灼烧灭菌。

解剖器具一般用煮沸法消毒，煮沸 15～30 min，即可杀死细菌营养体，而对于如细菌芽孢等结构则需 1～2 h。在水中加入 2%碳酸钠可促使细菌芽孢等死亡，亦可防止金属器械生锈。

金属器具(除刃具外)也可用干热灭菌法和湿热灭菌法灭菌。还可用 5%石炭酸或 1∶50 的新洁尔灭浸泡灭菌。

3. 无菌室、接种箱的灭菌

(1)加热蒸馏。

按熏蒸空间 2～6 mL/m^3 计算，量取 36%～40%甲醛溶液，盛于小铁桶内，用三脚架支好，在酒精灯内注入适量酒精(估计能蒸干甲醛溶液所需的量，不要超过太多)。将室内各物品准备妥当后点燃酒精灯，关闭无菌室，任甲醛溶液煮沸挥发，熏蒸 12 h 以上。

(2)氧化熏蒸。

按高锰酸钾∶甲醛为 1∶2 的比例分别称取一定用量，倒于瓷碗或玻璃容器内，室内准备妥当后，把甲醛倒入盛有高锰酸钾的器皿内，立即关闭无菌室，几秒钟后甲醛溶液即沸腾蒸发。关门熏蒸 12 h 以上。

甲醛对人的眼、鼻有强烈刺激，为减弱甲醛对人的刺激，熏蒸 12 h 以后，取与甲醛等量的氨水迅速放入室内，同时敞开门窗放出剩余有刺激性的气体。

(3)喷刷消毒。

用 3%～5%石炭酸或 1%～5%漂白粉在室内喷刷墙面、地面。

(4)紫外线灭菌。

265～266 nm波长的紫外线杀菌力最强。其机制是诱导形成胸腺嘧啶二聚体，通过抑制DNA复制和使空气中产生臭氧而达到杀菌目的。紫外线透过物质的能力很差，只用于空气及物体表面的灭菌。常在熏蒸和喷刷灭菌后，操作前30 min进行。通常紫外线的照射时间为20～30 min。

紫外线由紫外线灯管产生，对人体也有伤害作用，所以人不能直视开着的紫外灯，更不能在开着紫外灯的情况下工作。

4. 培养基和药剂的灭菌

一般培养基在0.105 MPa下灭菌20 min；溶液类应用0.056 MPa灭菌30 min或0.07 MPa灭菌10 min；葡萄糖、氨基酸、生物素等用0.056 MPa灭菌20 min；组织培养中常用的生物活性物质(如酶溶液、培养基、血清等)不能用高温、高压法灭菌，应该用过滤除菌法处理。常用的除菌滤器和灭菌方式分成以下几种。

(1)蔡氏滤器的灭菌(Seitz滤器，又称赛氏滤器)。

是用金属制成的滤器，用后洗净，干后高压灭菌。滤板为石棉制成，每次换用新的滤板，安装时光面向下。滤板型号有多种，国产的一般分为甲1、甲2、甲3型。石棉滤板往往使滤液中有微量毒素，对细胞生长不利，因此，使用前要用无菌生理盐水洗3～5次。此外胰酶通过石棉滤板也会失去活性，pH也会升高，所以最好不用。近年来常用各种型号的醋酸纤维薄膜放入蒸馏水中，灭菌后使用。

(2)玻璃滤器的灭菌。

玻璃滤器的滤板是用玻璃粉热压制成的，滤板与玻璃漏斗结合在一起，常用滤菌型号为G5、G6。新滤器表面有碱性物质，应先在流水中彻底洗涤，然后放入1∶100的盐酸中浸泡数小时，再用流水洗涤。用过的滤器在0.07 MPa高压下灭菌1 h，冷却后取出，烘干即可。由于玻璃滤器高压灭菌后会在板上析出碱性物质，使用前可先用水或少量滤液洗涤干净后再用。

玻璃滤器不能用含有重铬酸钾的洗涤剂浸泡，因为可能影响玻璃孔的电荷，用于洗涤玻璃滤器的洗涤剂为浓硫酸—硝酸钠洗涤液。使用完后，应立即用浓硫酸—硝酸钠洗涤液抽滤一次，滤液未干时将滤器浸入洗涤液中(滤片两面均应接触洗涤液)约48 h，取出后用热蒸馏水冲洗至中性，烘干后备用。

玻璃滤器还常用真空减压法抽滤，当液体临近抽滤完毕时，应减小压力，停止抽滤，否则，液体抽完后有可能将细菌抽滤出去。

附录5
中学生物学实验报告的书写与范例

1. 中学生物学实验报告的书写

实验报告是对实验的总结，是完全根据中学生自己的生物学实验历程所撰写的，除小部分引用他人的文献之外，都必须是实实在在的实验结果与实验过程的记录，这也是表达实验研究成果的一种形式。书写实验报告是一项重要的基本能力训练，是学习书写论文的前期基础。通过书写实验报告，学生可以熟悉撰写科研论文的基本格式，学会绘图制表方法；学习如何应用相关理论知识和查阅相关文献资料，对实验的事实、数据和资料进行整理分析，得出实验结果和实验结论；培养独立思考、严谨求实的科学态度与科研素养。

书写实验报告讲究原创、科学、严谨，文字应当简练、通顺，书写追求清晰、整洁，标点符号、外文缩写、单位度量都应规范准确。

(1)实验报告内容一般包括以下部分。

①课程、班级、组别、姓名、实验日期、教师签字、实验题目等。

②实验目的与要求。

③实验原理。

④实验对象。

⑤实验试剂和器材。

⑥实验方法和步骤。

⑦实验现象记录与结果。

⑧实验讨论(根据实验内容可有或无)。

⑨实验结论(根据实验内容可有或无)。

⑩作业与思考(根据实验内容可有或无)。

⑪其他(根据实验内容可有或无)。

以上各个部分可以分开逐条逐款地写出，有时也可以把几个部分组合在一起展示。

(2)实验报告的书写要领。

实验题目。实验题目要能够简洁清晰地表达出实验的内容。

实验目的与要求。要直截了当、简洁清楚地用概括性语言描述实验的动机与目标，说明为什么要进行该项实验，为了解决什么问题，应达到的目标有哪些，具有什么意义和作用，本实验的主要要求是什么。最好用自己的话说出来，不要直接抄录教材中的原话。

实验原理。通过教材学习、老师讲解与实验的过程，仔细理解本实验蕴含的内在原理，并用自己的话表述出来。应包括：简单陈述本实验依据的实验原理，介绍实验设计的重要概念、实验依据的基本理论及据此推测出的实验结果与结论。

实验对象。简单注明生物材料的名称(学名)、来源、种属、性别等情况，这一部分的描述应简洁而明晰，以便他人能够重复。

实验试剂和器材。

①试剂：注明试剂中英文及缩写、分类以及规格标准、来源和批号剂量、施加途径与手段。

②器材：对本实验使用的主要仪器和材料作简单陈列，较新型的器材还应将名称、型号、规格、数量作简单介绍。

实验方法和步骤。通常按时间顺序用序号列出每一步操作，说明实验方法、实验过程中的具体步骤等，这一部分的描述应简洁而明晰，以便他人能够借鉴和重复。建议将实验方法和步骤总结成以下方框中的清单内容，一目了然，简洁清晰。

“普通光学显微镜的使用”实验方法和步骤清单

实验前材料准备
体视显微镜的使用
光学显微镜的使用：对光→低倍镜的使用→高倍镜的使用
生物材料的处理和绘图
……

实验现象记录与结果。实验现象记录与结果是对实验过程中观察到的现象和原始的资料、数据、事实以及过程的记录、处理和分析，这是实验报告的主体，是直接反映学生独立思考、严谨求实的科学态度与科研素养的重要方面。要求中学生在实验完成之后，应对实验过程中观察到的现象和原始记录的资料和数据进行认真的核对，对数据进行统计学处理，做出科学分析，进行恰当规范的表述，才能得到高质量的实验结果。实验结果可先进行分类归纳，再采用恰当规范的表格、图表、曲线的方式进行展示，并加上必要且简明扼要的文字描述。

实验讨论。讨论不是实验结果的重复赘述，而是以实验结果为基础的具体分析与逻辑推测，根据已知的理论知识，对本实验结果进行实事求是、符合逻辑的分析推理，从而推导出恰如其分的初步结论，最好能提出实验结果的理论意义和应用价值。实验讨论可包括：影响实验的因素有哪些？什么是影响实验的决定因素？实验中出现了哪些现象？如何对这些现象进行解释？实验中验证了哪些原理、理论与规律？将实验结果与实验前推测出的预期结果进行对比，找出二者的异同。如果实验出现了非预期的结果，绝对不能舍弃或随意修改，要对“异常”的结果进行分析，对“异常”结果产生的原因做出科学合理的解释。有时，正是对某种“异常”的结果分析促进了学生思维的活跃，从而引发了创新思维的火花，进而发现了新的有价值的东西，促进了新的理论的发展、创新，或者是实验设计与方法上的创新改进。

实验结论。结论既要与本次实验目的相呼应，还要从实验结果和讨论中归纳出概括性的判断，是对本次实验所能验证的理论的简明总结，应当力求简洁而中肯。注意实验结论不是实验结果的简单重复，不应罗列太具体的实验结果，也不能随意推断和任意引申。如果本次实验结果不能说明问题，就只能是一个阶段性的实验结果，而不能牵强附会地勉强得出结论。

其他。可以在实验报告的最后罗列重要的网站、核心的参考文献、简单的致谢等。

2. 中学生物学实验报告范例

植物细胞有丝分裂及染色体行为观察①

课程：中学生物学　　　　班级：

组别：　　　　　　　　　姓名：

实验日期：　　　　　　　教师签字：

实验题目：植物细胞有丝分裂及染色体行为观察实验

一、实验目的

1. 观察植物细胞有丝分裂过程及各个时期染色体的特征。

2. 学习并掌握植物染色体玻片标本的制作方法。

二、实验原理

细胞分裂是细胞繁殖的唯一途径，细胞分裂一般分为直接分裂和间接分裂两种。直接分裂也就是无丝分裂，细胞核直接地一分为二。间接分裂又可分为有丝分裂和减数分裂两种。

植物体生长旺盛的分生组织(如根尖、茎尖、幼叶等)，都在进行着有丝分裂。经过取材、固定、解离、染色和压片等处理，将细胞分散在装片中，在显微镜下就可看到大量处于有丝分裂各个时期的细胞和染色体。由于有丝分裂中期的染色体具有典型的形态特征，并易于计数，所以为了获得更多的中期染色体图像，可以采用药物处理或冰冻处理的方法，阻止纺锤体的形成，使细胞分裂停止在中期。同时，通过处理可使染色体缩短变粗，易于分散，便于进行观察研究。另外，通过对组织细胞进行酸性水解或酶处理，可以分解细胞之间的果胶层，并使细胞壁软化。这样，细胞容易彼此散开，有利于染色和压片。

三、实验对象

大蒜鳞茎，洋葱鳞茎，玉米、黑麦、小麦、蚕豆的种子等。本实验以大蒜鳞茎为实验材料比较好。

四、实验试剂和器材

蒸馏水、无水乙醇、95%乙醇、二甲苯、冰醋酸、醋酸钠、苯酚、甲醛、碱性品红、山梨醇、秋水仙素或对二氯苯或0.002 mol/L的8-羟基喹啉、中性树胶(明胶粘贴剂或树胶封固剂)、卡诺氏固定液、1 mol/L盐酸、45%醋酸、1%甲紫、4%铁矾水溶液、2%醋酸洋红染色剂或改良苯酚品红染色剂、2.5%纤维素酶和2.5%果胶酶混合液(以上化学试剂要求化学纯)。

显微镜、恒温培养箱、电冰箱、水浴锅、分析天平、1/100天平、电炉、温度计、剪刀、镊子、刀片、解剖针、载玻片、盖玻片、滤纸、擦镜纸、量筒、量杯、漏斗、玻璃棒、培养皿、三角瓶、烧杯、试剂瓶、滴瓶、指管、酒精灯、火柴、切片盒、标签、铅笔、胶水、纱布等。

① (选编自)郭善利，刘林德．遗传学实验教程[M]．北京：科学出版社，2010.

五、实验方法和步骤

1. 材料准备与取材

可直接从田间挖取刚长出的幼嫩根尖，也可以在室内培养根尖。本实验用大蒜根尖作材料，因为取材方便，而且能够获得较多的根尖，可供多人使用。

首先将大蒜鳞茎上的大蒜瓣扒去皮，然后用细铁丝串起放在盛清水的培养皿内，使根部与清水接触，在20～25 ℃光照条件下培养2～3 d，待根尖长到1～2 cm时，选择健壮根尖自尖端约1 cm处剪下准备预处理用。剪取根尖的时间以10:00左右为好。

2. 预处理

为了阻止纺锤体的活动，以利于获取较多细胞分裂中期的分裂相，同时使染色体相对缩短，便于染色体分散和计数，可对根尖进行预处理。预处理的方法有药物和冰冻两种。

(1)药物预处理。

将材料放在培养皿中，加0.05%～0.2%秋水仙素水溶液室温下处理2～4 h，也可用对二氯苯饱和水溶液或0.002 mol/L的8-羟基喹啉水溶液室温下处理3～4 h。这些药物都能使染色体缩短，但对染色体有破坏作用。使用时应注意处理的时间，大蒜、小麦、黑麦、大麦和洋葱等处理2～4 h为宜，棉花和水稻等处理2 h左右为宜，处理时间长短还与温度有很大的关系。

(2)冰冻预处理。

将根尖浸泡在蒸馏水中，置于1～4 ℃冰箱内或盛有冰块的保温瓶中冰冻24 h，这种方法对染色体无破坏作用，染色体缩短均匀，效果良好，简便易行，各种作物都适用，但常用于处理禾本科植物的材料。

如果只是为了观察有丝分裂各个时期的染色体动态变化而不进行染色体计数，可以不进行预处理。

3. 固定或低渗处理

将经过预处理和未经预处理的材料(可用于和经预处理的根尖进行对比)用蒸馏水冲洗两次，然后转移到卡诺氏固定液中，室温下固定3～24 h。或者将根尖放入0.075 mol/L的KCl溶液中低渗处理20 min，然后再用蒸馏水冲洗2～3次。

注意：如果固定后的材料不立即使用，可放在70%酒精中，置冰箱或阴暗处保存。用时再用固定液重新固定一下(0.5～3 h)效果会较好。

4. 解离处理

常用的解离方法有以下几种：①将根尖用蒸馏水冲洗两次，放入已经在60 ℃水浴锅中预热的1 mol/L盐酸中，在60 ℃恒温条件下处理5～10 min，当根尖的伸长区变透明而分生区呈米黄或乳白色时即可取出；②将根尖放入2.5%纤维素酶和2.5%果胶酶的等量混合液中(pH 5.0～5.5)，室温下处理3 h左右；③将根尖放入95%酒精和浓盐酸(1∶1)混合液中处理2～10 min，或将根尖放入5 mol/L盐酸中处理5～10 min。

5. 染色与压片

将解离好的材料用蒸馏水冲洗以后，转入45%醋酸中软化10 min左右。取1～2根软化好的根尖放在载玻片上，用刀片切去伸长区，只留下1～2 mm的分生区，也就是生长点，滴一滴甲紫染色剂，染色 3～5 min；也可用改良苯酚品红染色剂染色 10～15 min；也可用醋酸洋红染色剂染色 30 min 左右。

染色完毕，盖上盖玻片，在酒精灯火焰上过 3～4 次，以手背试之，感觉微烫为宜（如果室内气温较高，或认为染色较好，也可不用酒精灯烤片）。在盖玻片上覆以吸水纸，用左手拇指压住盖玻片的一角，用右手拿铅笔垂直敲盖玻片几下，用力要均匀，尽量多敲几下，把材料分散。再继续用左手拇指压住盖玻片一角，用右手拇指用力下压盖玻片，在保证两玻片不错动的前提下，将材料压成薄薄一层，即可放在显微镜上观察。

6. 镜检

压好的片子先在低倍镜下镜检，找到分裂细胞后，再转换成高倍镜观察染色体的动态变化，注意比较经过预处理和未经预处理的材料的不同之处。如果染色体分散良好，图像清晰，就可以脱水封片，制成永久片。

7. 永久制片

将玻片标本用干冰或制冷器冷冻数分钟，也可放在冰箱中冷冻几小时，取出后用薄刀片掀开，将附着材料的载玻片或盖玻片置于 37 ℃恒温箱中烘干，然后在二甲苯中透明 15 min 左右，用中性树胶（明胶粘贴剂或树胶封固剂）封片，干燥后即可长久保存。

六、实验结果

做实验时，因为严格按照教材的操作规程，并在教师的细心指导下，制作的植物根尖的压片也比较清晰，因此本实验结果基本验证了植物有丝分裂的现象，而且在实验过程中也找到了有丝分裂的前期、中期、后期、末期的各个时期分裂相。各个分裂时期的图形如附图 5-1 所示。

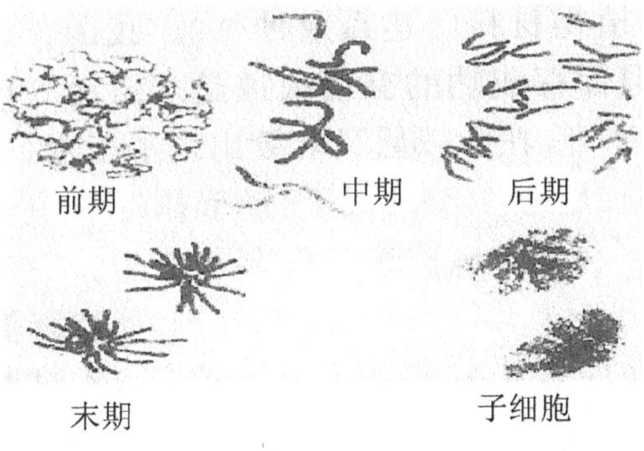

附图 5-1　植物细胞有丝分裂各个时期图片

根据实验结果，绘出在显微镜下观察到的有丝分裂各个时期图像的示意图并注明时期（附图 5-2）。

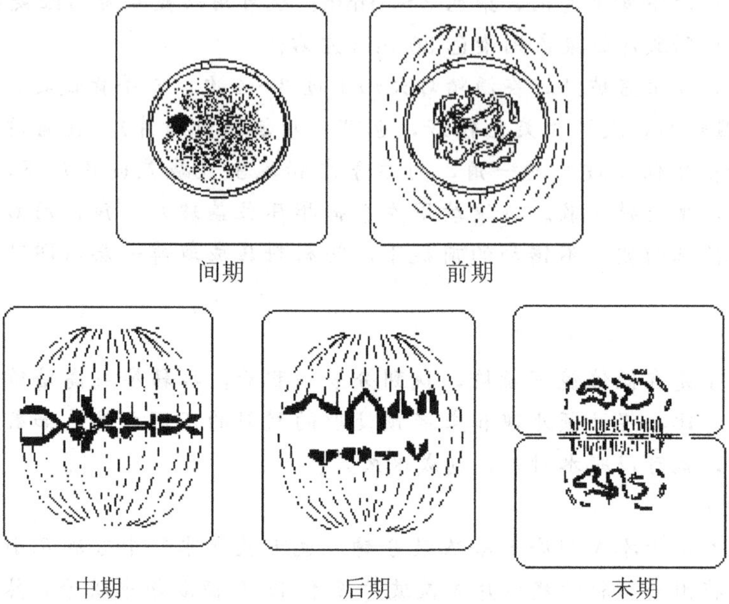

附图 5-2　洋葱根尖细胞有丝分裂的不同时期示意图

附录 6
中学生物学实验论文的书写与范例

中学生物学实验有别于其他专业性的科研工作，应针对中学生物学实验的内容进行独到的实验设计、因地制宜地取材、尝试方法上的创新等，有针对性地开展实验并撰写小论文，不宜追求实验内容深与论文篇幅长。

1. 撰写实验论文的前提条件

要写出一篇较高质量的实验论文，是需要一定的前提条件的。宏观来讲，一是写作前首先要求中学生有实验实证基础、理论基础和书面语言的表达基础；二是撰写过程中出现“卡壳或不顺时”，要采取积极的思维应对策略；三是写好后要重新审视实验论文在科学严谨的基础上是否有所创新，在材料丰富基础上是否全篇贯通一致，在独立思考基础上是否适当借鉴吸收，在文字精练基础上是否规范统一。

具体讲，应从以下方面逐条逐款地把握。

(1)主动投入实验研究。

中学生物学实验是一个具体实践的过程，对待这个过程有两种把握态度：一种态度是仅仅把实验过程当作完成任务的过程，这样，中学生的实验目标只是把实验课就事论事地完成，取得好的实验成绩；另一种态度是不仅仅指导中学生去完成实验过程本身，还要引导中学生去琢磨和分析实验，去进一步探索和寻求实验中更深层次的内容，这样，学生就进入了“建构学习”高层次的思维开发学习活动中，这种主动思考并投入实验研究的活动将直接导致学生的精神状态发生质的飞跃，其学习水平会不断提高，用于实验研究和撰写实验论文的素材就会取之不尽，这就是主动投入的实验研究过程。

(2)在一定的理论指导下开展实验研究。

写实验论文，必须具有一定的理论基础。除了应该具有一般的哲学、逻辑学等基础外，还应该具有生物学科方面的基本专业底蕴和掌握的实验原理。

(3)结合实验进行研究。

中学生要从仅仅关注实验结果转向关注研究过程，要坚持一边实验一边研究，紧密结合中学生物学实验进行研究。这样，中学生的生物学实验研究才能有的放矢、有感而发、实用而具体。

(4)坚持长期实验研究。

中学生要进入“建构学习”高层次的思维开发学习活动中，培养起坚定的科研态度与厚实的科研素养，就需要长期坚持开展实验研究，一学期、一学段，甚至一辈子。

(5)在具备一定的规范表达能力时进行研究。

具备一定规范表达能力是写好实验论文的又一前提条件，尤其是书面语言的表达尤为重要。提高规范表达能力特别注重“三多”：

多练笔。要坚持经常动笔写作，要勤于并善于把实验中的点点滴滴及时记录下来。实验中的信息材料积累多了就提供了撰写实验论文的前提条件，每个实验、每个学期、每个学段坚持写作，多写才能会写，才能写好。

多模仿。在撰写实验论文的起始阶段，不会或写不好时可以从有关刊物上收集相关文章进行阅读、分析参考、潜心学习，然后再动笔模仿练习写作。也可以请教师指导，提出修改意见。

多推敲。撰写实验论文，与其说是“写”出来的，不如说是一遍又一遍地“改”出来或“悟”出来的，要想写出较高质量的实验论文，就一定要多角度审视、反复润色、再三推敲。

2. 评判实验论文质量的要点

实验论文的质量体现在研究水平和写作水平两个方面，论文的价值首先反映在研究内容的原创性、科学性、创新性、先进性及效益性。没有严谨的科研设计，缺乏真实新颖的实验资料、事实、数据、过程等，也就失去了撰写论文的基础。但是，对同样的研究内容和结果，也可能因为写作水平和规范上的差异，导致写出的论文存在质量与水平上的不同。所以，要写出一篇体现原创性、科学性、创新性、规范性的高质量的实验论文，只有通过多读、多思、多问、多写、多改，才能达到“论点明确、层次清楚、数据无误、分析合理、结论严谨、写作规范、质量上乘”的论文要求，从而准确、完美地展示出科研成果及其意义，便于推广和应用，给他人以借鉴和学习。

一篇高质量的实验论文，具体讲应具有以下几个基本特点①：

①理论构建上的完备；

②对实践的指导作用；

③鲜明的创新性；

④切合实际，针对性强；

⑤研究方法科学规范；

⑥对研究结果的解释合理；

⑦结构严谨，论证有力；

⑧文字精练，简洁流畅，具有可读性。

3. 撰写实验论文的程序和要求②

(1)撰写实验论文的程序。

撰写论文到正式发表一般都需经过下列四项程序：实验论文素材准备(包括实验资料、事实、数据等准备)，拟订写作提纲，论文撰写(包括进行论文初稿撰写、修改、定稿)，论文发表(包括投稿与进一步修改定稿)。

①实验论文素材准备。对实验中所引用的资料进行梳理、归纳，对实验中观察到的现象、得到的事实、数据等进行认真核实并进行统计学处理，对实验结果的大量内

---

① 裴娣娜．教育研究方法导论[M]．合肥：安徽教育出版社，1994.

② (选编自)王庭槐．生理学实验教程[M]．北京：北京大学医学出版社，2004.

容的表述一般采用图、照片、表格和文字概括等形式浓缩和精简处理。如果实验内容只是一个阶段性的结果尚不能充分说明问题，可以采取及时补充必要的实验或进行阶段性结果的简要说明。

②拟订写作提纲。实验论文一般包括论文题目、作者、摘要、关键词、正文(一般包括引言、实验材料和方法、实验结果、实验讨论和参考文献等几个部分)。提纲的重点在于，一是确定题目，论文的题目是画龙点睛之处，应达到见题目就可窥见论文核心之境界；二是将正文中几个大的部分框架进行思考规划并确定出撰写目录。

③论文撰写。实验论文不可能一次定稿，通常须经历论文初稿撰写、进一步润色修改、再定稿等几个程序。论文撰写力求做到论文内容层次结构明显，逻辑清晰，言简意赅，行文流畅，专业术语、缩略语和计量单位使用规范化、学术化，等等。

④论文发表。论文定稿后，可选择相关刊物投稿。待刊物编辑部对论文进行审阅后，将对作者提出修改建议和要求，对编辑部的修改建议和要求应认真逐条修改。如果对修改建议持有不同意见，可以在寄回修改稿时，另附函详细说明理由和根据。

(2)实验论文写作的基本要求。

实验论文要遵守期刊标准化和规范化的有关规定以及所寄期刊对形式的要求。因此，在投稿前必须认真阅读该期刊的来稿须知，熟悉该期刊刊登的论文格式。高质量的实验论文还须符合下列基本要求。

①科学性。

科学性体现在具有厚实可靠的研究背景，严谨缜密的实验设计，正确合理的实验结论。

要确保实验论文的科学性，首先应把握好实验设计的对照、重复和随机三大原则。应注意如下几点：a. 被试因素是否符合自然科学的基本规律，被试因素的搭配是否合理，施加方法是否标准化、固定化；b. 受试对象的代表性，保证研究对象能最大程度代表一般对象；c. 观察指标是否合理可行，检测方法是否先进和精确；d. 实验数据资料的真实完整；e. 对得到的实验事实、数据等进行的统计学处理是否科学合理。

论文的科学性还体现在结论的合理、可靠性。作者应当在对相关文献进行深入全面把握的基础上，对实验结果进行合乎逻辑的严密的讨论推理，最后才能总结出恰如其分的结论来。

②论点论据的统一性。

论点论据的统一，主要问题在于如何选材。选材不是按研究者主观愿望任意“剪裁”、取舍而来，而应符合以下要求：a. 要紧密围绕研究的主要问题选材，分清主次；b. 选取典型的或具有广泛代表性和说服力的材料作为论据，使材料的量与质把握得当，使人信服；c. 选取真实准确、符合客观实际的原创性材料，也就是说要鉴别材料的真伪和价值程度。

③原创与适度借鉴统一性。

任何实验研究都是在前人或他人研究基础上的继承与发扬，撰写实验论文时，就必须正确处理好借鉴吸收别人研究成果与自我原创的关系。一方面，不能自恃高傲，故步自封，不查阅或无视前人与他人的研究成果；另一方面，那种为介绍而介绍，对所引用的参考文献只述而不评或者任意引申发挥、断章取义的做法是十分欠妥的，尤其是任意剽窃他人的研究成果更是十分错误且要坚决摒弃的。

一般而言，引用参考文献的正确做法是：对已成定论的理论和方法等内容可以借鉴并以不超过全文篇幅的1/3进行适度引用。对引用的观点和文献：第一，要搞清作者的原意，文献内容的实际价值，从中挖掘实质性问题，从而加强论证的针对性；第二，要善于从众多的研究成果和文献中选取最典型的、富有说服力的、具有权威影响的内容进行适度引用。但是，出于对他人成果的尊重与知识产权的保护，必须在论文中进行及时标注或以参考文献的方式进行展示。

④先进性和创新性。

科学研究的目的是发现新的问题并将问题解决，其灵魂在于创新，没有创新就没有发展。先进性是创新的前提和核心。在中学生物学实验中的创新性和先进性具体体现在实验设计思路上的创新、实验选材上的调整、实验手段上的改革、实验方法上的变化、实验结果上的新意，还有是否提出了新的理论或假说，等等。

⑤借鉴实用性。

主要是指论文的基本论点有无理论意义和应用价值，有无供他人借鉴与参考的实际内涵，能否取得一定社会效益和经济效益，论文发表后的社会反应和影响指数(包括引用与推广情况)如何，能否对中学生物学实验发展起到一定影响与推动作用等。

⑥规范性与可读性。

实验论文讲求精练简洁，准确完整，即展示出的语言文字要准确(可信)、鲜明(可达)、生动(可雅)。实验论文表达的所谓准确，是指忠实客观地反映和显示实验的方方面面，切忌浮华夸张，既不可用日常生活用语代替科学术语，也不可生造词语造成理解上的歧义。实验论文表达的所谓鲜明，是指无论论点、论理或论据，要清楚明白，尤其在实验原创、实验核心和含金量高的部分，尤其要“浓妆艳抹”地鲜明展示。实验论文表达的所谓生动，是指语言要讲求文笔和文采，但是要注意在真实准确的基础上讲文采，以最少的文字表达更多的内容。

展示出的语言文字要做到准确、鲜明、生动，因此，就需要对实验论文进行反复推敲修改。通过删芜就简，字斟句酌，精雕细刻，使论点更加突出，论述更加严谨，文字更为简练。

实验论文是写给他人看的，优秀的论文还要具备很强的可读性，能吸引读者，从而让读者花较少的时间和精力来理解论文所表达的观点和结论。所以，实验论文首先应做到主题鲜明、思路清晰、言之有物，全文应紧紧围绕主题进行严谨组织。其次，文笔文风要力求行文流畅，表述准确，层次分明。少用长句与疑难字、词，忌用第一人称，切忌只罗列现象不进行分析、只文字赘述不做归纳总结，忌大量引用他人文章或与本研究关系不大的文献，忌滥用非标准的缩略语，等等。

4. 实验论文的格式和书写内容

(1)实验论文的格式。

目前，国内各个中文期刊的约稿要求已与国际通用的“统一要求”逐步接轨。但是，不同的专业期刊也都会结合具体条件，制订出各自的约稿或投稿须知，其中可能有一些细微的不同。因此，在投稿前应当对欲投稿期刊的具体要求进行研究，避免因格式不符而被拒绝采用。

(2)实验论文的书写内容。

实验论文书写内容一般包括以下部分：题目、作者及作者单位、摘要与关键词、注释、引言、实验材料与方法、实验结果、实验讨论、实验结论、参考文献等①。

题目。题目是全文的高度概括与总结。好的题目不仅能引起读者的兴趣，而且容易进入期刊索引杂志。题目应包括实验对象、关键实验因子、实验效应及变化特点等。应以最精练的文字凝集全文关键信息，字数通常不超过20个字或50个英文印刷符号，若题目较长可加副标题或分题目来解决。

作者及作者单位。作者是完成该研究工作并对论文负责的主要参加者，名次的排列应依据在整个科研过程中实际贡献的大小，作者单位与地址(包括邮政编码)应署实验论文研究工作完成期间的学校或单位。

摘要与关键词。

①摘要是论文核心内容的浓缩部分。也可以和题目一起独立出现于各种检索刊物系统中，它使读者快捷地了解论文的主要内容和摘抄，也提供给其他刊物作为文摘索引采用。实验论文的摘要包括实验目的、实验设计、实验方法、实验结果与结论，而重点反映实验结果与结论。摘要字数一般需控制在200～300字，不宜用图表、公式，众所周知的专业术语尽量用缩写。

②关键词是表达论文题目或论文正文中的最关键、最主要的核心单词或短语。关键词必须是规范、准确的科学名词，绝对不能使用非规范的甚至杜撰的词汇。列出关键词的目的：一是便于论文作为资料文献在信息库中储存和检索，二是便于读者能快速从储存的信息库中检索到论文。关键词可选用2～5个，各词间空两格，英文关键词每个词第一个字母要大写。

注释。论文首页的最下方一般可对下列需要说明的内容加以注释：a. 科研任务来源，经费资助者；b. 论文通讯联系人地址、联系方式等。

引言。引文是正文最前面一段纲领性、序幕性及引入性的短文。引言主要说明为什么要从事这项科研，立题的理论和实践依据，解决问题的关键，创新点何在，实验结果的理论与实践意义等。引言的篇幅不宜过长，一般占全文的1/10。引言不同于摘要，研究的结论不要放到引言中。

实验材料与方法。实验材料与方法主要说明实验材料、方法和研究基本过程。这一部分是论文实验设计的科学性与创新性的基础，也为他人重复和借鉴提供资料。

实验结果。这是科研论文的主体部分，叙述实验研究中发现的重要现象、收集到的实验事实与数据等，由此判断出实验研究的成效，得出相应的实验结果和推论。实验研究所收集到的原始资料不能全部照搬，必须经过处理筛选，才能揭示蕴含在其中的规律。结果部分可以用文字、统计图表和插图等形式认真组织，力求文、表、图结合

① 国家市场监督管理局，国家标准化管理委员会．中华人民共和国国家标准 GB/T 7713.2—2022 学术论文编写规则[M]. 北京：中国标准化出版社，2022.

使用、合理表达，既能说明问题又节省篇幅。统计表和统计图能增强表达内容的逻辑性和准确性，可避免冗长的文字叙述，便于数据的分析、比较，得到实验的规律。统计表通常采用三线表，包括表序和表题、实验核心因子、数字及备注几个部分。统计图由图序与图题、实验核心因子、数字及说明文字几部分组成。

实验讨论。实验讨论是对实验结果做出理性分析和逻辑推理，回答引言中所提出的问题，将实验结果升华为理论。因此，讨论部分能充分展示作者科学素质、学术水平和文字功底。讨论的内容大体包括如下几方面：a. 回答、论证引言中提出的问题；b. 着重阐明结论的创新点，列举实验结果中哪些方面支持该创新点和本文的结论，阐明创新点的理论意义和应用价值，但切忌过分推理和随意夸大外延；c. 客观评价研究方法或结果的局限性和不一致性。对意外结果应予以合理的解释，并指出本文未解决的问题以及可能的解决途径。

实验结论。多数期刊规定的格式中结论部分不再单独列出在正文中。通常在讨论的末尾回归主题对全文进行高度概括，提出既严谨恰当又留有余地的结论或小结。切忌“唯我独尊”“唯我正确”。通常采用可能、提示、建议等代替证明、发现之类的字眼。

参考文献。参考文献是实验论文不可缺少的组成部分，它反映了作者对该研究领域前沿的宏观把握程度，也为读者提供更多相关信息。引用参考文献时必须注意以下三点：a. 公开性。引用的文献应是国内外期刊公开发表的论文或正式出版的专著。但教科书一般不宜引用，因为其内容已是众所周知的基本知识，还不宜引用未公开发表的内部资料或仅在学术会议上交流的论文。b. 权威性。论文应注重引用相关领域中有一定权威的文献。c. 时效性。论文除研究历史中里程碑式的文献外应注重引用最近3～5年内的文献。凡引用的文献都必须是作者亲自阅读过全文的论文或论著，以确保文献的参考价值。关于参考文献的书写要求，大多数期刊已按照国际通用的要求，作者必须认真阅读欲投稿期刊《来稿须知》中对参考文献的具体要求，采用规范化标注及著录格式。

5. 中学生物学实验论文的范例

范例1——中学生物学实验小论文　洋葱内表皮紫色的培养

中学生物学实验的特点是，大多数实验材料需要自己采集、培养、选定。许多实验由于实验材料选择不当而以失败告终。紫色洋葱是高中生物学观察植物细胞质壁分离和复原实验的常用材料，实验一般只取用洋葱最外层着色较深鳞片叶的外表皮。用镊子撕取外表皮时，因为外表皮与叶肉紧贴在一起，不易分离，往往容易撕破外表皮细胞或者带有叶肉细胞。撕破外表皮细胞的液泡后，在显微镜下观察，液泡的紫色很浅，或有的液泡破裂后花青素流出、紫色消失均导致细胞质壁分离和复原的实验现象很不明显。而如果是带有叶肉细胞的外表皮，在显微镜下观察时细胞重叠，层次加厚，效果又很差。洋葱内表皮倒是与叶肉易于分离，在剥洋葱鳞片叶的过程中，常出现内表皮自然分离，但是因为内表皮无紫色，作为实验材料一般又不合适。

在长期的中学生物学实验教学中，根据植物细胞液泡中花青素是在光照下形成的原理，采用光照保湿(维持细胞正常生理状态)培养的方法，把洋葱内表皮培养成紫色后，用洋葱内表皮作实验材料，既大大降低了实验难度，又增强了实验效果，还降低了实验成本(在实验中，洋葱内、外表皮均可利用，因此提高了利用率)。具体做法是：

一、洋葱内表皮紫色培养装置的选用

用圆形无色玻璃水槽，口面用无色食品袋罩住，最简易的可用市售无色较薄的食品袋，培养时将袋口扎紧。

二、洋葱的处理

先把洋葱基部短缩的鳞茎盘用刀切除，外层干枯的鳞片叶用手剥去，然后用刀把洋葱纵切两次，两次切面相互垂直，每块切片大小均匀。切后用手把切片从球状洋葱上一一剥离下来。

三、洋葱切片的摆放

将洋葱切片均匀地放置在水槽底或食品袋内，内表皮向上，切忌重叠摆放，以免相互遮光。

四、洋葱内表皮紫色的培养

将上述装置放在室内窗户下的桌面上。经窗户透入的散射光照射(比较起来，散射光照射比阳光直射效果更好)。在室温20 ℃以上，4～5 d后内表皮在光照下将逐渐变成紫色。

范例2——生物学研究论文　赤水栽培金钗石斛质量影响因子的初步研究*

徐作英　谢媛媛　严伟

(四川师范大学生命科学学院，四川成都，610101)

摘要：本文对赤水栽培金钗石斛的药材质量指标之一的生物碱含量做了检测，同时还就金钗石斛栽培质量与重金属含量相关性进行了初步分析。

关键词：金钗石斛　影响因子

The preliminary research in effect element of Noble dendrobium grown in ChiShui

Xu Zuoying　Xie Yuanyuan　Yan Wei

(Life Science College of Sichuan Normal University, Sichuan chengdu, 610101)

Abstract: By UV－Vis Spectrophotometer and high performance liquid chromatography, we detected the main composition (dendrobine) contents. Simultaneity, we detected the heavy metal in Noble dendrobium and its growing environment.

Key Words: Noble dendrobium, Effect element

引言

赤水栽培的金钗石斛，为闻名全国的贵州省赤水市山区一大特色地理性保护的标志产品，已经成为赤水市的“道地药材”品种，是我国稀有的名贵中药材。以下对赤水栽培金钗石斛的药材质量重要指标中的生物碱含量做了检测，同时，还就金钗石斛栽培

* 课题来源：四川省科技厅科技攻关项目05JB013-006-03：珍贵中药材质量标准研究，2005.

徐作英：女，四川师范大学生命科学学院教授，硕士研究生导师，植物学研究方向，Email：xuzy1234@163.com。

质量与重金属含量相关性进行了初步分析。

1. 高效液相色谱法测定石斛碱的含量

金钗石斛中包含石斛碱、金石斛碱、石斛副碱、石斛氨碱等多种生物碱，但石斛属植物中含有石斛碱的仅有金钗石斛一种。评判药材质量指标之一为生物碱的含量，测定总生物碱含量常见的方法为酸性染料法，此法较为简便、快捷，但专属性不高，易受到某些特殊杂质的干扰，影响到结果的准确性。近年来，高效液相色谱(HPLC)的发展使其被应用于中药质量的检测领域中①，其特点是方便、快捷且结果较其他方法更为准确可靠。因此，本实验选取金钗石斛中含量最高的石斛碱作为质量控制指标，测定其含量，其结果作为衡量金钗石斛质量的重要指标。

1.1　材料、仪器与试剂

1.1.1　材料

本实验所用材料为贵州省“赤水市金斛产业开发有限公司”栽培基地的金钗石斛(*D. nobile*)(简称“赤水栽培金钗石斛”)，一共12批次，其详细情况见附表6-1。

附表6-1　赤水栽培金钗石斛供试样品信息表

样品编号	样品名称	产地	海拔高度	其他生态环境
GZ001	金钗石斛(*Dendrobium nobile* Lindl)	贵州省赤水市葫芦镇天堂村二组	500 m	相似
GZ002	金钗石斛(*Dendrobium nobile* Lindl)	贵州省赤水市官渡镇玉皇村黄金坪组	550 m	相似
GZ003	金钗石斛(*Dendrobium nobile* Lindl)	贵州省赤水市丙安乡三佛村	460 m	相似
GZ004	金钗石斛(*Dendrobium nobile* Lindl)	贵州省赤水市丙安乡丙安村	490 m	相似
GZ005	金钗石斛(*Dendrobium nobile* Lindl)	贵州省赤水市长沙镇长兴村四合组	520 m	相似
GZ006	金钗石斛(*Dendrobium nobile* Lindl)	贵州省赤水市长沙镇高洞村张氏祠组	560 m	相似
GZ007	金钗石斛(*Dendrobium nobile* Lindl)	贵州省赤水市长期镇五七村罗家坪组	450 m	相似
GZ008	金钗石斛(*Dendrobium nobile* Lindl)	贵州省赤水市长期镇红卫村一组	400 m	相似
GZ009	金钗石斛(*Dendrobium nobile* Lindl)	贵州省赤水市旺隆镇红花村五组	580 m	相似
GZ010	金钗石斛(*Dendrobium nobile* Lindl)	贵州省赤水市旺隆镇红花村四组	650 m	相似
GZ011	金钗石斛(*Dendrobium nobile* Lindl)	贵州省赤水市旺隆镇鸭岭村一组	530 m	相似
GZ012	金钗石斛(*Dendrobium nobile* Lindl)	贵州省赤水市旺隆镇鸭岭村二组	520 m	相似

1.1.2 仪器

日本岛津 2010A LC-MS，配备 LC-10ADvp 二元梯度泵、DAD(二极管阵列检测器)、SIL-HT 中央控制器、CTO-10Avp 柱温箱、LC-MSsolution 分析控制软件；

安捷伦色谱柱 ZORBAX XDB－C18(4.6 mm×250 mm，5 μm)；

德国塞多利斯 CP225D 十万分之一电子天平；

昆山市超声仪器有限公司 KQ3200B 型超声波清洗器。

1.1.3 对照品及试剂

石斛碱对照品由上海先导药业公司提供；

甲醇、乙腈均为色谱纯，其余试剂均为分析纯，水为 Millipore 超纯水。

1.2 实验方法与结果

1.2.1 色谱条件②

色谱柱：Agilent ZORBAX XDB－C18(4.6 mm×250 mm，5 μm)。

流动相：A 为磷酸盐缓冲液(磷酸氢二钠-磷酸二氢钠缓冲液 pH8.0)；B 为乙腈，流速 0.8 mL/min。

梯度：0～40 min，流动相 B 为 43%；

40～50 min，流动相 B 为 43%～80%；

50～60 min，流动相 B 为 80%；

60～62 min，流动相 B 为 80%～43%；

62～75 min，流动相 B 为 43%。

柱温：25 ℃。

扫描波长范围：190～350 nm。

进样量：20 μL。

1.2.2 检测波长确定

取一定浓度的石斛碱对照品溶液，采用以上色谱条件进样分析，获得石斛碱的紫外吸收光谱图(190～350 nm)，选取最大吸收波长为以后测定时所选用的测定波长。

1.2.3 对照品溶液的制备

精密称取石斛碱对照品 1.420 mg，溶于 142 μL 甲醇溶液中，配制成浓度为 10 μg/μL 的石斛碱对照品储备溶液，并将上述储备溶液按比例稀释即为对照品溶液。

1.2.4 供试品溶液的制备

将金钗石斛烘干的茎部材料，粉碎，过 50 目筛。取粉末 1.0 g 加入氯仿 10 mL，超声提取 30 min，重复三次，抽滤，合并滤液，70 ℃氮吹至干，加甲醇定容至 10 mL，0.45 μm 微孔滤膜过滤，即为供试品溶液。

1.2.5 标准曲线的绘制

将石斛碱对照品储备溶液精密配置成浓度为 0.02 μg/μL、0.05 μg/μL、0.1 μg/μL、0.15 μg/μL、0.2 μg/μL 的标准溶液，取不同浓度标准溶液在 1.2.1 中的色谱条件下，进行测定，进样体积为 20 μL。对峰面积(A)和进样浓度(ng/μL)进行回归分析，并求其回归方程和相关系数(R)。

1.2.6 精密度实验

取浓度为0.15 μg/μL的对照品溶液重复进样5次，由测得的峰面积计算RSD，以判断仪器的精密度。RSD=［标准偏差/平均值］×100%。

1.2.7 稳定性实验

取浓度为2 μg/μL的对照品溶液与编号为GZ007的供试品溶液分别在0 h、6 h、12 h、18 h、24 h进样测定，以石斛碱的峰面积计算RSD，用以判断石斛碱在此测定条件下的稳定性。RSD=［标准偏差/平均值］×100%。

1.2.8 重现性实验

取编号为GZ007的样品5份，每份各重1 g，分别按照1.2.4的制备方法制备供试品溶液，测量石斛碱对应的峰面积，以峰面积计算RSD并进行检验。

1.2.9 加样回收率实验

精密称取5份编号为GZ007样品，分别精密加入不同量的石斛碱对照品，再按1.2.4的提取方法分别制备供试品溶液后按照1.2.1中的色谱条件进样，测定石斛碱对应峰的峰面积，以计算石斛碱的量，最后计算加样回收率。

计算公式为：样品回收率(%) = (P_1-P_2) / P_0×100。其中，P_1为样品加标样后的分析结果；P_2为样品的分析结果；P_0为所加标准样的浓度。

1.2.10 样品测定

取不同产地的金钗石斛样品，按照1.2.4的方法制备供试品溶液，再采用1.2.1中的色谱条件进样进行分析。测定金钗石斛中石斛碱对应的峰面积，之后根据得到的标准曲线方程计算石斛碱的含量。

1.3 结果与分析

1.3.1 检测波长确定

经二极管阵列检测器扫描，石斛碱对照品的紫外吸收光谱图如附图6-1所示，石斛碱在198 nm处有最大吸收，因此最终确定检测波长为198 nm。

1.3.2 标准曲线的绘制

按照1.2.5中的方法，测定各个浓度的石斛碱对照品溶液对应的峰面积，测定结果见附表6-2。

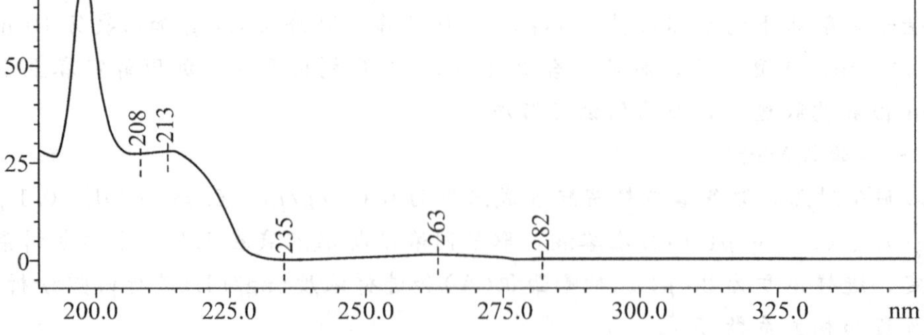

附图6-1 石斛碱紫外吸收光谱图

附表 6-2 不同浓度下石斛碱对照品溶液的峰面积

石斛碱浓度	20 ng/μL	50 ng/μL	100 ng/μL	150 ng/μL	200 ng/μL
峰面积	241 344	439 798	738 809	1 100 854	1 380 438

根据以上测定结果，绘制石斛碱浓度标准曲线如附图 6-2 所示，对照品的色谱图如附图 6-3 所示。

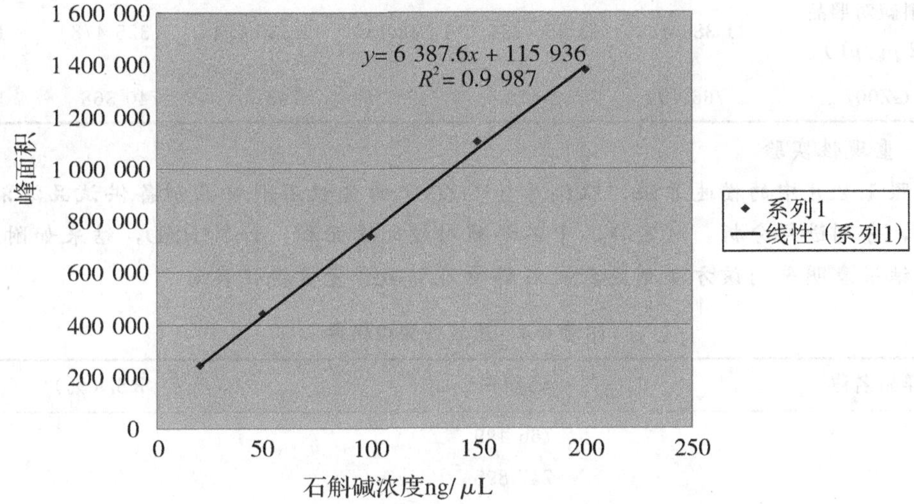

附图 6-2 石斛碱浓度标准曲线

计算得标准曲线方程为：$A=115\ 936+6\ 387.6\ C$（ng/μL），相关系数$R=0.999\ 3$。结果表明，当石斛碱浓度在 20～200 ng/μL 范围时线性关系良好。

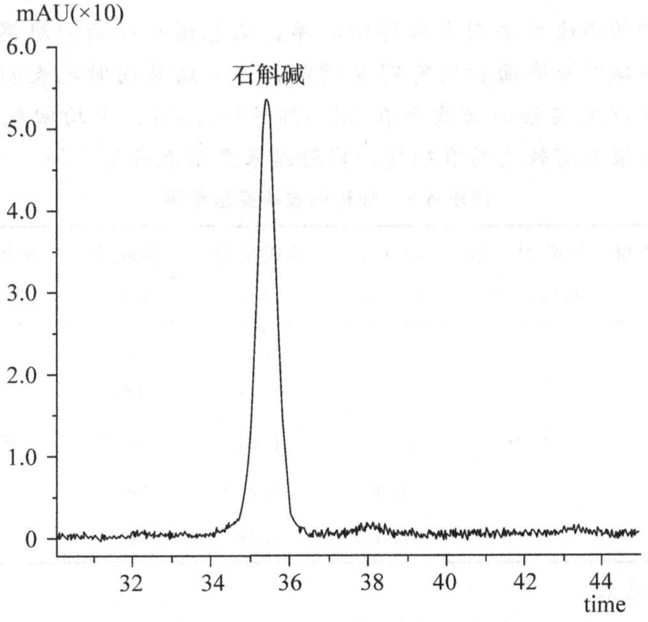

附图 6-3 石斛碱对照品色谱图

1.3.3 稳定性实验

按照1.2.7中的描述方法，测定石斛碱对照品与金钗石斛样品中的石斛碱在24 h内的稳定性，测定结果如附表6-3所示：无论是对照品还是金钗石斛样品中的石斛碱均在24 h内稳定，RSD分别为1.6%和1.3%。

附表6-3 稳定性实验结果

样品名称	0 h	6 h	12 h	18 h	24 h	RSD(%)
石斛碱对照品(2 μg/μL)	1 380 438	13 350 654	1 348 130	1 330 054	1 325 478	1.6
GZ007	766 499	752 478	749 235	743 874	740 368	1.3

1.3.4 重现性实验

按照1.2.8中的描述方法，取编号为GZ007的金钗石斛样品制备供试品溶液，重复5次，分别进样分析，测定样品中石斛碱对应的峰面积，计算RSD，结果如附表6-4所示，结果表明采用该方法测定金钗石斛中石斛碱含量重现性良好。

附表6-4 重现性实验结果

样品名称	峰面积	RSD(%)
GZ007	766 499	2.8
	747 895	
	774 269	
	790 256	
	735 258	

1.3.5 加样回收率实验

按照1.2.9中的描述方法测定加样回收率，从色谱峰峰面积观察，发现加入对照品后，样品中石斛碱对应峰面积均有明显增加，这一结果同时也表明样品中的确含有石斛碱。加样回收测定实验的回收率在95.0%～102.5%，平均回收率为97.6%，表明该方法的测定结果具有较高的准确度。实验结果见附表6-5。

附表6-5 加样回收率实验结果

样品编号	样品质量/g	样品中石斛碱质量/mg	加入标品质量/mg	测得质量/mg	回收率(%)	平均回收率(%)	RSD(%)
GZ007	1	1.02	0.2	1.21	95.0	97.6	3.1
	1		0.4	1.43	102.5		
	1		0.6	1.61	98.3		
	1		0.8	1.79	96.2		
	1		1.0	1.98	96.0		

1.3.6 样品测定结果

按照以上描述的方法，对采自贵州赤水不同地点的金钗石斛样品中的石斛碱含量进行测定，其中编号为GZ007与GZ011金钗石斛样品的色谱图如附图6-4、附图6-5所示，测定结果见附表6-6。

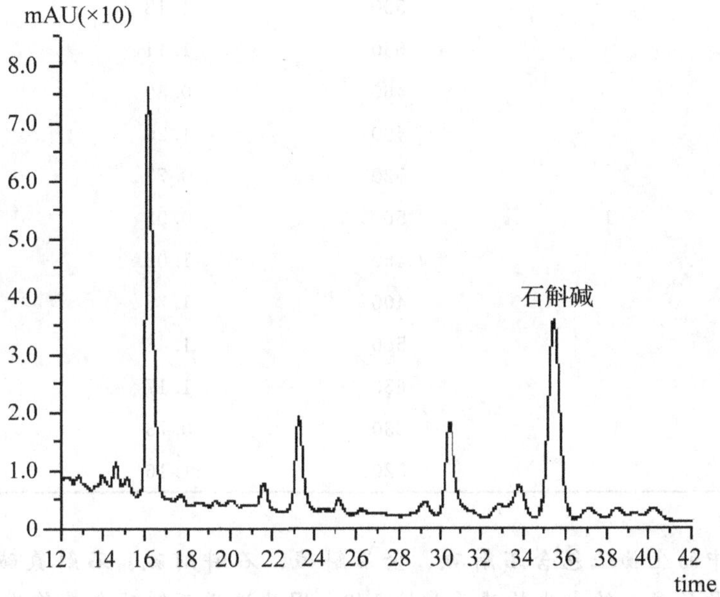

附图6-4　金钗石斛GZ007色谱图

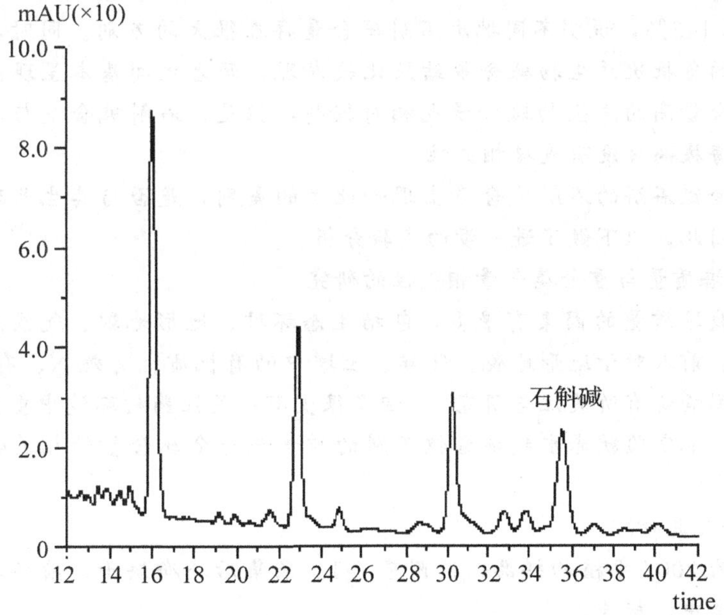

附图6-5　金钗石斛GZ011色谱图

附表 6-6 样品测定结果

样品编号	样品质量/g	海拔高度/m	石斛碱质量/mg	石斛碱含量(%)
GZ001		500	1.18	0.118
GZ002		550	1.11	0.111
GZ003		460	0.89	0.089
GZ004		490	1.20	0.120
GZ005		520	0.77	0.077
GZ006	1	560	0.98	0.098
GZ007		450	1.02	0.102
GZ008		400	1.25	0.125
GZ009		580	1.43	0.143
GZ010		650	1.17	0.117
GZ011		530	0.73	0.073
GZ012		520	1.16	0.116

1.4 实验结论

金钗石斛中的生物碱包含石斛碱、金石斛碱、石斛副碱、石斛氨碱等多种类型，但以石斛碱含量最多，约占生物碱总量的1/3，因此选用石斛碱含量作为评判栽培金钗石斛药材质量的重要指标。

本研究采用高效液相色谱法测定赤水栽培金钗石斛12批次中的石斛碱含量，含量在0.073%～0.143%，说明不同批次石斛碱含量存在很大的差别。同时，将石斛碱含量结果与已测的各批次总生物碱含量结果比较发现，两者之间基本呈现同向变化的趋势，即石斛碱含量高的总生物碱含量也相对较高，但是，石斛碱含量与总生物碱含量均与其生长的海拔高度没有直接相关性。

赤水栽培金钗石斛的石斛碱含量出现如此大的差别，是否与其生长环境因素中其他因子有关？因此，以下做了进一步的实验分析。

2. 金钗石斛栽培质量与重金属含量相关性的研究

影响药材栽培质量的因素有很多，包括生态环境、地形地貌、气候生态因子、土壤生态因子等。前人对于地形地貌、气候、土壤中的有机质、有效N、有效P、pH等对药材质量的影响都有所关注与研究[③]，但是很少有人关注药材环境中重金属含量对药材质量的影响，本实验就赤水栽培金钗石斛的质量与重金属含量的相关性进行了以下检测。

2.1 实验材料及其处理

药材材料为2007年植物样品，同附表6-1。采集后洗净烘干，粉碎，过50目筛，装入塑料封口袋中，标号。

岩石样品于2007年采集金钗石斛植物时，在植株同一地方所采，放入密封袋中，并作标记。采集的岩石样品从密封袋中取出，分别平放在铺有塑料袋的托盘上，放置在通风处，风干到一定的程度，粉碎，装入塑料封口袋中，标号，与药材一同送往四川省农业科学院分析测试中心测定重金属：铅、砷、汞各项含量指标。

2.2　重金属含量测定结果

赤水栽培金钗石斛的石斛碱含量由附表 6-6 得出，赤水栽培金钗石斛药材中与生长地岩石中重金属含量的测定结果由四川省农业科学院分析测试中心出具，见附表 6-7。

附表 6-7　赤水栽培金钗石斛的石斛碱含量与重金属含量表

样品号	石斛碱含量(%)	药材中重金属含量/ mg·kg^{-1}			岩石中金属含量/ mg·kg^{-1}		
		铅	砷	汞	铅	砷	汞
GZ001	0.118	5.06	0.29	0.012	5.63	0.54	0.20
GZ002	0.111	5.27	0.32	0.015	5.86	0.60	0.24
GZ003	0.089	6.00	0.45	0.020	6.18	0.72	0.34
GZ004	0.120	4.87	0.25	0.010	5.43	0.51	0.18
GZ005	0.077	6.02	0.49	0.043	6.39	0.82	0.47
GZ006	0.098	5.90	0.35	0.032	6.02	0.65	0.31
GZ007	0.102	5.89	0.38	0.038	5.61	0.58	0.28
GZ008	0.125	4.75	0.19	0.009	5.23	0.45	0.16
GZ009	0.143	4.32	0.15	0.07	4.87	0.37	0.13
GZ010	0.117	5.69	0.45	0.015	5.65	0.54	0.22
GZ011	0.073	6.19	0.48	0.042	6.42	0.90	0.51
GZ012	0.116	4.98	0.26	0.011	5.61	0.51	0.21

2.3　分析与讨论

由附表 6-7 我们可以看出，赤水栽培金钗石斛的石斛碱含量与其药材和岩石中的重金属含量成反比关系，而药材中的重金属含量与其生长环境中岩石的重金属含量成正比关系。因此，我们可以基本得出：赤水栽培金钗石斛生长环境中的重金属含量对于药材的质量是有影响的，至于影响的机制有待继续研究。

参考文献

① 于世林．高效液相色谱方法及应用[M]．北京：化学工业出版社，2001：25-32.

② 马国祥，徐国钧，徐洛珊，等．反相高效液相色谱法测定 18 种石斛类中药中 chrysotoxene，erianin 及 chrysotoxine 的含量[J]．中国药科大学学报，1994，25(2)：103-105.

③ 夏鸿西，张明．石斛属植物化学成分研究进展[J]．重庆中草药研究，1999，15(35)：54-56.

主要参考文献

[1]中华人民共和国教育部．基础教育课程改革纲要(试行)[M]. 北京：人民教育出版社，2001.

[2] 钟启泉，崔允漷，张华．基础教育课程改革纲要(试行)解读[M]. 上海：华东师范大学出版社，2001.

[3] 中华人民共和国教育部．义务教育生物学课程标准(2022年版)[S]. 北京：北京师范大学出版社，2022.

[4] 中华人民共和国教育部．普通高中生物学课程标准(2017年版2020年修订)[S]. 北京：人民教育出版社，2020.

[5] 刘恩山．中学生物学教学论[M]. 2版．北京：高等教育出版社，2009.

[6] 陆建身．生物教育展望[M]. 上海：华东师范大学出版社，2006.

[7] 顾明远．国际教育新理念[M]. 海口：海南出版社，2006.

[8] 张华．课程与教学论[M]. 上海：上海教育出版社，2000.

[9] 汪忠．生物新课程教学论[M]. 北京：高等教育出版社，2003.

[10] 王重力，卢建筠．生物新课程的评价与资源[M]. 北京：高等教育出版社，2003.

[11] 刘恩山，方红峰，郑春和．生物教学研究与案例[M]. 北京：高等教育出版社，2006.

[12] 叶佩珉．生物学课程教材改革探索[M]. 北京：人民教育出版社，2002.

[13] 祁乃成．生物典型课示例[M]. 济南：山东教育出版社，2001.

[14] 郑晓蕙．生物学实验教学与研究[M]. 上海：华东师范大学出版社，2008.

[15] 王永胜．生物新课程教学设计与案例[M]. 北京：高等教育出版社，2003.

[16] 徐作英，赵广宇．高中生物学新课程的理论与实践[M]. 北京：高等教育出版社，2008.

[17] 谢利民，郑百伟．现代教学基础理论[M]. 上海：上海教育出版社，2003.

[18] 闫寒冰．信息化教学评价工具：量规实用工具[M]. 北京：教育科学出版社，2003.

[19] 陈松铨．走进课堂：高中生物(必修)新课程案例与评析[M]. 北京：高等教育出版社，2005.

[20] 何克抗，林君芬，张文兰．教学系统设计[M]. 北京：高等教育出版社，2006.

[21] 李其龙，陈永明．教师教育课程的国际比较[M]. 北京：教育科学出版社，2002.

[22] 徐作英．生物学校本课程论与教学论[M]. 成都：电子科技大学出版社，2004.

[23] 胡银亨．生物教育信息技术教程[M]. 成都：电子科技大学出版社，2004.

[24] 李娘辉，唐田．生物教学与学业评价[M]. 广州：广东教育出版社，2005.

[25] 陈继贞，张祥沛，曹道平．生物学实验教学研究[M]. 北京：科学出版社，2004.

[26] 董洪亮．新课程教学组织策略与技术[M]. 北京：教育科学出版社，2004.

[27] 盛群力．教学设计[M]. 北京：高等教育出版社，2005.

[28] 万伟，秦德林，吴永军．新课程教学评价方法与设计[M]. 北京：教育科学出版社，2004.

[29] 李雁冰．课程评价论[M]. 上海：上海教育出版社，2002.

[30] 张自立，彭永康．现代生命科学进展[M]. 北京：科学出版社，2004.

[31] 裘娟萍，钱海丰．生命科学概论[M]. 2版．北京：科学出版社，2008.

[32] 济南市教学研究室．高中新课程教学启示录·生物教学案例分析[M]. 济南：山东教育出版社，2005.

[33] 张可柱，张祥沛．高中生物学新课程理念与教学实践[M]. 北京：商务印书馆，2006.
[34] 靳玉乐．反思教学[M]. 成都：四川教育出版社，2006.
[35] 陈晓慧．教学设计[M]. 2 版．北京：电子工业出版社，2009.
[36] 王枬．教育基本理论与实践[M]. 桂林：广西师范大学出版社，1999.

后 记

当把《中学生物学实验教学论(第3版)》一书文稿轻轻掩上、付梓出版之际，心中不免生出颇多感慨：此书从酝酿到成稿，从1版到2版，再到3版，历经反复的思考、研究、实验、优化，几经波折、几经蹉跎，多年实践渐次更迭。为了紧跟教育导向和时代脉络，为了达到从学术水平层面上要高、对全国高等师范院校生物科学专业的师范生和一线中学生物学教师以及生物学教育类研究生的指导与借鉴参考上目的性要强的写作要求，我们写作班子中的核心成员经过多次的思想碰撞，深刻把握最新课程标准的核心，饱览和拜读了当代教育教学各种专著，广泛汲取各类教育专家的教育思想内核，几易其稿，夜以继日地倾力打造。从书名、框架方案到写作内容几次推翻又一改再改后的敲定，到素材选取的精致、实用、示范，再到全文风格、体例的一致，写作语言的表述和规范，力求反映出在中学生物学实验教育教学领域近几年来国际国内的最新研究成果，尽力融进我们自己独到的思想见地，深刻总结我国近代中学生物学实验教学中的成败得失。融多家心血、聚团队经验、集大成智慧最终形成了现在呈现在您面前的这本书，但愿它能对您的中学生物学实验教学有所帮助。同时，我们也期望您的建议、订正和反馈。

徐作英

2024年3月作于成都